# 청소년 심리 상담

# 청소년 심리 및 상담

강차연 · 손승아 · 안경숙 · 윤지영

(주)교문사

# 머리말

"청소년은 자기 삶의 주인이다. 청소년은 인격체로서 존중받을 권리와 시민으로서 미래를 열어 갈 권리를 가진다. 청소년은 스스로 생각하고 선택하며 활동하는 삶의 주체로서 자율과 참여의 기회를 누린다. 청소년은 생명의 가치를 존중하며 정의로운 공동체의 성원으로 책임 있는 삶을 살아간다. 가정, 학교, 사회 그리고 국가는 위의 정신에 따라 청소년의 인간다운 삶을 보장하고 청소년 스스로 행복을 가꾸며 살아갈 수 있도록 여건과 환경을 조성한다."

―청소년헌장

오늘날 한국사회에서 살아가고 있는 청소년들을 보면 위에 나오는 청소년헌장에서 추구하고 있는 건강하고 행복한 청소년이라는 취지가 무색함을 많이 느끼게 된다. 물론 청소년만의 문제가 아니라 사회전반에 걸쳐 많은 인간들이 현대사회에서 많은 어려움을 겪고 있다. 비록 인간의 모든 발달단계가 각각 다 중요하긴 하지만, 특히 청소년기는 유기체 내의 생물학적·심리적 변화가 다른 발달시기에 비해 급격하기 때문에 청소년은 외부환경의 빠른 변화와 함께 자신의 내적 변화도 수용하고 적응해야 하는 이중적인 과업을 안고 있다. 따라서 청소년은 더 치열하고 격정적인 삶을 살고 있는 존재라고 할 수 있으며, 결국 변화무쌍한 인생의 전환기인 청소년기를 어떻게 지내는가에 따라 이후 삶의 질이 크게 달라질 수 있는 것이다.

오늘날 청소년에 대한 이해가 예전에 비해 많이 넓어지고 청소년 고유의 발달적 특성을 고려하여 이들을 돕기 위한 많은 사회적·제도적·법적 도구들이 제안되고 있다. 하지만 변화하는 한국과 나아가 국제사회에서 청소년들의 발달과 성장요구를 충족시키기에는 이러한 제안들이 그리 큰 효과를 갖는 것 같지 않다. 오히려 성적과 입시 위주의 교육제도가 강조되고 여가나 취미활동을 통한 자아탐색과 같은 과정은 등한시되는 현실은 청소년들에게 자신의 삶을 이해하고 미래를 계획하는 데 있어 심각한 부작용을 일으키고 있다. 그로 인해 한국의 청소년들은 '나'와 '너'에 대한 건전한 세계관이나 가치관을 형성하지 못하고 일탈되거나 왜곡된 사고와 행동으로 사회부적 응적인 어려움에 고통받고 있는 실정이다.

이 책은 청소년을 이해하고 이들의 건강한 발달을 돕기 위한 개론서이다. 대학교의 청소년 관련 전공학부생을 주 대상으로 하여 청소년 이해와 상담에 대한 포괄적이고 전반적인 이해를 돕고자 하였다. 총 4부 13장으로 구성하여 한 학기 수업교재로 사용할 수 있도록 하였다. 제1부 청소년 이해는 청소년 심리학의 기초(1장)와 청소년발달의 이론적 조망(2장)으로 구성되어 있다. 제2부 청소년 발달에서는 청소년의 제반 발달영역들을 신체(3장), 인지도덕(4장), 자아성체감(5장), 사회정서(6장)로 구분하여 좀 더 자세히 다루었다. 제3부 청소년과 맥락에서는 청소년을 둘러싼 중요한 요소인 가정과 친구(7장), 학업과 진로(8장), 성과 성역할(9장)을 맥락적 관점에서 살펴보았다. 마지막 제4부 청소년 상담에서는 청소년 상담에 대한 개관(10장)을 비롯하여 청소년 상담의 주요 이론(11장), 청소년의 심리적 부적응(12장)을 살펴보고 문제에 따른 청소년 상담(13장)을 논의하였다.

내놓기 부끄러운 부족한 책이긴 하지만, 전공서적의 부족으로 인한 교재의 필요성 등 현실적 측면 등을 감안해 세상에 내놓게 되었다. 추후 지속적인 수정과 보완을 기약하며, 청소년심리와 상담에 대한 개론서로서 학생들에게 조금이나마 도움이 되길 바란다. 마지막으로 책의 출판을 허락해 주신 (주)교문사 사장님께 감사드리며, 게으른 저자들이 마지막까지 집중할 수 있도록 애써주고 훌륭히 교정을 해주신 편집부 직원 여러분께도 감사드린다.

2010년 8월
저자일동

# Part 02 청소년 발달

## Chapter 3  생물학적 발달   40

# Part 03 청소년과 맥락

## Chapter 7　가정과 친구　110

## Chapter 8　학업과 진로　127

# Part 01 청소년 이해

제1부는 청소년을 이해하기 위한 기본 개념들을 다룬다. 1장에서는 청소년심리학의 기초로서 청소년을 대상으로 한 심리학의 개념과 정의를 다루고, 청소년심리학의 특성과 연구방법에 초점을 맞추었다. 2장에서는 생물학적 이론, 정신분석이론, 인지발달이론, 사회학습이론, 인본주의이론, 맥락 중심적 발달이론들을 토대로 청소년을 이해하는 다양한 관점들을 개관하였다.

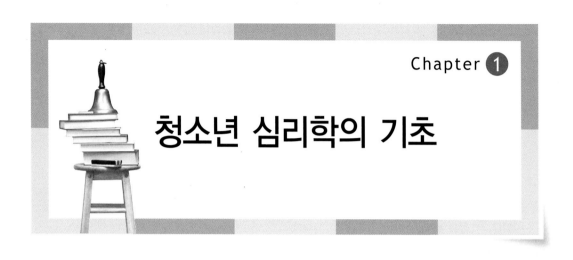

# Chapter 1

# 청소년 심리학의 기초

## 1. 청소년의 개념 및 정의

청소년기에 대한 관심은 고대 그리스 시대로 거슬러 올라갈 수 있다. 플라톤과 아리스
토텔레스는 이미 그 시대에 청소년의 본질에 관해 언급하였다. 그러나 아동을 성인의
축소판으로 본 중세기 동안 대부분의 철학자나 교육자들은 청소년기에 특별한 관심을
보이지 않았고, 아동에서 바로 성인이 된다는 견해를 가졌었다. 청소년 발달에 관한 과
학적인 연구는 최근에 와서야 이루어졌는데, 19세기 말 청소년기에 깊은 관심을 보인
스탠리 홀(G. Stanley Hall)에 의해 비로소 이론적으로 체계화되었다고 할 수 있다. 그

표 1-1 청소년 관련 법률에서의 청소년 명칭 및 연령 정의

| 규정 및 준용 법률 | 연 령 | 법률상 용어 |
|---|---|---|
| 「청소년보호법」 | 19세 미만 | 청소년 |
| 「청소년기본법」 | 9~24세 | |
| 「소년법」 | 20세 미만 | 소 년 |
| 「아동복지법」 | 18세 미만 | 아 동 |
| 「영화진흥법」 | 18세 미만 | 연소자 |
| 「민 법」 | 만 20세 미만 | 미성년자 |

리고 1950년대에 들어오면서 청소년을 연령으로 구분한 발달심리학적 기간이 확립되었다.

청소년에 대한 개념을 이해하고 그에 따라 정확한 정의를 내리는 것은 매우 어려운 일이다. 왜냐하면 실제로 청소년에 대한 개념이 시대에 따라, 국가에 따라, 학자에 따라, 그리고 관련 법규에 따라 매우 다양하기 때문이다. 이 장에서는 통상적으로 알려져 있는 청소년에 대한 정의와 의미, 그리고 발달적 특징을 중심으로 살펴볼 것이다.

## 1) 청소년의 정의

사전적 정의에 따르면 청소년은 어른과 어린이의 중간 시기이다. 청소년에 대한 연령 규정은 법규마다 다르나, 「청소년기본법」에는 9~24세 사이의 사람으로 규정되어 있다. 흔히 '청소년'이라 하면 만 13~18세 사이의 사람을 칭하는데 사춘기를 겪고 있는 사람을 뜻하기도 하며 간단하게 '학생'이라는 말로 대신하기도 한다. 학년으로는 중학교 1학년부터 고등학교 3학년까지에 해당한다고 할 수 있다. 이렇듯 청소년에 대한 정의는 법률에 따라 그 연령범위와 용어가 매우 다양하다.

## 2) 청소년의 의미

'청소년기(靑少年, adolescence)'라는 용어의 어원은 '성장하다' 또는 '성숙에 이른다'라는 의미를 갖고 있는 라틴어 'adolescere'에서 파생되었다. 청소년기는 아동기에서 성인기로 옮아가는 전환기로서 신체상의 변화가 두드러지는 한편 사고와 행동, 사회관계 역시 급격하게 변화하는 등의 일반적 특성을 보이지만, 그 폭은 개인에 따라 다르다. 또한 이 시기의 청소년은 다양한 생물학적 변화를 겪게 되고 수많은 정서적 문제들에 직면하게 된다.

세계보건기구(WHO)는 청소년기를 10~20세까지의 연령 범위로 보고 있으며, 심리학자들은 이를 다시 초기·중기·후기의 세 단계로 구분하고 있다. 많은 문화권에서는 청소년기를 생식능력의 획득으로 대표되는 신체상의 변화를 의미하는 '사춘기'와 동일하게 보고 있지만, 이것만으로는 청소년기를 제대로 이해하기 어렵다. 왜냐하면 청소년기에는 신체의 성숙뿐만 아니라 심리적·사회적·정신적 변화가 따르기 때문이다. 따라서 청소년기를 올바로 이해하기 위해서는 이들을 포괄하는 이른바 '발달'이

**그림 1-1** 과도기의 청소년

라는 보다 넓은 관점을 가질 필요가 있다.

## 3) 청소년의 발달적 특징

청소년기는 아동기와 성인기 사이에서 신체적 · 생리적 · 인지적 · 사회적 · 정서적 발달이 급격하게 이루어지는 단계이다. 한상철(1998)은 앞에서 언급한 청소년의 정의와 함께 발달단계로서의 청소년기의 특징을 종합하여 청소년에 대해 다음과 같이 개념화하였다.

첫째, 청소년은 아동의 특성과 성인의 특성을 부분적으로 가지고 있으면서 이 둘 어디에도 속하지 않는 과도기적인 존재이다.

둘째, 청소년은 생식능력이 없는 소년 · 소녀와는 구별된다.

셋째, 청소년은 성장이 완결된 청년과도 구별된다.

넷째, 청소년은 생애발달과정의 다른 어떤 시기와도 다른 독특성을 갖고 있으면서 동시에 한 인간으로서 인격적 존엄성을 가진 존재이다.

발달의 개인차는 분명히 있지만, 대부분의 청소년들은 신체 · 생리적 싱장, 인지적 발달, 정서적 발달 그리고 가정을 포함한 사회환경 등 다양한 영역에서 급격한 변화를 겪으면서 아동으로부터 성인으로 나아가는 과도기에 있다. 이 시기의 청소년들은 아동도 아니고 성인도 아닌 어중간한 상태에서 불안정과 불균형으로 인한 심한 긴장과 혼란을 경험하게 된다. 이 때문에 청소년기를 '질풍노도의 시기(a period of storm and stress)'라고 한다. '심리적 유예기', '주변인', '제2의 탄생'과 같은 용어들도 이러한 청소년의 특성을 잘 반영해 준다. 청소년기의 발달 특징을 좀 더 구체적으로 살펴보면 다음과 같다.

## (1) 신체 · 생리적 특징

청소년기의 뚜렷한 신체적 특성은 체형의 변화와 함께 성적인 성숙이 이루어지는 2차 성징의 출현이다. '사춘기'라는 말은 대부분 신체 · 생리적 발달을 의미하는 것으로, 일반적으로 여자는 10세, 남자는 13세를 전후로 해서 성장 급등기를 맞이하다가 여자 13세, 남자 15세경이 되면 그 속도가 둔화된다. 또한 성호르몬과 생식기관의 발달로 인한 변화들은 청소년 초기의 심리사회적 발달에도 큰 영향을 주게 된다. 다시 말해, 급격하고 불균형적인 신체의 변화는 청소년으로 하여금 불안과 자신감 저하와 같은 불안정하고 부적응적인 심리상태를 이끌 수 있다(이에 대한 자세한 내용은 3장에서 다룰 것이다).

## (2) 인지적 특징

청소년기가 되면 인지 발달에 있어서 질적인 차이가 나타나는데, 피아제(Piaget)는 이 단계를 형식적 조작기가 시작되는 시기라고 하였다. 이 단계의 특징은 추상적 사고, 가설연역적 사고, 체계조합적 사고로서 청소년은 이전의 아동기에 비해 훨씬 효율적으로 지적 과업을 성취할 수 있게 된다. 그러나 청소년기 초기에는 경험적 · 실증적 기초의 부족과 이 시기에 나타나는 또 다른 인지적 특성인 이상주의적 사고 및 비판적 사고로 인해 비현실적이고 자아 중심적으로 세상을 판단함으로써 기대에 부합하지 않는 환경을 부정적으로 지각하는 특징을 보이기도 한다(이에 대한 자세한 내용은 4장에서 다룰 것이다).

## (3) 정서적 특징

성충동의 급격한 증가는 청소년에게 정서적인 혼란감을 가져다 주며, 이로 인해 불안감, 과민성, 긴장이 증가하게 된다. 청소년들의 약물남용이나 비행 행동들의 원인 중에는 이러한 불안정한 정서를 감소시키기 위해서인 경우가 많다. 또한 청소년들은 감정에 있어서도 양가적인 경향이 있다. 아동기와 성인기의 중간이라는 차원에서 보면, 양가적 감정은 부모에게 의존하고자 하는 마음과 한편으로는 부모로부터 독립하고자 하는 마음을 동시에 갖고 있는 것으로 이해할 수 있다. 마찬가지로, 사회나 관계 속에서 인정과 애정을 받고자 하는 마음과 다른 한편으로는 그 사회구성원들을 타락한 기성세대들로 판단하여 경멸하는 마음이 공존하기도 한다. 이러한 혼란스러움은 신체·생리적 성숙이 완성되어 가는 청소년 후기가 되면 점차 줄어든다(이에 대한 자세한 내용은 6장에서 다룰 것이다).

### (4) 자아정체감의 중요성

청소년들이 갖는 가장 근원적이고 어려운 물음은 '나는 누구인가?' 이다. 즉, 자아정체감의 문제가 대두되는데, 이것은 청소년기에 갑자기 등장하는 것이 아니라 어린 시절부터, 특히 가족 내에서 부모와 같은 중요한 타인들로부터 받은 직·간접적인 피드백을 통해 형성된다. 그러다가 청소년기가 되면 급격한 신체적 변화와 성적 성숙, 아동도 아니고 성인도 아닌 어중간한 과도기적 상황, 선택과 결정의 시기, 그리고 현저한 성장을 보이는 인지능력의 발달로 인해 자아정체감 형성은 청소년기에 보다 중요한 문제로 대두되는 것이다(정체감 위기에 대한 자세한 내용은 5장에서 다룰 것이다).

한편 청소년은 사회적 특성과 관련하여 부모, 학교, 사회에 대한 의존적 태도에서 점차 벗어나 독립적인 대인관계를 구축하기 시작함으로써 부모와의 주된 관계 형성에서 친구관계의 폭과 깊이가 더 증대되는 양상을 보이기 시작한다.


## 2. 사회적 맥락 속의 청소년

청소년이 소속되어 있는 사회가 청소년에게 요구하는 기대는 청소년의 성격을 만들고 청소년의 역할에 영향을 주며, 청소년의 미래를 이끈다. 사회의 구조와 기능은 청소년들의 욕구를 충족시키는 데 도움을 주기도 하고 때로는 더 많은 긴장과 좌절을 초래하여 새로운 문제를 만들어내기도 한다. 라이스(Rice, 1999)는 오늘날의 청소년들에게 미치는 중요한 여섯 가지 사회적 영향으로 컴퓨터혁명, 물질혁명, 교육혁명, 가족혁명,

성혁명, 그리고 폭력혁명을 들고 있다.

- **컴퓨터혁명** : 인터넷이라는 신기술은 청소년에게 수많은 정보를 제공해 주는가 하면, 청소년이 건강한 발달에 부적절한 자료들을 접할 위험도 그만큼 증가시키고 있다.
- **물질혁명** : 수입과 실제 임금, 여러 개의 직업과 정규시간 외 작업, 일하는 여성, 청소년 고용, 광고와 소비 등과 같은 이슈는 청소년의 삶에 막대한 영향을 미치고 있다.
- **교육혁명** : 높은 교육성취 압력과 평생교육, 조기교육, 신기술의 수용은 교육혁명이라 불리울만큼 청소년의 삶을 지배하고 있는 실정이다.
- **가족혁명** : 가족 기능의 변화, 낭만적 사랑, 민주적 가정의 증가, 아동 중심 가정의 증가, 결혼과 양육에서의 변화(결혼율 · 결혼연령 · 가족의 수), 동거생활, 이혼(자녀의 반응)과 같은 가족혁명의 사회현상들도 청소년에게 주는 영향력이 매우 크다.
- **성혁명** : 성혁명은 성기능에 관한 과학적 지식의 발달, 성기능장애의 치료, 피임의 발달, 성역활에서의 융통성, 성에 관한 개방된 토론, 성의 부정적 측면들, 혼전 성교에 대한 관대한 허용, 미혼 임신, 성병 및 에이즈(AIDS)와 같은 현상을 야기하면서 역시 청소년들의 성장 발달에 엄청난 영향을 주고 있다.
- **폭력혁명** : 폭력범죄, 사회에서의 폭력, 가정에서의 폭력, 대중매체의 폭력적 성향은 청소년들의 삶에 영향을 주고 있다.

이렇듯 지난 세기부터 오늘날의 지식정보화 사회에 이르기까지 급변하는 우리 사회는 인간으로 하여금 끊임없는 변화와 적응을 요구하고 있으며, 특히 청소년의 경우에는 내적으로도 급격한 변화를 겪고 있는 시기에 있기 때문에 현대 사회의 변화에 대해 다른 어떤 발달시기보다도 더 커다란 성장과제를 안고 있다고 할 수 있다. 그러나 자신의 역량에 비해 지나치게 압도적이고 거대한 환경들 속에서 살아간다는 것은 쉬운 일이 아니며, 많은 경우 적응의 실패로 인해 대인관계나 학업 및 진로 그리고 보다 근본적으로는 긍정적인 자존감 형성에 어려움을 가질 가능성이 높다. 따라서 현대 사회 속의 다양하고 역동적인 현상 속에서 성장하는 청소년들이 자신의 발달과업을 건강하게 성취할 뿐만 아니라 빈번하게 일어나고 있는 청소년 관련 문제들을 예방하고 해결할 수 있도록 하기 위해서는 청소년의 발달 특징과 함께 현재 청소년들이 겪고 있는 사회적 · 심리적 이슈들을 맥락적인 요인을 고려한 새로운 시각에서 조명하고 이를 적용할 필요가 있다.

# 3. 청소년 심리학의 특성과 연구방법

## 1) 청소년 심리학의 특성

국내의 경우 1980년대 이후 청소년 폭력, 약물남용, 성 관련 문제들, 자살, 가출 등의 청소년 관련 여러 현상들이 발생하면서 사회적인 이슈로 청소년문제가 대두되었고, 이로 인해 사회 전반에 걸쳐 있는 문제의 심각성을 인식하였으며, 청소년들을 보호하고 지도하는 데 많은 관심을 갖게 되었다. 이는 관련 정책수립을 포함해 청소년들이 가정과 학교 등에서 적응적이고 건강하게 생활할 수 있도록 청소년에 대한 다양한 연구를 이끌어내는 계기가 되었다. 본격적으로 청소년 심리연구가 이루어진 것은 1990년대 이후이고, 그 동안 많은 노력들이 있어 왔다.

청소년 심리학은 청소년의 심리를 현상 기술적으로 파악하고 이를 통해 청소년지도나 상담에서의 시사점을 찾기 위한 학문이다. 청소년의 심리를 연구할 때에는 과학적인 접근이 요구되는데, 즉 청소년의 제반특성과 발달적 현상을 있는 그대로 정확하게 기술(description)하고, 현상의 발생배경이나 원인을 설명(explanation)하며, 이를 바탕으로 미래의 행동을 예언(prediction)하고, 마지막으로 현상을 결정짓는 조건을 조작함으로써 통제(control)하는 활동이 포함된다. 이상의 네 가지 목적을 달성하기 위해서는 실제 연구들을 각각의 연구문제에 따라 어떤 절차와 방법으로 수행하는지 살펴볼 필요가 있다.

## 2) 청소년 심리학의 연구방법

### (1) 연구설계

연구자들이 연구하려고 하는 주제를 결정하고 나면, 그 다음으로는 사건과 행동 간의 관계를 확인하고 이 관계의 원인을 밝히기 위해 연구계획을 세워야 한다. 이를 연구설계라고 하는데, 일반적으로 사용하는 연구설계로는 상관설계와 실험설계가 대표적이다.

일반적으로 연구자들은 삶의 특정 단계를 대표하는 심리적 특징을 알아보려는 목적을 갖고 연구를 수행하기도 하지만, 청소년들에 대한 보다 근본적인 이해를 위해서는 특정 단계의 심리적 특성이 시간의 흐름에 따라 어떻게 발달하고 변하는지에 관심을 둔다. 이러한 목적을 달성하기 위해서는 발달연구설계가 필요한데, 이것은 다시 횡단적 설계, 종단적 설계, 계열적 설계로 나누어진다.

### ① 상관설계

상관설계(correlational design)는 관심 있는 두 개 이상의 변인들이 서로 관련이 있는지 알아보기 위한 것이다. 상관설계에서는 어떤 방식으로든 대상자의 환경을 구조화하거나 조작하려고 하지 않는다. 대신 이미 자연스러운 생활경험 속 변인들이 행동이나 발달패턴의 차이와 관련이 있는지만을 알아보는 것으로, 인과관계를 예측하지는 못한다. 예를 들어, 상관설계를 통해 교우관계의 특성과 게임중독 간의 관련성에 대해 연구한다고 했을 경우에는 질문지나 관찰, 또는 면접을 통해 특정 집단의 교우관계 특성과 게임중독 수준을 각각 독립적으로 측정하고, 그 결과 두 변인 간의 관련성이 상당히 높은 것으로 나타났다고 보자. 이때 이 결과를 해석할 때 교우관계가 빈약한 청소년일수록 게임중독의 수준이 높다고 말할 수는 있지만, 빈약한 교우관계가 게임중독을 이끌었다고 볼 수는 없다. 왜냐하면 상관설계는 단순히 변인들 간의 관련성만을 보는 것이기 때문에 실제로 빈약한 교우관계가 게임중독을 이끌었는지, 아니면 게임중독으로 인해 교우관계가 빈약해진 것인지, 또는 빈약한 교우관계와 게임중독이 서로 영향을 주었는지 단언할 수 없기 때문이다.

### ② 실험설계

실험설계(experimental design)는 상관설계와는 반대로 두 변인 간의 인과관계를 예측할 수 있게 해준다. 앞의 예를 실험설계를 통해 연구한다고 보면, 가외변인이 통제된 동등한 수준의 실험집단과 통제집단을 구성하여 각 집단에 서로 다른 처치를 가한다. 즉, 게임중독 수준이 높고 교우관계가 빈약한 청소년들을 두 집단으로 나누어 한 집단(실험집단)에게는 친구사귀기와 같은 프로그램을 처치하고 나머지 한 집단(통제집단)은 아무런 처치를 하지 않은 다음, 일정 기간이 지난 뒤 이 두 집단의 교우관계 특성을 측정하는 것이다. 그 결과 처치를 받은 집단이 처치를 받지 않은 집단보다 게임중독수준이 의미 있게 더 낮아졌다면 교우관계의 특성이 게임중독의 정도에 영향을 주었다고 결론을 내릴 수 있다.

실험설계는 연구자가 참가자의 환경에 특정한 변화를 주고 그 변화가 참가자의 행동에 주는 효과를 측정하는 것으로서, 인위적인 환경으로 구성된 실험실에서 이루어지는 실험실설계와 가정이나 학교, 운동장과 같은 자연적인 상황에서 이루어지는 현장실험으로 구분할 수 있다. 또한 실험설계가 적용될 수 없거나 윤리적 이유 때문에 사용되어서는 안 되는 경우에는 피험자들이 이전에 자연적 상황에서 경험했던 사건의 결과를 관찰하는 자연(유사)실험설계가 사용된다.

### ③ 횡단적 설계

횡단적 설계(cross-sectional design)에서는 연령이 서로 다른 사람들을 동시에 연구한다. 즉, 서로 다른 연령집단으로 이루어진 피험자들을 동일한 시점에 연구하는 것이다. 예를 들어, 청소년들의 도덕성 발달에 대한 연구를 한다고 했을 때, 청소년들을 13세, 14세, 15세, 16세의 네 개 집단으로 구성하여 동시에 도덕성을 측정한다. 그렇게 되면 13~16세까지의 일련의 기간에 걸쳐 도덕성의 발달추이를 추정할 수 있다. 그러나 횡단적 설계에서의 문제점은 각 연령집단 간에 보이는 차이 또는 변화가 연령에 의한 것이라기보다는 각 연령집단, 즉 동시대집단의 성장경험에서 오는 문화적이고 역사적인 차이일 수 있다. 이를 '동시대집단효과(cohort effect)'라고 한다.

### ④ 종단적 설계

종단적 설계(longitudinal design)에서는 수개월 또는 수년에 걸친 일정한 기간 동안 같은 참가자들을 반복적으로 관찰하여 이들의 발달 경향과 과정을 확인한다. 위의 예를

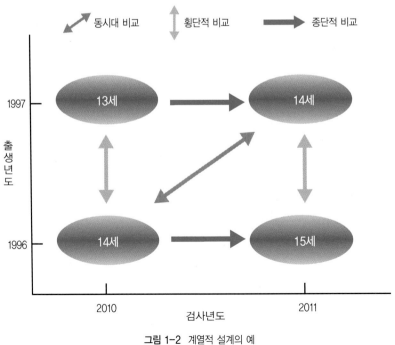

그림 1-2 계열적 설계의 예

적용해 보면, 13세 청소년을 첫 해에 측정하고 이후 16세가 될 때까지 매년 반복해서 도덕성을 측정하는 것이다. 그렇게 되면 참자가집단의 진정한 발달적 변화를 측정할 수 있게 된다. 그러나 종단적 설계 역시 문제점을 갖고 있는데, 경비와 시간이 많이 든다는 점 외에도 참자가들이 반복적인 측정에 익숙해짐으로써 연습효과(practice effects)가 일어날 수 있고, 이사나 다른 개인적 사정으로 중도에 탈락하게 되어 참가자 수가 감소되는 문제도 있을 수 있다.

표 1-2 전반적 연구설계의 장·단점

| 설 계 | | 절 차 | 장 점 | 단 점 |
|---|---|---|---|---|
| 상 관 | | 연구자의 개입 없이 두 개 이상의 변인들에 관한 정보를 수집함 | 자연환경 속에 있는 변인들 간 관계의 강도와 방향을 추정함 | 변인들 간의 인과관계를 결정할 수 없음 |
| 실 험 | 실험실 실험 | 환경의 일부(독립변인)를 조작하고, 이것이 대상자의 행동(종속변인)에 미친 영향을 측정함 | 변인들 간 인과관계를 결정할 수 있음 | 실제 세상에 적용하는 일반화 가능성이 부족함 |
| | 현장실험 | 자연상황 속에서 독립변인을 조작하여 종속변인에 미치는 영향을 측정함 | 인과관계를 결정할 수 있으며, 결과를 일반화할 수 있음 | 자연환경에서 가해지는 치치는 효과가 적으면 통제가 어려움 |
| | 자연(유사) 실험 | 자연상황 속에서 자연스럽게 일어난 조작을 경험한 사람들의 행동에 대한 정보를 수집함 | 실험에서 만들어내기 어려운 자연적 사건의 영향에 대한 연구가 가능하며, 인과관계에 대한 강력한 단서를 제공함 | 자연적 사건이나 그 사건에 대한 노출을 정확히 통제하기 어려움 |
| 횡단적 설계 | | 한 시점에서 여러 연령집단을 관찰함 | 연령차와 발달적 경향을 알려 주며, 실시하는 데 비용과 시간이 적게 소요됨 | 연령 경향이 실제 발달변화라기보다는 각 집단 간의 차이를 반영하는 것일 수 있음 |
| 종단적 설계 | | 시간을 두고 하나의 동시대집단을 반복적으로 관찰함 | 개인발달에 대한 자료를 제공하고 초기 경험과 이후 결과와의 관계를 알려줌. 즉, 개개인이 시간이 지남에 따라 변화하는 방식이 어떻게 같고 다른지 알 수 있음 | 상대적으로 시간이 비용이 많이 소요됨. 결론의 일반화 가능성이 제한됨(동시대집단효과) |
| 계열적 설계 | | 시간을 두고 여러 동시대집단을 반복적으로 관찰함으로써 횡단적 접근과 종단적 접근을 결합함 | 실제 발달경향과 동시대집단효과를 구별. 하나의 동시대집단이 경험한 발달변화가 다른 동시대집단과 비슷한지 알 수 있음 | 횡단적 연구보다 비용과 시간이 많이 소요됨. 발달적 변화가 동시대집단을 넘어 일반화할 수 있는지에 대한 의문이 여전히 있음 |

자료 : Shaffer, D. R.(2002), Developmental Psychology: Childhood and Adolescence.

### ⑤ 계열적 설계

계열적 설계(sequential desing)는 여러 연령의 참가자들을 선발하여 각각의 연령집단을 얼마 간의 기간에 걸쳐 연구하는 것으로서 횡단적 연구와 종단적 연구의 장점을 결합한 설계이다. 예를 들어, 13세와 14세 집단을 구성하여 도덕성을 측정한 후 다음 해에 한 번 더 측정을 하게 되면 13~15세까지의 자료가 수집되어 청소년들의 발달적 경향을 알아볼 수 있는 것이다.

## (2) 자료수집방법

연구설계 시 연구자는 연구문제나 가설을 검증하기 위한 객관적 자료들을 수집해야 하는데, 이를 위해서는 구체적인 절차와 방법이 요구된다. 청소년심리연구에서 많이 사용되고 있는 자료수집방법은 크게 자기보고법(self report), 체계적 관찰법(systemic observatin), 사례연구(case study), 기술민족학(ethnography) 등으로 나눈다.

### ① 자기보고법

자기보고는 참자자가 자신의 생각, 태도, 관점 등을 스스로 판단하여 보고하는 방식으로, 보이지 않는 개인의 심리적 특성에 대한 자료를 수집하는 데 주로 사용된다. 일반적으로 면접법과 심리검사를 포함한 질문지법이 여기에 해당한다.

면접은 참가자들이 연구자의 질문에 말로 응답하는 것이며, 질문지를 통한 정보수집은 종이에 쓰여진 질문에 글로 응답을 하도록 하는 것이다. 이 중 면접은 사전에 면접할 질문을 선정하고 이를 체계화하여 계획적으로 질문하고 그 반응을 점검해 나감으로써 반응의 객관성을 확보할 수 있는 구조화된 면접, 상황에 맞게 자유롭게 질문을 함으로써 풍부하고 다양한 반응을 얻을 수 있는 비구조화된 면접, 그리고 질문의 내용을 어느 정도 구조화하되 상황에 맞게 질문을 자유롭게 하도록 하는 반구조화된 면접으로 나눌 수 있다.

질문지의 경우에는 도구의 타당도와 신뢰도가 매우 중요한데, 참가자의 반응을 해석하고 평가하기 위한 집단규준과 표준화된 절차가 있다. 면접과 질문지를 통한 자료수집이 짧은 시간에 이루어질 수 있고, 수량화를 통해 과학적으로 분석할 수 있다는 이점이 있으나, 한편으로는 참가자의 주관적 판단이나 사회적 바람직성에 의해 영향을 받을 수 있고, 내적 성찰능력이 부족하거나 언어능력에 한계가 있는 참가자들에게는 적용하기 어려운 단점이 있다.

### ② 체계적 관찰법

자기보고법이 참자가의 주관적인 보고에 의존하고 있다면, 관찰법은 직접적인 관찰을 통해 행동자료를 수집한다. 연구에서 이루어지는 관찰은 단순히 본다는 의미를 넘어서 목적과 방향을 갖고 이루어지기 때문에 체계적 관찰이라고 부른다. 일반적으로 관찰법에는 자연관찰법과 구조화된 관찰법으로 나누는데, 가정이나 학교, 공원과 운동장 같은 일상적인 환경에서 행동을 주의깊게 관찰하고 기록하는 것이 자연관찰법이다. 자연관찰법은 연구자의 주관적 편견이 작용하지 않는 한 청소년이 일상생활에서 실제로 어떻게 행동하는지를 가장 정확하게 보여준다는 장점이 있다. 하지만 아주 드물게 일어나는 행동(예 : 위기상황에서 사람들 구하기)이나 사회적으로 매우 바람직하지 않은 행동(예 : 도벽행동)은 관찰하기가 어려우며, 또한 관찰자의 존재가 청소년의 행동에 영향을 준다는 점도 배제할 수 없다.

한편 구조화된 관찰법은 알아보고자 하는 행동을 촉발시킬 수 있도록 환경을 구조화하고 연구자가 카메라나 일방경을 통해 관찰하는 것이다. 이 방법은 자주 일어나지 않거나 공개적으로 보이지 않는 행동을 연구하는 데 가장 큰 도움이 되며, 모든 참가자들이 동일한 자극에 노출된다는 객관성을 확보할 수 있다. 하지만 실험실이라는 낯선 상황에 처해 있다는 사실이 일상생활에서의 자연스러운 행동을 왜곡시킬 가능성도 있다.

### ③ 사례연구법

사례연구는 소수의 참가자를 대상으로 관찰, 실험, 면접 등의 방법들을 모두 동원하여 자료를 수집하고 여기에서 나온 결과를 토대로 그 개인의 발달적 변화과정과 그에 영향을 미치는 요인들을 찾아낸다. 사례연구의 데이터가 누적되면 이를 통해 발달이나 심리기제의 일반적 양상을 추론할 수 있다. 프로이트나 피아제가 주로 수행했던 연구방법이 사례연구라고 할 수 있다. 그러나 소수의 사례를 전체 대상에게 일반화시키는 데에는 위험이 따를 수 있다.

### ④ 기술민족학

기술민족학은 문화인류학 분야에서 주로 사용되는 참여관찰의 한 형태로서 청소년이 속해 있는 문화나 공동체의 독특한 가치 및 전통이 청소년 발달에 어떠한 영향을 주는지 알아보는 데 유용한 방법이다. 이를 위해 연구자는 참가자의 생활 장면에 직접 들어가 상당한 기간 동안 함께 생활하면서 광범위한 자료를 수집한다. 따라서 일시적이고 제한적인 관찰이나 면접을 통해 자료를 수집하는 것보다 훨씬 심층적이고 본질적

표 1-3 대표적 자료수집방법들의 장·단점

| 구 분 | 방 법 | 장 점 | 단 점 |
|---|---|---|---|
| 자기<br>보고법 | 면접과<br>질문지법 | • 많은 정보를 얻는 데 상대적으로 빠른 방법. 표준화된 방식으로 다양한 대상자들의 자료를 직접 비교할 수 있음 | • 수집된 자료가 부정확할 수 있음. 이는 응답자의 언어기술과 질문이해능력의 차이를 반영할 수 있음 |
| 체계적<br>관찰법 | 자연관찰법 | • 자연스러운 환경에서 실제로 발생하는 행동을 연구함 | • 관찰된 행동은 관찰자의 존재로 인해 영향을 받을 수 있음<br>• 이상하거나 바람직하지 않은 행동들이 관찰 동안에는 발생하지 않을 수 있음 |
| | 구조화된<br>관찰법 | • 모든 대상자가 목표행동을 수행할 수 있는 표준된 환경을 제공함<br>• 드물거나 바람직하지 않은 행동을 관찰할 수 있음 | • 인위적 관찰은 자연스러운 환경에서 행동하는 방식을 알아내기에 어려움이 있음 |
| 기 타 | 사례연구법 | • 많은 출처로부터 얻은 자료를 고려하는 매우 광범위한 연구방법 | • 수집된 자료의 종류가 사례마다 다르고 부정확할 수 있음<br>• 개별 사례를 통해 얻은 결과를 일반화할 수 없음 |
| | 기술민족학 | • 짧은 관찰이나 면접연구보다 문화적 신념, 가치, 전통에 대한 풍부한 내용을 제공함 | • 연구자의 가치와 이론적 입장에 의해 결론이 왜곡될 수 있음<br>• 연구집단과 연구상황 이외로 일반화할 수 없음 |

자료 : Shaffer, D. R.(2002). Developmental Psychology : Childhood and Adolescence.

인 정보를 얻을 수 있다는 장점이 있다. 그러나 시간과 노력이 많이 소요되며 연구자의 문화적 가치와 이론적 편향으로 인해 잘못된 해석을 이끌 수 있다는 문제점도 지적되고 있다.

요약

청소년에 대한 개념은 시대, 국가, 학자, 관련 법규에 따라 다양하나, 한국의 경우 「청소년 기본 법」에 의하면 '9~24세 사이의 사람'으로 규정되어 있다. 청소년기는 아동기에서 성인기로 옮아 가는 전환기로서 신체, 사고, 정서, 행동 등에서 급격한 변화가 일어나는 시기이다. 이러한 변화는 청소년에게 불안정과 불균형적인 상태에서 긴장과 혼란을 경험하도록 한다. '질풍노도의 시기', '심리적 유예기', '주변인', '제2의 탄생'과 같은 용어들은 이러한 청소년의 특성을 반영한다.

다른 인간유기체와 마찬가지로 청소년 역시 현대 사회로부터 다양한 영향을 받는데, 이는 청소 년의 성장 발달에 긍정적 또는 부정적 영향을 끼친다. 오늘날의 대표적인 사회적 영향으로는 컴 퓨터혁명, 물질혁명, 교육혁명, 가족혁명, 성혁명 그리고 폭력혁명을 들 수 있다. 이러한 사회적 변화는 내적으로도 급격한 변화를 겪는 청소년들에게 더 많은 변화와 적응을 요구한다고 볼 수 있기 때문에 청소년의 건강한 적응과 발달을 위해서는 내적 요인뿐만 아니라 사회적 맥락에 대 한 이해가 필수적으로 이루어져야 한다.

청소년 심리를 이해하기 위한 과학적 접근인 청소년 심리학은 청소년의 제반 특성과 발달적 현 상을 있는 그대로 기술하고, 현상의 원인을 설명하며, 이를 바탕으로 미래행동을 예언하고, 현상 을 결정짓는 조건을 조작함으로써 통제하는 활동이 포함된다.

청소년 심리학의 연구설계법에는 크게 상관설계와 실험설계가 있으며, 자료수집방법으로는 면접 과 질문지를 포함한 자기보고법, 관찰법, 사례연구법, 기술민족학방법 등이 있다.

Chapter ②

# 이론적 관점

'청소년기란 무엇인가?'에 대한 질문에 대답하는 방법은 청소년기를 다양한 관점으로 살펴보는 것이다. 본 장에서는 청소년기에 관한 생물학적 이론, 정신분석이론, 인지발달이론, 사회학습이론, 인본주의이론, 생태학적 이론, 문화인류학적 이론 등의 다양한 관점들을 통해 청소년에 대해 보다 온전한 이해를 할 수 있도록 돕고자 한다.

## 1. 생물학적 이론

생물학적 관점에서는 청소년기를 신체적인 성적 성숙이라는 중요한 변화가 일어나는 시기라는 점을 강조한다. 청소년기에 관한 생물학적 정의는 신체적 변화와 성적 성숙, 생리적 변화와 그 변화가 일어나는 이유와 결과를 설명하고 있다.

　생물학적 관점에서는 청소년기에 일어나는 행동과 심리적 변화의 일차적 원인을 생물 유전적 요인으로 보고 있다. 즉, 성장과 행동은 주로 내적 성숙의 힘에 의해 일어나는 것으로, 환경의 영향을 거의 받지 않는다고 본다. 따라서 발달은 사회·문화적 환경과 관계없이 필연적이고 보편적인 양상으로 나타나는 것이다.

## 1) 홀의 반복발생(재현)이론

홀(G. Stanley Hall, 1844~1944)은 아동에 관한 최초의 체계적 연구를 시작한 인물로서 발달심리학에 커다란 공헌을 하였다. 또한 그는 '청소년 심리학의 아버지'라고 불릴 만큼 청소년에 대해 깊은 관심을 가지고 있었다. 그가 1904년에 출간한 『청소년기(Adolescence)』라는 저서를 보면, '신장과 체중의 성장', '성적 발달', '청소년기의 사랑', '사회적 본능과 제도', '지적 발달과 교육', '청소년 비행, 부도덕성, 범죄', '신체와 정신의 병' 등 오늘날에도 중요한 주제가 되고 있는 영역들을 다루고 있다.

그림 2-1 스탠리 홀

　홀은 다윈(Dawin)의 생물학적 진화론의 개념을 적용하여 인간의 모든 발달이 유전적 요인에 의해 결정된다고 믿었으며, 헤겔(Hegel)의 "개체발생(ontogeny)은 계통발생(phylogeny)의 집약된 반복이다."라는 반복의 원칙을 적용하여 인간의 발달이 유아기로부터 청소년기를 거쳐 성인이 된다고 하였다. 홀이 말하는 청소년기는 13세 정도에서 시작해 22~25세 정도에 끝나는데, 그는 이 시기를 '질풍노도의 시기'로 묘사하였다. 이는 인간의 진화과정에서의 과도기적 단계의 특성 때문인데, 자아의식과 현실적응 사이에서 갈등, 소외, 외로움, 혼돈을 경험하고 이로 인해 긴장과 혼란이 일어난다는 의미를 갖는다. 또한 홀은 청소년기에는 보다 높고 완전한 인간특성이 새로이 나타난다는 점에서 이 시기를 '새로운 탄생'이라고도 보았다. 홀은 생물학적 과정이 사회성 발달을 유도하고 나아가 이성교제와 같은 보다 복잡한 사회적 관계에 영향을 준다고 보았다.

## 2) 게젤의 성숙이론

아놀드 게젤(Arnold Gesell, 1880~1961)은 발달과 성격의 행동적 표현에 관심을 갖고, 여러 연령층의 아동과 청소년들의 행동을 관찰하여 발달단계와 주기를 시간적 순서에 따른 행동준거로 정리하였다. 그의 이론은 기본적으로 생물학적 이론으로, 인간의 성숙은 유전자와 생물학에 의해 매개된다고 보았다. 즉, 유전자와 생물학이 행동의 표현과 발달의 순서를 좌우한다는 것이다. 인간은 자기 나름의 유전적 요인이나 개인적 소질 그리고 선천적인 성숙순서를 갖고 태어난 고유한 존재이다. 게젤은 일차적으로 성숙을

그림 2-2 아놀드 게젤

중요시하였기 때문에 개인차와 개인의 발달에 미치는 환경의 영향을 인정하긴 하였지만 인간에게 적용되는 많은 원칙과 순서들은 보편적인 것이라고 보았다.

## 2. 정신분석이론

### 1) 안나 프로이트의 자아방어이론

안나 프로이트(Anna Freud, 1895~1982)는 아버지인 시그문트 프로이트(Sigmund Freud)의 정신분석이론을 계승하고 더욱 발전시켰다. 특히 아버지가 성격형성에 있어 남근기의 중요성을 강조했다면, 안나 프로이트는 청년기를 보다 폭넓게 연구하였다.

시그문트 프로이트는 생애 초기의 몇 년간을 중심으로 발달이론을 구성하였기 때문에 청소년기에 관한 이론과는 크게 관련이 없지만, 저서 『성이론에 대한 세 가지 에세이(1953)』에서 청소년들에 대해 간략하게 다루고 있다. 그는 청소년기를 성적 흥분, 불안 그리고 때때로 성격에 혼란이 있는 시기이며, 사춘기는 유아성욕이 사라지고 정상적인 성욕이 생기는 시기라고 보았다.

안나 프로이트는 청소년기의 발달과정과 사춘기에 일어나는 정신적 구조의 변화에 대해 보다 자세히 언급하였는데, 청소년기를 내적 갈등, 정신적 불균형 그리고 변덕스러운 행동 등으로 규정지었다. 청소년들은 자신을 세상의 중심에 있는 유일한 관심의 대상으로 보는 이기적 존재이면서 다른 한편으로는 자기희생과 헌신도 할 수 있는 존재이다. 때로는 열정적으로 사회활동을 하고 집단적 참여를 하다가도 완전한 혼자만의 고독을 원하기도 한다. 권위에 대해 무조건 복종하기도 하고 반대로 권위에 반항하기도 하며, 이기적이고 물질을 중시하면서도 고상한 이상주의에 빠지기도 한다. 금욕적이면서도 제멋대로 하고, 타인을 배려하지 않으면서도 자신에 대해서는 관대하다. 이들은 낙천주의와 염세주의, 지치지 않는 열정과 게으름, 무관심 사이를 왔다 갔다 한다.

이러한 갈등 행동이 일어나는 이유는 사춘기의 성적 성숙에 수반되는 정신적 불균형과 내적 갈등 때문이다. 사춘기에 나타나는 가장 두드러진 변화는 본능적 충동의 증가로서, 공격적 충동이 강해지고 식욕이 왕성해지며 때로는 범죄행동이 일어나기도 한다. 오랫동안 잠복되었던 구강적이고 항문

그림 2-3 시그문트 프로이트와 안나 프로이트

적인 흥미가 다시 나타나 질서에 대한 습관이 없어지고 무질서해지거나 겸손과 공감 대신 냉정함과 잔인함이 나타나기도 한다. 안나 프로이트는 사춘기의 이러한 본능적 힘의 증가를 초기 유아기 상태와 비슷한 것으로 보았다. 생애 초기 유아의 성욕과 반항적 공격성은 사춘기에 부활하게 되는데, 이러한 청소년기의 본능의 부활은 개인의 추론능력과 양심에 직접적으로 도전이 되어 원초아와 초자아 간에 갈등을 일으켜 잠복기 동안 이루어진 정신능력 간의 균형을 깨뜨린다. 이러한 원초아-자아-초자아 간의 갈등을 해소하기 위해 자아는 무차별적으로 방어기제를 동원할 수 있는데, 청소년

**그림 2-4** 안나 프로이트

기의 금욕주의와 주지화는 모든 본능적 소망을 부정하는 것을 의미한다. 대부분의 정상적인 청소년들에게서는 원초아, 자아 그리고 초자아 간에 조화가 생기게 되는데, 잠복기 동안 극단적인 죄책감과 불안을 야기할 수 있는 본능을 지나치게 억압하지 않으면서 초자아가 충분히 발달하고 그리고 자아가 갈등을 중재할 만큼 충분히 강하고 지혜로우면 이러한 균형은 이루어진다.

## 2) 에릭슨의 심리사회적 이론

에릭슨(Erik Erikson, 1902~1994)은 인생 초기의 경험이 중요하긴 하지만, 성장과정에서 사회·문화적 경험이 중요한 변수로 작용하여 청소년기에도 성격은 변할 수 있다고 보았다. 또한 무의식이 성격을 형성하는 데 중요한 역할을 하긴 하지만, 무의식이 의식에 전적인 영향을 준다고는 보지 않았다. 또한 그는 성격의 발달이 생물학적·사회적·개인적 차원이 지속적으로 상호작용함으로써 이루어진다고 보았다.

**그림 2-5** 에릭 에릭슨

에릭슨에 의하면 인간은 8단계의 발달단계를 거치는데, 각 단계마다 극복해야 할 심리사회적 과업이 있다. 각 과업을 다룰 때 생기는 갈등이 성공적으로 해결되면 긍정적 자질이 생겨서 더 나은 발달이 이루어지지만, 갈등이 지속되거나 불만족스럽게 해결되면 부정적 자질이 생겨 자아가 손상을 입는다. 개인이 모든 단계에 걸쳐 이루어야 할 전반적인 과제는 한 단계에서 다음 단계로 넘어갈 때 긍정적인 자아정체감을 획득하는 것이다. 정체감 형성은 청소년기에 시작해서 끝나는 것이 아니라 평생 계속되는 과정이지만, 에릭슨은 특히 청소년기가 정체감 형성에 있어 결정적인 시기라고 보았다.

| 단계 | 1 | 2 | 3 | 4 | 5 | 6 | 7 | 8 |
|---|---|---|---|---|---|---|---|---|
| 구강기(출생 ~생후 1년) | 신뢰감 대 불신감 | | | | | | | |
| 항문기 (1~3세) | | 자유성 대 수치심, 의심 | | | | | | |
| 남근기 (4~5세) | | | 주도성 대 죄책감 | | | | | |
| 잠복기 (6~11세) | | | | 근면성 대 열등감 | | | | |
| 청년기 | | | | | 자아정체감 대 역할혼미 | | | |
| 성인 전기 | | | | | | 친밀감 대 고립감 | | |
| 성인 중기 | | | | | | | 생산성 대 침체감 | |
| 성인 후기 (노년기) | | | | | | | | 통합성 대 절망감 |

*세로축 레이블: 프로이트의 성적 형성단계*

**그림 2-6 프로이트와 에릭슨의 발달단계**

청소년기는 자아가 동요하면서 갈등이 증가되는 정상적인 위기단계이다. 이 기간 동안 개인은 개인적 정체감을 형성하고 역할 혼미와 정체감 혼미의 위험에서 벗어나야 한다. 정체감을 형성하기 위해서는 자신의 능력과 취약점이 무엇인지 평가하고, 이러한 자질들을 바탕으로 자신이 누구인지, 어떤 사람이 되고 싶은지에 관한 명확한 개념을 형성하는 개인적 노력이 필요하다. 따라서 명확한 자아 개념 형성을 위해 적극적으로 정체감을 탐색하는 청소년들은 일시적으로 자기회의, 혼돈, 분산된 사고, 충동성, 부모 및 다른 권위 있는 타인과의 갈등, 자아강도의 약화, 신체적 증후의 증가와 같은 특징들을 보이기 쉽다.

청소년기 동안 해결해야 할 갈등은 일곱 가지가 있는데, 간단히 살펴보면 다음과 같다.

## (1) 시간 조망 대 시간 혼미

시간 감각과 삶의 연속감은 과거와 미래를 조정하고 인생의 목표를 계획하는 데 필요한 시간을 따져 보아야 하는 청소년기에는 아주 중요하다. 이것은 자신의 시간을 예상하고 시간을 안배하는 것을 배우는 것으로, 진정한 시간감각은 청소년 후기, 즉 대략 15세 또는 16세에 이르러서야 발달된다.

## (2) 자기확신 대 자의식

자신이 과거에 했던 경험을 믿고 앞으로 자신의 목표를 달성시킬 기회가 충분이 있다고 믿는 것이 자기확신이다. 자기확신을 갖기 위해서는 자신의 신체상뿐만 아니라 대인관계와 관련된 자기인식과 자의식의 시기를 겪어야 한다. 비교적 정상적인 과정을 거치게 된다면, 청소년들은 자신과 자신의 능력에 대해 자신감을 얻게 되고 나아가 현재 상황에 대처할 수 있는 능력과 미래의 성공에 대한 자신감을 갖게 된다.

## (3) 역할 실험 대 역할 고착

청소년들은 사회가 기대하는 다양한 역할을 시도해볼 기회를 갖는다. 청소년들은 다양한 정체감과 성격, 사고방식과 행동방식, 목표 또는 사회적 관계를 실험해볼 수 있다. 정체감을 형성하기 위해서는 이러한 탐색을 할 수 있는 기회가 있어야 한다. 내면적인 억제가 너무 많고 죄책감이 많은 사람들, 주도적이지 못한 사람들, 그리고 이미 역할이 고착되어 버린 사람들은 자신이 누구인지를 찾지 못한다.

## (4) 일 배우기 대 일 마비

청소년들은 직업을 결정하기 전에 다양한 직종을 탐색하고 시도해 보는 기회를 갖는다. 직업선택은 개인의 정체감을 결정하는 데 중요한 부분이다. 열등감으로 인해 부정적 자기 이미지가 있으면 학업이나 직업의 성공에 필요한 에너지를 투입할 수 없게 된다.

## (5) 성역할 분화 대 양성 혼돈

청소년들은 지속적으로 남성과 여성에 대한 정의를 내리고자 한다. 에릭슨은 미래에 이성과의 친밀감을 가능하게 하고 확고한 정체감을 형성하기 위해서는 우선적으로 자신의 성과 상대의 성에 대한 분명한 동일시가 먼저 이루어져야 한다고 주장하였다. 나아가 그는 지역사회가 원활하게 기능하기 위해서는 남성과 여성 모두가 각자 자신에게 맞는 적합한 역할을 받아들이고 성역할의 분화가 이루어져야 한다고 강조하였다.

## (6) 지도력 · 추종력 대 권위 혼돈

학교, 사회집단 그리고 새로운 친구를 통해 청소년의 사회적 범위가 확장되면서 청소년들은 다른 사람들을 따르는 것뿐만 아니라 지도자로서의 책임을 받아들이는 법도 배우기 시작한다. 동시에 충성심에 대한 강력한 요구가 있음도 알게 된다. 또한 정부, 고용주, 연인, 부모 및 친구 모두가 청소년에게 무언가를 요구한다. 그 결과, 청소년들은 권위에 대한 혼란을 경험하게 된다. 누구의 말을 들을 것인가?, 누구를 따를 것인가?, 누구에게 우선적으로 충성심을 바쳐야 할 것인가? 등의 물음에 대한 답을 얻기 위해서는 개인적 가치와 우선순위를 살펴보아야 한다.

## (7) 이념적 관여 대 가치의 혼돈

어떤 이념을 형성하였는가는 이후 행동의 여러 측면에 영향을 준다. 에릭슨은 이러한 노력을 '신념에의 추구'라고 불렀다. 즉, 인간은 자신이 믿을 만한, 또는 따를 만한 무엇인가를 필요로 하기 때문이다.

한편 에릭슨은 청소년은 아동기와 성인기 사이에서 사회적으로 허용되는 심리적 유예상태(psychological moratorium)를 갖는다고 하였다. 이 유예기간 동안 개인은 자유로운 역할실험을 통해 사회에서 자신을 필요로 하는 것을 찾을 수 있다. 청소년기는 특정 역할에 대해 책임을 지지 않고 다양한 역할을 분석하고 시도해 보는 시기이다. 유예의 기간과 강도는 사회에 따라 다르지만, 청소년기가 끝날 무렵까지 정체감을 형성하지 못하면 역할 혼미로 인해 어려움을 겪게 된다. 자아정체감 형성에 실패한 청소년은 자기회의, 역할 분산 및 역할 혼미를 경험하게 되고, 자기 파괴적이고 자기 중심적인 편견과 활동에 몰입하게 된다. 또한 타인의 의견에 지나치게 몰두하거나 반대로 타인을 전혀 배려하지 않고, 고려하지 않기도 한다. 그리고 역할 혼미에서 생기는 불안을 없애기 위해 약물이나 알코올을 사용할 수도 있다. 일반적으로 만성 비행청소년과 정신병적 성격파괴자들에게서 자아 분산과 성격 혼돈이 관찰되는 것은 이러한 이유 때문이다(자아정체감과 관련된 내용은 4장에서 보다 자세히 다룰 것이다).

그림 2-7 청소년

### 3) 하비거스트의 청소년 발달과업이론

하비거스트(Robert Havighurst, 1900~1991)의 청소년기 발달이론은 이전에 개발된 개념들을 조합한 절충적인 이론이다. 그는 개인의 욕구와 사회의 요구를 모두 고려하여 청소년기의 심리사회적 이론을 개발하였다. 즉, 개인이 필요로 하는 것과 사회가 요구하는 것이 발달과업이 되는데, 여기에는 신체적 성숙, 사회적 기대 및 개인적 노력을 통해 삶의 특정 시점에서 획득해야만 하는 기술, 지식, 기능 및 태도 등이 포함된다. 청소년기의 주요 여덟 가지 발달과업은 다음과 같다.

그림 2-8  로버트 하비거스트

**(1) 동성과 이성 동년배와의 보다 새롭고 성숙한 관계 형성**
청소년들은 아동 중기의 두드러진 특성이었던 동성의 놀이친구에 대한 관심에서 벗어나 이성 간의 친구관계를 형성해야 한다. 또한 집단생활에 필요한 사회적 기술과 행동을 배움으로써 성인이 된다.

**(2) 남성과 여성의 사회적 성역할 획득**
남성은 무엇이고 여성은 무엇인가?, 남성과 여성은 어떻게 다른가?, 남성과 여성은 어떻게 행동해야만 하는가?, 어떤 사람이 되어야 하는가? 성과 관련된 사회적 역할은 각 문화마다 다르지만, 현대의 사회문화에서는 남성과 여성 역할이 급격하게 변하고 있다. 따라서 청소년은 성숙과정에서 자신의 문화에서 변하고 있는 성역할을 재고찰하고 어떤 측면들을 선택할지 결정해야 한다.

**(3) 자신의 신체를 수용하고 효율적으로 사용하는 것**
청소년의 한 가지 특징은 성적으로 성숙함에 따라 자신의 신체에 관한 자의식이 생기는 것이다. 청소년들은 자신의 신체와 신체의 성장 특징을 수용하고 다른 사람의 신체를 보살피는 방법과 운동, 여가활동, 일, 일상생활 속에서 자신의 신체를 효율적으로 사용하는 법을 배워야 한다.

**(4) 부모와 다른 성인들로부터의 정서적 독립**
청소년들은 정서적 의존 없이 타인을 이해하고 좋아하며 존중할 줄 알아야 한다. 부모와 다른 성인에게 반항적이고 대항하는 청소년들은 자신과 성인들, 그리고 자신이 겪는 갈등의 이유를 보다 잘 이해할 필요가 있다.

### (5) 경제적 직업의 준비

청소년의 일차적인 목표 중 하나는 직업을 결정하고, 그 직업에 대해 준비하며, 자신의 생활을 스스로 꾸려 독립하는 것이다. 이 과제에서 이루어져야 할 부분은 인생에서 자신이 정말로 원하는 것이 무엇인지를 찾아내는 것이다.

### (6) 결혼과 가정생활에 대한 준비

주변환경의 경제적·사회적·종교적 특성이 변함에 따라 결혼 양상과 가족생활 양상도 바뀌고 있지만, 대다수 청소년들은 인생의 중요한 목표 중 하나로 행복한 결혼과 좋은 부모가 되는 것을 꼽는다. 따라서 개인은 원만한 결혼을 위한 이해와 긍정적 태도, 사회적 기술, 정서적 성숙을 발달시켜야 한다.

### (7) 행동지침이 되는 가치 및 윤리체계의 획득 : 이념의 형성

이 목표는 사회정치적·윤리적 이념의 발달과 개인의 삶에서 의미 있는 가치, 도덕, 이상향을 채택하고 실생활에 적용하는 것과 관련된다.

### (8) 사회적으로 책임 있는 행동을 바라고 행하는 것

이 목표에는 사회적 가치를 고려하는 사회적 이념 발달이 포함되며, 지역주민과 국민으로서의 성인생활에 참여하는 것이 포함되어 있다. 많은 청소년들은 자신이 속한 사회의 윤리에 실망을 느끼게 된다. 일부는 급진적인 운동가가 되고 다른 이들은 운동을 거부하는 비참여집단에 속하게 된다. 청소년들은 자신의 삶에 의미를 주는 방식으로 사회에서 자신의 역할을 찾으려고 노력해야 한다.

발달과업의 성공적인 완수는 다음 단계의 과업수행에 큰 도움이 된다. 청소년들이 위와 같은 발달과업을 성공적으로 습득하게 되면, 청년기의 적응과 동시에 성인전기의 과업을 좀 더 성숙하게 수행할 수 있게 된다. 하지만 청소년기의 발달과업을 제대로 획득하지 못한 청소년들은 이 시기를 보내는 데 어려움뿐만 아니라 사회적 부적응을 겪을 수 있다.

# 3. 인지 발달이론

인지(cognition)란 앎의 행위 또는 앎의 과정이다. 여기서의 강조점은 정보가 습득되는 과정에 있는 것이 아니라 이해를 하는 데 있어 관련된 정신활동이나 사고에 있다.

## 1) 피아제의 인지 발달이론

피아제(Jean Piaget, 1896~1980)에 의하면 인지 발달은 환경과 대뇌신경계의 성숙 모두가 결합된 결과이다. 그는 역동적 인지 발달을 설명해 주는 다섯 가지 용어를 사용하였다. 우선 '도식(schema)'은 사람들이 환경에서 무엇이 발생했는지를 처리하는 사고 또는 정신구조의 최초 양식이다. 예를 들어, 유아들은 자신이 원하는 것을 보면 그것을 잡으려고 손을 뻗는다. 즉, 그 상황에서 필요한 도식을 형성하고 있는 것이다. '적응(adaptation)'은 개인의 이해를 증진시키기 위해 새로운 정보를 포함시키고 그것에 적응하는 것이다. 적응은 동화와 조절의 두 가지 수단을 통해 일어난다. '동화(assimilation)'는 새로운 환경자극에 대한 반응에서 기존의 구조를 사용하여 새로운 정보를 습득하는 것이며, '조절(accommodation)'은 기존의 구조 대신에 새

그림 2-9  장 피아제

로운 구조를 만들어 새로운 정보에 적응하는 것을 말한다. '평형화(equilibrium)'는 동화와 조절 간에 균형을 이루는 것이다. 평형화는 개인이 경험하는 현실이 자신이 믿고 있는 것과 일치하기 때문에 느끼는 편안함이고, 불평형화는 현실과 그 현실에 대한 개인의 이해가 불일치할 때 생기는 것으로, 조절이 필요하다. 평형화에 대한 욕구는 인간으로 하여금 인지 발달단계로 나아가도록 추진시키는 동기가 된다.

피아제는 인지발달의 4단계를 언급하였는데, 감각운동기(출생~2세), 전조작기(2~7세), 구체적 조작기(7~11세), 형식적 조작기(11세 이상)가 그것이다. 형식적 조작기 동안 청소년들은 구체적이고 실질적인 경험에서 벗어나 보다 논리적이고 추상적으로 사고하기 시작하며, 자신의 사고에 관해 사고할 수 있는 내성능력을 갖게 된다. 문제를 해결하고 결론을 내릴 때 체계적이고 명제적인 논리를 사용할 수 있으며, 수많은 사실을 동시에 고려하여 이 사실에 근거한 이론을 구성하는 귀납추리를 할 수 있다. 또한 이론을 과학적으로 검증하고 구성하는 연역추리를 할 수 있고, 대수학적 상징과 은유법을 사용할 수 있다. 그리고 현재 있는 것을 넘어서 어떻게 될 수 있는지를 사고할 수

있는데, 이는 미래에 대한 계획을 세울 수 있게 해준다. 또한, 청소년들은 가능성에 대해 생각할 수 있게 되는데, 이러한 가설설정 능력은 물리적이고 과학적인 사고에 국한되는 것이 아니라 사회, 정치, 종교, 철학 등의 전 영역에 걸쳐 이상주의로 확장된다. 그리고 이러한 이상주의는 자신의 관념에 집착함으로써 자신의 관념과 일치하지 않는 것을 비판하는 것으로 나타나기도 한다.

## 2) 콜버그와 길리건의 도덕성 발달이론

도덕성이란 선악의 견지에서 본 인격, 판단, 행위 따위에 관한 가치를 의미하는 것으로서, 옳고 그름을 바르게 판단하고 인간관계에서 지켜야 할 규범을 준수하는 능력을 말한다. 이는 자신이 속한 사회의 문화규범에 따라 행동하도록 배우고, 그것을 자신의 것으로 받아들이는 과정을 통해 이루어진다. 도덕성에 관한 대표적인 이론으로는 콜버그(Lowrence Kohl berg, 1927~1987)의 이론을 들 수 있다.

콜버그는 도덕적 행위를 도덕적 판단능력으로 보았는데, 그에 의하면 이러한 도덕 추론능력은 인지 발달과 관련되기 때문에 도덕 발달도 단계적이며, 그 순서도 모든 문화에서 동일하게 나타난다. 도덕성 발달단계는 전인습적 수준(1단계 : 벌과 복종 지향의 도덕, 2단계 : 목적과 상호교환 지향의 도덕), 인습적 수준(3단계 : 착한 아이 지향의 도덕, 4단계 : 법과 질서 지향의 도덕), 그리고 후인습적 수준(5단계 : 사회계약 지향의 도덕, 6단계 : 보편적 원리 지향의 도덕)으로 발달하게 되는데, 모든 인간이 6단계까지 발달하는 것은 아니라고 하였다. 전인습적 수준은 행위의 결과가 가져오는 보상이나 처벌에 의해 옳고 그름을 판단하는 수준으로, 의도보다는 결과를 중요하게 생각한다.

그림 2-10  로렌스 콜버그(좌)와 캐롤 길리건(우)

인습적 수준에서는 사회적 기대와 규칙을 중요한 기준으로 사용하며, 옳은 일이란 사회적 질서를 유지하는 것이라고 본다. 대부분의 청소년들이 이 수준에 해당된다. 후인습적 수준은 도덕적 가치와 원리에 초점을 맞추고 사회 구성원 대다수의 이익을 위해 규칙은 바뀔 수도 있다고 생각하며 인간의 존엄성, 정의, 사랑, 공정성에 근거를 두고 있는 추상적이고 보편적인 윤리를 추구한다.

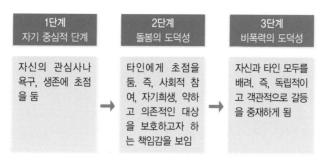

| 1단계<br>자기 중심적 단계 | 2단계<br>돌봄의 도덕성 | 3단계<br>비폭력의 도덕성 |
|---|---|---|
| 자신의 관심사나 욕구, 생존에 초점을 둠 | 타인에게 초점을 둠. 즉, 사회적 참여, 자기희생, 약하고 의존적인 대상을 보호하고자 하는 책임감을 보임 | 자신과 타인 모두를 배려. 즉, 독립적이고 객관적으로 갈등을 중재하게 됨 |

그림 2-11  길리건의 여성 도덕 개념

그러나 콜버그의 이론은 남성만을 대상으로 한 연구에 기초하고 있기 때문에 여성들의 도덕추론에 대해서는 맞지 않는다는 비판이 있다. 이에 대해 길리건(Carol Gilligan, 1936~)은 남성의 경우 개인의 권리를 존중하고 법과 질서를 우선하는 정의의 도덕성을 지향하는 반면, 여성의 경우에는 타인에 대한 책임과 복지가 우선하는 배려의 도덕성을 지향하는 차이가 있다고 주장하였다. 따라서 여성이 남성에 비해 도덕성이 부족하다는 콜버그의 주장에 반박하고 남성과 여성의 근본적인 차이를 부각함으로써 인간의 도덕성 발달에 대한 관점을 확장시켰다. 따라서 최근에는 정의와 배려의 도덕성을 통합적 관점에서 접근함으로써 도덕성 성숙의 의미는 도덕적 상황을 공정하고 평화롭게 해결하며 타인에게 배려와 공정한 태도를 갖는 것이라고 본다.

## 3) 셀먼의 사회적 인지이론

사회인지(social cognition)란 사회관계를 이해할 수 있는 능력이다. 로버트 셀먼(Robert Selman)은 사회적 역할 수용(social role taking)에 관한 이론을 발전시켰다. 사회적 역할 수용은 다른 사람의 관점을 추정하고 그 사람의 생각, 감정, 행동을 이해하는 능력으로, 발달단계는 다음과 같다.

■ 0단계 : 자기 중심적 또는 미분화 조망 수용단계(3~6세)

그림 2-12  로버트 셀먼과 그의 저서 『사회교육의 진흥(Promotion of Social Awareness, 2003)』

- 1단계 : 주관적 또는 사회정보적 조망 수용단계(6~8세)
- 2단계 : 자기반성적 또는 상호교환적 조망 수용단계(8~10세)
- 3단계 : 제3자 또는 상호적 조망 수용단계(10~12세)
- 4단계 : 심층적 또는 사회적 조망 수용단계(청소년기~성인기)

청소년 초기가 되면 보통 3단계나 4단계에 도달하게 되는데, 청소년들이 타인을 이해하는 데에는 두 가지 특징이 있다.

첫째, 청소년들은 동기, 행위, 사고, 감정이 심리적 요인에 의해 영향을 받는다는 것을 안다. 심리적 결정요인에 대한 이러한 인식은 비록 청소년들이 심리적 용어로 표현은 하지 못하더라도, 이런 요인들이 무의식적으로 영향을 주고 있다는 생각을 하고 있음을 반영해 준다.

둘째, 청소년들은 성격이 나름의 발달적 내력을 지닌 특질, 신념, 가치, 태도체계라는 것을 인식하기 시작한다.

청소년기에는 보다 높고 추상적인 수준의 대인 간 조망 수용으로 나아갈 수 있는데, 여기에는 가능한 모든 삼자적 조망인 사회적 조망에 대한 조정이 포함된다. 청소년은 개개인이 공유하고 있는 사회적 체계인 일반화된 타인의 관점을 고려할 수 있는데, 이는 타인에 대한 이해와 함께 정확한 의사소통을 가능하게 해준다. 나아가 개인은 사회적 체계인 법과 도덕이 집단의 합의된 조망에 따라 달라진다는 것도 알게 된다.

이러한 사회적 조망 수용능력은 청소년들의 우정 개념과도 밀접한 관계를 갖고 있다. 즉, 타인의 관점에 대한 인식이 점차 가능해지면서 우정도 일방적인 관계가 아닌 존경, 친절, 애정을 교환하는 상호적 신뢰와 친밀감을 내포하는 조화롭고 호혜적인 관점으로 변화하게 된다.


# 4. 사회학습이론

사회학습이론에서는 성숙원리보다는 사회와 상황에 의해 행동이 결정된다고 보기 때문에 인간 발달을 단계로 구분하지 않으며, 유아에서 성인에 이르기까지의 심리과정이 모두 동일하다는 전제를 갖는다. 따라서 청소년의 경우에도 '과도기'나 '질풍노도의 시기'와 같은 개념을 적용하지 않는다. 또한 청소년 발달은 환경적 조건과 사회적 기대

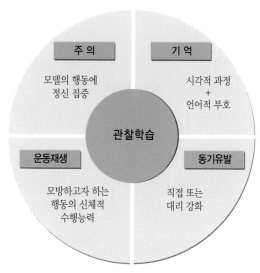

그림 2-13 관찰학습의 구성요소

그림 2-14 자기효능감

그림 2-15 알버트 반두라

에 의해 영향을 받는다고 보기 때문에 소수의 청소년들만이 규범에서 벗어난 일탈행동을 보이며, 많은 청소년들은 비교적 조화로운 발달을 한다는 관점을 갖고 있다.

대표적 이론가로는 알버트 반두라(Albert Bandura, 1925~)를 들 수 있는데, 그는 관찰학습을 중요한 발달과정으로 강조하면서 이 과정에는 인지가 중요한 역할을 한다고 보았다. 즉, 모델의 행동을 주의해서 보아야 하고, 본 것을 능동적으로 부호화하고 기억에 저장해야 하며, 실제 필요한 상황에서 본 것을 신체를 통해 표현해야 한다는 것이다. 그리고 무엇보다도 실행을 위해서는 실행하고자 하는 동기가 있어야 한다. 또한 반두라는 학습이론가들이 주장한 환경결정론에 반론을 제기하면서 인간(예 : 인지능력 · 신체특성 · 신념과 태도), 행동(예 : 운동반응 · 언어적 반응 · 사회적 상호작용), 환경(예 : 물리적 환경 · 가족과 친구 · 기타 사회적 영향)이 끊임없는 상호작용을 통해 변화해 간다는 상호결정론의 개념을 강조하였다.

사회학습이론에서는 자기효능감(self efficacy)이 중요한 요소가 된다. 자기효능감이란 자신이 어떤 일을 잘 해낼 수 있을 것이라는 신념으로, 긍정적인 자기효능감은 어떤 행동을 모방할 때 도움이 된다. 즉, 자신의 능력 내에 있다고 보는 모델의 행동은 모방을 할 것이고, 자신의 능력 밖이라고 보는 행동은 모방하지 않게 될 것이다.

반두라에 의하면 자기효능감에 대한 평가는 첫째, 실제 수행, 둘째, 대리경험, 셋째, 격려의 말, 넷째, 생리적 신호라는 네 가지 요인에 달려 있다. 다시 말해, 어떤 일을 성공적으로 수행하게 되면 자기효능감이 증대되지만, 지속적으로 실패하면 효능감이 떨어진다. 또한 자신과 능력이 비슷하다고 생각하는 사람이 성공적으로 수행하는 것을 보면 스스로에 대해서도 성공할 것이라고 판단하게 된다. 누군가가 잘 할 수 있다고 격려를 해줄 때도 더 많은 노력을 기울임으로써 성공확률을 높일 수 있으며, 생리적인 신호에 따라서 과제를 어렵게 느끼기도 하고 동기를 높일 수도 있다.

## 5. 인본주의이론

인본주의이론에서는 정신분석이론이나 행동주의이론에 비해 인간을 보다 희망적이고 낙관적으로 바라본다. 인간은 환경을 능동적으로 창조하며, 자신의 잠재력을 실현하려는 경향을 갖고 있는 선한 존재라고 보는 것이다. 인본주의이론은 다른 이론에 비해 덜 과학적이긴 하지만, 상당한 임상적 가치를 지니고 있으며, 인간에 대한 많은 시사점을 제공하고 있다.

### 1) 매슬로의 욕구위계이론

그림 2-16 아브라함 매슬로

매슬로(Abraham Maslow, 1908~1970)에 의하면 인간에게는 생리적 욕구, 안전의 욕구, 애정과 소속의 욕구, 자존감의 욕구, 앎의 욕구, 심미적 욕구, 자기실현의 욕구, 초월의 욕구가 있는데 그 강도와 중요성에 따라 욕구들이 위계적으로 구성되어 있어 하위욕구가 충족되면 상위욕구를 추구하게 된다고 보았다. 인간이 삶을 유지하는 데 필요한 호흡·배설·수면·식욕·성욕·안전·애정·자존감의 욕구는 결핍욕구라고 하며, 삶을 창조하고 자신의 잠재력을 실현하며 자기를 완성하고자 하는 욕구는 성장욕구라고 한다. 그러나 성장욕구를 추구하는 사람들은 많지만, 실제로 이를 실현하는 사람은 극히 드물다. 따라서 청소년을 포함해 대부분의 인간은 성장욕구보다는

초월의 욕구
(자기 실현을 위해 타인을 도움)

자기 실현의 욕구
(개인적 성장, 자기 충족)

심미적 욕구
(아름다움, 균형, 형태 등)

인지적 욕구
(지식, 의미, 자기인식)

자존감의 욕구
(성취, 지위, 책임, 명성)

사랑과 소속의 욕구
(가족, 애정, 관계, 직장 및 학교)

안전의 욕구
(보호, 안전, 안정, 질서, 법 등)

생존의 욕구
(공기, 음식, 물, 안식처, 성, 따뜻함, 수면 등)

그림 2-17 매슬로의 욕구위계도

하위욕구들인 결핍욕구의 충족 여부에 따라 건강하게 적응하기도 하고 아니면 부적응을 일으켜 소외, 고민, 냉담, 냉소, 무관심, 우울, 무기력 등의 어려움을 겪기도 한다.

## 2) 로저스의 인간 중심이론

칼 로저스(Carl Rogers, 1902~1987)는 인간이해에 있어 현상학적 접근을 시도하였다. 그는 인간의 행동을 지배하는 것은 자극상황에 대한 해석과 개인적 의미라고 보았다. 즉, 인간은 현재 존재하며 환경을 지각하는 실존인물로서 자신과 환경과의 관계성을 파악하는데, 현재 행위에 영향을 미치는 것은 과거 경험의 사실적 존재가 아니라 과거 경험에 대한 현재적 해석이다. 따라서 인간은 '현재-미래'의 틀 속에서 연구되어야 하며, 행동의 복잡성 역시 오직 그 인간의 내적 참조체계를 살펴봄으로써만 이해될 수 있다.

또한 로저스는 개인의 창조성, 독특성, 성장에 대한 잠재력에 초점을 맞

그림 2-18 칼 로저스

추고 자기(self)의 역할을 강조하였다. 자기는 유기체적 가치화 과정을 통해 형성된다. 개인은 자기를 유지시키거나 향상시키는 것으로 지각된 경험들을 더욱 추구하고 긍정적으로 평가하면서 이러한 긍정적 경험으로부터 만족감을 얻는다. 반대로 자기 보존이나 중진을 부정하거나 반대하는 것으로 인식된 경험들은 부정적으로 평가되어 피하게 된다.

유기체적 가치화 과정은 청소년으로 하여금 그들의 기본적 자기실현 경향을 경험하게 해주는 것은 접근하고 그렇지 않은 것은 회피하게 만든다. 이러한 유기체적 가치화 과정을 통해 형성된 자기는 실제적 자기(존재의 인식, 현재의 자기 모습에 대한 지각)와 이상적 자기(기능의 인식, 되어야 하고 되고자 하는 자기)로 구분되는데, 둘 간의 괴리가 클수록 부적응이 심해진다. 결과적으로 자기의 구조는 환경과의 상호작용을 통해 형성되고 특히 그 환경이란 중요한 사람(예 : 부모, 형제, 친구 등)으로 구성되므로, 대체로 인간의 자기 개념의 내용은 사회적 산물이라고 할 수 있다.

## 6. 맥락 중심적 발달이론

청소년들은 가족, 지역사회, 국가 등의 복합적 맥락 안에서 발달한다. 청소년기의 발달은 청소년들이 접촉하는 또래, 친척, 다른 성인들, 속해 있는 종교단체, 학교, 및 집단 등의 환경 특성에 의해 영향을 받으며 나아가 대중문화, 청소년이 성장하고 있는 문화, 국가와 지역의 지도자들, 세상 사건에 의해 영향을 받기도 한다. 그리고 반대로 청소년들의 내적인 특성들도 환경에 영향을 주기 때문에 맥락 중심적 발달이론에서는 환경과 유기체 안의 상호작용적 특징을 강조한다.

그림 2-19 마가렛 미드의 『사모아 연구서』(표지에서 가운데가 마가렛 미드임)

### 1) 미드의 문화인류학적 이론

마가렛 미드(Margaret Mead, 1901~1978)를 비롯해 많은 문화인류학자들은 인간발달에서 사회적 환경의 중요성을 강조하기 때문에 이들의 이론은 문화결정주의(cultural determinism) 또는 문화상대주의(cultural relativism)라고 불린다. 어떤 사회에서는 청소년기가 질풍노도의 시기가 아니라는 주

**그림 2-20** 마가렛 미드를 기념하는 우편엽서

장을 입증하기 위해 사모아에서 9개월간 현장연구를 시작한 미드는 사모아 청소년들이 서구사회의 청소년들과는 달리 여유 있고 평화롭게 성인기로 접어든다는 결과를 발표했다.

다른 비교문화연구에서도 대부분의 청소년들은 행복하고 낙관적이며 미래지향적이었다. 또한 자기 통제력이 있고, 가족과의 관계도 좋은 것으로 나타났다. 이는 서구사회에서와 원시사회에서는 그 사회문화적이고 환경적인 차이로 인해 인간발달과정에서도 차이를 보인다는 점을 시사한다. 특히 서양문화에서는 아동에게 책임을 많이 부여하지 않지만 원시사회에서는 아동청소년들이 성인의 역할과 큰 차이 없이 책임 있고 주도적인 역할을 수행하며, 성역할에 있어서도 서구사회와 원시사회 간에는 차이가 있기 때문에 원시사회에서는 성인이 되기 위해 새로운 행동을 배울 필요가 적으며 따라서 자신의 역할에 대한 혼란도 적다는 것이다.

또한 미드는 뉴기니아의 세 부족을 대상으로 남녀의 성역할 차이를 연구하여 남녀의 성역할 구분이 선천적으로 결정되는 것이 아니라 그 사회에 의해 만들어진 것이라고 주장하였다. 미드의 연구들은 이후 생물학적 결정론 대 문화적 결정론이라는 쟁점으로 심리학계의 많은 관심을 불러 일으켰다.

## 2) 브론펜브레너의 생태학적 체계이론

청소년의 발달은 진공상태에서 이루어지는 것이 아니라 가족, 친척, 이웃, 종교단체, 학교, 대중매체와 더불어 자신이 속한 사회의 가치나 이념, 그리고 전 세계적으로 일어나는 다양한 사건들의 영향을 받으며 이루어진다.

유리 브론펜브레너(Urie Bronfenbrenner, 1917~2005)는 사회적 영향을 이해하는 하나의 생태학적 모델을 개발하였는데, 사회적 영향은 청소년을 둘러싸고 있는 일련의 확대체계로 나뉠 수 있으며, 청소년을 포함해 개인 유기체는 이 체계의 중앙에 있다. 그리고 청소년과 외부 세계 간에는 끊임없는 상호작용이 일어난다. 청소년을 둘러싼 환경체계는 크게 다섯 가지로 구분된다.

그림 2-21 유리 브론펜브레너

### (1) 미시체계

미시체계(microsystem)는 청소년의 근접환경이라고 할 수 있는데, 여기에는 집의 크기, 운동장, 교회나 병원의 시설물과 같은 물리적 특성과 이 환경 속에 있는 사람들, 예를 들면, 부모의 교육수준, 친구의 사회·경제적 지위, 교사의 신념, 이웃의 태도와 같은 인적 특성이 포함된다. 미시체계 내에서 청소년은 주변 요소들과 직접적으로 상호작용을 하는데, 환경으로부터 영향을 받기도 하지만 청소년의 성숙이나 변화가 환경을 능동적으로 구성하기도 한다. 건강한 미시체계는 호혜성에 기반을 두고 있기 때문에 일방적인 관계는 체계의 질을 떨어뜨린다.

### (2) 중간체계

중간체계(mesosystem)는 미시체계들 간의 상호관계로서 부모와 교사와의 관계, 형제관계, 학교 운동부원들 간의 관계 등을 들 수 있다. 중간체계의 상호작용은 청소년이 환경을 옮겨감에 따라 그 환경에서 기대하는 다양한 사회적 역할을 동시에 수행한다는 것을 의미한다. 일반적으로 각각의 미시체계들이 서로 밀접한 관계를 맺을수록 청소년의 발달도 순조로울 수 있다. 그러나 하나의 미시체계에서 표방하는 가치관과 다른 미시체계에서 표방하는 가치관이 상충할 경우에는 갈등과 문제가 일어날 수 있다. 예를 들어, 가족이나 학교에서는 음주나 흡연에 대해 부정적으로 대하지만, 또래집단에서는 이러한 행동을 오히려 부추기거나 격려할 수도 있다.

### (3) 외체계

외체계(exosystem)는 청소년이 직접 상호작용을 하지는 않지만 청소년에게 영향을 주는 사회적 환경으로서 정부, 정치, 경제, 교육, 종교체계들을 들 수 있다. 예를 들어, 대학입시제도가 수시로 바뀌거나 아버지의 회사고용주가 아버지를 해외로 발령을 보내는 등의 결정은 청소년들에게 커다란 영향을 줄 수밖에 없다. 외체계에서 이루어지는

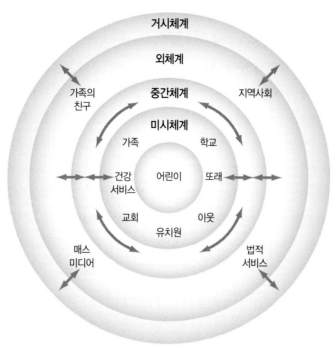

**그림 2-22** 브론펜브레너의 생태도 예시

결정들은 주로 비개인적이고 간접적이며 일방적이다.

## (4) 거시체계

거시체계(macrosystem)는 미시체계, 중간체계, 외체계를 포함하여 청소년이 속해 있는 사회의 문화적 환경까지 포함한다. 즉, 사회·문화적 규범과 가치, 신념, 전통, 관습 등이 해당된다. 일반적으로 거시체계는 다른 체계에 비해 안정적이지만, 사회적 변화에 따라 변할 수 있고, 그 영향력도 막대하다. 예를 들어, 전쟁 중에 있는 사회와 평화상태에 있는 사회, 사회주의 국가와 민주주의 국가, 날씬함을 강조하는 사회와 풍만함을 선호하는 사회와 같이 그 사회에서 가치 있게 여기는 사회풍토는 개개 청소년들에게 강력한 영향을 줄 수 있다.

## (5) 시간체계

시간체계(chronosystem)는 시간이 흐름에 따라 발달이 일어나는 방향에 영향을 주는 개인 및 환경의 변화를 말한다. 이는 전생애에 걸쳐 일어나는 변화와 사회역사적인 환경을 포함하고 있다. 예를 들어, 사춘기에 일어나는 인지 생물학적 변화는 청소년과 부모 사이의 갈등을 더 많이 일으킬 수 있으며, 부모의 이혼은 청소년보다는 어린 연령의 아동에게 더 많은 충격을 줄 수 있다.

생물학적 이론에서는 청소년의 성장과 행동이 신체적 변화와 성적 성숙 등 주로 내적 성숙에 의해 일어난다고 본다. 생물학적 이론의 대표적인 학자인 홀은 다윈의 생물학적 진화론의 개념과 게젤의 반복의 원칙을 적용하여 청소년의 발달을 설명하였다. 게젤은 인간의 발달이 유전적 요인, 개인적 소질, 선천적 성숙 순서를 갖고 태어난 존재라고 주장하고 아동청소년의 발달단계와 주기를 시간적 순서에 따른 행동준거로 정리하였다.

정신분석이론가인 안나 프로이트는 청소년기의 두드러진 변화를 본능적 충동의 증가로 보고 그로 인한 청소년의 발달특징을 내적 갈등, 정신적 불균형, 변덕스러운 행동으로 규정하였다. 한편 에릭슨은 전생애에 걸친 발달과정을 8단계로 나누어 설명하면서 청소년기는 자아정체감 형성의 결정적 시기라고 하였다. 개인의 욕구와 사회적 요구를 고려하여 청소년기를 설명한 하비거스트는 청소년기의 주요 여덟 가지 발달과업을 제시하였다.

피아제에 의하면 청소년의 인지 발달특성은 형식적 조작기에 해당한다. 청소년은 논리적이고 추상적인 사고를 하기 시작하며, 연역추리와 대수학적 상징, 은유법을 사용할 수 있게 된다. 또한 미래에 대한 사고가 가능하다. 콜버그는 도덕성 판단에 대한 이론을 제시하였는데, 대부분의 청소년들은 사회적 기대와 규칙을 기준으로 사용하는 인습적 수준에 있다. 한편 셀먼은 사회적 역할 수용의 관점에서 사회인지에 대한 개념을 발전시켰는데, 청소년은 상호적 조망 수용과 사회적 조망이 가능하다.

사회학습이론에서는 인간 발달이 동일한 심리과정을 거친다는 전제를 갖고 있으며, 청소년 발달이 환경적 조건과 사회적 기대에 의해 영향을 받지만, 많은 청소년들이 비교적 조화로운 발달을 한다는 관점을 갖고 있다. 대표적 이론가로는 반두라가 있다.

인본주의이론은 인간을 능동적이고 선하며 자신의 잠재력을 실현하려는 경향을 갖고 있다고 보고 있는데, 매슬로는 욕구위계이론으로, 로저스는 현상학적으로 인간을 이해하려는 접근을 하였다.

맥락 중심적 발달이론에서는 환경과 유기체 간의 상호작용에 초점을 맞추고 있다. 미드는 비교문화를 통해 인간 발달에서 사회적 환경의 중요성을 강조하였으며, 브론펜브레너는 미시체계, 중간체계, 외체계, 거시체계, 시간체계와 같은 일련의 확대체계들이 유기체와 상호작용한다는 생태학적 모델을 통해 인간에게 미치는 사회적 영향을 강조하였다.

# 청소년 발달

제2부는 청소년의 제반발달영역들을 자세히 다룬다. 청소년은 아동이나 성인과는 다른 발달단계에 있고, 청소년 고유의 발달 특징을 보인다. 3장에서는 청소년의 급격한 신체발달과 함께 호르몬의 영향, 신체상, 조숙과 만숙 등 생물학적 발달을 설명하고 있으며, 4장에서는 청소년의 인지 발달 특성을 피아제, 비고츠키, 정보처리이론에 근거해 설명하고 다중지능이론과 사회인지에 대해서 소개하였다. 또한 콜버그와 길리건, 투리엘의 이론을 근거로 청소년의 도덕성 발달 특징을 설명하였다. 5장에서는 청소년의 자아 개념과 자아인지를 비롯하여 다양한 생활 장면에서 이루어지는 자아정체감 발달을 다루고, 6장에서는 청소년의 정서 및 사회성 발달을 설명하였다.

**Chapter ③**

# 생물학적 발달

## 1. 신체의 변화

청소년기의 가장 현저한 특징은 청소년 초기에 일어나는 극적인 신체의 변화라고 할 수 있다. 영아기 이후 아동의 성장비율은 매년 점진적으로 감소되나, 사춘기에 들어서면 가장 먼저 신장에서 성장급등현상(growth spurt)이 일어난다. 성장급등현상이 끝날 무렵 청소년의 신체적 외모와 운동능력은 거의 성인과 같은 수준이 된다. 이 시기에 발달한 신체 및 운동능력, 성적 발달은 모든 인간활동의 기반이 되며, 사회생활에 중요한 의미를 갖는다. 이처럼 급격한 신체 발달을 통해 청소년들은 새로운 자아 개념을 형성하게 되고 지적 · 정서적 · 사회적 측면에서 급격한 변화를 겪는다. 사춘기의 신체변화는 누구에게나 일어나는 보편적 현상이기는 하지만, 그 변화가 매우 급속하고 개인차와 남녀차가 크기 때문에 변화를 경험하는 청소년들은 매우 당황하고 불안해 하며 그로 인해 심리사회적 발달에 어려움을 겪기도 한다.

### 1) 신장과 체중의 변화

사춘기 동안에 일어나는 가장 극적인 신체발달은 신장과 체중의 증가이다. 그 중 신장의 성장급등은 사춘기의 가장 특징적인 신체발달현상이다. 이러한 현상은 대개 2~3년

정도 지속되며, 일반적으로 여성이 남성보다 2년 정도 일찍 시작한다. 따라서 대부분의 여성은 10~11세에 성장급등현상이 일어나면서 매년 9cm 정도 증가하는 반면, 남성들은 12~13세 이후에 시작되어 매년 약 10cm 정도 증가한다.

청소년들의 체중이 증가하는 시기는 신장의 증가시기와 비슷하다. 신장과 마찬가지로 청소년 초기에는 여자 청소년들이 남자 청소년들보다 체중이 더 많이 나가지만, 나중에는 남자 청소년이 여자 청소년의 체중을 능가하게 된다.

## 2) 성적 성숙

### (1) 여자 청소년의 성적 성숙

여성의 경우, 생식 기능의 성숙을 알려주는 것은 난소의 성숙을 의미하는 월경이다. 첫 월경인 초경이 나타나는 평균 연령은 대략 12세 안팎이다. 초경 연령은 최근에 와서 성

표 3-1 청소년의 신장변화 (단위 : cm)

| 연도 | 12세 | | 13세 | | 14세 | | 15세 | | 16세 | | 17세 | |
|---|---|---|---|---|---|---|---|---|---|---|---|---|
| | 남 | 여 | 남 | 여 | 남 | 여 | 남 | 여 | 남 | 여 | 남 | 여 |
| 1995 | 152.6 | 153.2 | 159.5 | 156.2 | 165.3 | 158.2 | 168.8 | 158.9 | 170.4 | 159.4 | 171.5 | 159.8 |
| 1996 | 152.9 | 153.2 | 159.9 | 156.4 | 165.5 | 158.5 | 169.4 | 158.8 | 171.1 | 159.6 | 172.0 | 160.1 |
| 1997 | 153.7 | 153.5 | 160.3 | 156.7 | 165.7 | 158.6 | 169.6 | 159.2 | 171.6 | 160.0 | 172.2 | 160.3 |
| 1998 | 153.6 | 153.7 | 160.8 | 156.8 | 166.3 | 158.7 | 169.8 | 159.3 | 172.0 | 159.9 | 172.6 | 160.5 |
| 1999 | 154.3 | 153.9 | 161.3 | 157.0 | 166.6 | 158.7 | 170.3 | 159.6 | 171.9 | 159.9 | 172.7 | 160.6 |
| 2000 | 154.9 | 154.4 | 161.8 | 157.3 | 167.2 | 158.9 | 170.4 | 159.5 | 172.2 | 160.2 | 173.0 | 160.5 |
| 2001 | 155.2 | 154.3 | 162.2 | 157.5 | 167.2 | 159.0 | 170.9 | 159.7 | 172.2 | 160.2 | 173.1 | 160.7 |
| 2002 | 155.5 | 154.3 | 162.4 | 157.5 | 167.2 | 159.3 | 170.7 | 160.0 | 172.5 | 160.3 | 173.3 | 160.9 |
| 2003 | 155.9 | 154.8 | 162.5 | 157.6 | 167.7 | 159.3 | 171.1 | 160.1 | 172.6 | 160.6 | 173.6 | 161.0 |
| 2004 | 156.2 | 154.8 | 163.3 | 157.7 | 167.8 | 159.4 | 171.4 | 160.3 | 172.7 | 160.6 | 173.6 | 161.6 |
| 2005 | 156.4 | 154.9 | 163.2 | 157.9 | 168.5 | 159.3 | 171.6 | 160.2 | 172.8 | 160.7 | 173.6 | 161.0 |
| 2006 | 158.1 | 156.1 | 164.2 | 158.2 | 168.7 | 159.5 | 171.8 | 160.4 | 173.0 | 160.7 | 173.9 | 161.1 |
| 2007 | 158.3 | 156.1 | 164.2 | 158.3 | 169.2 | 159.7 | 172.0 | 160.4 | 173.1 | 160.7 | 173.9 | 160.9 |
| 2008 | 158.1 | 155.9 | 164.3 | 158.4 | 169.1 | 159.7 | 172.0 | 160.5 | 173.3 | 160.8 | 173.9 | 161.2 |

자료 : 국가청소년위원회(2009). 청소년백서.

표 3-2 청소년의 체중변화 (단위 : kg)

| 연 도 | 12세 | | 13세 | | 14세 | | 15세 | | 16세 | | 17세 | |
|---|---|---|---|---|---|---|---|---|---|---|---|---|
| | 남 | 여 | 남 | 여 | 남 | 여 | 남 | 여 | 남 | 여 | 남 | 여 |
| 1995 | 44.6 | 45.4 | 49.8 | 48.8 | 54.8 | 51.9 | 59.1 | 52.8 | 61.4 | 53.5 | 63.4 | 54.4 |
| 1996 | 45.0 | 45.5 | 50.1 | 49.4 | 55.4 | 51.9 | 59.7 | 53.2 | 61.9 | 54.0 | 64.0 | 54.2 |
| 1997 | 45.7 | 45.7 | 51.1 | 49.6 | 55.7 | 52.4 | 60.1 | 53.2 | 62.2 | 54.4 | 64.1 | 54.8 |
| 1998 | 45.9 | 45.8 | 51.5 | 49.6 | 56.0 | 52.2 | 60.0 | 53.4 | 62.3 | 54.1 | 64.1 | 54.8 |
| 1999 | 46.5 | 45.7 | 51.7 | 49.6 | 56.6 | 52.0 | 60.1 | 53.4 | 62.5 | 54.1 | 64.6 | 54.5 |
| 2000 | 47.4 | 46.7 | 52.9 | 49.9 | 57.7 | 52.5 | 60.8 | 53.3 | 63.2 | 54.2 | 65.3 | 54.9 |
| 2001 | 48.3 | 46.7 | 53.7 | 50.6 | 58.3 | 52.4 | 61.8 | 53.8 | 63.4 | 54.3 | 66.1 | 54.9 |
| 2002 | 49.2 | 47.0 | 54.7 | 51.1 | 59.4 | 53.3 | 62.5 | 53.9 | 64.7 | 54.8 | 66.9 | 55.2 |
| 2003 | 49.4 | 47.5 | 55.0 | 51.1 | 60.2 | 53.3 | 63.6 | 54.1 | 65.6 | 54.9 | 67.6 | 55.4 |
| 2004 | 49.7 | 47.5 | 55.7 | 51.1 | 60.2 | 53.4 | 63.4 | 54.0 | 66.3 | 55.2 | 68.1 | 55.8 |
| 2005 | 50.2 | 47.8 | 55.7 | 51.0 | 61.0 | 53.1 | 64.1 | 54.4 | 66.1 | 55.2 | 68.1 | 56.1 |
| 2006 | 50.7 | 48.1 | 56.6 | 51.2 | 60.5 | 52.9 | 64.3 | 54.2 | 66.5 | 54.8 | 68.2 | 55.4 |
| 2007 | 50.9 | 48.1 | 56.7 | 51.4 | 61.1 | 53.2 | 64.0 | 54.0 | 66.3 | 54.8 | 68.3 | 55.4 |
| 2008 | 50.8 | 48.1 | 56.7 | 51.4 | 61.4 | 53.3 | 63.8 | 53.8 | 65.8 | 54.4 | 67.7 | 55.1 |

자료 : 국가청소년위원회(2009). 청소년백서.

장 가속화 현상과 함께 점차 빨라지는 경향이 있는데, 미국 자료에 의하면 지난 세기 동안 평균 10년마다 대략 4개월씩 앞당겨져 왔다고 한다. 우리나라의 경우에도 1962년 14.8세에서 최근 12.8세로 나타나고 있는데, 이처럼 초경 연령이 낮아지는 원인은 영양과 건강상태의 개선에서 비롯되었다는 것이 일반적인 해석이다.

초경 외에 외형적으로 유방과 음모의 성장이 나타난다. 유방은 10세경에 발육하기 시작하여 계속적으로 확대되고 원추형으로 변하며, 개인차가 있긴 하지만 약 13~17세경에 이르면 가슴발육은 끝난다. 유방의 발육과 함께 음모와 겨드랑이의 체모도 발달한다. 대체로 첫 배란이 이루어질 무렵인 13~14세경에 음모가 발달한다.

여성의 경우, 사춘기 동안 생식선 자극 호르몬들(FSH/LH)은 난소의 활동을 자극한다. 여성의 복부 아랫부분의 양쪽에 하나씩 위치하는 난소는 호두 크기 정도의 구조물로서 두 가지의 중요한 역할을 한다.

첫째, 난소는 정자와 수정될 수 있는 성숙한 난자를 생성한다. 출생 시 난소는 약 40

만 개의 미성숙란을 지니고 있다. 두 개의 난소는 한 달에 한 번씩 교대로 난자를 방출하지만 사춘기 이후부터 난자의 방출이 중지되는 폐경기까지 약 300~400개의 성숙한 난자를 방출하게 된다. 이처럼 여성이 난자를 방출할 수 있는 시기가 제한되어 있는 것은 남성들의 정자 생성이 사춘기부터 사망 시까지 계속되는 것과는 대조적이다.

둘째, 난소는 여성 호르몬인 에스트로겐과 프로게스테론을 분비한다. 에스트로겐은 난소의 여포에서 분비되기 때문에 일명 여포 호르몬이라고도 한다. 한 달을 주기로 분비되는 에스트로겐은 자궁과 나팔관 등의 1차적 성징들이 정상적 크기와 기능을 유지할 수 있도록 해주며 임신이 가능하도록 자궁의 내벽을 준비하는 역할을 한다. 동시에 유방의 발육, 허벅다리와 엉덩이의 지방질 배치, 음모의 생성, 성적 충동과 같은 2차 성징의 발달에 기여한다. 유방의 발육에는 프로게스테론도 관여하는 것으로 알려져 있다. 프로게스테론은 난소의 황체에서 분비되기 때문에 황체 호르몬이라고 불리우는 동시에 임신과 관련된 호르몬이라는 뜻으로 임신 호르몬이라고도 불린다. 배란 후 약 13일 동안 분비되는 프로게스테론은 태아가 성장하기에 적절한 자궁환경을 만드는 역할을 한다. 즉, 자궁이 영양 물질을 분비할 수 있도록 하고, 혈액공급을 증가시키는 동시

**표 3-3** 남녀 청소년의 생리적 변화

| 남 성 | 여 성 |
| --- | --- |
| • 골격 성장<br>• 고환의 비대<br>• 착색된 곧은 음모<br>• 음성의 변화<br>• 몽정<br>• 착색된 곱슬한 음모<br>• 성장 급등<br>• 페니스의 비대<br>• 얼굴의 솜털<br>• 겨드랑이 체모 생성<br>• 후기의 목소리 변화<br>• 거칠게 착색된 얼굴의 털<br>• 가슴 털<br>• 때때로 가슴의 확장<br>• 발기 횟수의 증가<br>• 소변에서 생식선을 자극하는 호르몬의 출현<br>• 피부의 변화(거친 피부, 모공 확장, 여드름)<br>• 강한 체취 | • 골격 성장<br>• 착색된 곧은 음모<br>• 젖가슴 발달<br>• 성장 급등<br>• 착색된 곱슬한 음모<br>• 월경<br>• 겨드랑이 체모 생성<br>• 소변에서 생식선을 자극하는 호르몬의 출현<br>• 피부의 변화(거친 피부, 모공확장, 여드름)<br>• 강한 체취<br>• 점차적으로 가라앉는 목소리<br>• 외형의 변화(골반 확장, 넓은 엉덩이, 피하지방 발달) |

자료 : 이영·조연순(1999). 아동의 세계 : 태내기에서 청년기 발달까지. 양서원, p. 524.

에 유방을 확대시키고 유선을 자극한다. 그러나 임신되지 않으면 에스트로겐과 프로게스테론의 수준은 급격이 감소되며 수정되지 못한 난자는 월경으로 배출된다. 남성 호르몬인 테스토스테론도 여성의 성적 성숙에 기여한다. 여성의 부신에서 분비되는 테스토스테론은 사춘기 동안 조금 증가하며 성적 각성능력의 발달을 돕는다.

## (2) 남자 청소년의 성적 성숙

남성의 성적 성숙은 성장급등현상이 나타나기 1년 전쯤에 시작되는 것이 여성과 다른 점이다. 남성의 성적 성숙은 남성 생식선인 고환의 성장으로 시작된다. 고환은 음낭 속에 들어 있는 두 개의 달걀 모양의 기관으로서 신체 외부에 노출되어 있는 구조물이다. 정자를 생성하는 세포들은 정상 체온에서는 정자 생산이 불가능하므로 고환을 신체 외부에 노출시킴으로써 다른 부분보다 2℃ 정도 낮은 체온을 유지하게 한다.

고환의 기능은 여성의 난자와 수정할 성숙한 정자를 만드는 것과 남성 호르몬인 테스토스테론을 분비하는 일이다. 고환은 사춘기까지는 기능을 하지 않고 잠재해 있으며 생식선 자극 호르몬의 출현에 의해 활동하기 시작한다.

고환에서 분비된 테스토스테론은 남성 특유의 성적 발달을 이끌어 음경과 음낭을 확대시키고 어깨뼈를 발육시킨다. 또한 목소리의 저음화와 성적 충동의 발달을 가져온다. 테스토스테론을 포함하는 남성 호르몬인 안드로겐은 신체 각 부위의 체모를 발달시키는 동시에 근육을 재배치함으로써 넓은 어깨, 좁은 엉덩이를 갖는 남성 고유의 체

표 3-4 성적 성숙에 영향을 미치는 요인

| 구 분 | 내 용 |
|---|---|
| 유 전 | 가족사의 연구 결과 여자의 초경 연령은 어머니 또는 자매들의 초경연령과 거의 같다. 남성의 경우도 마찬가지이다. |
| 지 능 | 지능이 우수한 아동들이 지능이 보통이거나 정상 아동보다 성적으로 더 성숙하다. |
| 건 강 | 태내기와 생후에 잘 양육되어 건강상태가 좋은 경우에 성적으로 빠른 결과를 나타낸다. |
| 영 양 | 단백질 섭취가 많은 경우가 탄수화물 섭취가 많은 경우보다 성적 성숙이 빠르게 나타난다. |
| 가족의 사회·경제적 지위 | 사회·경제적 지위가 좋을수록 의학적·영양학적 배려로 농촌환경 배경을 갖거나 사회·경제적 지위가 낮은 경우보다 성적 성숙이 빠르다. |
| 체 격 | 동년배보다 키가 크고 뚱뚱한 아동이 성적 성숙이 빠르며 여성형(엉덩이가 넓고 다리가 짧은 것)의 아동이 남성형의 신체(어깨가 넓고 다리가 긴 것)를 가진 아동보다 성적 성숙이 빠른 경향이 있다. |

자료 : 교육과학기술부(2000).

격을 형성한다. 사춘기 이후에 테스토스테론이 어떤 기능을 하는가는 분명하지 않다. 성적 능력이나 성적 충동은 한 번 발달된 이후에는 심리적인 조건에 따라 크게 좌우되기 때문에, 테스토스테론의 역할을 필요로 하지 않는다.

사춘기 동안 분비되는 여성 호르몬과 안드로겐의 증가 때문에 남성들도 일시적으로 유방의 확대를 경험한다. 이 시기 동안 유두가 커지고 유두 주위의 검은 부분이 확대된다. 시기적으로는 대략 11세경에 고환의 확대가 시작되고 13세경에는 사정할 수 있으며 16세경에는 성인 크기의 고환에 도달한다. 약 12세경에 고환과 음낭이 확대되며 동시에 음모도 나타난다. 음모는 10~15세경에, 겨드랑이의 체모와 얼굴수염은 14세경에 그리고 가슴의 체모는 가장 늦게 나타난다. 음경 성장은 이르면 11세, 늦으면 14.5세에 시작되어 약 2년 동안 확대된다. 외부 생식기의 발달과 함께 정낭과 같은 내부 생식기관도 발달하기 시작하여 14~15세경에 이르면 사정이 가능해진다. 남성 호르몬인 안드로겐이 후두세포를 자극하기 때문에 남성의 목소리는 저음이 되어 변성된다.

위에서 언급한 성적 성숙의 순서는 대체로 평균적인 순서이며 경향이다. 정상적인 사람들도 발달순서의 시작 연령이 아주 다를 수 있다. 그러나 성적 발달의 시작 연령은 개인차가 크지만 발달적 변화가 일어나는 순서는 개인차가 적기 때문에 발달순서는 어느 문화나 거의 일정하다고 볼 수 있다.

## 2. 호르몬의 역할

청소년들의 급격한 신체변화는 내분비선에서 나와 혈관을 통해 신체에 전달되는 호르몬이라는 강력한 화학물질 때문에 나타나는 현상이다(그림 3-1). 호르몬은 신체의 모든 세포를 거치지만 각 호르몬마다 특정하게 작용하는 표적기관이 있다. 내분비계의 세 가지 분비선인 뇌하수체, 생식선, 부신선은 인간의 성별에 매우 중요한 기능을 한다. 여기에서는 세 가지 분비선과 함께 뇌하수체 분비를 조절하는 두뇌 시상하부 영역에 대해서 살펴볼 것이다.

### 1) 뇌하수체

뇌하수체(pituitary gland)는 길이가 약 1/2인치, 무게가 0.5g 이하인 작은 분비선으로,

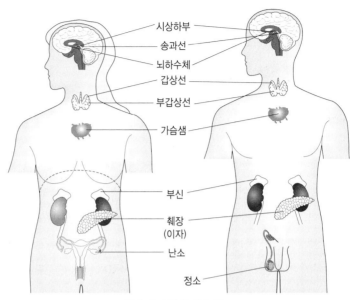

시상하부
송과선
뇌하수체
갑상선
부갑상선
가슴샘
부신
췌장
(이자)
난소
정소

그림 3-1 신체의 내분비선

두개골 내 두뇌 기저부에 위치하고 있다. 주요 뇌하수체 호르몬 중 하나인 인간성장 호르몬(HGH : Human Growth Hormone)은 뼈의 성장과 형성에 영향을 미치며, 과다분비되면 거인증(giantism)을, 결핍되면 소인증(dwarfism)을 초래하게 된다. 뇌하수체 전엽에서 분비되는 생식선 호르몬(gonadotropic hormone)은 생식선, 즉 성선(sex gland)에 영향을 미친다. 생식선 호르몬인 여포자극 호르몬(FSH : Follicle Stimulating Hormone)과 황체 형성 호르몬(LH : Luteinizing Hormone)은 난소의 난자와 고환의 정자의 성장을 자극하게 된다. 여성의 경우는 여포자극 호르몬과 황체 형성 호르몬이 난소의 여성 성 호르몬 생성 및 분비를, 남성의 경우는 황체 형성 호르몬이 고환의 남성 성 호르몬의 생성과 분비를 통제한다. 뇌하수체는 성장 호르몬 및 생식선 호르몬뿐 아니라, 프로락틴(prolactin)이라는 호르몬을 보유한 황체자극 호르몬(LTH : Luteotropic Hormone)을 분비하는데, 이는 유선의 모유 분비를 자극하는 기능을 한다.

## 2) 생식선

생식선 또는 성선은 많은 성 호르몬을 분비한다. 여성의 경우 난소는 에스트로겐(estrogen)이라는 호르몬을 분비하는데, 이는 유방의 발달, 음모의 성장 및 지방의 체분포와 같은 여성의 성징 발달을 자극하고, 자궁과 자궁내벽, 질의 크기와 기능을 정상적으로 유지시킨다. 또한 코와 구강 점막의 상태 및 기능을 유지하고, 유선 조직의 성장을 통제하며, 자궁 수축에 영향을 미치고 그 밖에 여러 가지 방식으로 신체적·정신적 건강을 발달·유지시킨다.

또 다른 여성 호르몬인 프로게스테론(progesteron)은 난소에서 배란이 일어난 후 약 13일에 걸쳐 황체(corpus luteum)라는 새로운 세포가 성장함에 따라 생성된다. 황체는 난포에서 난자가 빠져나온 뒤, 뇌하수체로부터 나온 황체 형성 호르몬의 자극을 받아 형성된다. 이때 난자가 수정되지 않으면 황체는 퇴화되고, 다음 생식주기에 배란이 다시 일어날 때까지 프로게스테론 분비가 중단된다. 반대로 난자가 수정되면 황체는 퇴화되지 않고 계속해서 프로게스테론을 분비하며, 자궁내막(endometrium)이 수정된 난자를 착상시킬 수 있도록 준비하게 한다. 황체는 임신 후 수 개월까지 프로게스테론을 지속적으로 분비하고, 그 이후부터는 태반(placenta)이 에스트로겐과 프로게스테론 분비를 담당하게 된다.

프로게스테론은 매우 중요한 호르몬이다. 이는 배란에서부터 다음 월경까지 이르는 월경주기의 길이를 조절한다. 임신을 대비하여 자궁을 준비시키고, 임신이 되면 이를 유지시키는 일이 가장 중요한 역할이다. 조기 자궁 수축을 억제하기 위해서는 적절한 양의 프로게스테론이 필요하며, 이 때문에 자연 유산의 위험이 있을 때 프로게스테론을 처방하기도 한다. 또한 프로게스테론은 임산부의 유선을 자극하여 유방을 커지게 한다. 비임신 여성의 경우에는 유방조직을 단단하고 건강하게 유지하며 생리통, 월경전 긴장 및 기타 여성의 생태학적 문제들을 감소시켜 준다.

남성의 경우 뇌하수체에 분비된 황체 형성 호르몬의 자극을 받아 고환(testes)에서 남성 호르몬인 안드로겐(androgens)을 생성하기 시작한다. 남성 호르몬의 하나인 테스토스테론(testosterone)은 남성의 2차 성징, 즉 수염과 체모, 변성, 그리고 근육 및 골격 발육 등에 관여하며 정낭, 전립선, 부고환, 남근 및 음낭의 발달을 담당한다.

에스트로겐과 안드로겐은 남녀 모두 분비되지만 사춘기 이전에는 그 양이 매우 적다. 아동기 동안에는 부신과 생식선에서 분비되며, 그 양이 점차 증가한다. 그러다 난소가 성숙하게 되면, 난소 내 에스트로겐 생산이 급증하게 되고 월경주기의 각 단계에 걸쳐 분비수준도 일정한 주기적 변화를 보이기 시작한다. 여성의 경우 혈류 내 안드로겐 수준은 소량 증가하는 정도에 그친다. 한편 고환이 성숙하게 되면 테스토스테론 생산 역시 급증하는 반면, 혈류 내 에스트로겐 수준은 증가폭이 매우 작다. 성장기 아동

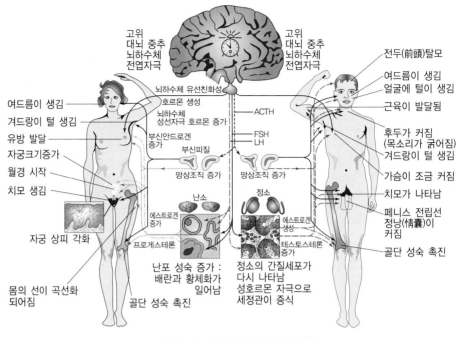

**그림 3-2** 남성과 여성의 성호르몬 작용

의 호르몬 상태가 균형을 이루지 못하면, 1차 및 2차 성징에 문제가 생길 수 있고, 여성 혹은 남성의 신체적 특성 발달에도 영향을 주게 된다. 예를 들어, 여성에게 안드로겐이 과다분비되면 수염이나 제모가 나타나거나 남성적인 근육이 발달하고 음핵이 커지는 등의 남성 성징이 나타나게 된다. 에스트로겐이 과다분비되거나 안드로겐이 부족한 남성의 경우에는 발기나 성육이 저하되고 가슴이 커질 수 있다.

## 3) 부 신

부신선(adrenal glands)은 신장 바로 위에 위치하고 있다. 여성의 경우에는 안드로겐을 소량 생성하고, 에스트로겐을 분비하여 폐경 후 난소의 에스트로겐 손실을 부분적으로 대체한다. 남성의 경우는 안드로겐과 에스트로겐을 모두 분비하는데 특히 안드로겐 분비량이 매우 많다.

## 4) 시상하부

시상하부(hypothalamus)는 전뇌의 작은 영역으로, 동기 및 정서 조절의 중추이다. 또한 먹기, 마시기, 호르몬 생성, 월경 주기, 임신, 모유 생성, 성적 반응 및 성 행동과 같은 부분을 조절하며, 성적 반응과 관련된 쾌중추와 통증중추를 모두 포함하고 있다. 시상하부를 전기자극하면 성적 사고와 감정이 유발된다. 시상하부에서는 뇌하수체의 황체 형성 호르몬과 여포자극 호르몬 분비를 통제하는 성선자극 호르몬(GnRH : Gonadotropin Releasing Hormone)을 생산하는데, 남성과 여성에서 각각 다르게 작용한다.

## 3. 심리적 작용

### 1) 신체상

사춘기의 신체발달은 청소년의 심리사회적 발달에 영향을 미칠 수 있다. 신체의 성장은 과제를 수행하는 개인의 실제능력을 변경시킬 수 있으며, 청소년 자신에 대한 지각은 물론 타인이 보는 청소년에 대한 지각 방식에도 영향을 줄 수 있다. 사춘기 성장이 이루어지는 시기 동안 청소년들은 자신의 신체적 변화에 큰 관심을 보이며 신체상 (body image)을 형성하게 된다.

**그림 3-3** 너무 마른 모델들

신체상이란 자신의 신체에 대한 감각, 느낌, 태도 등을 포함하는 정신적 표상을 의미한다. 즉, 체험적으로 지니고 있는 자신의 신체에 대한 의식이나 심상을 말한다. 주변 환경을 인식하는 것과 마찬가지로 신체도 인식의 대상이 된다. 자신의 신체는 볼 수도 있고 만질 수도 있을 뿐만 아니라 대상 자체가 보여지고 만져지는 것을 느끼는 주체이기도 하다. 이 같은 점에서, 자기 신체에 대한 인식은 자아를 만들어내는 바탕이 된다. 물론, 개인이 자신의 신체를 전체로 통일되게 인식할 수는 없으므로 신체상은 부분적인 것이 된다. 신체상은 거울 이미지로, 또는 다른 사람과 대비되어 만들어졌을 때 전체적인 것이 된다. 그리고 어느 경우나 자아 형성에 중요한 의미를 갖는다.

청소년이 어떤 신체상을 형성하는 가는 신체적 매력에 대한 사회·문화적 규준에 의해 강력한 영향을 받는다. 신체적 매력에 대한 기준은 가족, 또래, 그리고 사회 전체에 의해 아주 은근하고 교묘한 방식으로 전달되어 청소년들 스스로가 자신의 신체와 외모에 대해 어떤 기대를 형성하게 한다. 청소년기의 신체상 형성에는 여러 가지 요인이 작용하지만, 자신의 신체에 대한 부모의 평가가 10대 청소년들의 신체상 형성에 가장 큰 영향을 미친다. 사춘기의 남자 청소년과 여자 청소년들 모두 자신의 신체가 어떻게 생겼는지, 남들과 비교할 때 어떠한지 등에 매우 민감하다. 신체에 대한 관심은 청소년 초기에 가장 높으며, 이 시기 신체상의 긍정적 평가는 학업 성취 및 심리적 행복감과 정적인 상관을 갖는다. 청소년기에 시작된 신체상에 대한 관심과 불만은 그 정도는 낮으나 성인기에도 지속된다.

신체상은 청소년기에 왜곡되기 쉽다. 여기에는 청소년들이 접하게 되는 대중매체의 영향이 가장 크다고 할 수 있는데, 특히 요즘에는 신체상의 기준을 연예인에 맞추어 놓고 여자 청소년의 경우에는 예쁜 외모와 날씬한 몸매, 남자 청소년의 경우에는 근육질의 체격을 원하는 경우가 많다. 시기적으로는 청소년 전기의 청소년들이 후기의 청소년들보다 자신의 신체에 대한 불만을 더 많이 느끼며, 그러한 불만이 자아존중감이나 또래관계, 적응력 등에 부정적인 영향을 미치기도 한다. 청소년의 신체에 대한 불만은 자신의 신체적인 모습을 정확하게 지각하지 못해서 생기는 것이라기보다는 청소년들이 신체 특성과 외모에 대해 가치판단을 할 때의 기준을 무엇으로 하는가에 의해 좌우된다. TV와 같은 대중매체의 영향에 민감한 청소년들이 체중을 줄이려고 애쓰는 것은 놀라운 일이 아니다. 한 국가 안에서도 청소년들의 신체에 대한 불만족 정도는 더 커지기도 하고 더 작아지기도 한다는 조사결과는 이러한 기대가 각 지역사회의 성격이나 중심 가치에 의해 영향을 받는다는 사실을 뒷받침한다.

일반적으로 여자 청소년이 남자 청소년에 비해 자신의 신체에 대한 불만족이 더 큰 것으로 알려져 있다. 사춘기의 신체 자아상에 특히 중요한 것은 체중이다. 여자 청소년들은 공통적으로 자신이 너무 뚱뚱하다고 생각한다. 한편 남자 청소년의 경우에는 자신이 너무 뚱뚱하다고 생각하기도 하고 너무 말랐다고 생각하기도 한다. 그것은 남자 청소년들이 생각하는 신체적 이상형이 보기 좋은 미남형인지, 근육질의 사나이형인지에 따라 다르게 나타나는 것이라고 해석할 수 있다.

그러나 청소년 초기의 신체적 성숙이 남성과 여성에게 동일한 문제를 일으키는 것은 아니다. 청소년기에 있어서 신체적 성숙은 남성과 여성으로 하여금 제각기 다른 문제에 직면하게 한다. 이는 남녀 모두 자신의 변화하는 신체상에 적응해야 하지만 속한 문화가 각기 다른 가치와 규범을 부여하고 있고, 남성과 여성에게 각기 다른 가치나 규범 등을 제시하고 있기 때문이다.

## 2) 남자 청소년이 받는 영향

청소년 초기의 신장 급성장이나 근육의 발달은 자신이 원하는 성인으로 가깝게 다가가는 과정이다. 신체적 성숙은 운동기능의 성숙을 가져다 주는데, 이는 또래나 성인에 의해 높이 평가된다. 한편 급격한 신체적 성장이 이루어지는 이 시기는 청소년으로 하여금 조화롭지 못한 상황에 처하게 한다. 이 시기의 남자 청소년들은 신체 각 부분의 성장속도가 일정하지 않기 때문에 일시적으로 혼란에 빠질 수 있다. 따라서 자신의 신체 크기에 적절할 것으로 기대한 과업을 수행할 수 없을 때 실망한다. 신장급등현상이 최고에 도달하고 약 12~14개월 후에 근육의 힘이 절정에 도달하기 때문에 청소년들은 자신의 신체에 대한 어색함을 경험한다. 따라서 비록 일시적인 현상이긴 하지만 청소년 초기의 남성들은 자아존중감에 상처를 입을 수도 있다.

또한 고환과 음경의 성장은 청소년 초기 남성들로 하여금 중요한 국면을 맞게 한다. 일반적으로 남성의 경우 생식기의 성숙에 대해 부모로부터 아무런 대응책을 배우지 못한다. 특히 자연히 발생하는 사정에 대해서는 배우는 것이 거의 없다. 부모로부터 사정에 대한 설명을 듣지 못한 남자 청소년들은 자연발생적으로 일어나는 사정을 경험하면 당황하고 불안해 한다. 학교의 선생님으로부터 배우는 경우도 있지만 일반적으로 친구나 잡지를 통하여 정액의 사정현상을 이해하고 성욕의 문제와 생식이 이루어지는 과정에 대한 정보를 획득한다. 실제로 많은 남자 청소년들에게 있어 자연사정은 신체적인 성숙이나 생식의 방법을 생각하게 하는 중요한 계기가 된다. 사정의 경험에 동반되는 쾌감과 사정의 의미에 대해서 새롭게 얻어진 긍정적 의미는 불안이라는 부정적 느낌에 의해 상쇄된다. 이것은 남자 청소년이 성적 성숙에 동반하여 경험하는 다양한 양면적 가치 중 하나이다. 청소년 초기의 남성들은 사정경험에 대한 불안과 함께 성적 쾌감을 동시에 경험하기 때문에 자신의 성적 성숙에 대한 기대감과 불안감이 공존하는 상태에 있다.

남자 청소년들에 있어 심리적·사회적 의미를 가진 신체 발달의 또 다른 문제는 2차 성징의 발현, 특히 얼굴이나 신체의 체모가 진하게 되는 것이다. 그러므로 면도 행위는 남성적 성역할과 긴밀하게 연관되어 있다. 대부분의 청소년 초기의 남성들은 수염을 면도함으로써 스스로를 성인 남성과 동일시한다. 면도를 하는 동안 남자 청소년들은 거울 속에 비치는 자신의 모습을 응시하고 변화하는 자신의 이미지에 만족하여 나르시시즘(narcissism)에 빠지기도 한다. 물론 얼굴에 돋아나는 여드름은 자신과 성인 남성을 동일시하려는 갈망을 좌절시키고 신체의 불완전성을 다시금 인식하게 한다.

## 3) 여자 청소년이 받는 영향

여성에게 있어서 주된 성적 발달은 가슴이 부풀어 오르는 것과 생리의 시작 등이다. 보

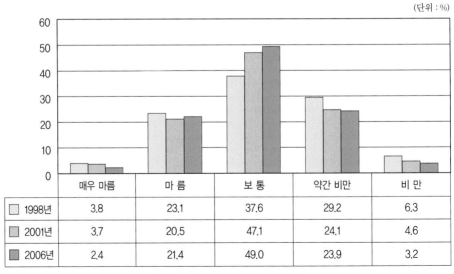

(단위 : %)

| | 매우 마름 | 마 름 | 보 통 | 약간 비만 | 비 만 |
|---|---|---|---|---|---|
| 1998년 | 3.8 | 23.1 | 37.6 | 29.2 | 6.3 |
| 2001년 | 3.7 | 20.5 | 47.1 | 24.1 | 4.6 |
| 2006년 | 2.4 | 21.4 | 49.0 | 23.9 | 3.2 |

그림 3-4 청소년의 주관적 비만인식률
자료 : 보건복지부(2006). 국민건강영양조사.

통 여자 청소년에 있어 가슴이 부풀어 오는 것은 신체적 성숙을 나타내는 징후임과 동시에 여성다움을 나타내는 중요한 징후이기도 하다.

가슴의 발육과 생리의 시작은 여자 청소년들에게 중요한 의미를 준다. 여자 청소년들은 가슴의 발육을 성숙한 여자로 성장해가는 표시로 인식한다. 대부분은 어머니로부터 생리에 관한 지식을 얻긴 하지만 전체 생식과정으로서의 생리현상이 아닌 다만 여성의 고유한 특성으로 받아들인다. 여자 청소년들 가운데는 가슴이 부풀어 오는 것을 예기하여 일찍부터 브래지어를 착용하는 경우도 있다. 그러나 생리와 생식과의 관계에 대해 포괄적인 이해를 하는 경우는 거의 없다. 생리라는 사실을 단순히 여성다움의 특징으로만 생각하고 있는 경우가 많다. 반대로 생리가 신체적 불편감이나 당황으로 연결되는 경우도 많다. 청소년 초기의 여성들은 생리현상에 대해 긍정적 태도와 부정적 태도를 동시에 나타낸다. 즉, 생리를 통하여 여성으로서의 성숙을 자랑스러워하는 동시에 불편함과 당황함을 경험한다.

여성이 성장급등기를 2년가량 빨리 맞이하기 때문에 여자 청소년들은 같은 또래 남자 청소년보다 키가 더 커져서 당황하는 경우도 있다. 자신의 키를 숨기려고 엉거주춤한 자세를 취하는 여자 청소년들을 가끔 볼 수 있다. 신체적 변화에 대한 여자 청소년

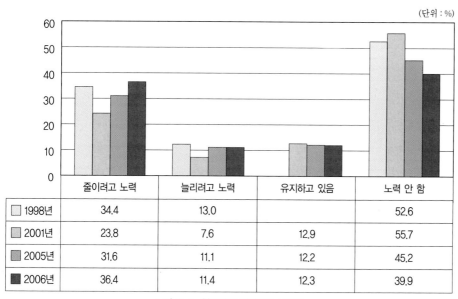

(단위 : %)

| | 줄이려고 노력 | 늘리려고 노력 | 유지하고 있음 | 노력 안 함 |
|---|---|---|---|---|
| 1998년 | 34.4 | 13.0 | | 52.6 |
| 2001년 | 23.8 | 7.6 | 12.9 | 55.7 |
| 2005년 | 31.6 | 11.1 | 12.2 | 45.2 |
| 2006년 | 36.4 | 11.4 | 12.3 | 39.9 |

그림 3-5 청소년의 체중조절 시도율

자료 : 보건복지부(2006). 국민건강영양조사.

들의 관심사는 살찌는 것에 있다. 신체의 성장이 급격하게 진행되기 시작하면 여자 청소년은 자신의 신체가 둥글게 되어 가는 것을 자각한다. 이러한 변화의 체험을 2차 성징에 동반하는 필연적인 변화로 생각하지 못하고 체중과다현상의 전조로 잘못 생각하여 체중조절을 위한 다이어트를 시도한다. 그런데 이러한 시도는 시기적으로 적당치 못하다. 왜냐하면 신체적 성장이 급격하게 진행되는 이 시기에는 충분한 양의 균형잡힌 식사가 필요하기 때문이다.

여자 청소년은 여성다움에 대한 문화적 기준에 합치되도록 자신의 신체적 외견을 다소 바꾸지 않으면 안 됨을 알게 되고, 사회가 바람직하게 받아들이는 이상적 여성상에 접근하기 위하여 화장품을 사용하기 시작한다. 이렇게 하여 남자 청소년이 수염 깎기를 통해 자기도취적인 욕구를 만족시키려고 하는 것처럼 여자 청소년은 화장을 통하여 그러한 욕구를 채우려고 한다.

청소년기의 이러한 신체적 변화는 다음과 같은 심리정서적 영향을 끼친다.

첫째, 청소년으로 하여금 성인으로서의 이미지를 갖게 해준다.

둘째, 각각 성역할 정체감을 강화하는 작용을 한다.

셋째, 청소년은 급격한 신체적 변화의 반동으로서 보다 더 자기도취적인 욕구를 해소하려고 한다.

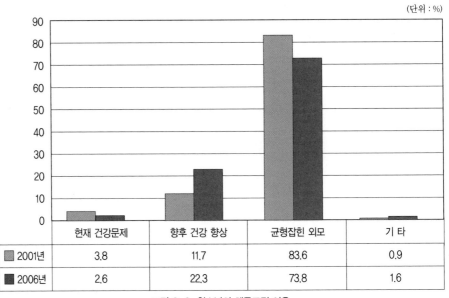

(단위 : %)

| | 현재 건강문제 | 향후 건강 향상 | 균형잡힌 외모 | 기 타 |
|---|---|---|---|---|
| 2001년 | 3.8 | 11.7 | 83.6 | 0.9 |
| 2006년 | 2.6 | 22.3 | 73.8 | 1.6 |

그림 3-6 청소년의 체중조절 이유

자료 : 보건복지부(2006). 국민건강영양조사.

넷째, 신체적 발달의 각 측면은 양면 가치적인 감정을 불러일으킨다. 특히 또래의 승인이나 지지를 강하게 요구하는 경우에 양면 가치감을 동반한다.

청소년의 주관적 비만 인식률('약간 비만' 혹은 '비만')은 1998년 35.5%에서 2005년에는 27.1%로 약간 낮아지는 성향을 보였고 자신을 보통이라고 인식하는 비율이 증가하고 있는 것으로 나타났다.

그러나 자신의 체중을 줄이거나 유지하려고 노력하는 청소년의 비율이 1998년에는 34.4%, 2001년에는 36.7%, 2005년에는 43.8%로 점점 늘어나고 있는 추세를 보이고 있다. 2005년도의 자료를 참고해 보면 연령대가 높을수록 체중조절 시도율은 더 높아서 15~18세의 경우 48.7%가 체중조절을 하고 있는 것으로 나타났다.

체중조절의 가장 큰 이유는 '균형 있는 외모'로 나타났다. 그러나 '향후 건강 향상'이라는 이유도 2001년과 비교하여 2005년에는 두 배 정도 증가한 것으로 나타남으로써 자신의 체중이 건강과 관련되어 있다는 의식이 늘어나고 있고, 자신이 체중조절을 하지 않을 경우 앞으로 문제가 될 수도 있다는 의식이 증가하고 있음을 알 수 있다.

19세 미만의 아동과 청소년이 가장 많이 이용하는 체중소절방법은 운동(71.3)과 식사조절(식사량 감소·식단조절·단식 : 59.8)이다. 남자는 운동으로 체중조절을 하는 비율(78.5%)이 식사조절을 통한 체중조절 비율(52.7%)보다 높았고, 반면에 여자

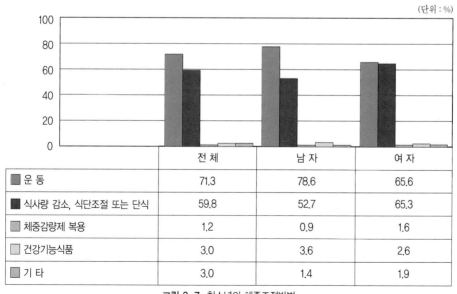

| | 전 체 | 남 자 | 여 자 |
|---|---|---|---|
| ■ 운 동 | 71.3 | 78.6 | 65.6 |
| ■ 식사량 감소, 식단조절 또는 단식 | 59.8 | 52.7 | 65.3 |
| ▨ 체중감량제 복용 | 1.2 | 0.9 | 1.6 |
| □ 건강기능식품 | 3.0 | 3.6 | 2.6 |
| ■ 기 타 | 3.0 | 1.4 | 1.9 |

그림 3-7 청소년의 체중조절방법

자료 : 보건복지부(2006), 국민건강영양조사.

는 운동과 식사조절의 비율이 거의 비슷한 것으로 나타났다. 위의 결과를 종합해 보면 균형잡힌 외모를 얻기 위하여 체중조절을 시도하고 있으며, 상당수가 운동과 식사량 감소라는 방법을 사용하고 있는 것을 알 수 있다.

## 4) 조숙과 만숙

신체 변화가 급격하게 일어나는 청소년기의 발달은 개인차가 매우 심하고 불규칙한 면이 많아서 이를 경험하는 개인에게는 여러 가지 심리적 부담을 주게 된다. 우선 자신이 겪고 있는 변화가 정상인가 비정상인가 궁금해 하고 조숙 혹은 만숙의 차이를 극복하는 것도 쉽지 않다.

남녀 모두에게 있어 조숙함은 두 가지 불이익을 가져오는데, 하나는 미처 심리적인 준비가 되지 않은 상태에서 어른과 유사한 신체를 가짐으로 인해 부담을 갖게 되고 심리적 건강에 해를 입을 수 있다는 것이며, 다른 하나는 음주나 흡연, 성관계 등과 같이 청소년에게 유해한 성인의 행동을 더 일찍 시작할 위험성이 크다는 점이다. 그러나 이와 같은 성숙 시기의 차이는 청소년 후기로 가면 사라진다.

### (1) 일찍 성숙한 남자 청소년의 경우

남자 청소년의 경우 일찍 성숙이 일어나는 것은 긍정적인 자기 평가와 관련 있는 반면 성숙이 늦은 것은 일반적으로 부정적인 자기 평가와 관련된다. 일찍 성숙하는 남자 청소년들은 나이보다 더 크고 힘이 세고 근육이 더 발달하며 균형이 잘 잡히기 때문에 운동 등을 할 때 상당히 유리하다. 경쟁적인 스포츠 경기에서 더 잘 할 수 있게 되고 이로 인해 사회적 특권과 지위가 높아지기도 한다. 또래들과의 관계에서도 상당한 사회적 특권을 누리며, 고등학교에서도 과외활동에 더 많이 참여하고 리더에 뽑히기도 한다. 또한 이들은 여자 청소년들에 대해 관심이 더 많을 뿐 아니라, 외모도 수려하고 사회적 관심이나 기술이 더 세련되었기 때문에 여자 청소년들에게 인기가 많다. 성숙이 일찍 일어나므로 어린 나이에 이성관계를 갖게 되는 것이다.

어른들도 일찍 성숙하는 남자 청소년들을 선호하는 경향이 있다. 이들에 대해 더욱 매력적이며, 남성답고, 여유 있어 보인다고 평가한다. 더욱 중요한 것은 이들을 더 성숙하고 능력 있는 사람이라고 본다는 것이다. 일단 더 나이가 들어보인다는 점 때문에 성인으로서의 역할이나 책임을 하고자 하는 바램을 인정해 주는 것이다. 따라서 이들에게는 더 나이든 사람이 받을 수 있는 특권이 주어질 가능성이 높다.

　이러한 어른들의 태도는 좋을 수도 있지만 나쁜 영향을 주기도 한다. 어른들은 일찍 성숙하는 남자 청소년에게 더 많은 것을 기대하고 어른스러운 행동과 책임을 기대하게 된다. 이로 인해 아동기에 주어지는 자유를 누릴 시간이 줄어드는 결과가 일어나게 된다.

## (2) 늦게 성숙한 남자 청소년의 경우

성숙이 늦게 일어나는 남자 청소년들은 사회로부터 열등하지 않다는 시선을 받게 된다. 15세가 되도록 사춘기에 접어들지 못한 남자 청소년들은 일찍 성숙한 친구들보다 골격, 힘, 균형에서도 약한 편이다. 체격이나 운동신경같은 것이 사회적으로 인정받는데 중요하기 때문에 성숙이 늦은 남자 청소년들은 자기지각과 자기개념이 부정적으로 발달하게 되며, 성숙한 또래 청소년들에 비해 덜 매력적이고 인기도 덜하다. 또한 부적절감, 거부감, 의존욕구를 가진 경우가 많으며, 때로 스스로가 어떻게 비춰지는지에 대해 걱정하여 예민해지고 타인에게 거부당한다는 느낌 때문에 위축되기도 한다.

　성숙이 늦게 일어나는 남자 청소년들은 때로 타인에게 지나치게 의존적이게 되거나 지위와 관심을 지나치게 얻고자 과잉보상하려고 하기도 한다. 또 어떤 경우에는 타인을 무시하고 공격하며 놀려대고 주의를 끌려고 함으로써 자신의 부적절감을 보상하고자 한다. 조금만 비위에 거슬려도 싸우려고 드는 경우이다. 이렇게 사회적인 태도가 부정적으로 형성되기 시작하면, 성인기가 되어 체격의 차이나 그 중요성이 사라진 다음에도 이것이 지속될 수 있다. 성숙이 늦은 남자 청소년들 대부분은 결혼과 같은 성인으로서의 심리적 개입을 더 늦게 하고, 돈을 덜 번다는 이유로 인해 직업적 지위에 대해 안정감을 덜 느끼는 것으로 나타났다. 생리적 요인에 의해 신체적인 발달이 늦어진 극단적인 경우에는 안드로겐을 처방할 수도 있으나, 사회적인 지체는 그 후에도 오랫동안 지속될 수 있다.

## (3) 일찍 성숙한 여자 청소년의 경우

여자 청소년들이 성숙이 빠른 것은 초등학교 시절 동안 부정적인 영향을 미치는 경향이 있다. 5~6학년 때 신체적으로 성숙한 여자 청소년들은 대부분의 친구들보다 앞서 있기 때문에 불편한 점이 있다. 키가 더 크고 성적으로 더 발달해 있으며, 자신이 남과 다르기 때문에 무언가가 이상하다고 느끼고, 어떻게 보일지에 대해 예민해지게 된다.

이 때문에 아직 사춘기가 시작되지 않은 친구들보다 이 나이 때에 누릴 수 있는 특권을 누리기 어렵게 된다.

그러나 중학교에 이르면 사회적으로 자기 모습을 찾게 된다. 좀 더 성숙한 여성으로 보이기 시작하고, 어른스러운 외모와 옷차림으로 또래의 부러움을 사며, 자신보다 나이 많은 남자 청소년들의 관심을 끌기 시작하고 데이트도 더 빨리 시작하게 된다. 그러나 이 때문에 문제가 생기기도 한다. 이성에 대한 관심이 너무 이른 것에 대해 부모가 걱정이 된 나머지 사회적 활동을 제한하려 할 수도 있다. 실제로 성숙이 빠른 것은 남자 청소년들이 성 경험이 많은 것과 관련 있다.

17세에 이를 때까지는 성숙이 빠른 여자 청소년들이 자기 개념이 더 긍정적이고, 전반적인 적응과 가족 내에서의 적응 수준이 더 높고 인간관계도 더 좋다. 그러나 성숙이 이른 것의 긍정적 효과는 남자 청소년만큼 크지는 않은 것 같다.

### (4) 늦게 성숙한 여자 청소년의 경우

성숙이 늦은 여자 청소년들은 중학교와 고등학교 시절에는 사회적으로 상당한 불이익을 받는다. 이들은 외견상 어린아이처럼 보이며 그런 취급을 받는 데 대해 분개하게 된다. 그냥 무시되거나 모임이나 행사에 초대받지 못하기 쉽다. 14~18세에 초경을 하는 여자 청소년들은 특히 데이트를 늦게 시작하는 경향이 있기 때문에 성숙이 늦은 여자 청소년들은 발달이 더 많이 된 친구들을 시기하게 된다. 보통 정도로 성숙하는 남자 청소년들과 일반적으로 같은 수준에 있게 되므로 이들과 친구로서 많은 공통점을 갖게 된다. 그러나 다양한 남녀 청소년들이 많이 모이는 큰 모임은 회피하며, 좀 더 나이 어린 아이들이 재미있어 하는 활동들을 주로 하게 된다. 한 가지 이익은 성숙이 늦은 여자 청소년들은 성숙이 이른 경우만큼 부모나 어른의 비난을 받지 않는다는 점이다. 가장 불리한 점은 신체적인 성숙이 덜 되었기 때문에 일시적으로나마 사회적 지위를 잃게 된다는 것이다.

요약

청소년기는 성장급등현상이 일어나는 시기로, 신장과 체중의 변화와 함께 성적 성숙이 일어난다. 성적 성숙에 영향을 미치는 요인으로는 유전, 지능, 건강, 영양, 가족의 사회·경제적 지위, 체격 등이 있다.

청소년들의 급격한 생물학적 변화는 뇌하수체, 생식선, 부신, 시상하부 등 내분비선에서 일어나는 호르몬의 강력한 화학물질 때문이다. 대표적인 여성 호르몬은 에스트로겐과 프로게스테론이며, 남성 호르몬은 안드로겐이다.

사춘기의 신체 발달을 통해 청소년들은 신체상을 형성하게 되는데, 이는 신체에 대한 감각, 느낌, 태도 등을 포함하는 정신적 표상이다. 오늘날 대중매체의 영향으로 청소년의 신체상은 왜곡되기 쉬우며, 많은 경우 청소년들은 자신의 신체에 대해 불만족하는 경향이 있다. 또한 청소년의 조숙과 만숙은 성별에 따라 다른 심리적 영향을 준다.

# 인지 · 도덕적 발달

## 1. 인지 발달

구체적 조작기에 해당하는 아동기에는 눈앞에 보이는 물체를 직접 조작해 봄으로써 관련 변인을 찾아내어 실제적 문제해결을 시도하는 특성을 보인다. 이러한 인지적 특성은 청소년기에 접어들면서 형식적 조작 사고로 변화하는데, 눈에 보이지 않더라도 가능한 변인들 간의 조합을 찾아내며, 나타날 수 있는 가능한 결과들에 대한 가설을 설정하는 능력을 보이게 된다. 이러한 청소년기의 인지 발달 특성을 알아보기 위해 청소년기 인지 발달 특성을 간략히 살펴보고 다양한 인지 발달이론을 다룬 후 청소년기에 두드러지게 나타나는 사회인지 특성을 다룬다.

### 1) 청소년기 인지 발달 특성

인지란 인간의 두뇌 속에서 발생하는 일련의 과정들을 포함한다.

인지 발달이란 전반적 발달 개념 중 성숙의 의미로 설명할 수 있다. 즉, 발달과정에서 나타나는 양적 변화가 아니라 질적 변화이다. 피아제가 제시한 인지 발달단계 중 자기중심적 사고 특성을 보이는 유아기와 가설 · 연역적 사고 특성을 보이는 청소년기 간에 사고의 질적 차이가 있는 것이다. 피아제(Jean piaget)의 인지 발달이론에 의하면 아동기 동안 이루어진 탈 중심적 사고(예 : 보존개념 획득 · 분류화 및 서열화 · 개념이해 등)를 기초로 하여 청소년기에는 추상적 개념을 이해할 수 있게 되며, 계획을 세워 체계적으로 하나하나 해결책을 시도해 보게 되고 바라고 원하는 것에 대해 이상주의적으로 사고하게 된다.

또한 비고스키(Vygotsky)의 사회·문화적 인지이론에 의하면 유아기, 아동기 및 청소년기를 거치며 연령이 증가할수록 둘러싼 환경과 문화, 언어가 점차 내면화되어 가며 사고의 구조가 보다 정교화되어지고 자기 나름의 문제해결을 할 수 있게 된다. 이와 같이 청소년기는 유아기와 아동기에 비해 인지적으로 점차 세련되어지고 정교한 특성으로 변화되어 가며 이는 성인기의 준비역할을 하는 기초가 된다.

## 2) 인지 발달이론

### (1) 피아제의 인지 발달이론 : 기본 정신구조와 인지 발달단계

피아제는 인지 발달이 정신구조의 변화를 통해 진행되며 기본적인 정신구조에 도식, 동화, 조절의 기본 개념이 있다고 하였다.

도식은 정보를 입력해 놓는 카드철과 같은 공간구조적 의미이며, 동화는 새로운 정보를 받아들이는 현상적 의미이다. 조절은 자신이 가지고 있는 도식에 새로운 정보를 적용하여 자신만의 새로운 정신구조를 만들어가는 과정적 의미를 지닌다.

피아제에 따르면 인간의 정신구조는 자극이 주어질 때마다 동화와 조절과정을 거쳐 끊임없이 재구조화해 가는 가운데 정신구조의 변화, 즉 인지 발달이 이루어진다.

피아제는 인지 발달단계를 감각운동기, 전조작기, 구체적 조작기, 형식적 조작기의 네 단계로 구분하였다.

감각운동기는 주변 세계의 모든 경험을 우리 몸이 지닌 모든 감각을 동원해 이루어 나가는 단계로, 출생 시부터 2세경까지의 신생아기, 영·유아기가 해당된다.

전조작기는 자기중심적 사고, 직관적 사고의 특성을 보이며 언어능력이 급격히 발달하나 논리적 사고능력은 이루어지지 않은 단계로 2~7세경까지의 유아기가 해당된다.

구체적 조작기는 전조작기에서 두드러지게 보여진 자기중심적 사고를 탈피하여 분류화와 서열화, 보존개념의 획득이 이루어져 탈중심적 사고 특성을 보이긴 하나 눈에 보이는 구체적 사실들에 대해서만 사고가 가능한 단계로 7~12세 사이의 아동기가 해당된다.

형식적 조작기는 청소년기의 인지적 발달특성에 해당되는 단계이다. 아직 발생하지 않은 일이더라도 마치 눈앞에 존재하는 현상처럼 생각할 수 있게 되는 추상적 사고능력을 지니게 된다. 또한 주어진 문제를 해결하기 위해 자신이 나름대로 세운 계획에 따라 추측해 보고 가설을 차례대로 시험해 보며 정답의 범위를 점차 좁혀가는 가운데 해결해나가는 가설, 연역적 사고 특성을 지닌다. 여러 번의 시행착오를 거치지 않더라도 문제해결을 위해 계획을 기초로 체계적 과정을 통해 해결가능한 결과를 시험해 보는 체계적·조합적 사고능력을 갖게 된다. 그 밖에 현실에 존재하지 않더라도 자신이 바라는 사실, 대상 등의 특성에 대해 상상과 공상을 동원하게 되는 이상주의적 사고를 하게 된다(정옥분, 2005).

청소년기의 형식적 조작사고, 즉 가설연연적 사고의 대표적 특징은 가능성에 대한 사고, 명제적 사고 및 추상적이고 융통성 있는 사고이다. 이 세 가지 특징의 구체적 내용을 살펴보면 다음과 같다(송명자, 1995 재인용).

- **가능성에 대한 사고** : 청소년들은 여러 현상에 대해 가설을 설정할 수 있으므로 구체적이며 실재론적인 아동기 사고의 한계에서 벗어나 가능성에 대해 생각할 수 있다. 먼저 가능한 사태에 대한 이론을 설정하고, 가능한 것으로부터 경험적으로 실재하는 것으로 사고가 진전하게 된다. 이러한 가능성에 대한 사고는 과학적 영역에만 국한되지 않고 사회, 정치, 종교, 철학 등 전 영역에 걸친 이상주의로 확장되어 자신의 관념과 일치하지 않는 모든 것들에 대한 비판으로 나타나게 된다. 또한 필요한 경우 더 나은 사회를 만들기 위해 기존의 사회를 파괴·개혁하고자 하는 성향은 형식적 조작사고의 발달에 기인하고 있다.

- **명제적 사고** : 'A인 동시에 B', 'A이지만 B는 아님', 'A도 아니고 B도 아님'과 같은 세 개의 명제를 바탕으로 가설을 설정하고 논리적으로 추론해가는 능력을 의미한다. 일상생활에서 직장 옮기기 등과 같은 중요한 의사결정이 요구되는 상황에서 명제적 사고를 통해 다양한 가능성에 대해 구체적으로 예측해 보며 결정할 수 있게 된다.

- **추상적이고 융통성 있는 사고** : 청소년기의 추상적이며 융통성 있는 사고를 나타내 주는 실험이 있다. 아동과 청소년을 대상으로 "만일 네가 눈을 하나 더 가질 수 있고 그 눈을 신체 어느 부위에든 둘 수 있다면 어디에 두고 싶은지 그림으로 그려보자."라고 지시한다고 가정하자. 실제의 구속에서 벗어나지 못하는 구체적 조작기 아동은 그림 4-1에서와 같이 실제로 눈이 붙어 있는 위치 근처에 눈을 하나 더

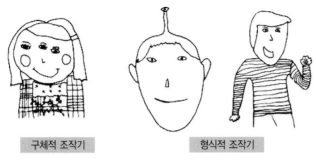

**구체적 조작기**        **형식적 조작기**

**그림 4-1** 구체적 조작기와 형식적 조작기의 제3의 눈 그림
자료 : Shaffer 저(1993). 송명자 역(1995). 발달심리학. 학지사. p. 337.

그려 넣을 것이다. 반면 가설적 사고가 가능한 형식적 조작기의 청소년은 사방을 돌아볼 수 있도록 머리꼭대기에 눈을 붙이거나, 몸의 구석구석을 다 볼 수 있도록 손바닥에 그려 넣을 것이다. 이러한 반응의 차이는 구체적 조작기 아동은 실제로 눈이 있는 위치의 한계에서 벗어나지 못하는 반면 형식적 조작기에는 주어진 가설적 명제에 대해 보다 추상적이고 융통성 있게 반응할 수 있음을 나타내준다(그림 4-1 참조).

지금까지 살펴본 바와 같이 신생아기, 영유아 및 아동기에 비해 청소년기에는 정신구조와 기능이 보다 더 복잡하고 세련되어진다. 청소년기에 보여지는 인지발달적 특성은 이후 성인기의 직업활동이나 생활에서 요구되는 성숙된 사고를 이루기 위한 준비단계라고 볼 수 있다.

## (2) 비고스키의 사회 · 문화적 인지이론 : 근접 발달영역과 비계

비고스키에 따르면 청소년의 주변세계인 사회 · 문화적 요인을 고려할 때 인지발달과정을 제대로 이해할 수 있다. 즉, 특정 문화의 가치, 신념 및 관습이 한 세대에서 다른세대로 전수되는 과정을 통해 지식을 습득한다. 또한 자신이 속한 문화를 통해 특정 사고과정이나 사고수단을 습득한다. 문화를 통해 한 개인은 사고의 내용 및 사고방식을 `배우며 인지발달을 이루어나간다.

비고스키는 문화가 한 개인의 인지발달에 있어 결정요인으로 작용한다고 하며 아동의 지적 능력을 설명하는 근접발달영역과 비계의 개념을 제시했다.

근접 발달영역(ZPD : Zone of Proximal Development)은 한 개인의 실제 발달수준과 잠재적 발달수준 사이의 영역을 말한다. 실제 발달수준이란 한 개인이 자신의 지적

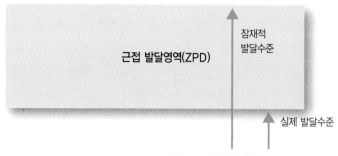

그림 4-2  근접 발달영역

능력 범위 내에서 문제를 독립적으로 해결할 수 있는 수준이다. 즉, 현재 지니고 있는 어휘력, 기억력, 개념 발달 정도, 수학적 사고력 등 한 개인이 지닌 지적 능력의 수준을 말한다. 잠재적 발달수준이란 한 개인이 주변인의 도움을 받아 자신의 실제 발달수준 이상의 문제로 해결할 수 있는 수준이다. 즉, 부모, 교사 및 손윗형제 등의 중재를 통해 자신의 실제 발달수준보다 높은 수준의 문제를 해결하는 데 필요한 사고과정, 개념, 해결방식을 새롭게 배워 문제해결에 적용하게 되는 수준을 말한다.

이는 한 개인이 주변인의 도움을 받아 사고를 점차 확장해 가고 문제해결능력의 수준을 높여갈 수 있게 됨을 의미한다. 부모나 교사 및 형제의 도움을 받아 문제해결능력이 증가할수록 근접 발달영역 또한 점차 확장되어 감을 의미한다(그림 4-2).

흔히 손윗형제의 공부하는 모습을 옆에서 지켜보며 어깨 너머로 공부를 배운다던가 하는 것이 근접 발달영역을 확장해가는 예이다. 또한 근접발달영역은 개인이 주변인의 도움받는 수준 혹은 개인의 학습능력에 따라 차이가 있을 수 있다.

비계란 본래 건축용어로써, '건물을 지을 때 발판으로 사용되다가 건물이 완성되면

그림 4-3  비계그림과 공사장에 설치된 비계사진

제거하는 것'을 말한다(그림 4-3). 비계는 아동 및 청소년이 스스로 문제를 해결할 수 있도록 성인, 손윗형제 및 유능한 또래가 도움을 제공하는 것을 의미한다. 이런 과정을 통해 청소년의 인지 발달이 점차 성숙된 수준으로 나아갈 수 있게 된다.

### (3) 정보처리적 인지이론 : 컴퓨터와 두뇌

정보처리적 인지이론은 신피아제학파가 피아제의 이론을 수정하며 제시한 견해로써 한 개인의 인지 발달이 주어진 환경 속에서 발생하는 사건이나 문제를 해결해 가는 정보처리능력의 발달이라고 주장한다.

이러한 주장을 기초로 인간의 정보처리과정과 컴퓨터의 정보처리과정 간에 논리와 규칙을 사용한다는 유사점이 있다고 본다. 즉, 컴퓨터의 물리적 장치인 하드웨어를 인간의 뇌와 신경계와 비교한다. 또한 컴퓨터조작을 위한 프로그래밍에 해당하는 소프트웨어는 인간이 지니는 문제해결을 위한 계획이나 책략과 비교한다.

정보처리적 관점에서 볼 때 인간의 인지과정은 성장과정을 통해 점차 복잡해지는데, 이는 연령증가에 따라 처리용량도 점차 증가하면서 정보를 상호 관련 지우는 것이 가능해지고 기억책략이 발달하는 가운데 인지적 성장이 일어나는 것이다(정옥분, 2005).

### (4) 다중지능이론 : 일곱 가지 다중지능

하워드 가드너(Howard Gardner, 1993)에 의하면 전통적으로 측정되어 온 표준화된 지능검사는 각 문화에서 중요시 여기는 지적 능력을 고려하지 않는다. 각기 다른 문화에서 성장한 사람들의 IQ를 동일한 하나의 검사로 측정함으로써 각 문화에서 중요시하는 사고나 가치 등의 인지적 패턴이 무시된 채 한 개인의 지적 능력을 평가하는 것은 오류라는 것이다. 가드너가 제시한 다중지능 개념은 인간이 지적으로 행동할 때 한 개 이상의 지능이 활용된다고 본다. 다중지능이론은 청소년의 인지 발달에 있어 잠재력 개발이라는 새로운 관점을 제시해 주고 있다. 청소년이 타인과 비교하여 자신에게 보다 우수하게 잠재되어 있는 능력을 개발할 수 있다면 그렇지 않은 경우에 비해 보다 더 큰 잠재력을 발휘하게 될 뿐 아니라 개인의 행복감도 증가된다(장휘숙, 1999). 다음은 가드너가 제시한 다중지능이다.

#### ① 언어적 지능(linguistic intelligence)

모든 사람이 정보를 학습하고 기억하며 타인에게 정보를 전달할 때 활용하는 지능이다. 어린 연령부터 성인에 이르기까지 언어적 지능을 공유하며 작가나 대중연설자들에게서 탁월하게 나타난다.

### ② 논리-수학적 지능(logical-mathematical intelligence)

추상능력과 일반화 능력이 핵심적 내용으로 논리학자, 과학자 및 수학자들에게서 높게 나타나는 지능이다. 수학자들의 경우 대개 30세 이전에 수학적 지능의 절정기를 경험하는 특징이 있다.

### ③ 신체-운동적 지능(body-kinesthetic intelligence)

분화되고 숙련된 방식으로 신체부위를 사용하고 대근육과 소근육 기술이 요구되는 과제를 능숙히 수행하는 능력으로 이루어진다. 일상생활에서 글씨 쓰기, 계단 오르기, 피아노치기를 수행하는 데 신체·운동적 지능이 요구되며 무용가, 운동선수, 서커스 단원은 그러한 신체·운동적 지능이 뛰어난 사람들이다. 그 밖에 음악가나 외과 의사가 주어진 일을 행할 때에도 요구되는 지능이다.

### ④ 공간적 지능(spatial intelligence)

우뇌기능과 관련된 능력으로 형태의 차이나 유사성을 인지하는 능력을 말한다. 바둑, 장기두기를 비롯해 기술자, 화가, 조각가, 건축가 등에게 요구되는 지능이다.

### ⑤ 음악적 지능(musical intelligence)

다른 지능에 비해 가장 이른 연령에 발휘되는 능력으로 음의 높낮이, 음색, 음질, 리듬을 인지하고 구분하며 음악적 기법을 이해하는 능력이다. 지휘자, 작곡가, 연주자, 합창단원, 가수 등에게서 요구되는 지능이다.

### ⑥ 대인관계지능(interpersonal intelligence)

사회적 관계를 이해하는 능력으로 사회적 지능이라고도 한다. 타인의 기분상태, 동기, 의도 및 욕구를 잘 이해하거나 상대방과의 의사소통을 유능하게 잘 하는 능력이다. 정치인, 종교가, 컨설턴트, 심리치료사, 코치, 상담가, 영업직 등에서 요구되는 지능이다. 부모, 형제 등 가족과의 관계보다 또래들과의 관계를 중요시 여기는 청소년기에 요구되는 지능이기도 하다.

### ⑦ 자기이해지능(개인 내적 지능, intra-personal intelligence)

자신의 감정, 흥미, 강점과 약점, 기질등을 파악하고 인식하는 개인적 능력을 말한다.

심리학자, 작가, 상담가 등에게 요구되는 지능이다. 청소년이 자신의 잠재력을 파악하고 이를 진로와 연결지어 실제적으로 준비해나가는 데 요구된다.

## 3) 청소년의 사회인지

사회인지란 타인의 사고, 감정, 동기, 사회적 행동들에 대한 이해능력으로 사회적 관계에 대한 것을 말한다.

### (1) 청소년기 자아중심성

청소년은 자신에게만 독특한 세계와 타인의 보편적 세계를 구분하지 못함에 따라 자신은 특별한 존재라는 청소년기 특유의 독특성에 대한 착각에 빠져들며 자기중심적인 강한 자의식을 나타낸다.

청소년기 자아중심성은 개인적 우화와 상징적 청중 두 가지 특성으로 설명된다(송명자, 1995).

#### ① 개인적 우화(personal fable)

청소년들이 자신은 특별하고 독특한 존재이므로 자신의 감정이나 경험세계는 다른 사람과 근본적으로 다르다고 믿는 청소년기 자아중심성의 특징이다. 이러한 개인적 우화는 자신감과 위안을 주는 측면도 있지만 정도가 심해지면 자기 존재의 영속성과 불멸성을 믿게 됨으로써 과격한 행동에 빠져들 위험이 있다. 특히 청소년의 음주운전, 폭주, 마약, 성문란 등과 같은 파괴적 행동은 자신이 행하지만 그 부정적 결과는 남에게만 해당되고 자기에게는 해당사항이 없다고 여기는 개인적 우화에 의해서 나타날 수 있다.

이러한 개인적 우화는 청소년의 긍정적이거나 사회기여적 행동과 관련되기도 한다. 청소년 자신의 세대는 기성세대가 이루지 못한 가능성을 지녔다고 믿는 가운데, 빈곤퇴치, 환경운동, 시민운동 등에 적극적으로 참여하며 직접 행동으로 옮기게 되기도 한다.

#### ② 상상적 청중(imaginary audience)

상상적 청중 또한 청소년기의 과장된 자의식으로 인해 자신이 타인의 집중적인 관심과 주의의 대상이 되고 있다고 믿는 청소년기 자아중심성의 한 형태이다. 청소년들은 상상적 청중을 만족시켜 주기 위해 많은 에너지를 쏟으며 남이 눈치조차 채지 못하는 작은 실수에 대해 심한 고민과 걱정에 빠진다.

### (2) 청소년기 이상주의

청소년기에만 나타나는 이상주의는 형식적 조작사고 발달과 깊이 관련된다. 특히 자신이 속한 사회의 정치나 사회적 현실에 대해 지니는 이상주의로 인해 과격한 비판이나 현실 참여를 행동으로 옮기게 되기도 한다.

청소년기 초기에 나타나는 정치적 사고는 추상적 원리에 근거를 두고 있다. 14세를 전후로 14세 이전에는 한두 가지 관점에 국한된 사고를 하는 반면 14세 이후에는 여러 측면을 고려할 수 있는 능력을 보인다.

청소년기 중기에 나타나는 정치적 사고는 연령증가와 더불어 점차 이상주의적으로 변해간다. 청소년 중기 이후에 이르러 자신이 지각하는 현실의 정치적 상황이 이상향과 불일치하는 것에 좌절과 분노를 느낀다.

청소년기 중기 이후로 개선과 재활의 중요성을 깨닫고 개인의 권익과 자율성 및 변화의 가능성을 고려하는 비율이 증가한다. 청소년기 초기에는 처벌지향적이던 관점이 연령증가와 더불어 점차 권익을 보호하는 관점으로 변화된다.

## 2. 도덕성 발달

청소년기의 형식적 조작사고 특성인 발생가능한 결과들에 대한 가설설정능력을 기초로 자신을 둘러싼 사회 전반의 도덕적 특성에 대해 관념적이고 이상주의적 가능성을 그려 본다. 이러한 특성은 강한 이타적 성향 및 정의에 대한 인식과 주장으로 표출되는 경향에 있다. 청소년기의 도덕성 발달을 알아보기 위해 도덕성의 개념을 살펴본 후 도덕성 발달이론을 다루고 피아제, 콜버그, 투리엘 및 길리건의 청소년의 도덕성 발달 특징을 살펴본다.

## 1) 도덕성이란?

도덕성이란 폭 넓게 보면 철학적·윤리적·경험과학적 요소를 포함하고 있다. 도덕성은 인지적 요소, 정의적 요소 및 행동적 요소를 포함하고 있으며 도덕적 행위를 할 수 있는 능력 혹은 성향이라 정의할 수 있다(안영진, 1988).

도덕성은 도덕과는 달리 개인의 내재적 속성으로서 한 사람의 인격성을 구성하는 요소이다. 인격성으로서의 도덕성을 지니고 있을 때 타인들과의 관계에서 발생한 대립, 갈등의 문제를 해결할 수 있고, 비로소 도덕적 행위가 가능한 것이다. 즉, 도덕성은 도덕생활의 근본이 되는 정신상태로서 인간을 도덕적으로 행동하도록 만드는 경향성을 의미한다(사상순, 2006).

도덕성 발달에 관한 심리학적 이론은 크게 네 가지로 나누어 볼 수 있다.

첫째, 정신분석학적 입장에서는 정의적 측면을 강조하여 도덕성 발달이란 개인의 양심을 형성해가는 과정이라 보고 있다.

둘째, 학습이론적 입장에서는 행동적 측면을 강조하여 도덕성 발달이란 아동이 도덕적 행동을 습득해가는 과정이라 보고 있다.

셋째, 인본주의적 입장에서는 도덕적 선(善)을 강조하여 도덕성 발달이란 타고난 선을 키워나감으로써 자아실현을 해나가는 과정이라 보고 있다.

넷째, 인지 발달론적 입장에서는 판단적 측면을 강조하여 도덕성 발달이란 도덕적 문제 사태를 직면하여 판단하고 행동해 나가는 도덕판단능력의 발달과정이라 보고 있다.

위의 네 가지 이론에 따라 도덕성은 약간씩 다른 관점을 지니는데, 정신분석학적 입장과 학습이론적 입장은 주어진 기존의 가치관을 중요시한다는 측면에서는 공통적이다. 반면 인본주의적 입장은 자연 그대로의 본래적 선을 중시했다는 점에서 정신분석학적 입장, 학습이론적 입장과는 다른 입장이다. 그러나 이 세 가지 입장은 도덕성을 이미 사회나 자연에 의해서 규정된 것으로 봄으로써 아동을 주체가 아닌 객체 및 수동자로 보고 있다. 이와 달리 인지 발달론적 입장에서는 아동이 다른 사람과의 사회적 상호작용을 이해하는 것을 도덕성 발달의 핵심이라 봄으로써 아동을 하나의 주체 및 능동자로 보고 있다(윤지영, 1990).

## 2) 도덕성 발달이론

### (1) 피아제의 도덕성 발달단계

피아제는 규칙이나 정의, 의도성에 대한 이해, 벌에 대한 태도 등의 질문을 근거로 하여 도덕성 발달단계를 타율적 도덕성(heteronomous morality)과 자율적 도덕성(autonomous morality)의 두 단계로 구분했다. 타율적 도덕성 단계의 아동은 규칙을 신성불가침한 것으로 여기어 항상 그대로 따르는 것이 옳은 것이고 위반하면 벌을 받아야 한다고 생각한다. 또한 어떤 행동의 옳고 그름을 행위자의 의도와는 상관없이 행동의 결과만을 가지고 판단한다. 자율적 도덕성 단계의 아동으로는 10세 이후가 해당된다. 이때의 아동은 규칙은 사람이 만드는 것이고 그 규칙을 변경할 수 있다고 여기며, 도덕적 판단을 할 때 결과보다는 행위의 의도나 동기 및 상황적 요인을 고려하는 융통성을 보인다.

피아제에 의하면 타율적 도덕성 단계에서 자율적 도덕성 단계로의 발달과정에서 자기중심성의 감소와 타인의 관점을 인식하는 역할수용능력의 발달이라는 인지적 성숙이 중요한 역할을 한다. 또한 또래와 대등한 위치에서 상호작용을 하게 되는 사회적 경험이 중요한 역할을 한다. 이를 통해 도덕적 문제를 여러 각도에서 조망해 보고 생각해 보게 되며 또래와 사이좋게 놀고 갈등이 있을 때 서로에게 이익이 되는 방식으로 문제를 해결하게 된다. 이러한 과정들은 보다 융통성 있고 자율적인 도덕성 발달을 이루는 데 중요한 요소로 작용하는 것이다(정옥분, 2005).

### (2) 콜버그의 도덕성 발달이론

콜버그(Kohlberg)는 가상적인 도덕딜레마 상황을 제시하고 그에 대한 피험자의 반응을 기초로 도덕 발달의 수준을 여섯 단계로 구분하였다. 콜버그는 도덕성 발달단계의 변화는 인지능력의 향상에 따라 나타난다고 보았다. 전인습적 수준의 도덕판단은 자기중심적이다. 인습적 수준의 도덕판단은 다른 사람의 견해와 입장을 이해할 수 있어야 가능하며, 후인습적 수준의 도덕추론은 형식적·조작적 사고를 필요로 한다(정옥분, 2005).

콜버그가 제시한 도덕판단 발달의 여섯 단계는 다음과 같다(김정희 외, 1993).

① 제1수준 : 인습이전 수준(preconventional level)

쾌락적 결과, 힘이나 권력과 관련지어 해석한다.

- 1단계(벌과 복종 지향) : 행위의 가치나 의미보다는 행위의 물리적 결과가 선악판단의 기준이 된다. 처벌을 피하거나 권위에 무조건 복종하는 수준의 도덕성을 보인다.
- 2단계(개인적 보상 지향) : 신이나 타인에게 이익이 되거나 필요를 충족시켜 주는 행위를 선이라고 판단한다. 인간관계를 서로 이익을 주고받는 교환관계로 이해하고 이를 기초로 도덕판단을 한다.

② 제2수준 : 인습수준(conventional level)

가정, 집단, 국가의 기대를 따르는 것이 그 자체로서 가치가 있다. 또한 그 가치를 충실히 따르고자 하며 그 가치에 자기를 동일시한다.

- 3단계(대인관계 조화 지향) : 타인을 기쁘게 하고 도와주며 그에 따른 타인의 승인을 받는 것을 올바른 행위로 본다. 행위자의 의도나 내적 특성을 고려하게 되는 단계로, 콜버그는 이를 착한 소년/소녀지향으로 칭했다.
- 4단계(법과 질서 지향) : 사회질서유지의 중요성을 인식하고 법의 기능을 개념화하게 된다. 자신의 의무와 책임을 수행하고 합법적 권위를 존중함으로써 사회질서를 유지하는 것을 올바른 행위로 본다.

③ 제3수준 : 인습이후수준(postconventional level)

도덕적 가치나 원리가 개인이나 집단의 권위와는 관계없이 그 자체로서 타당성을 가진다고 생각한다.

- 5단계(사회계약정신 지향) : 개인의 기본권리와 사회 전체가 합의에 도달한 도덕기준에 비추어 올바른 행동을 규정한다. 자유, 정의, 행복추구 등의 제도적 가치가 법보다 상위에 있음을 어렴풋이 인식하는 단계이다.
- 6단계(보편적 도덕원리에 대한 확신으로서의 도덕성) : 스스로 선택한 도덕원리에 따르는 것을 올바른 행위로 정의한다. 공정성, 정의, 인간권리의 상호성과 평등성, 인간의 존엄성에 대한 존중을 도덕원리로 본다.

콜버그의 도덕판단 발달단계에서 높은 수준의 판단을 하는 아동일수록 그 아동은 원인 지향적이고 의도 지향적인 경향을 보인다.

콜버그의 도덕판단 발달단계는 도덕적 판단능력과 도덕적 행동의 실천은 별개라는 점, 6단계 도덕 발달단계에 도달한 사람이 거의 없다는 점, 미국 소수 중·상류층의 개인주의 도덕성을 반영함으로 인한 문화적 보편성 결여 등의 이유로 많은 비판을 받기도 한다.

## (3) 길리건의 청소년기 도덕 발달이론

길리건은 콜버그가 주장한 추상적 도덕원리를 강조하는 정의지향적 도덕성과 대조되는 개념으로 배려, 인간관계의 보살핌, 애착, 책임, 희생을 강조하는 대인지향적 도덕성 이론을 제시했다(송명자, 1995). 길리건은 콜버그의 정의지향적 도덕성은 정의, 타인의 권리존중과 같이 남성에게 주어지는 도덕적 명령인 반면 길리건의 대인지향적 도덕성은 동정이나 보살핌 등과 같이 여성에게 주어지는 도덕적 명령이라고 보았다. 길리건은 도덕성의 상이한 측면인 정의지향적 도덕성과 대인지향적 도덕성이 서로 보완·통합될 필요성을 주장했으며(정옥분, 2005), 이 두 가지 상이한 측면을 지향하는 도덕성은 도덕성이 내포하는 본질적인 두 개의 측면으로 볼 필요성이 있다(송명자, 1995).

길리건은 남성과 여성의 도덕적 지향과 선호성이 다르다는 사실을 전제로 폭력, 낙태 등 여러 도덕적 사태에서 청소년들이 보여주는 여성 특유의 도덕적 사고를 분석하여 여성의 대인간 도덕적 추론발달과정을 5단계로 단계화하였다. 각 단계의 특성상 단계의 명칭은 수준단계와 이행기단계로 명명되나 총 5단계로 구분하여 볼 수 있다.

- 수준 1(자신의 욕구와 이익지향단계) : 여성이 자신의 욕구와 갈등에 의해서만 도덕적 사고와 추론을 하는 단계로서 타인에 대한 관심이나 배려가 결여되어있는 단계이다. 즉, 이 단계에서는 갈등상황에서 어느 쪽이 자신에게 중요한 것인가가 판단의 준거가 된다. 주로 아동기의 미성숙한 대인간 도덕적 사고가 이 수준에 속한다.

- 제1이행기(이기심에서 책임감으로의 변화) : 이 기간 동안 여성은 자신이 원하는 개인적 욕구와 자신이 주어진 상황에서 해야하는 책임을 구별하기 시작한다. 즉, 자신만 알았던 이기심이 타인을 생각하는 책임감으로 변화하는 단계이다. 따라서 이 단계에 도덕적 추론이 보다 성숙해진다.

- 수준 2(자기희생과 타인에 대한 배려) : 이 단계에 자신의 욕구를 억제하고 타인의 요구를 받아들이려고 시도한다. 즉, 이기심에서 벗어나 타인에 대한 배려와 책임감

을 지니고 자기희생을 감수하게 된다. 이 단계의 여성들은 또한 자기희생과 타인에 대한 배려를 선한 것으로 간주한다. 모든사람의 이익을 충족시킬 수 있는 사태 해결이 불가능할 때는 자신을 희생하면서도 타인을 배려하고 책임지는 행동을 선택하게 된다. 이로 인해 인간관계의 평형상태가 파괴되어 자신과 타인간 대인관계의 불평등이나 타인에 대한 의존 등이 발생할 수 있다.

- 제2이행기(자신의 욕구와 타인에 대한 배려 간 균형의 필요성을 깨닫는 단계) : 이 기간에 여성은 무조건적인 타인배려지향에서 벗어나 자신과 타인 간 관계에 균형을 이룰 필요성을 지니게 된다. 따라서 개인적 욕구와 타인에 대한 배려와 책임감에 균형을 맞추려 한다. 또한 선함의 본질에 대해 새롭게 인식하려는 노력과 더불어 진실에 대한 관심이 증가한다.

- 수준 3(자신과 타인 간 균형에 따른 역동관계) : 마지막 단계에 이르면 개인의 권리주장과 타인에 대한 책임이 조화를 이루게 된다. 이 시기 여성은 자신을 무력하거나 수동적 존재로 고려하지 않고 의사결정과정에 적극적으로 참여한다. 이와 동시에 타인에 대한 배려와 이해는 여전히 지니고 있으며 비폭력·평화·박애 등이 이 시기 도덕적 판단의 주요 기준으로 작용한다.

위의 5단계를 통해 볼 때 여성의 대인 간 도덕추론은 초기에 자신의 욕구와 이익만을 판단준거로 삼다가 점차 이기심에서 벗어나 책임감을 지니는 과정을 통해 자기를 희생하더라도 타인에 대한 배려에 대해 책임감을 지니는 대인관계의 불평등단계를 경험하게 되나 자신과 타인 간 균형과 조화의 필요성을 깨닫고 성숙된 마지막단계에서는 자신과 타인의 배려를 모두고려하는 역동적 관계를 도덕판단의 기준으로 삼게 되어가는 것을 알 수 있다.

인간관계에서 보여지는 특성에 초점을 둔 길리건의 대인지향적 도덕성 이론은 도덕적 판단근거의 기준을 보다 다각적 측면에서 바라보고 사고할 수 있게 해 주었다는 데 큰 의의를 지닌다.

## (4) 투리엘의 사회적 상호작용이론(social interactional theory)

투리엘(Turiel)은 콜버그의 도덕의 세 수준 접근과 달리 어린 아동도 구별할 수 있는 도덕성의 세 영역을 제시하였다. 이 세 영역은 아동 및 청소년이 사회적 세계를 구성하는 기초유형으로 제시되었으며 개인적(심리적) 영역(personal-psychological-domain),

사회인습적 영역(social-conventionl domain) 및 도덕적 영역(moral domain)이다. 이는 콜버그 이론의 문제점에 대한 대안으로 제시되었다. 즉, 도덕적 의무와 인습적 의무를 구분하여 제시하였다. 도덕의 이해는 인습의 이해로부터 출현하는 것이 아니라 오히려 어린 유아기 동안에 인습에 대한 이해와 공존한다고 보고 있다. 투리엘은 도덕과 인습의 구별근거로 '도덕이 무엇인가'를 '인습이 무엇인가'로부터 구분하는 것은 합리적 추론의 발달을 언급함으로써 설명되는 것이 아니라 사회적 상호작용적인 사건들의 질과 특성을 구별하는 것을 언급함으로써 설명된다고 보았다. 이 이론은 도덕적 사고와 인습적 사고는 발달과정에서 관련되지 않으며 서로 구분된 영역임을 주장한다. 또한 이 이론은 아동의 정신세계에서 도덕성과 인습을 구별하도록 자극하기 위해 충분히 완전한 도덕사건과 완전한 인습사건들이 있음을 제시한다. 도덕적 영역과 인습적 영역을 구분하는 것 자체는 일반적으로 발달 초기부터 가능하지만, 도덕성 영역과 인습적 영역 간의 차이, 즉 경계영역은 문화특수적이어서 문화마다 차이가 있을 수 있다(송명자, 1995에서 재인용). 예를 들면 개인주의적 사고가 주요 가치인 서구문화에서는 노인에 대한 공경이 인습적 영역으로 구분될 수 있는 반면 집단주의적 사고가 주요 가치인 동양문화에서는 노인에 대한 공경이 도덕적 영역으로 구분될 수 있다.

이 이론에 따른 세 영역의 내용을 구분해 보면 도덕적 영역의 주요 이슈는 타인의 복지, 책임감, 공정성 등이다. 반면 사회인습영역의 주요 이슈는 기본적으로 지켜야 하는 에티켓, 성역할, 의복예절 등이다. 또한 개인적(심리적) 영역의 주요 이슈는 타인의 사고, 감정, 자아, 정체성 등이다. 이 세 영역은 다른 계층의 대상, 사건, 사람들과의 질적으로 다른 상호작용에 따라 발달한다. 또한 세 영역은 독립된 개념체제이면서 한 영역이 다른 영역의 발달을 자극해 주는 정보를 제공한다(Smetana, 1983).

## 3) 청소년의 도덕성 발달 특성

청소년기의 시작과 더불어 10대들의 도덕적 추론능력은 급속히 발달한다. 콜비 등(Colby, Kohlberg, Gibbs, & Liberman, 1983)의 종단연구결과에 따르면 10세경 우세하게 나타났던 전인습적 도덕추론은 10대 동안 급격히 감소되며 콜버그가 제시한 도덕발달단계 중 3단계와 4단계의 인습적 추론이 청소년기 동안 우세해진다. 13, 14세경의 도덕적 추론은 2단계나 3단계에 머무르지만 16~18세경에 이르면 50% 이상이 3단계의 추론을 하고 20% 정도는 4단계의 추론을 한다. 청소년기 동안의 도덕적 추론능력은 전인습적 추론에서 인습적 추론으로의 전환이 이루어지므로 3단계와 4단계의 추리가 우세하다는 결론을 내릴 수 있다(장휘숙, 1999 재인용).

또한 청소년기 이전인 아동기에는 규칙은 변할 수 없으며, 규칙에 일치하는 행동은 선하고 규칙에 어긋나는 행동은 악하다고 지각한다. 동시에 아동은 행위의 동기나 의도를 고려하지 못하고 단순히 행위의 결과를 바탕으로 판단한다. 이러한 아동기 도덕적 판단 특성을 타율적 도덕성이라 부른다. 반면 11세 이후에는 모든 사람이 동의할 경우 규칙은 변경될 수 있다고 보게 된다. 따라서 행위의 결과보다는 행위의 동기나 의도를 고려하여 도덕적 판단을 할 수 있게 된다. 이러한 도덕적 판단을 자율적 도덕성이라 부른다(장휘숙, 1999 재인용).

이와 같이 콜버그의 도덕판단 발달단계와 피아제의 도덕성 발달이론에 비추어 볼 때, 청소년의 도덕성 발달 특성이 인습적 수준, 즉 타인의 관점을 인식하고 권위나 사회질서를 유지하려는 경향으로 발달된다. 또한 외적으로 드러난 상황에 따라 판단하는 타율적 도덕성에서 벗어나 내재적 동기를 고려하는 자율적 도덕성으로 보다 성숙된 도덕적 사고를 보이고 있다.

또한 청소년들은 자신의 사회적 역할에 수반되는 도덕적 책무를 중시하며 그러한 책무에 충실하려고 노력한다. 청소년기에 친구 간의 우정을 지키려는 강한 의무감을 갖는 것은 청소년기 도덕적 사고의 특징을 잘 반영하는 것이다. 청소년 중기까지 청소년들은 규칙과 질서를 중시하고 인간관계의 신의를 소중히 하는 도덕적 의무감을 유지한다.

청소년기의 도덕적 사고 발달 중 두드러지게 나타나는 한 가지 특징은 청소년 후기에 보여지는 도덕적 퇴행(regression)이다. 이는 1969년에 행해진 콜버그와 크래머(Kramer)의 연구에서 인습수준에 도달한 약 20%의 대학생들이 대학입학 후 2~3년 동안 도구적 자기중심주의인 2단계로 후퇴하였다가 4단계로 되돌아오거나 도덕적 원리를 추구하는 5단계로 발달하는 현상이 발견되었다. 콜버그는 이러한 현상이 5, 6단계로 이행하는 과정에서 나타나는 현상으로써 이를 일시적 동요라 생각하고 '4½단계'라 이름 지었으며 이런 퇴행이 일어나는 원인을 자아정체성 탐색의 일환으로 설명했다(송명자, 1995 재인용).

송명자(1995)는 우리나라 청소년의 규범판단내용을 분석한 연구결과에 의하면 청소년들은 사회, 학교, 가정에서 성인의 규범압력에 대해 비판하는 경향이 높은 반면에 규범의 본질에 대한 사고수준은 서구에 비해 낮은 것으로 드러났다고 했다.

최근에 이루어진 청소년의 도덕성 관련 연구들을 몇 가지 살펴보고자 한다. 사상순

(2006)은 여가활동과 도덕성과의 관계를 구체적으로 파악하기 위해 신체활동 프로그램에 참여하고 있는 고등학생을 대상으로 연구한 결과, 신체활동 프로그램에 참여한 기간이 길수록 도덕성이 보다 긍정적으로 높게 나타났다. 이는 청소년들에게 있어 신체활동은 안전능력, 정신적 성숙 및 사회성 발달 등의 향상을 위한 필수적 활동이며 신체활동을 통해 자기중심화에서 탈피하면서 협동적 혹은 경쟁적인 다양한 사회적 관계를 맺고 타인의 의사를 존중하며 스포츠정신 등의 기본 원리를 체득하여 상호협조, 자율성 등과 같은 긍정적 성향의 인성이 형성, 발달, 촉진되는 계기가 됨을 말해 준다.

이와 유사한 연구로 임혜옥(2005)은 고등학생을 대상으로 청소년들의 체육활동이 도덕적 가치판단 및 도덕성 발달과 밀접히 관련됨을 밝히고자 연구한 결과, 정규체육 수업 이외의 체육활동 참여 여부에 따라 청소년의 도덕성 발달에 차이가 있는 것으로 나타났다. 즉, 체육활동에 많이 참여할수록 스포츠맨십 등 상호협조 및 도덕성 발달과 관련된 특성들이 향상됨을 알 수 있다.

청소년기에 이루어지는 인지적 성숙은 눈앞에 보이지 않더라도 가능한 변인들 간의 조합을 찾아내며 나타날 수 있는 가능한 결과들에 대한 가설을 설정하는 형식적 조작 사고의 능력으로 나타난다.

청소년의 인지 발달 이해를 위한 네 가지 인지 발달이론은 다음과 같다. 피아제는 인지 발달이론에서 형식·조작적 사고의 대표적 특징을 세 가지로 제시하였는데, 가능성에 대한 사고, 명제적 사고, 추상적이고 융통성 있는 사고이다. 사회문화적 인지이론에서 비고스키는 청소년이 접하는 사회·문화적 환경이 인지 발달에 영향을 미친다고 본다. 정보처리적 인지이론은 인간의 두뇌를 컴퓨터와 비유해 인간이 정보를 다루는 능력의 중요성을 언급한다. 다중지능이론은 '일곱 가지 다중지능', 즉 언어적 지능, 논리·수학적 지능, 신체·운동적 지능, 공간적 지능, 음악적 지능, 대인관계지능, 자기이해지능을 제시하며 각 개인이 내면에 지닌 잠재력에 귀기울이고 이를 개발함으로서 보다 더 행복한 생활을 하는 것의 중요성을 강조한다.

그 밖에 인지 발달의 한 영역으로 청소년의 사회인지는 청소년기의 자아중심성을 나타내는 대표적 특성 두 가지-개인적 우화, 상상적 청중-를 다룬다. 또한 청소년기 형식적 조작사고와 관련되어 추상적 원리에 근거를 두고 있는 이상주의적 특성이 나타나 사회적 현실에 대해 과격한 비판을 하거나 현실참여 행동을 보이기도 한다.

도덕성 발달이론은 피아제의 타율적 도덕성과 자율적 도덕성, 콜버그의 6단계 도덕성 발달단계, 길리건의 관계중심적 도덕성 및 투리엘의 사회적 상호작용이론들이 있다. 그 밖에 청소년의 도덕성 발달 특성을 다루기 위해 연구결과들에서 제시된 특성으로, 청소년들은 자신의 사회적 역할에 수반되는 도덕적 책무를 중요시하거나 친구 간의 우정을 지키려는 강한 의무감을 지니거나 성인의 규범압력에 비판하려는 경향성을 보이는 등의 도덕성 발달 특성을 보인다.

# Chapter 5

# 자아정체감 발달

## 1. 청소년기와 자아

청소년기에 접어들면서 아동기에 비해 자신을 보다 민감하게 지각하고 받아들인다. 이때 자신의 모습을 어떻게 인식하느냐에 따라 자기상 및 자아존중감이 긍정적 혹은 부정적으로 발달해 나간다. 따라서 청소년기의 자아 개념 발달, 자아인지 특성 및 자아 존중감에 대해 살펴보고자 한다.

### 1) 청소년기의 자아 개념

자아 개념은 자신이 어떤 존재인가에 대한 인식 및 깨달음을 의미한다. 연령 증가와 더불어 변화하는 자아 개념의 발달단계는 다음과 같다(정옥분, 2005).

- 유아기의 자아 개념은 매우 피상적이며, 유아들에게 자신에 대해 묘사해 보라고 하면 자신이 하고 있는 행동으로 스스로를 묘사한다.
- 아동기가 되면 자신이 지닌 개인적 특성으로 스스로를 묘사하기 시작하는데, 아동기 초기에는 자신의 신체적 특성, 소유물, 활동, 능력과 관련시켜 자신을 규정한다. 반면 아동기 후기가 되면 심리적 특성, 다른 사람과의 관계 등을 중심으로 자신을 묘사한다.

■ 청소년기에는 형식적 조작기 사고의 특징인 추상적 사고의 발달로 자신에 대해서도 보다 더 추상적이고 분화된 개념으로 묘사한다. 청소년 초기에는 자아 개념이 모순되는 등 혼란스러운 특성을 보이나 청소년기 중기가 되면 이러한 모순을 해결하려는 노력을 하며, 청소년기 후기가 되면 보다 통합된 자아 개념을 발달시키게 된다.

이은아(2008)는 부모의 자녀양육방식이 청소년의 자아 개념에 미치는 영향을 연구하였는데, 상호의존적 자아를 강조하는 동양적 양육방식과 독립적 자아를 강조하는 서구적 양육방식을 비교한 결과, 아버지와 어머니가 민주적 양육방식을 취할수록, 또한 강압적 양육방식을 취하지 않을수록 청소년 자녀의 자아개념에 긍정적인 영향을 미쳤다.

## 2) 청소년기의 자아인지

### (1) 자아인지란?

자아인지(self-cognition)란 자신의 내재적 특성에 대한 이해를 의미하며, 흔히 자기지식(self-knowledge) 또는 자아인식(self-awareness)으로 불리기도 한다.

네이세르(Neisser, 1991)는 자아인지가 자아와 환경 간의 상호작용활동에 대한 지각으로부터 직접 형성된다고 주장한다. 이러한 관점에서 네이세르는 자아인지 발달의 근원을 생태적 자기와 대인 간 자기의 두 측면에서 찾고 있다. 생태적 자기란 아동이 자신을 둘러싼 물리적 환경에 적응해 나가는 효율성에 의해 형성된다. 예를 들어, 물에 빠지지 않고 징검다리를 잘 건너 뛰는 것과 같이 깊이, 거리, 위치지각과 운동기능의 협응이 효율적으로 이루어져 가는 과정 속에서 긍정적인 생태적 자기지각이 형성될 것이다. 대인 간 자기는 사회적 상황에서 타인이 자신에게 주는 반응이나 정보에 대한 지각을 통해 형성된다. 예를 들어, 아기가 옹알이를 할 때 웃으며 얼러주는 어머니의 모습을 통해 영아들은 일찍부터 긍정적인 대인 간 자기지각이 가능하게 된다. 생태적 자기지각과 대인 간 자기지각은 아동의 연령 증가에 따라 상호 밀접하게 관련되어 발달하면서 하나의 통합적인 자아인지를 형성하게 된다(송명자, 1995).

자아인지는 자신을 환경과의 맥락에서 바라보며 인식하는 특성을 말한다. 생태적 자기는 물리적 환경에 적응하는 자신의 모습에 대한 인식이며, 대인 간 자기는 타인과의 상호관계에서 보여지는 자신의 모습에 대한 인식을 가리킨다.

## (2) 청소년기 자아인지의 특성

눈에 보이는 외적 특징을 나열하는 특성을 보이는 유아기의 자아인지는 아동기가 되면 자신의 성격, 가치, 생각, 신념 등의 심리적 특성을 묘사하는 것으로 변화된다. 또한 자신의 능력, 정서 등 다양한 심리적 특성을 인지하고 표현할 수 있게 되는 동시에 더욱 세분화되고 구체화된다.

이러한 과정을 거친 후 청소년기가 되면 형식적 조작적 사고 발달을 기초로 다음과 같은 청소년기만의 자아인지 특징이 나타난다(송명자, 1995).

### ① 자아인지의 다양화

청소년들이 자신을 탐색하고 기술하며 평가하는 영역은 아동기에 비해 보다 더 다양화되어 있다. 청소년기 자아인지영역은 학업능력, 직업적 유능성, 운동능력, 외모, 사회적 수용도, 교우관계, 낭만적 호소력, 행동 등 아동기에 비해 보다 더 다양해진다.

### ② 자아인지의 세분화

아동기에 비해 보다 더 넓은 범위의 인간관계 속에서 다양한 역할들을 고려하여 자신을 평가하게 된다. 따라서 부모와의 관계에 대한 자아인지는 부정적인 데 반해 친구와의 관계에 대한 자아인지는 긍정적일 수 있다.

### ③ 자아인지의 시간적 가변성

청소년들은 한 순간 자신감에 찬 긍정적인 자아인지를 하다가도 다음 순간에는 자신에 대한 절망감에 빠져들기도 한다. 이러한 청소년기 자아 개념의 동요는 타인에게 주는 인상이나 타인으로부터 받는 평가에 지나치게 의존하고 있으므로 자신에 대해 일관성 있는 자아 개념을 갖지 못한 데 기인하는 것으로 설명된다.

청소년기 자아인지의 특징을 종합적으로 살펴보면, 보다 다양한 특성을 기준으로 자신에 대해 인식하며 여러 사람을 대할 때마다의 자기 모습을 인지할 수 있게 되는 동시에 청소년의 자아인지가 시간이나 상황에 따라 변화무쌍하게 나타나게 됨을 알 수 있다.

## 3) 청소년기의 자아존중감

자아존중감은 스스로 자신이 지녔다고 생각하는 특성에 대한 느낌 또는 평가이다. 아동기에는 자아존중감이 높은 경우 자신의 모든 특성에 대해 긍정적으로 평가하는 반면, 자아존중감이 낮은 경우 여러 측면에서 자신을 바람직하지 못하다고 지각하는 경우가 많다. 아동기에는 자녀의 의견을 존중하는 부모의 태도, 옷차림, 소유물, 가정배경 등에 대한 또래와의 사회적 비교결과 및 학업성적 등이 자아존중감 형성에 중요한 영향을 미치는 요인으로 작용한다.

반면 청소년기에는 자신이 중요성을 부여하는 타인들의 자신에 대한 평가가 자아존중감 형성에 큰 영향을 미치는 요소이다. 청소년기에는 자아존중감에 가장 크게 영향 미치는 타인은 일반적으로 또래집단이나 급우들이며 이들의 영향은 부모의 영향보다 훨씬 크게 작용한다. 또한 청소년기에는 외모나 신체적 매력도 자아존중감 형성의 큰 요인으로 작용한다. 청소년기에 지니는 자아존중감의 정도는 청소년기 적응에도 직접적 영향을 미친다. 자아존중감이 낮은 경우 비행 등 문제를 지니게 될 가능성이 높아지기도 한다. 이미리(2005)는 중학교 2학년생을 대상으로 가족, 친구, 학업, 여가, 직업변인들과 청소년의 자아존중감 간의 관계를 살펴보았다. 이 연구에서 자아존중감은 긍정적 자아평가와 부정적 자아평가의 두 가지 관점에서 다루어졌다. 본 연구의 결과 남학생의 경우 부모에 대한 애착수준과 부모의 감독수준, 친구에 대한 애착수준, 학교수업을 열심히 하는 정도, 장래희망직업에 대한 성취확신, 부와 명예추구 직업가치관, 근무환경추구 직업가치관이 긍정적 자아평가 수준과 의미 있는 관계가 있는 것으로 나타났다. 또한 여학생의 경우 부모에 대한 애착수준, 친한 친구의 수, 학교수업을 열심히 하는 정도, 학업성적, 여가만족도, 장래희망에 대한 성취확신, 부와 명예추구 직업가치관, 창의성 추구 직업가치관, 근무환경추구 직업가치관, 직업성숙도 및 스트레스가 긍정적 자아평가 수준과 의미 있는 관계가 있는 것으로 나타났다.

위의 연구결과를 통해 볼 때, 남학생과 여학생 모두에게 있어 부모와의 애착관계가 잘 형성되고, 학교수업을 열심히 하고 있으며, 장래희망에 대한 성취확신이 있으며, 부와 명예를 추구하는 직업가치관을 지닐수록, 근무환경을 추구하는 직업가치관을 지닐수록 보다 더 긍정적으로 자아평가를 하고 있음을 알 수 있다. 또한 긍정적 자아평가를 위해 남학생의 경우 친구에 대한 애착수준이 보다 더 중요한 반면, 여학생은 친한 친구의 수가 더 영향력을 지니고 있음을 알 수 있다.

여가만족도는 남학생의 경우 긍정적 자아평가가 관련이 없는 것으로 나타난 것에 비해 여학생은 여가만족도를 중요시 여기고 있음을 알 수 있다. 청소년의 부정적 자아평가와 관련된 결과를 살펴보면, 남녀 학생 모두 스트레스로 인해 부정적 자아평가를 하는 것으로 나타났다. 남학생의 경우 부모의 폭력행동 수준, 친구에 대한 애착 수준, 학교수업을 열심히 하는 정도, 여가만족도, 장래희망직업에 대한 성취확신, 직업성숙도가 부정적 자아평가와 의미 있게 관련 있는 것으로 나타났다. 여학생의 경우 부모의 폭력행동, 부모의 감독, 아버지의 직업, 장래희망에 대한 성취확신이 부정적 자아평가와 의미 있는 관계를 보였다. 이 결과에서 남학생의 경우 여가만족도가 낮을수록 부정적 자아평가를 하는 것과 여학생의 경우 아버지의 직업에 만족도가 낮을수록 부정적 자아평가를 하는 것이 인상적 결과이다. 또한 남학생과 여학생 모두 부모의 폭력행동이 높을수록 부정적 자아평가를 하는 것을 알수 있다. 이 연구를 통해 청소년기에 자아존중감을 지니는 데는 부모와의 애착 및 부모의 양육행동, 학업, 장래 직업에 대한 확신, 여가만족도, 스트레스 등의 변인들이 직접적으로 관련된다는 것을 알 수 있다.

## 2. 청소년기와 자아정체감

자아정체감 형성은 청소년기의 중요한 발달과업인 동시에 인생 전반을 살아가는 동안 한 개인의 삶의 질에 큰 영향을 미친다. 따라서 자아정체감 형성이 갖는 의미, 청소년기의 발달과 자아정체감 간 관련 요인을 다루어 보고자 한다.

### 1) 자아정체감 형성의 의미

자아정체감 형성은 아동기의 경험과 동일시에 그 뿌리를 두는 것이며, 청소년기를 거쳐 성인기까지 계속 발달되는데, 또래집단의 인정과 수용이 더 중요시되는 청소년 초기보다는 부모나 또래의 영향권에서 어느 정도 벗어나게 되는 청소년 후기에 보다 더 중요한 문제로 대두된다(정옥분, 2005).

정체감이란 자기의식의 내적인 연속성과 일관성 위에 성립되는 주체적인 자기의식이며, 타인으로부터도 그것이 인정받고 있다는 안정감이라고 할 수 있다. 또한 자아정체감은 건강한 성격을 유지·발전시켜가기 위해 반드시 필요한 요소로써 자신이 누군가에 대한 의식이라 할 수 있다(박아청, 2006). 이와 관련하여 자아정체감은 대인관계, 역할, 목표, 가치 및 이념 등에 있어 자기가 지니는 고유성을 말한다. 즉, '자기다움'에 대한 자각과 이에 부합되는 자기통합성, 일관성을 견지해 나가려는 '의식 혹은 무의식적 노력'이라고 할 수 있다(장광우, 208). 따라서 자아정체감의 개념에는 자기 자신이 독자적인 존재라고 하는 자아의식과 사회에서의 역할, 다른 사람과의 연대감, 가치관을 공유한다는 사회의식 등이 포함되어 있으며, 자기존재 증명, 자기가치, 자기통합성, 주체성 등의 다른 명칭으로도 불리어진다. 이러한 자아정체감 형성이 주된 발달과업인 청소년기에 자아정체감을 형성하지 못하면 불확실감, 불안정감, 단절감 등의 감정을 조성하여 통합된 자아를 구축하지 못하게 될 뿐만 아니라 정체감 혼미로 인한 부정적 정체감을 형성하게 되기 쉽다(이현림·천미숙, 2003).

정체감 혼미란 자아에 대해 안정되고 통합적인 견해를 갖는 데 실패한 상태이다. 정체감 혼미를 경험하는 청소년은 위기경험이 없는 데다가 자신의 진로와 같은 중요한 문제를 선택할 때 의사결정의 경험도 없는 경우가 대부분이다(정옥분, 2005). 정체감 혼미의 개념은 가출, 퇴학 등의 청소년문제행동을 이해하는 데 도움이 된다. 정체감 혼미를 경험하는 모든 청소년이 비행청소년이 되는 것은 아니다. 또한 정체감 혼미상태에 있더라도 이후에 정체감을 형성하게 되기도 한다.

## 2) 청소년기 발달과 자아정체감

청소년기와 자아정체감은 뗄 수 없이 항상 함께 다루어지는 개념이다. 만약 청소년기를 거치는 동안 자아정체감 형성의 경험이 없다면 위기의 성인기를 맞이하고 보내게 될 것이다. 서봉연(1988)은 청소년기에 자아정체감이 왜 중요한 주제로 부각되는지에 대한 이유를 다음의 네 가지로 언급하였다(정옥분, 2005).

첫째, 사춘기 동안 급격한 신체변화와 성적 성숙을 겪는다. 급격한 신체변화와 성적 성숙에 따른 성적 충동으로 인해 강해진 원초아는 자아 발달의 불균형을 초래하게 된다. 따라서 이때 강해진 자아확장이 필요하며 이로 인해 자아정체감 형성이 요구된다.

둘째, 청소년기는 아동기에서 성인기로 발달해 가는 과도기이다. 급격한 신체적 성숙은 아동기 수준의 정서적 발달과 불균형을 이룬다. 따라서 청소년 자신의 위치와 역할에 대한 고민과 더불어 자아정체감을 이루는 것이 발달과제로 놓여진다.

셋째, 청소년기는 인생 전체에 영향을 미치는 중요한 선택과 결정을 해야 하는 시기이다. 진학, 전공, 이성, 교우관계 등의 일들을 스스로 선태하기 위해 자기 자신의 내면과 주변환경에 대한 다양한 탐색을 해야 한다는 것은 자아정체감 형성과정으로 이어진다.

넷째, 청소년기는 추상적 사고를 할 수 있게 되는 현저한 인지능력의 발달이 이루어지는 시기이다. 이러한 사고능력을 통해 과거와 미래에 대해 탐색해 보며 자신의 위치, 역할, 능력 등에 대해 깊이 있게 다루는 과정은 자아정체감 형성을 이루는 중요한 요소이다.

위의 청소년기 자아정체감 형성의 네 가지 요인 중 첫째, 둘째 요인과 관련하여 볼 때, 시간이 흐를수록 신체변화와 성숙을 겪는 연령이 더 낮아지고 있다. 과거에는 중학교 1, 2학년에 신체변화가 시작되었으나, 현재 한국사회에서는 아동기 후기, 즉 초등학교 고학년부터 신체적 성숙이 이루어지는 경우가 많다(김희화, 2005). 이는 급격한 신체변화로 인해 강해진 원초아와 초자아 간 균형이 요구되는 시기, 즉 자아확장을 필요로 하며 자아정체감 형성이 요구되는 연령이 개인에 따라 초등학교 시기로 점차 낮아지고 있음을 의미한다. 모든 청소년에 해당되는 것은 아니더라도 현재 우리나라 청소년들은 아동기 후기부터 신체적 변화를 통해 자아불균형을 경험하고 사춘기를 겪으며 발달적 과도기를 일찍부터 경험하고 있는 것이다.

## 3) 자아정체감의 범주

마르시아(Marcia)는 정체성지위(identity statuses)에 따라 정체성 유형을 네 가지로 분류하였다. 이 네 가지 범주는 정체감 탐색의 위기를 경험했는가의 여부와 주어진 과업에 관여하는가 여부의 두 개차원에 따라 구분된다(표 5-1). 이때 '위기'란 자신의 현재상태와 역할에 대해 의문을 제기하고 여러 대안적 가능성들을 탐색해 보는 과정을 뜻하며, '관여'는 자신에게 주어진 역할과 과업에 신념을 가지고 몰입하는 상태를 의미한다.

정체감 성취, 정체감 유실, 정체감 유예, 정체감 혼미의 네 가지 자아정체감 범주의 구체적 내용은 다음과 같다.

**표 5-1** 마르시아의 자아정체감 범주

| 구 분 | | 위 기 | |
|---|---|---|---|
| | | 예 | 아니오 |
| 관 여 | 예 | 정체감 성취 | 정체감 유실 |
| | 아니오 | 정체감 유예 | 정체감 혼미 |

자료 : 송명자(1995). 발달심리학. 학지사. p. 351.

## (1) 정체감 성취(identity achievement)

정체감을 성취한 청소년은 삶의 목표, 가치, 직업, 인간관계 등에서 위기를 경험하여 대안을 탐색한 결과, 위기를 성공적으로 극복하여 확고한 자신의 정체감을 형성한 상태이다. 정체감 성취가 이루어졌어도 다른 삶의 중대한 의사결정에 직면해 정체감 유예나 혼미상태로 퇴행했다가 다시 정체감 성취상태에 도달하는 경우도 있으나(정옥분, 2005), 이들은 부모를 포함한 인간관계에서도 현실적이고 안정되어 있으며 자아존중감이나 스트레스에 대한 저항력도 높다(송명자, 1995). 정체감을 성취한 청소년의 경우 긍정적, 부정적 의사결정과 관계없이 스스로 명확한 자기주관과 자기탐색을 통해 의사결정을 내릴 수 있게 된다.

## (2) 정체감 유실(identity foreclosure)

정체감 유실을 겪는 청소년은 자신에 대한 탐색이나 위기를 경험하지 않은 채 부모가 원하는 배우자 혹은 진로를 무조건 수용하여 선택하는 경우가 많다. 이들은 사회적 안정의 욕구가 강하고 부모와 긴밀한 관계를 유지하는 경향이 있다. 자아정체감에 대한 위기를 겪지 않기 때문에 안정된 청소년기를 보내는 듯 보이나, 이들의 경우 중년기를 지나 정체감과 관련하여 혼돈기를 겪기도 한다.

## (3) 정체감 유예(identity moratorium)

정체감 유예는 정체감 확립을 위한 과도기적 단계라고 볼 수 있는데, 삶의 목표와 가치에 대해 회의하고 대안을 탐색하거나 역할, 신념 등을 실험하며 위기에 있는 채로 아직은 명확한 의사결정을 내리지 못한 상태이다. 하지만 이들은 자아정체감과 관계된 갈등을 해결하기 위해 열심히 노력하는 경우가 많다. 이들 중 대부분은 정체감 유예 경험을 통해 시간이 지난 후 정체감 성취에 도달하나, 정체감 혼미상태로 옮겨 가는 경우도 있다.

## (4) 정체감 혼미(identity diffusion)

정체감 혼미를 겪는 청소년은 위기를 경험하지 않았으며 삶의 목표와 가치를 탐색하려는 시도조차도 하지 않는다. 이들은 인생에 대한 계획이나 동기 자체가 없으며 부모와의 애착관계가 형성되지 않았거나 스스로를 부모에게서 거부당한 것으로 느끼거나 자아존중감이 낮은 경우가 많다. 정체감 혼미는 정체감의 네 가지 범주 중 가장 낮은 단계에 속하며 부정적 정체감으로 빠져들기 쉽다(송명자, 1995). 부정적 정체감은 부모나 사회의 가치관과 정반대의 자아 개념으로써 부모나 사회의 지지를 받지 못한 것이 원인일 수 있다. 흔히 소년범죄자나 불량소년 등이 부정적 정체감을 지닌다(정옥분, 2005).

## 3. 청소년의 문화활동

청소년은 여가시간을 활용해 문화활동에 참여함으로써 즐거운 시간을 보내는 동시에 다양한 경험을 하며 자신의 내면에 있는 장점과 재능을 발휘할 수 있는 기회를 갖게 된다. 또한 다양한 경험을 통해 청소년들의 삶의 질을 향상시킬 수 있게 되기도 한다. 따라서 청소년의 문화활동 참여가 자아정체감 형성과 관련하여 지니는 의미를 살펴보고 청소년의 인터넷문화에 대해 다루어 본다.

### 1) 청소년의 문화활동 참여와 자아정체감 형성

청소년의 여가시간은 자신의 잠재력을 발견할 수 있고 다양한 대인관계 경험을 통해 자아를 발견하여 긍정적 자아 개념을 형성할 수 있는 기회가 된다. 청소년은 여가시간을 통해 스포츠활동, 다양한 그룹활동 참여 등 여러 문화활동을 체험하게 된다.

청소년의 문화활동은 청소년기가 갖는 독특한 특성들을 바탕으로 청소년들 나름의 언어, 행동방식과 생활양식을 독특하게 형성하고 표현하는 문화이다. 청소년들은 문화활동을 통해 자신들의 문화를 추구하여 에너지를 발산하고 개인의 완성을 통해 신체적 · 지적 · 심리적 · 내적 발달은 물론이고 능동적 인격완성을 이루며 자신의 정체감 형성의 장으로 삼게 되기도 한다. 청소년 문화활동은 음악, 무용, 연극, 문학, 영상 등의 다양한 활동으로 이루어진다. 또한 문화활동은 청소년의 기질과 정서적 특성 및 정서상태, 문제행동예방, 자아 개념, 자신감, 긍정적인 신체상, 인지구조의 발달, 긍정적인 자아의식, 자기주장, 자기존재의식, 자아정체감 및 자아존중감 등에 의미 있는 영향을 미친다(유영주, 2008).

한영민(2007)은 청소년이 다양한 문화활동에 참여할 때 비행을 억제하는 효과가 있으며 신체적 · 심리적 · 지적 발달과 자아정체감, 자기주장, 공정성 등에 긍정적 영향을 미친다고 하였다. 또한 청소년 문화가 자아정체감에 미치는 영향을 다음의 다섯 가지로 제시하였다.

첫째, 청소년들은 집단주의적인 권위적 문화와 개인주의적인 탈권위적 문화가 충돌하는 과정 중에 있다. 청소년은 자신의 욕구표현과 기성세대와의 충돌과 갈등 속에서 자아정체감을 형성하고 있다.

둘째, 청소년들의 학교생활에서 발생할 수 있는 모든 문화에서는 엄격한 규범과 규정이라는 체제에의 적응, 경쟁, 저항, 교사나 교육내용에 따른 불만 등이 자아정체감의 혼란과 관련이 있다.

셋째, 부모, 형제, 교사, 또래집단의 사회적 지지는 자아정체감의 자기수용성, 미래확실성과 높은 상관이 있다. 교육열이 높은 부모는 자녀의 학업이나 개인적 행동에 대해서 과다한 통제나 규제를 하게 되어, 심리적 독립을 저해하고 있으며 자아정체감 형성에 부정적 요인이 되고 있다.

넷째, 인터넷의 대중문화는 청소년의 정체성, 정치적 감각, 사상적 기반을 제공하여 교육마당이 되고 있다. 청소년들은 사이버세계를 통해 인간관계의 확대를 가져 오며, 자기표출 공간으로 그들 세계의 정체감과 친밀감 형성이라는 긍정적 측면이 있는 반면 부정적 측면도 함께 공존하고 있다.

다섯째, 청소년들은 소비를 통해 자기만의 개성을 추구하려고 하며 친구, 대중매체, 대중적 스타들의 옷입는 스타일을 모방하려는 성향이 강하고 유행에 민감하며 남보다 뛰어나고 특이한 사람으로 보이고 싶어하지만 대부분 비슷한 모습을 갖추는 이중적인 모습이 자아정체감에 영향을 미치고 있다.

박동구(2008)는 중·고등학교에 재학중이며 4-H 동아리활동을 통해 정기적으로 자원봉사활동에 참여하는 청소년들을 대상으로 자원봉사활동 참여가 자아정체감 형성에 미치는 영향을 알아보았다. 이 연구에서는 자아정체감의 하위 요소로 자아존중감, 성취동기, 사회성, 도덕성을 다루었다. 이 연구의 결과에 따르면 봉사활동에 참여하는 청소년의 참여동기가 높을수록 사회성이 향상되는 것으로 나타났다. 또한 부모가 함께 봉사활동에 참여하거나 그에 대한 지지 정도가 높을수록 청소년 자녀의 자아존중감과 사회성이 향상되는 것으로 나타났다. 또한 학교교사와 학교장이 봉사활동에 대해 지지할수록 자아존중감, 성취동기, 사회성 및 도덕성이 높게 나타났다. 이 연구결과는 청소년의 자원봉사활동 참여는 긍정적 사고 형성과 건전한 인성 발달을 위해 매우 바람직한 활동임을 말해준다. 또한 부모나 학교교사가 봉사활동을 적극적으로 지지해 주는 것은 청소년의 자아정체감 형성에 긍정적 영향을 미친다는 것을 알 수 있다. 이를 통해 볼 때 4-H활동과 같은 학교 동아리를 통한 봉사활동은 청소년의 자아정체감 형성을 촉진시킬 수 있으므로 적극적으로 권장할 필요성이 있다고 보여진다.

유영주(2008)는 초등학교 3학년부터 중학교 3학년 연령에 해당되는 저소득층 아동 및 청소년 336명을 대상으로 저소득층 청소년의 문화활동이 주관적 안녕감과 사회성에 영향을 미치는지를 조사하였다. 연구결과 문화활동의 빈도가 많고, 문화활동 기간이 길며, 문화활동에 흥미를 지니고 적극적으로 참여할수록 청소년이 느끼는 주관적 안녕감이 높은 것으로 나타났다.

## 2) 청소년의 인터넷 문화

정보통신기술의 발달로 청소년 문화의 형태도 새로운 정보통신 미디어에 의해 변화되기 시작했다. 인터넷은 청소년들의 의사소통의 장이 되는 동시에 인터넷중독과 같이 사회의 심각한 병리를 가져오기도 했다.

한국인터넷진흥원에서 실시한 조사에서 인터넷 사용인구의 79.5%가 UCC(동영상콘텐츠)를 이용했으며, 12~19세 사이 청소년들의 77.6%가 UCC를 이용한 것으로 나타났다. 또한 청소년 인터넷 사용자들 중 47.0%가 UCC를 직접 제작(편집, 가공 포함)해 본 경험이 있는 것으로 나타났다. 청소년기의 UCC이용은 자기표현, 오락적 기능 등 다양한 긍정적인 영향력을 갖는 반면, 폭력성·음란성·저작권법 위반 등은 사회의 문제점으로 지적된다(장광우, 2008). UCC가 하나의 사회적 트렌드로 자리 잡고 인터넷시대를 살아가는 오늘날 청소년을 위한 문화활동 참여의 장(場)과 같은 역할이라는 큰 몫을 담당하고 이를 통해 청소년의 사회성 발달에 좋은 영향을 주기도 하는 반면, 이로 인해 나타나는 부작용에 대해서도 신중히 다루어야 한다고 생각된다.

청소년에게 인터넷이 유익한 매체로 작용하는 효과를 살펴보면, 다양화된 학습수단으로 작용할 수 있다는 것이다. 기존의 일방적인 학습구조를 탈피해 청소년 자신이 학습주체가 되어 비교적 저렴한 가격으로 인터넷을 사용해 학습할 수 있는 기회를 가질 수 있다. 또한 현실적으로 학업편중적 생활을 하고 있는 청소년들에게 있어 인터넷이라는 사이버 공간은 그나마 사회적 소통을 할 수 있는 여유를 제공해 주기도 한다. 익명성이 보장되는 사이버 공간에서 현재 일어나는 사회 이슈에 관한 의견을 나누고 공감대를 형성하며 사회구성원과 화합해 나갈 수 있는 기회를 가지게 된다(채나연,

**표 5-2** 2008년 연령대별 인터넷중독률 및 중독자 수 　　　　　　　　　　　　　　　　(단위 : %, 1,000명)

| 구 분 | | 고위험 사용자군(A) | | 잠재적 위험 사용자군(B) | | 인터넷중독자(A+B) | |
|---|---|---|---|---|---|---|---|
| | | 중독률 | 중독자 수 | 중독률 | 중독자 수 | 중독률 | 중독자 수 |
| 2008년 | 전체 | 1.6 | 366 | 7.2 | 1,633 | 8.8 | 1,999 |
| | 청소년 | 2.3 | 168 | 12.0 | 867 | 14.3 | 1,035 |
| | 성인 | 1.3 | 198 | 5.0 | 766 | 6.3 | 964 |

자료 : 인터넷중독예방상담센터(http://www.internetaddiction.or.kr).

2009). 이와 같이 인터넷은 청소년에게 다양화된 학습수단으로 작용하거나 사이버 공간을 통해 사회적 소통을 할 수 있다는 긍정적 효과가 있는 반면, 청소년의 건강한 발달을 저해하는 부정적 영향들이 존재한다.

청소년의 인터넷 사용으로 인해 나타나는 심각한 부작용 중 하나가 인터넷중독이다. 한국정보문화진흥원(2003)에 의하면 인터넷중독이란 인터넷을 과다 사용하여 인터넷 사용에 대한 금단과 내성을 지니고 있으며, 이로 인해 이용자의 일상생활 장애가 유발되는 상태를 말한다. 청소년의 경우 지각, 조퇴, 결석, 성적저하 등의 학교생활 부적응, 부모와의 언쟁 및 갈등발생 등의 문제가 동반된다.

청소년의 인터넷중독률은 성인의 중독률보다 더 크다. 성인과 달리 자아정체감 형성과정을 겪는 청소년은 급속히 변화하는 인터넷을 접하게 되며 긍정적 영향보다는 부정적 영향을 더 많이 받게 된다. 청소년과 성인의 인터넷중독률 및 중독자 수를 구체적으로 살펴보면 표 5-2와 같다.

인터넷중독 이외에도 악플 게시를 통해 다른 사람이 올린 글에 대하여 비방, 험담, 인신공격 등의 내용을 담아서 댓글을 올리는 문제가 심각하다. 또한 성에 대한 호기심이 왕성해지는 청소년들은 즉각적으로 그들의 호기심에 대한 욕구를 채우기 위해 인터넷을 통해 잘못된 성지식을 습득하게 된다는 것이다.

자녀의 인터넷중독을 예방하고 대응하기 위한 전략으로는 다음과 같은 사항들이 있다(인터넷중독예방상담센터, 2008).

■ **자녀의 인터넷사용 환경을 점검하라**
- 컴퓨터는 침실 등 자녀 개인 공간보다는 가족이 공유하는 공간에 설치한다.
- 컴퓨터를 사용할 때 간식을 갖다 주어 컴퓨터 사용을 부추기지 않도록 한다.
- 취침시간을 넘겨서까지 컴퓨터를 사용하지 않도록 한다.

- 자녀와 인터넷 눈높이를 맞춰라.
- 자녀의 인터넷 사용패턴을 파악하여 인터넷(게임)을 30분 이상 함께하며 대화하도록 한다.
- 인터넷 사용시간과 내용, 인터넷 사용일지 등을 작성한다.
- 인터넷 이외의 자녀가 좋아하는 것, 대안활동을 파악하라.
- 자녀가 즐기는 운동, 취미 등 가족이 함께 할 수 있는 대안활동을 찾아본다.

■ 자녀가 듣고 싶어하는 말을 하자
- 자녀가 듣기 싫어하는 말, 듣고 싶어하는 말을 잘 알고 있어야 한다.
- 집안 분위기를 점검한다(강압적·통제적 혹은 허용적·자율적).

■ 우리집 인터넷 휴(休)요일을 정해 보자 : 가족 전체가 일주일 중 하루 동안 인터넷을 이용하지 않고 대안활동을 행한다(단, 학습활동을 위한 인터넷 사용은 제외).

■ 인터넷 사용시간 조절을 위한 소프트웨어를 설치한다 : 유해사이트 차단역할 및 컴퓨터 사용시간을 조절하는 소프트웨어를 설치할 때는 반드시 자녀와 협의 후 설치한다.

청소년의 인터넷중독 예방을 위해 서울시는 I Will센터(인터넷중독 예방·치료센터)를 2010년 상반기 중 2개소 추가설치했으며 총 4개소를 운영하고 있다. 또한 20개소의 시립 청소년수련관에서도 인터넷 게임에 빠진 아동, 청소년에 대한 전문 상담을 실시하고 있다(청소년 인터넷중독 예방, 서울시가 발벗고 나선다!, 2010).

서울시에서 운영하는 인터넷중독 예방·상담·치료기관은 표 5-3과 같다.

표 5-3 서울시 인터넷중독 예방 · 상담 · 치료기관

| 연 번 | 기관명 | 직 책 | 성 명 | 연락처 | 소재지 | 기 능 |
|---|---|---|---|---|---|---|
| 1 | 광진 I Will센터 | 팀 장 | 김현정 | 2204-3181 | 광진구 광장동 313-3 | 교육 · 상담 · 치료 · 연계 |
| 2 | 보라매 I Will센터 | 센터장 | 권중권 | 836-1387 | 동작구 신대방동 395 | 교육 · 상담 · 치료 · 연계 |
| 3 | 청소년미디어센터 | 팀 장 | 조희원 | 795-8000 | 용산구 갈월동 101-5 | 교육 · 상담 · 치료 · 연계 |
| 4 | 청소년 상담지원센터 | 센터장 | 박애선 | 2285-1318 | 중구 수표동 27-1 | 상 담 |
| 5 | 중랑 청소년지원센터 | 센터장 | 송관규 | 490-0222 | 중랑구 면목동 1382-10 | 상 담 |
| 6 | 도봉 청소년지원센터 | 센터장 | 김종국 | 950-9640 | 도봉구 창4동 1-6 | 상 담 |
| 7 | 노원 청소년지원센터 | 센터장 | 박경규 | 3391-4141 | 노원구 상계6동 772 | 상 담 |
| 8 | 서대문 청소년지원센터 | 센터장 | 황인국 | 334-0080 | 서대문구 연희동 167-1 | 상 담 |
| 9 | 목동 청소년지원센터 | 센터장 | 김재순 | 2642-1318 | 양천구 목동 918 | 상 담 |
| 10 | 금천 청소년지원센터 | 센터장 | 이강호 | 803-1318 | 금천구 시흥2동 산84-7 | 상 담 |
| 11 | 문례 청소년지원센터 | 센터장 | 정진 | 2637-1318 | 영등포구 당산동 1가 9-1 | 상 담 |
| 12 | 성동구 청소년지원센터 | 센터장 | 조경식 | 2296-4062 | 성동구 행당동 7 | 상 담 |
| 13 | 강북구 청소년지원센터 | 센터장 | 김준기 | 900-6650 | 강북구 수유동 산20-9 | 상 담 |
| 14 | 마포구 청소년지원센터 | 센터장 | 박윤빈 | 3153-5974 | 마포구 성산동 373-1 | 상 담 |
| 15 | 은평 청소년지원센터 | 센터장 | 김영득 | 383-9966 | 은평구 응암2동 산6-46 | 상 담 |
| 16 | 강서 청소년지원센터 | 센터장 | 전병심 | 2061-3233 | 강서구 무지개1길 18 | 상 담 |
| 17 | 동작구 청소년지원센터 | 센터장 | 권중권 | 834-1356 | 동작구 신대방동 395 | 상 담 |
| 18 | 송파구 청소년지원센터 | 센터장 | 박영식 | 449-0500 | 송파구 문정동 150-8 | 상 담 |
| 19 | 강남구 청소년지원센터 | 센터장 | 김만경 | 2226-8555 | 강남구 수서동 749 | 상 담 |
| 20 | 광진구 청소년지원센터 | 센터장 | 김형래 | 2205-2300 | 광진구 자양4동 13-28 | 상 담 |
| 21 | 서초구 청소년지원센터 | 센터장 | 고형복 | 525-9128 | 서초구 방배3동 1031-4 | 상 담 |

청소년기 자아정체감 발달을 다루는 기초 개념으로 자아 개념과 자아인지를 들 수 있다. 자아인지의 특성을 자아인지의 다양화, 자아인지의 세분화 및 자아인지의 시간적 가변성이라는 세 가지로 살펴볼 수 있다.

급격한 신체변화 및 성적 성숙, 성인기로 발달해가는 과도기적 특성, 진로와 같이 인생에 중요한 결정 및 선택 등의 특성으로 인해 청소년기의 자아정체감은 중요한 주제이다. 마르시아는 자아정체감을 정체감 성취, 정체감 유예, 정체감 유실 및 정체감 혼미의 네 가지 범주로 구분했다. 정체감을 성취한 청소년은 삶의 목표, 가치 등의 위기를 성공적으로 극복하여 확고한 자신의 정체감을 형성한 상태이다. 정체감 유실은 부모 등 타인의 가치를 무조건 수용하여 중요한 결정을 내리는 경우로 청년기에는 위기를 겪지 않는 대신 중년기 이후에 혼돈을 겪게 되기도 한다. 정체감 혼미를 겪는 청소년은 삶의 목표를 탐색하려는 시도조차 하지 않는 경우이며 정체감 유예는 정체감을 확립하기 위한 과도기적 단계이다.

청소년은 여가시간을 활용해 다양한 경험과 행복감을 느끼는 가운데 자신의 장점과 재능을 발휘함으로써 자아정체감 형성에 중요한 영향을 받게 된다.

인터넷 문화는 청소년에게 긍정적 영향과 부정적 영향을 미친다. 심각한 사회문제인 인터넷중독의 예방을 위한 다양한 정보와 자료들을 접하여 청소년들이 인터넷 문화에 의해 피해를 입지 않도록 예방하는 것이 중요하다.

# Chapter 6

# 정서 및 사회성 발달

## 1. 정서 발달

청소년기는 신체변화에 수반되는 호르몬 변화를 겪으며 이에 적응하는 과정에서 다양한 정서변화를 겪는 시기로 긍정적 정서와 부정적 정서를 모두 경험하지만, 부정적 정서를 보다 더 많이 경험하는 시기이다. 따라서 정서의 개념과 정서를 다루는 다양한 관점을 살펴보고 청소년기에 나타나는 정서변화 및 청소년의 정서지능에 관해 다루어 본다.

### 1) 정서란?

정서(emotion)는 감정(affect, feeling)과 동일용어로 혹은 혼용되어 사용되는 등의 이유 때문에 일정한 범주로 통합할 필요가 있다. 캘러만(Kellerman, 1983)은 정서를 수용, 혐오, 기쁨, 슬픔, 기대, 놀람, 분노, 공포로 범주화했고, 이자드(Izard, 1991)는 흥미, 즐거움, 기쁨, 놀람, 슬픔, 우울, 분노, 혐오, 공포-불안, 수줍음, 수치심, 죄책감, 사랑의 범주로 나누었다(김경희, 1996).

정서란 자극에 직면하여 발생하거나 자극에 수반되는 여러 가지 생리적 변화(예 : 혈압, 맥박수, 호흡의 변화), 눈에 보이는 행동적 표현(예 : 미소나 찡그림)을 불러일으킬 수 있는 느낌 또는 감정으로 정의되는데, 케이건(Kagen)은 정서란 외적 유발자와 개인의 사고과정 및 감정변화 사이의 관계를 나타내는 용어라고 정의했다(강란혜, 2008 재인용).

유아교육사전에서는 정서를 다음과 같이 정의하고 있다.

외적 자극이나 내적 상념(想念)에 관련하여 느끼는 정적 경험들을 말하며 쾌, 불쾌, 좋음, 싫음, 애정, 분노와 같은 하위 정적인 경험을 감정이라 하여 이들을 구별하기도 한다. 정서는 마음이 움직이고 감동된다는 점에서 행동주의 심리학에서는 정동(情動)이라고 부른다. 정서는 인지적 요소와 생리적 요소가 있는 각성상태라고 할 수 있다. 정서의 인지적 요소는 중추신경조직이 관련되는 정서의 지적 요소라 볼 수 있다. 정서에는 지각, 지식, 느낌 등이 포함되는데 모든 지각이 다 정서반응을 초래하는 것은 아니다. 인간에게는 상황을 평가하고 감정할 수 있는 기제가 있어 그 기제를 통해서 사건을 해석하며, 사건의 해석에 따라 정서적 경험과 생리적 변화를 겪는다. 정서의 생리적 요소란 심장박동, 땀, 근육의 긴장 등과 같이 어떤 정서를 느낄 때 오는 생리적 변화를 말한다. 이러한 생리적 변화를 일으키는 호르몬은 아드레날린과 비아드레날린으로 아드레날린은 심장박동을 증가시키고, 땀을 분비시키며, 혈관을 수축시키고, 소화를 막는다. 비아드레날린은 심장박동을 감소시키고, 혈관을 확장시키며, 타액의 분비를 촉진시킨다.

## 2) 정서에 관한 다양한 관점 고찰

### (1) 생물학적 관점에서 본 정서
생물학적 접근은 정서의 경험을 위해서는 신체적 변화가 수반된다고 보는 다윈(Darwin)에 의해 시작되어 제임스(James), 랑에(Lange) 및 케논(Cannon)을 거쳐 동물행동학자들에 의해 더욱 발전되었다.

#### ① 다윈의 대조원리
다윈은 대조의 원리(principle of antithesis)를 통해 정서를 표현했는데, 서로 상반된 종류의 감정(분노와 평온)은 각기 다른 상반된 종류의 행동으로 표현된다고 제안했다. 즉, 행복한 사람은 입매가 위로 올라가는 미소를 짓고, 슬픈 사람은 입매가 내려간 표정을 짓는다. 이를 좀 더 확장하여 생각해 보면 부정적 정서가 높은 청소년이 그렇지 않은 청소년에 비해 폭력행동을 더 많이 할 것이라고 추측해 볼 수 있다. 다윈에 이은 여러 현대의 이론가들도 정서는 서로 그 극이 반대인 기쁨-슬픔, 분노-평온, 흥분-지루함 등과 같은 것들로 구성된다고 말한다.

### ② 동물행동학적 연구

동물행동학적 연구는 의도운동과 비언어적 단서의 두 가지 의미로 정서를 다룬다.

- **의도운동** : 정서에 동반되는 표현운동이 전달하는 정보에 초점을 둔다. 즉, 한 동물의 정서상태를 나타내는 선천적인 표현은 의도운동(intention movement)에서 진화된 것으로써 유기체가 곧바로 하려고 하는 행동을 나타내는 표식이다. 예를들면 개가 이빨을 드러내는 것은 정서를 나타내고 상대를 물려고 준비하는 표현운동이다. 이러한 의도운동은 곧바로 일어날 행동을 알려주는 정보역할을 한다. 또한 의도운동은 개체들 간의 행동을 잘 조화시키는 목적을 달성하여 이들이 같은 종의 구성원들과 밀접한 관계를 유지하려고 서로 효과적으로 상호작용할 수 있도록 해준다.

- **비언어적 단서** : 얼굴표정, 몸짓 및 외침은 흔히 정서행동에 동반된다. 정서적 단서를 받고 보내는 능력은 선천적인 행동패턴과 습득된 행동패턴 간 상호작용으로 이루어진다. 메이슨(Mason, 1961)은 원숭이들이 의사소통에 사용하는 많은 행동들이 종 특유의 선천적 행동이지만 이들 행동이 제대로 발달하는가는 충분한 경험의 여부에 달려 있다고 제안했다(박소현 외, 2001에서 재인용). 따라서 고립양육된 원숭이들이 정서적 의사소통에 결손을 보이는 까닭은 이들에게는 선천적 능력이 발달할 수 있는 적절한 사회적 환경이 조성되지 않았기 때문이다.

### ③ 정서의 뇌기제

여러 신체적 변화는 정서와 관련되어 있으며, 제임스와 파페츠(James & Papez, 1937)는 시상하부, 전측시상핵, 대상회, 해마 및 편도체가 정서표현과 관련된 뇌구조 체계임을 제안했다. 칼슨(Carlson, 1994)은 정서행동이 세 가지 요소로 구성된다고 보았는데, 다양한 정서행동(emotional behaviors), 자율신경적 변화(autonomic changes) 및 호르몬 반응(hormonal responses)이 그것이다. 정서행동은 그 행동이 일어나는 환경적 맥락에 적합한 근육변화들로 구성되는데, 예를 들어 매우 화가 난 사람의 경우 흔히 주먹을 불끈 쥐는 몸의 변화가 나타난다. 자율신경적 변화는 재빨리 필요한 에너지를 만들어내고 빠른 움직임이나 더 강렬한 행동을 하도록 개체를 준비시킨다. 호르몬 반응은 부신연수에 의한 에피네프린과 노어에피네프린의 생성과 같은 것으로써 자율신경적 변화가 유지되는 것을 돕는다.

칼슨은 근육의 변화, 자율신경적 변화 및 호르몬 변화의 통합이 편도체에 의해 수행된다고 제안했다. 즉, 편도체는 정서의 요소들을 통합하는 역할을 하는데, 직접적인 청각 및 시각정보는 시상에서 편도체로 입력되는 것이다. 이때 눈구멍에 가까운 뇌부위로서 안와전두피질(orbital frontal cortex)에서 편도체로 입력이 이루어지는데, 이 입력이 사회적 상황에 의해 생성된 정서에 중요한 역할을 한다. 그 예로 화약폭발사고로 쇠막대가 왼쪽 볼 밑을 뚫고 들어가서 뇌를 관통하여 머리 끝으로 튀어나오는 사고를 당했던 피니어스 게이지의 사례가 유명하다. 그는 사고 후 대체로 완쾌되어 지적 능력과 운동능력에는 손상이 없었지만 성격상 뚜렷한 변화가 나타났다. 사고 이전의 그는 책임감 있고 사회적으로 잘 적응된 사람이었으나 사고 후 책임감은 없어지고 사회적 관습들에 무심해졌다. 그가 사망한 후 두개골을 분석한 결과 뇌의 안와전두영역이 쇠막대에 의해 손상되었음이 밝혀졌다. 게이지 이외에도 안와전두손상 환자들은 개인적 및 사회적인 일에 관해 합리적 판단을 내리는 데 문제가 있었고 정서를 처리하는 데 변화가 나타났다(박소현 외, 2001 재인용).

## (2) 학습의 관점에서 본 정서

학습의 관점에서 정서를 다룰 때에는 흔히 행동의 생성을 초래하는 특성들이 있음을 언급한다. 반두라(Bandura, 1971)는 타인을 관찰함으로써 정서가 학습될 수 있다고 주장했다. 그는 심지어 사람들의 경우 때로는 직접적 경험이 아니라 모델이 어떤 대상을 향해 공포에 떠는 행동을 하거나 그에 의해 손상을 입는 것을 보는 것만으로도 공포증이 발병될 수 있다고 제안했다. 공포증은 어떤 대상, 상황 혹은 상징에 대한 사실이 아무런 근거없이 비합리적으로 다가오는 공포라고 정의될 수 있다. 셀리그만(Seligman, 1971)은 공포증이 발병하는 것은 인간이 지닌 정서학습의 준비성을 보여주는 예라고 제안했다. 즉, 공포의 대상이 존재하면 보통 비이성적인 공포라고 묘사되는 매우 정서적인 반응이 생겨나 쉽게 학습되는 특성을 보인다는 것이다. 학습된 공포증은 일상생활에서 쉽게 소거되지 않을 뿐 아니라 공포증을 학습하는 상황에 한 번만 노출되어도 학습될 수 있는 특성을 지닌다(박소현 외, 2001 재인용).

## (3) 인지적 관점에서 본 정서

정서에 관한 인지적 관점은 인지적 평가(cognitive appraisal)를 강조하는데, 우리가 정서를 경험하기 위해서는 어떤 상황이 정서를 초래하는 상황이라고 진단해야만 한다. 라지루스(Lazarus)와 같은 인지이론가들은 정서의 경험을 위해서는 오로지 인지만으로도 충분하다고 주장했다. 예를 들어, 무서워서 소름끼치는 영화를 보기 전에 피험자들의 평가과정에 수정을 가하면 영화에 의해 생기는 정서의 질과 강도가 달라진다고 보는 것이다. 이는 정서의 지각에 있어 인지가 우선함을 주장하는 것이다. 밸런스(Valins, 1966)는 정서의 귀인, 즉 어떤 상황에 대해 느끼는 정서상태의 원인을 추론함에 있어 주어지는 정보자극은 정서에 영향을 미친다고 보았다. 예를 들어 우리는 무엇을 선호하는가를 평가할 때 어떤 가설을 세우고 그런 다음 우리 안에 있는 혹은 우리의 환경 내에서 관련 있는 단서들을 찾아서 그 가설을 검사하려고 한다는 것이다(박소현 외, 2001 재인용).

밸런스는 이러한 사실을 증명하기 위해 남자 대학생들을 대상으로 다음과 같은 실험을 했다. 남자대학생들에게 반나체 여성들을 찍은 슬라이드를 보여주며 그들의 심박률을 측정하고 있다고 말하며 심박음을 들을 수 있게 했다. 실제 그 실험에서는 남자 대학생들의 심박률을 측정하지 않았고 그들에게 들려준 심박음은 가짜였다. 실험 후 남자 대학생들에게 슬라이드 여성들의 매력을 평가하도록 했더니 슬라이드 시청 도중 심박률 변화가 없었던 것으로 나타난 여성보다는(슬라이드 시청 중 보통 속도의 가짜 심박률을 들려준 경우) 심박률 변화가 많이 있었던 것으로 나타난 여성(슬라이드 시청 중 빠른 속도의 가짜 심박률을 들려준 경우)이 더 매력적이라고 판단했다. 또한 피험자들에게 슬라이드들 중 일부를 집으로 가져가도록 허용하자, 피험자들은 주로 빠른 가짜 심박률을 들려주었을 때 본 슬라이드를 선택했다. 이러한 밸런스의 실험 및 주장은 정서귀인에 있어 주의과정이 중요하다는 것을 제시해 주고 있다.

## (4) 정신분석학적 관점에서 본 정서

정신분석에서는 정서를 복잡한 정신현상으로 보고 있으며, 일반적으로 자아 발달이 정서 발달과 함께 발달하며, 이러한 발달은 사고, 원망과 같은 생각들이 쾌, 불쾌의 감각과 연관되어서 삶의 초기부터 시작된다고 보고 있다. 유아는 돌봐주는 사람의 기본 성격유형, 기분 및 태도를 동일시함으로써 발달해 가며, 이때 유아와 돌봐주는 대상 간에 교류되는 정서적 상호성에 따라 애착유형이 발달되고, 정서성에 영향을 받는다.

표 6-1 방어적 목적과 정서 및 내적 심리적 속성과의 관계

| 기본정서 | 정서방어 | 내적·심리적 요소 | 방어적 목적 |
|---|---|---|---|
| 수 용 | 부 정 | 이 드 | 충동차단 |
| 혐 오 | 투 사 | 슈퍼이고 | 충동방출 |
| 기 쁨 | 반동형성 | 이 드 | 충동차단 |
| 슬 픔 | 보 상 | 슈퍼이고 | 충동방출 |
| 기 대 | 주지화 | 이 드 | 충동차단 |
| 놀 람 | 퇴 행 | 슈퍼이고 | 충동방출 |
| 분 노 | 대 치 | 이 드 | 충동차단 |
| 공 포 | 억 압 | 슈퍼이고 | 충동방출 |

자료 : 김경희(1995). 정서란 무엇인가. 민음사. p. 171.

캘러만(1979)은 방어기제 구조의 본질에 기초하여 여덟 가지 기본정서와 그에 상응하는 방어기제, 기본적인 내적·심리적 속성 및 방어목적을 연결지어 보았으며, 정서방어는 이드-슈퍼이고의 충동을 조절하고 내적·심리적 속성을 조절한다고 보았는데, 이는 궁극적으로 협동적-유아대상관계에 도움이 된다. 캘러만(1979, 1980)은 야경증 연구에서 기본정서와 그의 기본적인 내적·심리적 속성들을 조사했는데, 그 내용은 표 6-1과 같다(김경희, 1995, 재인용).

여덟 가지 기본정서의 본질은 각 정서가 지닌 내적·심리적 속성, 즉 이드와 슈퍼이고에 따라 달라진다. 또한 각 정서방어는 각 기본정서의 본질에 부응하기 위해 이드와 슈퍼이고의 충동을 차단하거나 방출하여 조절함으로써 유아가 돌보아 주는 대상과 협동적(synergistic) 관계를 유지하도록 하는 데 도움되는 역할을 한다(김경희, 1995).

## 3) 청소년기의 정서변화

청소년기에는 교우관계, 이성문제, 진로문제 등 다양한 사회적 역할의 확대와 그에 따른 복잡한 적응문제로 인해 정서적 변화를 겪게 되는데, 이때 긍정적 정서보다 부정적 정서가 더 많은 것이 특징이다. 청소년이 경험하는 대표적인 긍정적 정서는 행복, 기쁨, 사랑 및 애정의 감정이다.

박선미(2003)는 남녀 고등학교 1학년 학생 249명을 대상으로 일상적 음악활동이 청소년들의 정서적 안정성 및 정서변화에 효과적인지를 알아보는 연구를 실시했다. 그 결과

일상적 음악활동은 청소년들의 정서안정 및 정서변화에 효과가 있는 것으로 나타났다.

음악의 멜로디는 기분전환에 크게 영향을 미치고, 리듬은 근육을 부드럽게 하여 개방감을 맛보게 하는 심리적 작용이 있다. 또한 음악은 심장, 위장 등의 순환기나 소화기계통에 강한 영향을 미치며, 음악의 자극에 의해 환자의 맥박이 촉진되고 생리적 긴장을 해소시키는 작용을 한다(박선미, 2003). 이처럼 음악은 인간의 심리적·생리적 반응을 유발하여 정서에 큰 영향을 미친다. 따라서 청소년들에게 음악은 그들의 정서생활을 안정되게 하고 인간성을 풍부하고 조화롭게 완성시키는 데 크게 도움주는 역할을 한다. 음악활동이 청소년의 정서에 긍정적 영향을 준다면, 인터넷상의 불건전 정보유통, 즉 음란정보물은 청소년의 정서에 부정적 영향을 미친다.

청소년이 경험하는 부정적 정서로는 극단적 슬픔이나 무감각상태인 우울, 특정 대상물에 대해 위험이나 위협을 느끼는 공포, 성인이 자신을 이해하는 것은 불가능하다고 믿는 외로움, 아동기 동안 경험하지 못한 다양한 다른 가치관에 노출되면서(예 : 옳지 못한 행동을 하는 친구의 행동에 가담하게 됨) 겪게 되는 죄책감, 타인의 위선이나 무례한 행동과 부당한 대우 등으로 인한 분노 등이 있으며 그 밖에도 수줍음, 수치심 등 다양한 부정적 정서를 경험한다(장휘숙, 1999).

또래괴롭힘의 가해자 청소년들의 정서상태는 우울증이나 충동성이 증가된 상태로, 자살사고를 흔히 경험하며 비행, 범죄, 약물중독에 대해 더욱 높은 위험성을 지닌다. 또한 또래괴롭힘의 피해자인 청소년들도 부정적 정서를 지닌 채 심리적 부적응상태에 빠지게 되는데, 이들은 외상 후 스트레스장애를 지속적으로 경험하며 불안, 분노, 우울감, 자기파괴적 충동 등으로 인해 극단적인 경우 자살을 시도하기도 한다. 게다가 여러 신체적 증상과 함께 낮은 자존감과 주의집중에 어려움을 겪는다(송경희 외, 2009). 또래괴롭힘의 가해 청소년과 피해 청소년 모두 부정적 정서를 유사하게 경험하고 있다. 장덕희(2007)의 연구결과에 따르면 또래괴롭힘의 가해자와 피해자 역할을 중복경험하는 경우가 많은 것으로 나타났다. 이 연구대상자의 76.9%가 또래괴롭힘을 경험했는데, 이 중 가해경험만 있는 청소년은 5.8%, 피해경험만 있는 청소년은 18.4%, 중복된 경험이 있는 청소년은 52.7%로 나타나 가해와 피해를 모두 경험하는 청소년들의 비율이 상당히 높은 것으로 결론을 얻었다.

긍정적 정서에 비해 부정적 정서를 훨씬 더 많이 경험하게 되는 청소년기에는 정서안정에 도움이 되는 활동에 참여하는 것이 좋다.

우리나라 중·고등학교 청소년들은 일상활동 중에서 운동을 비롯한 적극적 여가활동 중에 가장 높은 수준의 긍정적 정서를 경험하고 행복하다고 생각하며, 이러한 긍정적 정서경험이 수반되는 청소년기의 적극적 여가활동은 스트레스를 해소하며 자아존중감과 생활만족도를 높이고 폭력행동의 유발 가능성을 중재한다(이미리 외, 2003 재인용).

공격성은 청소년기의 부정적 정서에 해당하는데, 1세 때 싸움, 2세 때 협상이나 나눠갖기, 2~3세 때 신체적 보복의 형태로 나타나다가 3~5세 때 장난감 등의 소유 때문에 또래와 다투는 가운데 언어적 공격이 증가하며, 4~7세 때는 타인의 동기와 의도추론이 가능한 역할수행능력의 획득으로 경쟁자를 헤치려는 적대적 공격이 점차 증가한다. 청소년기에는 적대적·보복적 공격성이 절정에 이르다 이후에 다시 감소하는데, 청소년기의 공격성은 반사회적 형태로 표현되며 청소년 여아의 경우 경쟁자에게 악성험담과 사회적 따돌림을 사용한다. 청소년 남아의 경우에는 무단결석, 절도, 술, 약물남용, 성적 비행 등으로 공격성을 표출한다(최경숙, 2000).

공격성은 유전적으로 흥분하기 쉬운 기질적 성향을 지닌 경우 혹은 공격적 행동이 습관이 될 수 있는 사회적 환경에서 자랄 경우에 지니게 되는 특성으로 발달적으로 안정적이어서 어린시절에 공격적일 경우 자란 후에도 공격적일 가능성은 매우 높다. 청소년의 공격성을 유발하는 가정환경은 강압적 가정환경(coercive home environment)으로 가족구성원 간 서로 괴롭히고 공격적이거나 혹은 다른 반사회적 방법을 주로 사용하는 가정으로써 강압적 상호작용을 유지시키며 주로 부적 강화가 중요한 역할을 한다(Patterson, Debaryshe & Ramsey, 1989 Berk, 2000 재인용). 가족구성원 간 공격성을 촉진·유지시키는 강압적 상호작용 패턴은 그림 6-1과 같다.

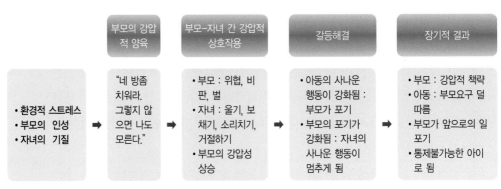

그림 6-1 가족구성원 간 공격성을 촉진·유지시키는 강압적 상호작용패턴

자료 : Berk(2000). child development. Allyn & Bacon. p. 513.

그림 6-1을 통해 볼 때, 경제적 어려움이나 불행한 결혼 등의 이유로 인한 환경적 스트레스가 부모의 인성이나 아동의 기질과 연합되어 부모는 자녀에게 위협, 비판 및 벌하기 등의 강압적 양육을 하고 이로 인한 갈등해결을 위해 일시적 해결책으로 자녀와 싸우는 것을 포기함으로써 자녀는 더욱 더 통제 불가능한 성향을 지니게 될 수 있다.

심응철(1999)은 남녀 중·고등학생을 대상으로 충동성 및 공격성과 폭력행동의 상관관계를 알아보는 연구를 실시했다. 이 연구결과 폭력행동 경험을 묻는 질문지 답변 결과에서 정상집단은 학년이 높아질수록 여학생보다 남학생에게서 폭력행동 점수가 높게 나타났으나, 비행집단은 학년 간 폭력행동 점수에 차이가 없었다. 또한 비행집단은 정상집단에 비해 충동성과 폭력행동(기물파손, 성폭력, 신체폭력, 언어폭력, 공갈협박) 간 더 높은 상관이 있는 것으로 나타났다. 이 연구결과를 통해 볼 때, 정상집단에 속한 청소년들에 비해 비행집단에 속한 청소년들이 충동성을 덜 통제하며 곧바로 폭력행동으로 표출하고 있음을 추측해 볼 수 있다.

원태웅(2000)은 남녀 고등학생 30명을 대상으로 인터넷상의 불건전 정보유통이 청소년의 정서에 미치는 영향을 실증분석하는 연구를 실시했다. 이 연구결과 음란정보물의 이용에 대해 오락, 휴식, 정보, 대인관계의 동기가 높을수록 청소년의 정서에 부정적 영향을 미치는 것으로 나타났다. 이 결과를 통해 추측해볼 때 청소년들은 음란정보물에 관심을 갖고 부정적 정서를 보다 더 많이 경험하게 될 것이다. 예를 들면, 청소년 자신이 음란정보물을 접했다는 사실에 죄책감이나 수치심의 정서를 지니게 될 수도 있을 것이다. 대개 청소년들은 혼자서 혹은 친구와 함께 음란정보물을 접하는 경우가 대부분인데, 부모는 가정 내에서 청소년 자녀가 음란정보물에 노출되지 않도록 유의할 필요가 있으며 가정 밖에서도 음란정보물을 접할 가능성이 있는 장소에는 출입하지 않도록 함으로써 청소년 자녀가 피해입는 일이 없도록 해야 할 것이다.

학업 등 다양한 스트레스를 지니는 청소년들의 정서 발달에 긍정적 영향을 주는 다양한 활동들이 있다. 이러한 활동을 통해 청소년은 긍정적 정서발달을 촉진·유지시킬 수 있을 것이다.

청소년 시기에는 공동의 흥미와 관심에 따라 자발적이고 협동적인 활동을 추구하는 동아리활동을 통해 대인관계능력을 향상시키고 감정을 조절하는 능력을 키우며, 조직 속에서 자신의 존재를 끊임 없이 확인하는 가운데 긍정적인 자아상을 발견할 수 있게 된다(김대일, 2007). 또한 미술교육이 청소년의 정서에 미치는 다섯 가지 긍정적 영향은 다음과 같다(Salovey & Mayer, 1996; 신지현, 2009 재인용).

### ① 자신의 감정 이해하기

자신 내면의 작고 세밀한 감정변화를 관찰하고 지각하게 됨에 따라 자기인식이 명료화되며 자기인생을 주도하게 된다.

### ② 자신감정의 균형 이루기

자기감정을 조절, 통제함으로써 관리하고 다양한 감정들 간 균형을 이루게 된다. 감정조절의 기본방법으로는 마음 가라앉히고 진정시키기, 감정 미리 차단하기 등으로 내면적 거리두기(진정제, 방어기제 역할), 새로운 에너지로 변화시키기(세련된 정서를 지닌 사람은 감정에 휩쓸리지 않고 방출된 에너지를 새로운 능력으로 계발하고 자신감을 높이는 데 활용한다)가 있다.

### ③ 자신에게 스스로 동기부여하기

스스로에게 하고 싶은 마음이 들도록 하는 능력, 잠재능력, 계발능력, 목표달성을 위한 주의집중, 동기부여, 자기극복, 창의성 증가 효과가 있다.

### ④ 다른 사람의 감정 이해하기

감정이입능력으로써 감정적 소통의 90%는 언어와 거의 무관하게 이루어지며 타인의 감정을 존중할 때 이루어진다. 상대에게 집중하고 경청하려는 자세, 말로 표현되지 않은 생각과 감정까지도 파악하려는 능력에서 비롯된다.

### ⑤ 자신과 다른 사람의 유익한 관계 유지하기

상대방과 인간관계를 맺는 능력, 함께 적극적으로 참여하며 더불어 살아가는 능력, 직장·급우·친구 등 여러 사람과의 갖가지 만남, 타인과의 갈등 발생 시 잘 인식하고 해결하는 능력을 기르게 된다.

## 4) 청소년의 정서지능과 관련 변인

정서지능은 정서와 지능의 두 가지 요소가 결합된 개념이며, 정서와 감정을 통제하고 조절할 줄 아는 정신적 능력이다.

메이어(Mayer)와 살로베이(Salovey, 1997)는 "정서지능이란 자신과 타인의 정서를 정확히 평가하고 표현하는 능력, 감정에 접근하고 사고를 촉진시킬 수 있는 정서를 발생시킬 수 있는 능력, 정서 및 정서와 관련된 지식을 이해하는 능력, 그리고 정서적·

지적 성장을 도모하기 위하여 정서를 조절하는 능력 등의 네 가지 능력을 포함하는 지능이다."라고 정의했다(윤상은, 2008).

또한 골먼(Goleman, 1995)은 "정서지능이란, 사람들에게 동기를 부여해 주고 절망적인 상황에서도 의욕을 잃지 않게 하며, 순간적인 만족을 지연시킬 수 있게 함으로써 기분을 조절하고 고뇌 때문에 사고능력이 방해를 받지 않게 하고, 타인과의 감정이입과 희망을 고양시키는 능력"이라고 정의했다(김현준, 2007).

김현준(2007)은 초·중·고등학교 남녀 학생 782명을 대상으로 정서지능이 청소년의 삶의 질에 미치는 영향을 살펴보는 연구를 실시했다. 그 결과 정서지능이 높을수록 가정생활에서 가족의 건강성, 교육환경 및 교사와의 관계를 비롯한 학교생활 전반의 질이 높게 나타났다. 이는 정서지능이 높을수록 가족건강에 대한 만족감, 학교환경이나 교사와의 관계 등 학교생활 전반에 대한 행복감이 높다는 것을 의미한다.

이 연구에서 특히 정서지능의 조절이 청소년의 삶의 질 전반에 가장 큰 영향을 미치는 것으로 나타났다. 이는 청소년 자신과 타인의 부정적 정서를 잘 조절하여 긍정적 상태로 유지하고, 자신의 입장을 적극적인 행동으로 나타내는 능력을 키우기 위한 노력이 필요함을 말해준다.

윤상은(2008)은 중학생 496명을 대상으로 정서지능이 또래관계에서 나타나는 갈등해결에 어떤 영향을 주는가에 대한 연구를 수행했다. 그 결과 정서지능이 높은 청소년일수록 또래와 문제가 있을 때 지배적으로 갈등을 해결하려 하기보다는 절충과 협력적 방법을 보다 많이 사용하는 것으로 나타났다. 또한 갈등해결을 위해 절충과 협력적 방법을 많이 사용할수록 또래관계의 질이 높은 것으로 나타났다. 이 연구를 통해 볼 때 청소년이 질적으로 좋은 또래관계를 유지하도록 하기 위해서는 갈등이 발생했을 때 서로 절충하고 협력하여 해결하도록 하는 구체적 방법을 교육할 필요가 있음을 알 수 있다.

최재향(2006)은 초·중·고등학교 학생 1,116명을 대상으로 아동, 청소년의 부모-자녀 간 의사소통과 정서지능이 문제행동과 어느 정도 관련이 있으며 어떻게 영향을 미치는가를 탐색하는 연구를 행했다. 그 결과 주관적 행복감이 높을수록 정서지능이 높았으며, 부모-자녀 간 개방적 의사소통이 높아지는 것으로 나타났다. 또한 부모-자녀 간 개방적 의사소통과 정서지능은 정적 상관이 있는 것으로 나타났다. 그 밖에 정서지능과 문제행동 간에는 부적 상관이 있는 것으로 밝혀졌다. 이 연구결과를 종합해 보면 아동 및 청소년이 스스로 행복하다고 느낄수록 정서지능은 높아져 정서표현을 잘 할 수 있고 기분을 잘 조절하여 타인과의 감정이입을 잘하게 되고 긍정적이고 희망적인 생활을 하게 된다는 것을 알 수 있다. 그 밖에 정서지능이 높고 부모-자녀 간 개방적 의사소통이 잘 이루어질수록 아동과 청소년에게서 문제행동이 덜 나타나게 됨을 알 수 있다.

## 2. 사회성 발달

청소년기는 부모보다 또래들 간 애착관계가 더 강하게 유지되는 시기이다. 따라서 청소년기에 보여지는 사회적 관계의 특성을 살펴보고, 청소년기 사회지능과의 관련 변인들을 다루어 본다.

### 1) 청소년기와 사회성

사회성은 인간이 주어진 환경에 자신을 맞추는 과정과 자기 자신의 욕구를 충족시키기 위해 환경을 적극적으로 변화시키는 과정 모두를 포함한다. 따라서 자신이 타인의 역할이나 조망을 수용하는 가운데 속한 사회환경에 맞게 어우러지는 능력이며, 그 사회에 적응하는 방법을 습득하여 사회의 구성원으로 살아가는 능력이 사회적 능력이다(유영주, 2008).

청소년기는 또래와의 깊은 관계 형성이 이루어지는 등 사회성의 형성이 활발하게 이루어지는 발달단계이다. 따라서 청소년에게 있어 사회성은 집단 혹은 조직 내에서 한 개인이 타인과 더불어 사회적 관계에 적응하며 공동생활을 하는 성향이며, 또한 사회에서 대인관계를 지속하고 적응하려는 성질이라 할 수 있다(유영주, 2008).

사회성과 유사한 의미인 사회적 성숙은 사회인으로써의 적절한 지적 발달과 사회생활 속에서 일어나는 문제를 효과적으로 이해하고 해결해 가면서 사회적 활동의 범위를 넓히고 책임 있는 사회인으로서의 인생관을 확립하는 과정을 말한다.

황상진(2008)은 고등학교 청소년 188명을 대상으로 사회성숙과 진로결정수준 간 관계를 알아보는 연구를 행했는데, 연구결과 사회성숙도와 진로결정 간에 유의미한 정적 상관이 있는 것으로 나타났다.

이계영(2009)은 고등학생의 생활체육활동 참여기간과 사회성 발달의 관계를 알아보고 사회성에 어떤 영향을 미치는지 살펴보는 연구를 행하였다. 그 결과 생활체육활동

경험이 6개월 이상이거나 이하인 집단 간 사회성의 네 가지 요인인 겸양심, 표현력, 추진력, 자신감에 차이가 있는 것으로 나타났다. 이 연구결과는 학교교육에서 접할 수 없는 생활체육의 신체적 혹은 정신적 활동을 새롭게 접하게 됨에 따라 청소년의 성향이 활동적이고 능동적으로 변화되었음을 말해준다. 또한 생활체육활동기간이 길수록 사회성이 보다 더 크게 향상되는 것을 말해준다. 청소년이 생활체육활동을 통해 신체적 발달뿐 아니라 사회성을 향상시킬 수 있게 된다는 점으로 보아 청소년에게 생활체육활동을 권장할 만하다고 보여진다.

유영주(2008)는 저소득층지역에 거주하는 초등학교 3학년부터 중학교 3학년까지의 청소년 336명을 대상으로 청소년의 문화활동 참여가 사회성에 어떤 영향을 미치는지 알아보는 연구를 행한 결과, 문화활동 참여가 청소년의 사회성을 향상시켜줌에 따라 특히 저소득층 청소년의 삶의 질을 향상시켜 줄 수 있음을 보여주었다.

현온강(2006)은 초등학교 6학년 학생과 중학교 3학년 학생을 대상으로 아버지 역할 수행과 자녀의 사회성 향상이 관계되는 지 알아보았다. 그 결과 아버지 역할수행이 증가할수록 아동 및 청소년 자녀의 사회성이 향상되었으며 이는 초등학생보다 중학생에게서 보다 깊은 관련이 있는 것으로 나타났다. 또한 아버지 역할수행 변인 가운데 자녀 교육 변인이 자녀의 사회성 향상에 가장 큰 영향을 주는 것으로 나타났다. 이 연구결과는 초등학생에 비해 중학생 자녀의 경우 아버지 역할수행에 따라 사회성에 보다 더 많은 영향을 받고 있음을 말해준다. 또한 이 결과를 통해 아버지가 자녀교육에 보다 더 큰 관심을 지니고 참여할수록 자녀의 사회성이 개선·향상된다는 것을 알 수 있다.

이순복(2004)이 중·고등학생을 대상으로 인터넷 커뮤니티활동과 사회성 발달 간의 관계를 살펴본 결과, 청소년들의 인터넷 커뮤니티를 통한 서로의 상호작용 경험과 청소년들 간 상호관계 및 자율성과 관계가 있는 것으로 나타났다. 또한 인터넷 커뮤니티에 참여하는 목표가 명확할수록 자율성과 보다 더 깊이 관련되는 것으로 나타났다. 이 연구결과를 통해 볼 때 청소년이 인터넷 커뮤니티를 통해 상호작용을 많이 할수록 그들의 친구관계도 보다 더 좋아지게 됨을 알 수 있다.

장광우(2008)는 청소년들이 UCC 제작활동에 참여하게 됨에 따라 사회성 발달에 큰 영향을 받게 된다는 연구결과를 제시했다.

김지인(2006)은 중학교 1학년 남학생 10명을 대상으로 4주간 총 10회 200시간 동안 독서자료 11편을 이용하여 독서요법을 실시했다. 이 남학생 10명은 인터넷중독 검사를 통해 중독위험군과 중독군으로 분류되었으며, 사회성 발달도 낮게 나타난 학생들이다. 독서요법 실시결과 집단적이고 발달적인 독서요법 프로그램 시행이 인터넷중독 청소년의 사회성 개발에 의미 있는 효과가 있는 것으로 나타났다.

김인자(2008)는 한부모 가정에서 자라고 있으면서 자기효능감과 사회성 발달을 촉진시켜 줄 필요성이 있는 중학교 1학년 학생 12명(실험집단, 통제집단)을 대상으로 매주 90분씩 총 8회 동안 집단미술치료 프로그램을 실시한 결과 그들의 사회성 향상에 효과가 있는 것으로 나타났다. 이 결과를 통해 집단미술치료 프로그램에 참여하기 전에는 위축되어 대인관계가 원활하지 못하며 고립되어 있던 학생이 프로그램 참여 후 적극적인 모습을 보이고 친구와의 관계가 원활하게 증진되어 교우 간 상호작용이 안정되어 감을 알 수 있었다.

## 2) 사회지능

사회지능이란 타인을 이해하고 각기 다른 사회적 상황에서 어떻게 반응할 것인지 인식하는 능력을 말한다. 일반적으로 사회지능을 구성하는 요인으로는 사회적 정보처리능력, 사회적 기술 및 사회적 인식이 있다. 사회적 정보처리능력은 타인의 행동과 기분을 이해하고 예측할 수 있는 능력으로 타인의 의도, 행위, 표현, 느낌, 바람 등의 내적 상태를 이해하는 능력이다. 사회적 기술은 새로운 사회상황에서 적응할 수 있는 능력으로 대인관계에서 필요한 적응적인 대화나 바람직한 행동, 개방성 등이 있다. 사회적 인식은 사회적 상황에서 일어나는 사건으로 놀라게 되거나 사건을 인식하지 못하는 경향성을 측정하는 것으로 타인이 자신에게 보이는 부정적 정서에 대한 인식이나 타인의 반응에 대한 놀란 반응, 자신도 깨닫지 못한 채 타인에게 상처를 주는가 하는 등의 내용이다.

사회지능이라는 말은 손다이크가 인간의 지능을 추상적 지능(abstract intelligence), 기계적 지능(mechanical intelligence), 사회지능(social intelligence)의 세 가지로 구분하며 인간관계에서 현명하게 행동하는 능력이라고 정의했다. 그 밖에 사회지능은 '인간행동을 다루는 능력(Wechsler, 1958)', '자신과 타인의 관심, 지각, 생각, 감정, 의도, 행위들을 인식하는 사회적 능력(Guilford, 1967)', '기본적인 사회기술의 습득(Riggio et al., 1991)', '사회-인지적 융통성과 사회지식의 복합성(Lee, 1999)', '일상생활의 문제를 효과적으로 해결하기 위해 사회적 맥락 속에서 사회적 지식을 활용하고, 사회적 관계에 민감하게 주의를 기울이며, 새로운 사회적 상황에 개방적으로 참여하는 능력' 등으로 지금까지 정의되어져 왔다(김현준, 2007 재인용).

김현준(2007)은 청소년의 사회지능이 삶의 질(가정생활 영역의 의사소통과 심리적 삶의 질, 학교생활영역의 교사와의 관계 및 친구와의 관계, 삶의 질 전체)에 미치는 영향을 알아보기 위해 초·중·고등학교 남녀 학생 782명을 대상으로 연구했다. 그 결과 청소년의 전반적 삶의 질에 가장 큰 영향을 미치는 것은 사회지능 중 사회적 행동으로 나타났다. 연령에 따른 결과를 보면, 초등학생의 경우 사회적 효능, 사회적 행동이, 중학생의 경우 사회적 행동이, 고등학생의 경우 사회적 지식, 사회적 표현이 삶의 질에 가장 큰 영향을 미치는 것으로 나타났다. 또한 가정생활과 관련된 삶의 질에 영향을 미치는 사회지능 요소는 사회적 표현, 사회적 행동으로 나타났다. 그 밖에 학교생활과 관련된 삶의 질에 가장 큰 영향을 미치는 사회지능 요소는 사회적 효능, 사회적 지식, 사회적 행동으로 나타났다. 이 연구결과는 청소년의 삶의 질을 높이기 위해 청소년의 사회지능에 대한 중요성을 인식하고 부모님의 역할, 가정환경, 학교에서 칭찬과 격려 등의 교육이 중요함을 말해주고 있다.

이석금과 김한배(2008)는 초등학생과 중학생 655명을 대상으로 사회지능과 자기효능감 간의 상관성을 알아보는 연구를 행하고 사회지능(사회적 정보처리능력, 사회적 기술 및 사회적 인식)은 자기효능감 간에 정적 상관관계가 있음을 밝혔다. 이때 자기효능감이란 과제수행에 필요한 동기, 인지적 원천, 행동의 방향을 결정하는 개인의 능력에 대한 판단으로써 과제를 성공적으로 수행하기 위해 필요한 인지적 기술, 행동적 요소들, 사회적 기술을 조직, 실행하는 데 필요한 자신감을 말한다. 이 연구결과는 타인의 행동의도, 느낌예측, 대인관계에 필요한 바람직한 행동, 갑작스럽게 일어나는 사회적 상황에 대한 인식 및 반응이라 할 수 있는 사회적 지능과 과제수행을 위한 자신감인 자기효능감이 상호 관련됨을 말해준다.

청소년기에는 급격한 신체 발달 및 변화에 못지 않게 정서도 급격한 변화와 발달을 겪는다.

정서에 관한 다양한 이론은 생물학적 관점, 학습의 관점, 인지적 관점 및 정신분석학적 관점이 있다. 생물학적 관점은 다윈의 대조원리, 동물행동학적 연구에 따른 의도운동과 비언어적 단서, 정서의 뇌기제 등으로 정서의 기저에 있는 신체적 변화의 의미를 구체적으로 다룬다.

학습의 관점에서는 학습을 통한 공포증 발병 등과 같이 정서가 학습될 수 있다고 주장한다. 인지적 관점에 따르면 정보자극을 추론하는 과정이 정서에 영향을 미친다. 또한 정신분석학적 관점은 자아가 정서와 함께 발달되며 돌봐주는 사람과의 애착유형이 정서성에 영향을 미친다고 본다.

청소년기에는 긍정적 정서와 부정적 정서 및 경험하는 상황에 따른 정서변화가 다양하다. 청소년이 노출되기 쉬운 또래 괴롭힘의 가해자 혹은 피해자 상황에 처했을 때 불안, 분노, 우울증 및 충동성 등의 정서를 경험한다. 또한 부모의 강압적 양육특성 및 부모-자녀 간 강압적 의사소통 패턴은 자녀의 공격성을 유지·촉진시킨다.

동아리활동 및 미술교육은 청소년의 정서 발달에 긍정적 영향을 준다.

청소년기의 사회성 발달은 7장 가정과 친구에서 또래 및 우정의 개념을 다루기 때문에 비교적 간략히 다루었다. 청소년기 사회성과 관련된 변인들로는 사회성숙과 진로결정, 저소득층 청소년의 사회성 향상, 아버지 역할수행과 청소년 자녀의 사회성 향상과의 관련성, 인터넷 커뮤니티활동과 사회성 발달 간의 관계 및 한부모 가정 자녀의 사회성 발달 등의 사회성 관련 주제들이 있다.

또한 사회지능은 자신과 타인의 관심, 지각, 생각, 감정, 의도 및 행위들을 인식하는 사회적 능력으로 청소년기 사회성 발달에 필요한 사회적 기술, 자기효능감 및 사회지능과 청소년 삶의 질 등과 관련된다.

# Part 03 청소년과 맥락

제3부는 청소년을 둘러싼 주변세계영역으로써 가정과 친구, 학업과 진로, 성과 성역할 개념을 다룬다.

7장에서는 가정 관련 변인으로 청소년 자녀와 부모관계에서 나타나는 유대감 및 갈등, 출생순위 및 성별에 따른 형제자매관계의 특성과 형제자매 간 경쟁, 다양한 가족구조에 따른 청소년 발달의 내용을 다룬다. 친구 관련 내용으로 또래관계와 우정, 또래괴롭힘 및 사랑과 이성교제를 다룬다. 8장에서는 오늘날 중·고등학생이 겪는 큰 고민거리인 학업과 진로에 대해 다루어보기 위해 학교적응 및 성적저하와 같은 학업문제와 관련된 다양한 관련요소들, 진로 및 직업 발달에 관한 다양한 이론적 관점들을 살펴본다. 또한 직업선택 시 고려할 필요가 있는 여덟 가지 사항을 다룸으로써 진로결정 및 직업선택에 필요한 구체적 기준을 제시할 뿐만 아니라 진로와 관련해 보다 깊이 있는 사고의 기회를 제시하고자 한다.

9장은 청소년기의 급격한 신체변화에 따른 성에 대한 관심을 구체적으로 다룬다. 청소년기 신체변화, 성역할 발달이론, 청소년의 성의식과 성행동, 성교육의 실태 및 바람직한 성교육의 방향에 대해 제시함으로써 청소년기 자연스런 성에 대한 관심이 청소년의 건강한 성 개념, 성의식 및 성행동으로 이어질 수 있도록 하는 기초자료를 제공하고자 한다.

Chapter **7**

# 가정과 친구

## 1. 청소년과 가족

청소년기는 부모에게서 독립하고자 하는 동시에 부모와의 강한 유대를 지속적으로 유지하고자 하는 시기이다. 청소년 자신이 급격한 신체적 변화와 더불어 강한 심리적 변화를 겪는 시기이기도 하다. 또한 청소년 자녀를 둔 부모는 대부분 중년기를 겪는 경우가 많다. 즉, 자녀와 부모 모두 청소년기와 중년기라는 발달적 위기를 겪으며 이로 인한 제3의 부모-자녀 갈등관계가 발생하기도 한다. 게다가 오늘날 가족구조의 변화로 이혼가정, 재혼가정, 편부모가정 자녀의 발생률이 높아지고 있다. 따라서 청소년기 부모-자녀관계, 형제 및 자매관계와 더불어 변화되는 가족구조와 청소년 자녀에 대해 다루어 본다.

## 1) 청소년 자녀와 부모관계

### (1) 청소년기 자녀

청소년기에 접어들면 신체변화와 더불어 심리적 변화가 동시에 나타난다. 유아기 및 아동기 동안 부모에게 의존적이고 개방적이던 모습에서 부모로부터 독립하려 하며 폐쇄적 모습으로 변화해 간다. 부모와 친밀하게 지내던 아동기에 비해 청소년기에는 부모에 비해 친구와 보다 더 많은 시간을 보내기를 원하며 친구와 보다 더 많은 정보를 공유하기를 원하게 된다.

장휘숙(1999)은 청소년기에 이루어지는 부모로부터의 분리나 독립은 정체감 형성 및 개별화와 관련된다고 보았다.

김혜진과 방희정(2008)에 의하면 청소년의 분리-개별화는 부모에게서 자아를 분리 시키고 자신에 대한 정의를 내리는 과정이며 분리될 때 느낄 수 있는 불안, 죄책감 혹은 거절에 대한 두려움과 같은 부정적 감정들이 없는 상태이다. 청소년의 분리-개별화가 발달됨에 따라 더 이상 부모를 절대적 의존대상으로 이상화시키지 않고 부모에게서 분리되어 스스로 행동하고 결정하려고 노력하게 된다. 이는 자연스러운 과정으로 청소년의 정체성 형성이라는 발달과업을 성취하는 데 중요한 영향을 미친다.

10대 후반기에 이른 청소년기 자녀가 부모에게서 자연스럽게 서서히 독립하는 모습을 보이며 스스로 자신의 문제들을 해결해 나가는 모습은 분명 건강하고 희망적인 청소년의 미래를 말해주는 것이 분명하다.

## (2) 청소년기 자녀를 둔 부모

청소년기 자녀를 둔 부모는 자신도 직접 청소년기를 겪었음에도 불구하고 자녀의 사춘기를 부모로서 어떻게 대처해야 하는 지 당황스러워 하는 경우가 많다. 그 이유 중 하나는 자녀의 사춘기를 바라보기 이전에 부모 자신도 중년의 정체감 위기를 겪고 있는 경우가 많기 때문이다. 중년의 정체감 위기를 경험하는 시기에 이르면 성인들은 그들 자신의 인생목적과 사회제도 및 자신의 행동을 지배해 온 가치관에 대해 의문을 제기 한다. 시간이 흐를수록 결혼연령과 출산연령이 늦어짐에 따라 청소년기 자녀를 둔 부모의 연령도 점차 높아지고 있다. 중년시기 부모가 보이는 특징을 세 가지 측면에서 살펴보면 다음과 같다(장휘숙, 1999).

첫째, 신체적 변화로서 체력저하, 폐경 등 노화가 시작되며 건강에 문제가 나타나기도 한다. 반면 청소년 자녀들은 급속한 신체성장을 이룬다.

둘째, 시간조망과 관련된 것으로서 점차로 미래의 시간이 그리 많이 남지 않게 되며 변화가능성이 크지 않다는 것을 지각하기 시작한다. 반면 청소년 자녀들은 그들 앞에 펼쳐진 미래에 대해 계획을 세우고 다양한 가능성을 탐색한다.

셋째, 힘이나 지위요인으로서, 사회적으로 힘과 지위를 점차 잃어가는 시점에 처해 있다. 반면 청소년 자녀들은 힘을 축적해가고 있다.

이와 같이 중년기 부모는 노화, 쇠퇴, 상실의 발달과정을 겪는 반면 청소년기 자녀는 중년기 부모와는 대조적으로 급속한 신체적 성장과 더불어 무한한 가능성을 펼치는 발달과정 중에 있다. 즉, 중년기 부모와 청소년기 자녀가 대조적 발달과정의 특성을 보이긴 하나 발달적 과도기에 처해있다는 점에서는 유사하다. 중년기 부모는 자신의 발달적 과도기를 잘 겪어야 할 뿐만 아니라 청소년기 자녀를 있는 모습 그대로 인정하고 받아들일 필요가 있다.

### (3) 부모-청소년 자녀 간 관계 및 갈등

앞에서도 살펴본 바와 같이 청소년기 자녀는 자신의 급속한 신체적·심리적 변화에 적응하는 발달과제에 직면한다. 이러한 청소년을 자녀로 둔 부모 또한 발달적 변화를 겪는 자녀에게 요구되는 새로운 부모역할을 모색하고 적응해 나가야 할 뿐만 아니라 부모 자신의 중년기적 변화에 적응하는 시기이다. 이와 같이 청소년 자녀와 부모관계는 상호 간 새로운 관계를 형성하고 이에 맞게 적응해 가야 한다. 청소년기 초기에 해당되는 초등학교 고학년과 중학교 초기에 부모와 강한 유대관계를 형성해 놓을수록 청소년기에 새롭게 적응해야 할 부모-자녀관계를 보다 더 잘 형성해 나갈 수 있게 된다.

청소년기 초기에 경험하는 부모와의 강한 유대감은 성인이 된 후에 지니게 되는 친밀감 및 자기 가치감과 관련이 있다. 또한 부모와 안전애착을 이룬 청소년은 친구, 데이트 상대 및 배우자와도 안전애착을 이룬다. 반면 부모와 안전애착을 이루지 못한 청소년은 친구관계에서 질투, 갈등, 의존, 불만족을 나타낸다(정옥분, 2005).

부모들을 지지적으로 지각하고 부모와 관계가 좋은 청소년들은 부모와 관계가 좋지 않은 청소년들에 비해 부모들이 자신의 생활을 통제할 권한이 있음을 보다 더 인정하는 경향을 보인다. 이는 청소년기에 부모와의 유대관계가 잘 이루어져 있을수록 청소년 자신과 부모와의 관계를 보다 더 긍정적으로 지각함을 말해준다.

문제아가 없는 가정은 애정적이고 만족적 가정환경이 유지되는 반면 공격적 아동이 있는 가정은 강압적 가정환경이 유지되는데, 공격적 아동은 가정, 학교에서 싸움을 하고 반항적이며 가족구성원 간에도 다툼이 잦고 부정적 상호작용이 지속된다. 자녀의 까다로운 기질은 부모와의 상호작용 및 부모의 양육태도에 영향을 미치고 이러한 갈등 패턴이 아동기에서 청소년기까지 유지될 수 있다(Patterson, 1982; Debaryshe & Ramsey, 1989; Berk, 2000 재인용). 이 내용을 그림으로 나타내면 그림 7-1과 같다.

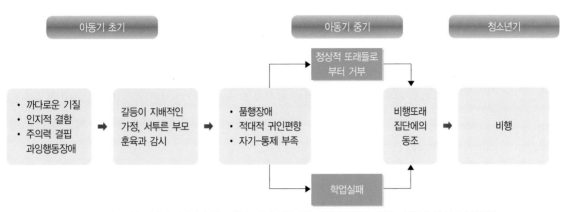

**그림 7-1** 아동기에 시작된 반사회적 행동이(부모와의 상호작용 및 양육유형에 미치는 영향과) 청소년기 만성적 비행으로 이어지는 발달적 경로

자료 : Berk(2000). child development. Allyn & Bacon. p. 512.

또한 부모의 양육태도가 모-자녀 갈등과 밀접히 관계된다고 보고되었는데, 어머니의 양육태도가 부정적일수록 청소년은 어머니와의 관계에서 갈등을 더 많이 경험하게 되며, 이로 인해 부정적인 경험이나 갈등상황이 많아질수록 청소년기의 중요한 발달과업인 분리-개별화, 즉 부모로부터의 자연스러운 독립과 동시에 자율성을 획득해가는 과정에 대한 어려움이 증가된다(김혜진 · 방희정, 2008).

박영신(2010)은 총 369명의 경기지역 중학교 3학년 학생과 고등학교 1, 2, 3학년 학생을 대상으로 부모의 통제(개인적 영역, 관습적 영역)에 대해 청소년기 자녀가 어떻게 이해하는지, 부모의 통제로 인해 나타나는 청소년 자녀들의 심리적 증상은 어떠한지를 알아보는 연구를 행했다. 그 연구결과, 부모통제에 대한 청소년들의 이해는 다음과 같다. 자기 물건 관리하기, 용돈 사용하기, 일기장에 쓸 내용 정하기, 머리 스타일 선택하기, 방과 후 활동 참가 결정하기, 친구 정하기, 이성친구 정하기, 음악 선정하기, 동아리 선정하기, 책 선정하기 등과 같이 청소년 자신이 개인적으로 선택할 수 있는 문제에 대한 부모통제는 중학교 3학년에서부터 이미 상당히 낮아서 청소년들은 자신의 통제권을 주장하고 있었고 이런 경향은 고등학교 2학년이 되면서 더 증가하였다. 반면, 어른에게 대들기, 담배 피우기, 약물 사용하기, 음주하기, 욕하기, 학교 빠지기, 식사예절 지키기와 같이 관습적으로 지켜야 하는 관습적 영역의 문제들과 귀가시간 정하기, 폭력영화 보기, 자기 방 치우기, 화장하기 등과 같이 개인적으로 결정해야 하는 동시에 관습적인 것과도 관련된 혼합적 영역의 문제들에 대한 부모통제는 중학교에서 비교적 높게 나타났고, 고등학교로 가면서 많이 감소하는 것으로 나타났다. 또한 부모통제에 따른 청소년 자녀들의 심리적 증상에 관한 결과는 다음과 같다.

고등학교 1학년 남녀 학생들은 부모가 개인적 영역의 문제를 많이 통제할수록 신체화, 강박증, 대인민감성, 우울과 불안 같은 내재화 증상을 많이 보였다. 고등학교 2학년 학생들의 경우도 부모가 개인적 영역의 문제를 많이 통제할수록 내재화 증상과 외현화 증상 모두 더 많이 경험했다. 반면, 부모가 관습적 문제에 대해 통제할 때는 심리적 증상이 전혀 나타나지 않았다.

이 연구결과를 통해 볼 때 청소년기 자녀는 부모가 관습적 영역의 문제에 대해 간섭하고 통제할 때에는 간섭받을 수도 있다고 여기는 반면, 부모가 개인적 영역의 문제를 간섭하려들면 심리적 증상과 외현화 증상이 나타날 정도로 스트레스를 받아 부모가 통제하지 않고 자신 스스로 알아서 하고 싶어 함을 알 수 있다. 청소년 자녀가 개인적 영역의 문제를 부모로부터 통제받을 때 발달시기상 개인적 자율성을 획득하고자 하는 청소년들의 욕구와 맞물려 보다 더 스트레스 받고 간섭받기 원하지 않는다고 보여진다.

일반적으로 부모와 청소년 자녀간 갈등은 청소년 초기 사춘기의 시작과 더불어 증가하여 청소년 중기에 안정되다가 청소년 후기가 되면 감소하는 동시에 성인기가 시작된다(정옥분, 2005).

## 2) 형제자매관계

형제자매는 부모로부터 받게 되는 유전적 영향이 거의 유사하며 많은 시간을 함께 생활하기 때문에 환경적 영향도 공유하는 부분이 많다. 따라서 형제자매는 친구관계와는 다르게 유사한 부분이 많은 것처럼 보인다. 그러나 관련 연구결과들은 가족 내 형제자매가 실제로 매우 다르다고 보고한다(장휘숙, 1999). 같은 집에서 동일한 가족들과 살아가지만 성장과정에서 아주 다르게 환경을 경험하고 지각하기 때문에 성격 등의 여러 상이한 개인적 특성을 지닌다. 부모의 양육방식, 형제자매간 경쟁, 출생순위나 성별에 따라 형제자매가 환경을 얼마나 다르게 경험하는지 살펴보고자 한다.

### (1) 부모의 양육방식과 형제자매관계

부모의 양육방식은 자녀 개개인의 성격 및 행동에 영향을 미칠뿐만 아니라, 형제관계에도 영향을 미친다.

바움린드(Baumrind, 1991)는 세 가지 유형의 부모양육유형을 제시하였는데 권위주

표 7-1 부모의 양육유형에 따른 자녀의 행동

| 권위주의적 부모 | 허용적 부모 | 권위적 부모 |
|---|---|---|
| 소심한 | 반항적 | 자기 신뢰적 |
| 걱정하는 | 낮은 자기 통제 | 자기 통제적 |
| 우울한 | 낮은 자기 신뢰 | 즐거운 |
| 불행한 | 충동적 | 성인들에게 협조적 |
| 쉽게 화내는 | 공격적 | 호기심 많은 |
| 목적 없는 | 오만한 | 목적이 있는 |
| 불친절한 | 목적 없는 | 성취지향적 |
| 스트레스에 취약한 | 낮은 성취 | 스트레스에 잘 대처하는 |

자료 : 장휘숙(1999). 청년심리학. 학지사. p. 291.

의적 양육유형, 허용적 양육유형 및 권위적 양육유형이 그것이다. 권위주의적(authoritarian) 양육유형을 지닌 부모는 자녀에게 규칙과 순종을 강요하는 동시 이에 대한 이유를 설명해 주지 않으며 신체적인 처벌을 한다. 허용적(permissive) 양육유형을 지닌 부모는 자녀에게 규칙을 전혀 제시하지 않거나 일관적이지 못한 규칙을 부과하며 자녀를 전혀 통제하지 않는다. 권위적(authoritative) 양육유형을 지닌 부모는 자녀의 욕구에 반응적이며 자녀가 생활하는 데 필요한 규칙을 제시하고 왜 규칙을 제시하는지에 대해 자녀에게 설명해 준다. 또한 자녀의 의견에 귀기울이며 일관적이고 융통성 있게 자녀를 양육한다. 허용적 양육유형을 지닌 부모들은 청소년기 초기 자녀들의 자율성을 방해한다. 반면 권위적인, 즉 자녀의욕구에 반응적인 양육유형을 지닌 부모들의 자녀들은 청소년기 초기에 독립적이고 개인적 정체감을 형성하게 된다.

부모의 양육유형에 따른 자녀의 행동특성은 표 7-1과 같다.

지금까지 살펴본 부모의 양육유형과 그에 따른 자녀의 행동특성은 형제간에 경쟁적 관계인가 혹은 서로 좋은 관계를 유지할 수 있는가에 많은 영향을 미친다. 정옥분(2005)에 의하면 어머니가 첫 아이에게 덜 민감하며 무관심하고 명령적인 경우에는 형제간 대결상황을 마련해 주게 된다. 반면, 동생이 태어나기 전부터 첫 아이에게 충분한 관심을 보이고 미리 준비를 함으로써 이를 완화시킬 수도 있다. 손윗 형제에게 새로 태어난 아이의 욕구나 감정에 대해 솔직하게 이야기하고, 자녀양육에 대한 의사결정이나 토론에 참여시키는 경우 형제간에 밀접하고 우호적인 관계를 형성하게 된다.

부모가 각각의 자녀가 지니는 욕구에 반응적으로 대하며 의사결정도 스스로 할 수 있도록 도와준다. 즉, 권위적인 양육유형을 계속적으로 유지한다면, 바움린드(1991)가 부모의 양육유형에 따른 자녀의 행동특성이 아동기부터 청소년 초기에 이를 때까지 그대로 유지된다고 제시한 바와 같이 자녀가 청소년기가 되더라도 권위주의적이거나 허용적 양육유형을 지닌 부모의 자녀들에 비해 형제간 관계가 우호적으로 유지된다고 여겨진다.

## (2) 형제자매 간 경쟁

장휘숙(1999)에 의하면 형제자매간에 일어나는 질투나 경쟁은 청소년기 초기 동안 가장 크게 나타나고 그 이후부터 점차 감소되는 경향이 있다. 이는 부모와 청소년 자녀 간의 갈등이 청소년기 초기에 증가하다가 점차 감소하는 경향과(정옥분, 2005) 유사하다. 또한 청소년기 동안 형제자매관계가 거부적이고 적대적이면 성인기에도 여전히 적대적 관계가 지속되기 쉽다.

퍼먼과 부메스터(Furman & Buhrmester, 1985)는 청소년들이 맺게 되는 다양한 관계, 즉 부모와의 관계, 형제자매관계, 친구관계 및 조부모와의 관계들을 애정, 친밀성, 가치의 크기, 갈등, 도구적 도움, 관계에 대한 만족, 동료애, 관계의 중요성이라는 여덟 가지 차원에 따라 청소년이 평정해 보게 하는 연구를 실시하였다. 그 결과 형제자매관계는 동료애, 관계의 중요성 차원에서 부모관계와 유사하였다. 반면, 애정과 도구적 도움 및 관계에 대한 만족 정도 차원에서는 친구관계와 유사한 특성을 보였다. 형제자매관계는 부모와의 관계, 친구관계 및 조부모와의 관계에 비해 보다 더 많은 갈등을 지니고 있는 것으로 나타났다(장휘숙, 1999 재인용).

위의 연구결과를 통해 볼 때 부모와의 관계 및 조부모와의 관계가 성인과의 관계라는 것과 대조적으로 형제자매관계는 친구관계에서 보여지는 특성들과 유사한 점이 많음을 알 수 있다. 그 밖에 부모의 관심을 끌기 위해 형제자매간에 경쟁을 해야 하며, 터울간격이 가까울수록 이유 없이 자신을 질투하는 사람과 많은 시간을 보내야 한다는 어려움을 지닌 채 손윗형제로부터의 적대감이나 공격성에 의해 손상을 입을 수 있다.

## (3) 출생순위 및 성별에 따른 형제자매관계

가정 내 출생서열에 따라 성격 등의 개인적 특성이 달라질 뿐만 아니라 형제자매관계도 영향을 받는다. 첫째 자녀는 부모의 기대를 많이 받으며, 지적 자극 등의 환경적 요인도 다른 형제자매에 비해 유리하다. 일반적으로 부모는 큰 아이에게 더 많은 관심을 보이며 과보호적 태도를 보이는 경향도 있다. 둘째 자녀는 출생 시부터 손윗형제가 이미 존재하기 때문에 첫째 자녀에 비해 부모의 관심을 덜 받는다. 또한 손윗형제의 존재 자체가 경쟁심을 유발시켜 자신의 권리를 빼앗기는 듯한 불공평감을 느끼기도 한다. 막내자녀는 손윗형제들이 있어 의존적 성향을 지니게 될 수 있으며, 독자적으로 뭔가를 할 수 있는 기회가 적어 미성숙한 성격 특성을 보이는 경향이 있다. 외동자녀의 특성은 다른 형제의 존재감을 경험할 기회가 없어 자신이 특별하다거나 원하는 대로 다 할 수 있다는 생각을 지니며, 과보호로 인해 이기적 성향을 보인다. 형제자매가 있는 아이들에 비해 부모의 관심을 더 많이 받고 부모와 항상 직접적 상호관계를 지니기 때문에 지적인 경향이 있으며, 성인에게서 보여지는 행동 특성을 지니는 경향이 있다. 지금까지 살펴본 바와 같이 출생순위에 따라 형제자매관계에서 느끼는 각자의 입장과 역할이 다르다. 청소년기에는 아동기에 비해 형제간 갈등이 적은 편이며 아동기 때 긍정적인 유대관계를 맺은 형제자매들은 청소년기에서 성인기에 이르기까지 상호 애정적이고 좋은 관계를 유지한다(Dunn, Slomkowski, & Beardsall, 1994).

## 3) 변화되어 가는 가족구조와 청소년

과거와 비교해볼 때 현대사회는 가족구조가 많이 변화되었다. 보건복지가족부 자료 (2009)에 의하면 부모와 자녀로 구성된 핵가족은 점차 줄어가고 있는데 반해(81.8%) 단독가구(20.1%)와 한부모가정(7.63%)의 가족유형이 점차 늘어가고 있다(남영옥·이상준, 2009 재인용). 이는 자녀양육에 영향을 미치며, 특히 자녀가 청소년인 경우 부모의 이혼 및 맞벌이는 자녀양육 및 그에 따른 자녀의 행동 특성에 더 민감하게 작용할 것이다.

### (1) 이혼 및 재혼가정

우리나라의 2008년도 총 혼인(32만 7,175건) 대비 총 이혼건수(11만 7,000건)는 35.7%에 달하는 것으로 나타났으며, 2009년 OECD 사회통계지표에 따르면 30개 회원국 중 조이혼율이 4번째로 높은 것으로 나타났다(남영옥·이상준, 2009). 이처럼 우리나라의 이혼율은 계속 증가하고 있는데, 부모의 이혼은 정서적으로 민감한 시기를 겪는 청소년자녀에게 부정적 영향을 미친다.

청소년기 초기에는 부모와의 강한 유대감을 유지하면서 자율감을 확립하는 능력을 습득하게 되며 이는 성인기 동안 친밀감과 자기가치감을 지니고 살아갈 수 있게 되는 (정옥분, 2005) 연결고리 역할을 한다. 그러나 부모의 이혼 후 청소년 자녀는 한쪽 부모와 헤어져 엄마 혹은 아빠와 살게 되며, 어머니와 살게 되는 남자 청소년의 경우 남성모델의 부재로 어려움을 겪게 된다. 이로 인해 학교 부적응 및 비행 등의 행동을 보이게 된다. 여자 청소년의 경우 엄마와 갈등이 있을 때 학교 공부를 못하게 되고, 이혼에 대해 아버지를 더 원망하여 아버지에 대한 분노를 지니게 된다(남영옥 · 이상준, 2009).

남영옥과 이상준(2009)은 이혼가정의 청소년 자녀 202명을 대상으로 이혼가정 여부와 부모－자녀 간 의사소통 및 청소년 자녀의 자아존중감과의 관계성을 살펴보았으며 이 관계성이 청소년 자녀의 사회적 적응에 어떻게 영향을 미치는지 알아보았다. 이 연구결과 부모의 이혼은 가정의 경제적 수준, 부모－자녀 간 의사소통과정 및 청소년의 자아존중감과 관계가 있으며 이러한 요인들을 통해 부모의 이혼이 간접적으로 자녀의 사회적 적응에 영향을 주는 것으로 나타났다. 즉, 부모의 이혼으로 인해 자녀의 자아존중감이 손상을 입게 되고 이로 인해 사회적 적응수준이 낮아지게 될 수 있는 것이다. 이처럼 부모의 이혼은 민감한 발달기에 있는 청소년 자녀의 다양한 측면과 관련되며 사춘기발달에 영향을 미치게 된다.

이혼가정의 경우 재혼가정이 될 가능성이 높다. 이때 청소년 자녀는 청소년기발달과제를 겪는 동시 새롭게 구성된 재혼가정의 새로운 부모와 가족에 적응해야 한다. 이때 청소년 자녀의 적응이 순조롭게 이루어지지 못할 경우 음주, 약물남용, 비행, 성문제들로 나타나게 된다.

### (2) 한부모 가정

통계청의 해당연도별 〈인구주택 총 조사보고서〉를 보면 전체 가구 중 한부모 가구가 차지하는 비율은 1985년 8.9%에서 1990년 7.8%, 1995년 7.4%로 감소하다가, 2000년 7.9%, 2005년 8.6%로 다시 증가하는 추세에 있다. 특히 여성가구주 가구가 증가하고 있으며, 가족 형태 중 한부모 가정 형태가 절대적으로 증가하는 추세이다. 한부모 가정의 원인은 과거에는 배우자의 사망이 과반수를 차지하였으나 점차 이혼, 별거, 가출, 유기 등 다양해지고 있다. 한부모 가정의 자녀가 양부모 가정의 자녀보다 자기 자신의 가치에 대하여 회의적이며 자기를 무가치한 인물로 보고 종종 불안감과 불행함을 느낀다고 한다. 또한 한부모 가정에서는 경제적 결핍, 생활스트레스와 이혼, 사망으로 인하여 양육자가 생계, 가사일, 부모역할 등을 혼자 책임지게 되며, 사회적 관계망, 특히 가족관계망의 변화로 인하여 지지체계가 줄어들거나 없어져 청소년 자녀는 스트레스와 발달단계적 위기를 경험한다(김인자, 2008).

김인자(2008)는 한부모 가정의 중학교 1학년 청소년 자녀 중 자기효능감과 사회성 발달을 촉진시켜줄 필요가 있다고 보여지는 12명을 대상으로 총 여덟 번에 걸친(주 1회 90분씩) 집단미술치료 프로그램을 실시하였다. 그 결과 자신의 느낌이나 생각을 말로 표현하고 또래들 앞에서 보다 더 적극적으로 발표하게 되는 등 자기효능감이 향상되었다. 또한 친구와의 관계에서도 더 적극적인 모습을 보이는 등 사회성도 향상되는 효과가 있었다.

한편 한부모 가정에서 자라는 청소년과 양친 가정에서 자라는 청소년의 자아존중감 수준은 의미 있는 차이를 보이지 않는다는 결과들이 보고되기도 하는데(오승환, 2001; 홍순혜, 2004; 이미리, 2005 재인용), 한부모 가정이라는 특성이 경제적 결핍, 생활스트레스, 사회적 관계망 등과 관계가 있기는 하나, 한부모 가정 자체가 보다 근원적인 자아와 관련된 요소인 자아존중감에 덜 직접적으로 영향을 미치는 것으로 생각해 볼 수 있다.


## 2. 청소년과 친구

청소년기 발달과정은 가족뿐만 아니라 또래관계 등 가정 밖의 사회적 관계와 밀접히 관련되어 이루어진다. 따라서 또래와 관련된 변인들을 청소년기 친구관계 및 우정발달, 또래괴롭힘, 사랑 및 이성교제 등으로 나누어 살펴보고자 한다.


### 1) 청소년기 또래관계

또래집단의 영향력이 가장 크게 작용하는 발달 시기는 집단정체감을 형성하는 청소년 초기와 중기의 중·고등학교 시기이다(장휘숙, 1999). 즉, 청소년기에 부모에 대한 의존감으로부터 분리하여 자율성을 잘 획득하기 위해서는 좋은 또래관계가 꼭 필요하다.

청소년기에는 또래가 부모보다 더 중요한 영향을 주는데, 청소년기의 또래관계가 정서적 지지를 제공해 줌에 따라 또래 간 애착이 점차 큰 비중을 차지하게 된다. 또한 청소년기에는 또래와의 친밀한 관계가 가정 밖에서 이루어지는 생활에 큰 영향을 미치게 되므로, 건강한 또래애착은 청소년기 이후의 생활과도 연결될 수 있다(김예리, 2002).

청소년기 또래집단이 갖는 기능을 구체적으로 살펴 보면 다음과 같다.

첫째, 자신과 유사한 신체적 변화를 겪으며 학업, 친구관계 등 비슷한 고민거리를 함께 나눌 수 있는 친구는 사회적 지지와 정서적 안정감의 근원이 될 수 있다.

둘째, 또래집단에 직접 참여하여 친구들과 공통주제에 대해 대화하며 동등한 위치에서 상호역동적 대인관계를 경험할 수 있다.

셋째, 또래들과 상호작용하는 가운데 청소년기 발달 과업인 정체감 형성에 영향을 받게 된다.

넷째, 또래들과 비슷한 경험을 서로 나누고 공감하는 가운데 중요한 의사결정의 판단기준을 형성할 수 있게 된다.

이러한 기능과 더불어 청소년기 또래와의 친밀한 관계는 청소년의 자기 개념, 심리적 적응, 신체적 건강상과도 깊은 관련이 있다.

이은희와 정순옥(2006)은 고등학생 482명을 대상으로 청소년이 지각한 친구관계와 우울증과의 관계를 연구한 결과 청소년의 친구관계는 우울증에 직접적으로 부정적인 영향을 미치는 것으로 나타났다. 즉, 친구관계가 나쁠수록 우울과 같은 정서적 부적응을 더 많이 겪게 된다고 볼 수 있다.

## 2) 청소년기 우정

청소년기의 깊은 또래관계가 우정으로 발달되며 우정을 나누는 친한 친구와는 깊은 속마음을 나누고 감정을 공유할 수 있게 된다.

청소년기 우정발달과정을 살펴보면 다음과 같다(정옥분, 2005).

■ **청소년 초기(10~13세)** : 태도, 행동 및 관심분야의 유사성에 의해 우정관계가 형성되며, 이 시기 우정은 피상적이며 동성친구가 대부분이다.

■ **청소년 중기(14~16세)** : 우정은 정서적으로 보다 강한 유대관계를 지니며 관계중심적이다. 친구의 행동보다는 개인적 특성을 파악하여 믿을 수 있고 비밀을 이야기할 수 있는 친구를 찾게 된다. 이 시기에는 우정에 금이 갔을 때 큰 상처를 입으며

이성교제가 서서히 시작되기도 하지만 여전히 동성친구가 이성친구보다 더 중요한 시기이다.

- 청소년 후기(10대 후반~20대 초반): 상호성과 친밀감 및 안정된 관계가 특징적이다. 이 시기는 친구관계의 경험이 많아져 친구에 대해 보다 아량이 넓어지고 친구가 자신과는 다르다는 점을 인정하기 때문에 성인기 친구관계와 같이 안정된 관계가 형성된다.

## 3) 또래 괴롭힘의 관련 요인

또래집단은 사회적 지원과 안정감을 제공해 주어 청소년의 스트레스와 긴장해소에 도움을 주는 역할을 한다. 또한 준거집단의 역할을 해주어 청소년이 자신의 경험과 행동을 판단하는 데 기준이 된다. 즉, 부모와의 갈등 및 학교문제 등으로 인한 스트레스가 유사한 경험을 지닌 친구들의 이해를 받아 훨씬 약화될 수 있다. 또한 또래집단은 보다 성숙한 인간관계를 형성할 기회를 제공한다. 또래집단에의 참여를 통해 상호성, 협동심의 가치를 배운다. 그 밖에 또래집단은 정체감 형성에 중요한 역할을 하는데, 또래와의 상호작용을 통해 새로운 역할을 시험해 볼 수 있고 긍정적 자아상을 발견하는 데 도움을 받는다. 그러나 때로는 부정적 가치관을 지닌 또래집단에 소속되어 부정적 정체감을 형성하게 될 수도 있다(Atwater, 1996).

또래괴롭힘은 또래들 간의 힘의 불균형으로 인해 한 학생이 반복적이고 지속적으로 한 명 혹은 그 이상의 다른 학생들의 부정적 행동에 노출되는 현상으로 정의된다. 구타, 폭행 등과 같이 능동적 공격에 해당되는 직접적인 폭력과 소외, 심리적 배제 등과 같이 수동적 공격에 해당되는 간접적인 폭력이 모두 포함되며(곽금주, 1999), 이는 청소년들의 적응과 발달에 심각한 문제를 야기한다.

또래괴롭힘과 같은 청소년기 폭력피해 및 가해행동의 요인은 환경적 변인과 심리적 변인으로 나누어 볼 수 있다. 환경적 변인으로는 가족, 학교, 친구집단, 사회구조, 대중매체 등이 있고, 심리적 변인은 스트레스, 성격, 자아개념, 사회적지지, 가치관, 자극추구동기, 내외통제감, 왜곡된 인지양식, 우울증, 폭력에의 노출 등으로 다양하다(이미리 외, 2003 재인용). 이를 통해 볼 때 청소년기 또래폭력 가해 및 피해행동은 청소년을 둘러싼 환경 및 청소년 개인 내면의 복잡하고 다양한 요인들과 관련되어 있음을 알 수 있다.

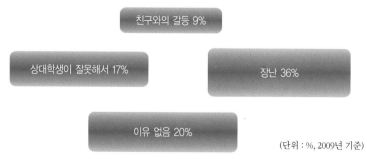

**그림 7-2** 학교폭력의 가해 이유

자료 : 청소년폭력예방재단(2009). 학교폭력 실태조사.

또래괴롭힘의 가해자들은 우울증, 충동성의 증가 및 자살사고를 경험한다. 또한 또래괴롭힘의 피해자들은 외상 후 스트레스 장애, 불안, 분노, 우울감, 학교생활 부적응, 자기파괴적 충동 등으로 인한 극단적 자살 등의 심리적 부적응을 겪게 된다. 그 밖에 피해자의 경우 여러 다양한 신체적 증상과 함께 낮은 자존감과 주의집중 어려움, 학교생활의 부적응 및 중도탈락 또한 높게 나타난다고 한다(송경희 외, 2009).

주로 또래폭력행동의 형태로 나타나는 청소년폭력은 저연령화 되어가고 있다. 청소년 범죄자의 연령별 분포에 대한 자료에 의하면 주 범죄연령층이 18~19세에서 14~17세로 하향하는 저연령화 현상이 나타나고 있다(이미리 외, 2003). 이는 또래폭력이 과거 고등학생에게서 보여진데 반해, 중학생 혹은 초등학교 고학년생에서도 보여지고 있음을 말해준다.

학교폭력 가해이유를 묻는 질문에서 장난이나 이유 없이 폭력을 행한 경우가 55.5%로 나타났다. 이는 1년 전의 45.4%에 비해 크게 증가한 수치로 특히 빵배달, 금품갈취, 위협이나 협박, 성추행 등을 장난으로 혹은 이유 없이 행하는 것으로 나타나 큰 충격을 주고 있다(청소년폭력예방재단, 2009 재인용).

지금까지 살펴본 바와 같이 또래괴롭힘 행동이 저연령화되고 있으며 또래괴롭힘으로 인해 피해자와 가해자 모두 심한 신체적 · 심리적 부적응을 겪게 되기 때문에 또래괴롭힘 현상이 발생하지 않도록 예방 프로그램들이 시행되어져야 한다.

지금까지 행해진 다수의 또래괴롭힘 예방 프로그램들은 공감능력 향상에 초점을 맞추어 행해졌는데, 또래괴롭힘과 공감능력 간 관계를 비롯한 다양한 관련 변인에 대한 보다 구체적이고 폭 넓은 연구들이 행해질 필요가 있다(송경희 외, 2009).

박현숙(2008)이 청소년(고등학생) 24명을 대상으로 자존감을 향상시키고 부모-자녀

간 대화를 촉진시키는 내용으로 자살−폭력 예방 프로그램을 실시한 결과 연구대상 청소년들의 자기 존중감이 개선되었고 공격성과 자살에 대한 생각이 감소하였다.

이미리 외(2003)는 중학교 2학년 남·여학생을 대상으로 또래로부터 언어폭력, 신체폭력 및 심리적 폭력 피해를 당했을 때 학업, 여가, 생활유지에서 어떠한 경험을 하는지를 연구했다. 이 연구결과, 남학생의 경우 신체폭력피해 경험이 많을수록 자신의 건강 및 외모관리보다 길거리 방황을 더 많이 했으며 방황과정에서 이동시간이 많았다. 이와 더불어 운동활동을 통해 느끼는 긍정적 정서경험이 줄어드는 것으로 나타났다.

**학교폭력 관련 상담 및 신고센터**
- 24시간 상담 및 신고접수 : 전국 어디서나 국번 없이 117, 112
- 지역교육청 학교폭력 긴급신고 및 상담전화 : 1588−7179
- 각 경찰서 여성청소년계(일부 상이) : 지역번호＋경찰서국번＋0118
- 사이버경찰청 학교폭력신고센터(http://www.police.go.kr)
- 청소년폭력예방재단(hllp://www.jikim.net) : 02)585−0098
- 한국청소년상담원(http://www.kyci.or.kr) : 02)2253−5056
- 서울특별시립 청소년정보문화센터(http://www.wangtta.com) : 02)793−2000

**청소년폭력예방재단 '어머니지킴이단'**

대상 : 서울시에 거주하며 초·중학생 자녀를 둔 어머니

- **찾아가는 학교폭력예방교실**
  학교폭력예방 전문가 과정을 이수한 단원을 중심으로 학교폭력 예방교육 프로그램을 진행한다.
- **위기청소년 1 : 1 멘토링 실시**
  학교생활의 적응을 돕고 위기청소년이 자기주도적인 대인관계능력을 갖출 수 있도록 어머니 지킴이단원과 1 : 1로 결연을 맺어 학교생활을 지원한다.
- **가족 지원 서비스**
  저소득층 자녀나 맞벌이 부부처럼 열악한 환경에 놓여 있는 청소년의 경우 폭력가해율이 상대적으로 높은 편이다. 이와 관련해 가사지원을 통한 봉사를 한다.
- **가사 지원 서비스**
  청소년 폭력예방재단과 협약을 맺은 구청의 추천을 받은 저소득, 자녀방임가정의 학교폭력 피해학생에 대한 가사지원을 한다.
- **등하교 지원**
  학교폭력 피해에 노출되어 있는 학생들의 안전한 등하교를 돕는다.
- **피해학생 부모의 정서적 지지**
  학교폭력으로 고통받고 있는 피해 학생 가정의 부모상담을 실시하여 단기간 내 극복할 수 있도록 돕는다.

자료 : 청소년폭력예방재단(http://www.jikim.net)

여학생의 경우는 또래로부터 언어 및 심리폭력을 많이 당할수록 혼자 독서하는 시간이 많아졌다. 또한 신체폭력 피해를 입을수록 하는 일 없이 시간을 소비하거나 공상 및 길거리 방황, 또래와 보내는 시간이 증가했다. 뿐만 아니라 학교수업, 시험, 개별 공부시간에 부정적 정서를 더 많이 경험하게 되었다. 이 연구결과를 통해볼 때 또래로부터 언어, 신체 및 심리폭력 피해를 당할수록 청소년은 공부, 독서, 친구와의 교제활동 등 일상생활 중에 부정적 정서를 강하게 느껴 안정되고 건강한 생활 유지에 큰 방해를 받게 됨을 알 수 있다. 따라서 부모 및 교사가 관심과 대화를 통해 또래로부터 폭력피해를 입었는지 등을 면밀히 점검함으로써 필요한 경우 또래폭력피해 청소년에게 개입하여 도움을 주어야 할 것이다.

성인의 감독이나 관리 없이 친구들과의 상호작용 빈도가 높을수록 또래의 신체, 심리적 폭력행동에 노출될 가능성이 크기 때문에(이미리, 2001) 부모, 교사 등 주변인이 청소년의 일상생활활동을 보호, 감독 및 관리하는 것은 기본적으로 반드시 필요한 요소임을 알 수 있다.

또래괴롭힘 등의 학교폭력 예방 및 상담 관련 정보는 다음과 같다.

## 4) 사랑과 이성교제

청소년기 분리-개별화를 통해 부모에 대한 의존감에서 자아를 분리시켜 가며 자연스럽게 친구와 친밀한 관계를 유지하게 된다. 청소년기 초기에는 동성친구와의 친밀감을 통해 정서적 안정을 얻고 건강한 자기상을 형성해 나간다. 청소년기 중기인 십대 중반을 넘어서 십대 후반인 청소년기 후기로 접어들수록 점차 이성친구가 중요한 의미를 지니게 된다. 이성친구와의 사랑을 통해 행복감을 느낄 때 우리 몸에서는 페닐에틸아민이라는 화학물질이 분비된다. 또한 열정적 사랑에 의해 엔도르핀이라는 화학물질이 생성되는데 이때 평온, 안정, 충족감을 느낀다. 그 밖에 사람의 감정을 통해 분비되는 화학물질은 옥시토신이 있다. 옥시토신은 오래된 이성친구와의 관계에서 신체접촉으로 자극을 받으며 느끼는 쾌감, 만족감을 느끼게 해주는 물질이다(정옥분, 2005). 사랑을 느낄 때 몸에서 생성되는 화학물질을 통해 청소년들은 다양한 긍정적 정서를 경험하게 된다.

사랑에는 다음과 같은 여러 유형이 있다.

첫째, 상대방에게 무언가를 제공해줌으로써 큰 만족을 얻고 기쁨을 느끼는 사랑은 이타적 사랑이다.

둘째, 낭만적 사랑은 비현실적이고 이상적 특성을 보이는데, 첫눈에 반해서 서로의 사랑을 숙명적·운명적이라고 생각하며 상대방을 미화한다.

셋째, 이성적이고 현실을 그대로 받아들여 서로 협조하고 보완하는 동반자적 사랑은 상대방이 완벽하기를 기대하지 않고 사랑이 모든 문제를 다 해결해 주리라 믿지 않는다.

넷째, 성적 사랑은 육체적인 성을 나눈다는 의미가 있지만, 진정한 사랑은 정신과 육체의 조화가 이루어지는 가운데 육체에 대한 소중함을 아는 것이다. 성적 사랑은 결혼이라는 합법적 과정을 거쳐 부부가 될 때까지 서로 지켜주는 소중함에 진정한 사랑의 의미가 있는 것이다.

요약

청소년 자녀가 급격한 신체변화와 강한 심리적 변화를 겪는 동안 이들의 부모는 대부분 중년기 위기를 겪는 연령인 경우가 많다. 청소년기 자녀와 부모 모두 발달적 위기를 겪음으로 인해 부모-청소년 자녀 간 갈등관계가 발생할 수 있기 때문에 이들 간 유대관계 형성이 중요하다.

청소년기 큰 영향을 주고받는 형제자매관계도 중요한데, 부모의 양육방식에 따른 형제자매 간 행동 및 관계, 형제자매 간 경쟁, 출생순위와 성별에 따른 형제자매관계의 특성은 각기 다르게 형성된다.

시간의 흐름과 더불어 보다 다양해지는 가족구조 또한 청소년 발달과 깊은 관련성을 지니는데, 이혼 및 재혼가정, 한부모 가정 등의 가족구조가 청소년 발달에 영향력 있는 요소로 작용할 수 있지만 가족 특성 자체보다는 그 이외의 다른 특성들, 예를 들어 생활 스트레스, 사회적 관계망 등은 청소년 발달과 더 관련되는 요소이다.

집단정체감을 형성하는 청소년기 초기와 중기에는 좋은 또래관계가 꼭 필요하다. 청소년기 우정 발달은 청소년기 초기에는 태도, 관심분야의 유사성에 따라 이루어진다. 청소년기 중기에는 친구의 개인적 특성 및 비밀이야기 상대에 따라 우정이 이루어진다. 청소년기 초기와 중기에는 동성친구가 더 중요한 반면, 청소년기 후기에는 친밀감을 기초로 이성친구와의 교제가 이루어진다.

또래괴롭힘 행동은 저연령화되고 있으며 가해자와 피해자 모두 우울증, 불안 등 심각한 신체적·심리적 부적응을 경험하기 때문에 또래괴롭힘 및 학교폭력이 발생하지 않도록 하기 위한 다양한 예방프로그램이 필요하다.

사랑과 이성교제는 청소년 후기 친구관계의 대표적 특성이다. 이성친구와의 교제를 통한 사랑의 경험은 사람의 감정을 통해 분비되는 엔도르핀, 옥시토신 등의 화학물질을 생성하여 긍정적 정서를 경험하는 기회가 된다.

Chapter **8**

# 학업과 진로

오늘날 대한민국의 중·고등학생이 겪고 있는 가장 큰 고민은 학업과 진로문제라고 할수 있다. 자녀를 둔 부모들 역시 공통적인 관심사는 자녀의 학업성취와 진학에 대한 것이다. 이 장의 전반부에서는 청소년들이 겪는 학업 스트레스와 학업에 영향을 주는 다양한 요인들과 학업실패로 인한 여러 문제들에 대해 살펴볼 것이다. 그리고 후반부에서는 청소년들의 진로선택 및 진로발달과 관련된 여러 학자들의 이론을 살펴본 뒤 직업선택과 일에 대해 고찰해 보고자 한다.

그림 8-1  영화 〈여고괴담〉과 〈죽은 시인의 사회〉 포스터

# 1. 학 업

## 1) 학교 적응

### (1) 학교 적응의 개념

학교는 일정한 목적·교육과정·설비·제도 및 법규에 의하여 교사가 계속적으로 학생에게 교육을 실시하는 기관이다. 그리고 적응이란 유기체가 일정한 조건이나 환경 등에 맞추어 응하거나 알맞게 되는 것을 말한다. 따라서 학교 적응이란 학생들이 학교라는 환경과 조화로운 관계를 맺고 있는 만족스러운 상태로서 학업을 포함한 학교생활 전반에 대한 적응을 의미한다. 학교 적응 여부가 청소년기 이후의 심리사회적 적응에 미치는 영향을 감안해볼 때, 이것은 매우 중요한 사회적 이슈이다.

허쉬(Hirschi)는 청소년들이 비행에 빠지지 않고 사회에 잘 적응하는 이유를 사회적 유대관계로 설명하였다. 즉, 사회와의 유대가 좋을수록 사회에 잘 적응한다는 것인데, 사회적 유대는 전통적 체계에 대한 애착(attachment), 전통적 목표에 대한 전념(commitment), 전통적 활동에 대한 참여(involvement), 그리고 전통적 가치에 대한 신념(belief)의 네 가지 요소로 구분되며, 이 중 전통적 체계에 대한 애착이 가장 대표적이다. 전통적인 체계로는 가족·친구·학교 등을 들 수 있는데, 이러한 체계와의 관계, 즉 부모와의 관계, 교사와의 관계, 친구와의 좋은 관계가 비행을 막아 주고 사회에 잘 적응하도록 한다는 것이다.

반면, 학교 부적응은 다양한 부적응 행동 특성들이 학교라는 생활영역에서 나타나는 것으로 개인의 욕구가 학교 내 환경과의 관계에서 수용 또는 충족되지 못함으로써 갈등과 부적절한 행동을 보이는 것으로 정의할 수 있다. 학교 부적응의 문제는 학교가 학생의 능력과 잠재력을 육성하는 데 큰 장애가 되며, 이는 많은 청소년문제를 야기한다. 특히 학교 부적응을 갖는 청소년들은 불안, 절망, 소외감과 더불어 자신감의 결여, 다양한 정서문제를 가질 가능성이 높으며, 이로 인해 또 다른 부적응 행동, 예를 들면 등교거부와 가출, 비행의 문제를 일으킬 가능성을 높인다.

학교 적응은 다차원적으로 설명될 수 있는데, 가장 우선적인 것은 학업적 적응이며, 이 외에도 학생의 관심영역, 통제능력, 행동적 적응, 사회정서적 적응이 포함된다. 또한 학교적응은 학업성적, 기초 지식에 대한 성취도, 문제행동의 측면에서도 살펴볼 수 있다. 국내의 경우 문은식(2002)은 학생이 학교생활과 밀접하게 관련된 학업적 · 사회적 · 정의적 측면에서의 요구를 합리적으로 만족시키기 위해 물리적이고 심리적인 학교환경에 순응하거나 아니면 그 환경을 변화시키고 조작하는 외현적 · 내재적 행동을 학교생활 적응이라고 보고 다음과 같은 하위 요인을 제시하였다.

- **학업적 적응행동** : 수업참여도, 학습노력, 학습지속성
- **사회적 적응행동** : 사교적 행동, 교실 규칙을 지키는 행동, 책임을 지는 행동, 교사의 훈계를 잘 수용하는 행동
- **정의적 적응행동** : 학교선호, 학교생활 만족

학교에서의 학업성취는 성공적인 학교생활 적응에 매우 중요한 요인이 되며, 나아가 청소년들의 긍정적 자아 형성과 자긍심에 있어 중요한 근원이 된다. 이는 학교가 인지적 성취 중심의 교육을 지나치게 강조하고 있다는 사회적 비판과 맥을 같이 하는 것이다. 이에 더해 성적이 좋은 학생은 학교 내에서 교사로부터 더욱 수용받으며 나아가 학교 규범이나 규칙을 잘 지키게 됨으로써 학교 적응을 더 잘 할 수 있는 소선이 되는 순환과정을 나타낸다.

또한 학교 적응과 관련된 많은 연구들은 청소년이 학교에 적응하는 데 가장 기본적인 요인으로 가족이나 친구와 같은 의미 있는 타인들과의 대인관계임을 제시하고 있다. 사회적 관계는 청소년의 자아 개념이나 적응과 관련된 심리적 특성에 영향을 미치

표 8-1 청소년 상담내용 (단위 : %)

| 연도 | 계 | 가정 | 일탈/비행 | 학업/진로 | 성 | 대인관계 | 성격 | 정신건강 | 생활습관태도 | 활동 | 컴퓨터/인터넷 |
|---|---|---|---|---|---|---|---|---|---|---|---|
| 1999 | 100.0 | 12.9 | 2.3 | 18.6 | 12.1 | 15.8 | 23.2 | 13.5 | – | – | – |
| 2000 | 100.0 | 8.4 | 1.6 | 19.6 | 10.7 | 9.8 | 18.6 | 27.6 | 2.7 | – | – |
| 2001 | 100.0 | 6.8 | 4.7 | 23.6 | 8.2 | 23.2 | 24.2 | 6.1 | 1.7 | – | – |
| 2002 | 100.0 | 7.51 | 0.9 | 25.8 | 7.5 | 21.5 | 19.9 | 4.0 | 1.8 | – | – |
| 2003 | 100.0 | 8.0 | 4.6 | 24.8 | 7.9 | 25.4 | 22.0 | 3.6 | 2.2 | – | – |
| 2004 | 100.0 | 6.5 | 3.7 | 29.8 | 6.9 | 27.3 | 17.9 | 3.2 | 3.4 | – | – |
| 2005 | 100.0 | 6.9 | 6.8 | 25.1 | 4.9 | 26.6 | 18.1 | 3.7 | 6.4 | – | – |
| 2006 | 100.0 | 7.21 | 2.62 | 6.9 | 5.1 | 18.2 | 12.9 | 2.8 | 8.9 | 2.5 | – |
| 2007 | 100.0 | 6.11 | 5.02 | 3.0 | 4.0 | 13.5 | 7.8 | 3.3 | 0.8 | 7.6 | 6.9 |
| 2008 | 100.0 | 6.81 | 9.21 | 7.9 | 4.41 | 5.0 | 7.1 | 4.6 | 0.9 | 7.1 | 7.1 |

자료 : 통계청(2009). 청소년통계.

고, 나아가 이러한 사회적 관계나 심리적 특성은 학습에 영향을 미치는데, 그 영향력이 일방적이라기보다는 이상의 요인들이 상호작용함으로써 청소년의 학교 적응을 결정한다고 볼 수 있다.

## 2) 학교 적응 관련 요인

### (1) 개인적 요인

학교 적응과 관련된 개인적 요인으로는 인지적 측면, 정서적 측면, 행동적 측면을 들 수 있다. 먼저 인지적으로 지능과 언어능력이 좋을 경우 높은 교육적 포부수준을 가짐으로써 학교 적응의 가장 큰 요인인 학업성취를 더 잘 하게 될 가능성이 높다. 또한 학습내용을 효과적으로 이해하고 기억하며 점검하는 과정과 관련된 정보처리기술과 전략(예 : 정교화 전략 · 조직화 · 범주화 · 심상법 · 반복학습 등)도 학업성취에 영향을 주기 때문에 궁극적으로 학교 적응과 밀접한 관계가 있다고 할 수 있다.

그러나 인지적 능력이 뛰어나다고 해서 모두 학교 적응을 잘 하는 것은 아니다. 청소년의 자아존중감과 자기효능감을 비롯해 스스로에 대해 어떻게 지각하고 있는가가 학교 적응에 중요한 예측변인이 될 수 있다. 그리고 분노대처방식이나 정서조절능력, 적극적 스트레스 대처방식과 같은 행동들도 청소년들이 학교에서 접하는 다양한 과업들을 해결해 나가는 데 영향을 주는 요소가 된다.

### (2) 가정요인

청소년 초기에는 부모로부터 벗어나 자율성이 증가되는 전환을 경험하게 되지만, 여전히 학교환경에 적응하는 데에는 가정의 영향력이 크다. 또한 이런 점에서 특히 초등학교에서 중학교로 진학하는 청소년들에게는 학교 적응이 중요한 문제가 된다.

가정환경요인 중에서도 부모의 양육태도는 청소년의 학교 적응에 가장 큰 영향을 주는 요인으로 여겨지고 있다. 특히 부모의 정서적 지지와 양육보호는 물론 학습에 대한 지원은 학업효능감 및 학업동기 전체에 영향을 준다. 서구사회에서는 부모의 민주적 양육태도가 청소년의 심리적 건강과 학업성취를 촉진하는 데 긍정적이라고 보는 반면, 아시아계 청소년들의 경우에는 관심변인에 따라 민주적 양육태도와 권위적 양육태도가 긍정적인 결과를 이끈다고 보이고 있어 문화적 차이가 있다.

한편 부모가 자녀의 성취에 대해 더 많이 기대하고 관심을 가질 경우 부모의 교육지원행동이 증가되고 이로 인해 자녀의 학업적 자기효능감도 증가되어 궁극적으로 긍정적인 학업성취를 이끌 수 있다. 그러나 결과적으로 나타나는 것은 청소년의 높은 학업성취이지만, 이 이면에 있는 청소년이 겪을 스트레스와 부담감을 생각해볼 필요가 있다. 성적은 좋지만 심리정서적으로 건강하지 못한 사례를 많이 볼 수 있는데, 가장 극단적 사례는 전교에서 손가락 안에 드는 등수를 가진 학생이 부모가 보여주는 학업에 대한 성취와 지지를 학업에 대한 스트레스로 지각하게 되어 그 부담으로 자살을 하는 경우일 것이다.

한국의 부모들은 자녀교육에 대한 다양성을 인정하면서도 결국은 공부, 학업성취라는 가치를 지나치게 강조하고 자녀들에게 경쟁의 논리를 내면화시키고 있다. 이로 인해 부모-자녀 간 갈등이 야기되고 있고, 다른 한편으로는 자녀가 부모에게 의존하는 경향을 더 강화시키고 있다.

## (3) 사회적 요인

청소년들은 친구관계를 주로 학교를 통해 형성해 가는데, 어떤 또래집단은 학구적이어서 학업을 중시하고 지적 성취를 위해 노력하는 데 비해 비행청소년집단이나 쾌락추구 집단들은 학업수행에는 관심이 적고 교칙을 위반하거나 다른 과외활동에 더 치중하는 경향이 있다. 한국의 청소년들은 학원을 제외하고 학교 이외의 다른 사회환경을 통해서는 친구관계 형성이 빈곤한 경향이 있는데, 이는 청소년들이 학업 위주의 교육제도로 인해 학교 밖에서 또래들을 만날 기회가 제한되어 있기 때문인 것으로 보인다.

청소년의 자아존중감이 높으면 학교 적응도 긍정적일 가능성이 높은데, 여기에는 청소년과 주요 관계를 형성하는 사람들과의 애착이 작용한다. 부모나 교사, 학교친구들이 대표적인데 특히 교사와의 애착이 학교 적응과 높은 관련이 있다. 교사의 정서적인 지지는 청소년들이 학교 적응을 하는 데 있어 가장 중요한 요인으로 꼽히고 있다. 그러나 한국의 청소년들은 교사와의 친밀도나 관계가 다른 나라에 비해 좋은 편이 아니며, 학교 내에서의 의사소통도 원활하지 못한 편이어서 많은 문제를 야기하고 있다.

## (4) 성 차

이전에는 전통적인 성역할 고정관념으로 인해 여자 청소년들이 남자 청소년들에 비해 더 낮은 교육적 포부수준을 갖게 되어 학업성취수준도 낮은 것이 보편적이었으나, 오늘날에는 여학생이 남학생보다 거의 모든 학년, 모든 과목에서 학업성취가 높은 것으로 나타나고 있다. 이러한 현상은 학교장면뿐만 아니라 취업장면에서도 두드러지고 있는 현상이다. 따라서 이러한 여학생의 높은 포부와 성취는 여학생이 남학생에 비해 학업 스트레스도 더 많이 받는 현상으로 나타나고 있다.

## 3) 학업중단

청소년들의 학업중단이 지난 2006년 이후 해마다 늘어 보건복지가족부에 의하면 2009 년에는 7만 2,000여 명의 청소년들이 공교육을 포기한 것으로 알려졌다. 학교를 그만 둔 가장 큰 이유는 학교 및 학습부적응인 것으로 나타나고 있다.

실제로 학교 내의 문제로 학업을 중단한 청소년 중에는 성적문제가 이유인 경우가 가장 많았으며, 가정배경을 문제로 학업을 중단한 청소년 중에는 가정의 경제적인 문 제와 정서적 지지가 가장 큰 부분을 차지하고 있었다. 그리고 최근에는 취업이나 기술 습득을 통한 사회진출을 목적으로 학업을 중단하는 자발적 학업중단 청소년들의 수가 증가하고 있는 실정이다.

송광성(1992)은 학업중단을 유형으로 분류하여 보다 구체적으로 정의하였다.

첫째, 능동형은 자신이 처한 상황에서 제기되는 문제를 적극적으로 해결하기 위해 중도탈락하는 경우이다.

둘째, 도피형은 학교상황에서 탈출하기 위하여 뚜렷한 대안 없이 학교를 그만두는 경우이다.

셋째, 불가피형은 학교를 이탈할 수밖에 없는 상황에서 중도탈락한 경우로, 집안형 편상 계속 학업에 전념할 수 없는 경우, 심각한 비행으로 학교에서 제적을 당한 경우 등이 이에 해당한다.

능동형의 경우는 대안학교, 유학, 기술습득 등 진학 및 취업을 위해 학업중단을 선택 하기 때문에 비행과의 연관성은 적은 편이다. 반면 도피형의 경우는 대부분의 학업중 단 청소년이 해당하는 경우로 학교부적응에 대한 문제를 해결하기 위한 방편으로 학업 중단을 선택한다. 이들은 학업중단 후 뚜렷한 계획이 없기 때문에 비행과 연관될 가능 성이 크다. 그리고 불가피형은 가정의 경제적 문제, 결손가정, 학교부적응으로 인한 제 적, 병이나 신체장애 등으로 능동형이나 도피형과 달리 자신의 의지보다는 환경적인 문제로 불가피하게 학업을 중단하는 경우로 정부나 관련 기관의 의료, 경제, 교육 등의 복지지원을 가장 필요로 하는 청소년들이다.

학업중단의 원인을 살펴보면 크게 학교·경제·가족·개인적 요인으로 구분해 볼 수 있는데, 학교요인으로는 교사의 학생에 대한 관심부족, 비효율적인 처벌체계에 대한 불공평성, 반복되는 무단결석, 정학 등의 학교처벌, 부정적인 학교경험과 학업성취, 학교상담기능의 약화 등을 들 수 있다. 이 중에서도 교사의 지지는 학교적응을 돕는 가장 중요한 요인이 된다. 가족요인으로는 가족의 구조적 결손, 부적절한 양육환경, 가족구성원과의 관계문제, 훈육의 부재, 부모의 비지지 등이 있다. 특히 부모의 지지는 학업중단과 비행을 예방하는 주요 보호요인이 된다. 개인적 요인으로는 낮은 자아 개념과 통제력이 있으며, 경제적 요인으로는 빈곤가정이 지니는 복합적 문제가 원인이 된다. 이러한 다양한 요인들은 상호배타적이 아니라 서로 영향을 미치는 과정을 통해 결과적으로 학업중단을 이끌게 된다.

그림 8-2 청소년의 지위비행

이렇게 증가하는 학업중단 청소년이 문제가 되는 것은 내다수 학업중단 청소년들이 비행을 접하게 되며 비행을 일으킬 가능성이 크다는 것이다. 이는 당사자의 문제로만 그치지 않고 이들을 둘러싼 가족, 또래, 학교 및 사회 전반에 걸쳐 심각한 영향을 미치고 있다. 청소년 가출의 경우에도 주 원인이 가정인 경우가 많으나, 친구 요인과 더불어 학교 요인도 또 다른 요인이 된다. 즉, 성적에 대한 부담감, 학교공부에 대한 거부감, 교사와의 갈등, 학교규율 및 통제에 대한 거부감 등이 가출의 주요 원인이 된다. 청소년의 가출은 그 자체보다는 가출 이후 발생하는 다양한 문제들로 인해 사회적 반향을 불러 일으킬 수 있는데, 기본적으로는 건강상의 문제에서부터 비행이나 범죄와 관련하여 피해·가해 경험을 겪을 수 있고, 다시 학업문제와 학교부적응문제를 유발하여 취업기회까지 제한되는 악순환의 고리를 이끈다.

표 8-2 입학정원 대비 학업중단자 비율 (단위 : %)

| 연 도 | 중학교 | 일반계 고등학교 | 전문계 고등학교 |
|---|---|---|---|
| 2005 | 2.01 | 2.12 | 7.97 |
| 2006 | 2.27 | 2.28 | 7.29 |
| 2007 | 2.79 | 1.88 | 8.64 |
| 2008 | 2.97 | 2.27 | 9.88 |

자료 : 통계청(2009).

# 2. 진로

'진로(career)'라는 용어는 '앞으로 나아갈 길'이라는 사전적 의미를 갖고 있으며, 그 어원은 '수레가 길을 따라 굴러간다'는 'carro'에서 유래하였다. 오늘날 진로는 한 개인이 전생애 동안 일과 관련해서 경험하는 모든 체험으로서, 자아와 직업세계에 대한 이해를 통하여 개인의 일생을 체계적으로 선택해 나가는 일의 개념이라고 볼 수 있다. 그리고 이렇게 평생을 통해 일에 대한 가치가 발달하고, 직업적 정체의식이 형성되며, 직업기회를 배우고, 시간제나 전일제 직업과 여가선용을 계획하고 실천하는 과정을 '진로 발달(career development)'이라고 한다. 진로 발달은 직업적성 및 흥미, 성격, 성취도, 가족과 가정, 경제적 요인 등이 복합적으로 상호작용하면서 영향을 받는다.

## 1) 한국 청소년의 진로 및 직업선택

2009년 한국청소년정책연구원이 중학생 3,010명, 고등학생 3,499명을 대상으로 실시한 청소년 진로·직업지표조사의 결과를 보면, 청소년들은 직업생활에 대한 전반적 가치로 쾌적한 근무환경, 좋아하고 재미있는 일, 성취감, 오랫동안 할 수 있는 것을 중요하게 생각하고 있다. 그리고 직업생활에서의 성공요인으로는 원만한 대인관계능력, 뚜렷한 목표의식, 근면함과 성실함, 좋은 성품을 들고 있다. 그러나 오늘날 학교에서의 진로교육 경험은 진로 관련 검사를 통한 진로교육이 주된 경로이며, 지역사회로부터 체험 등을 통한 충분한 역할모델은 제공받지 못하고 있다.

청소년이 진로를 결정하기 위해서는 자신이 얼마나 노력하고 있는지, 그리고 결정된 진로목표를 달성하기 위해 구체적으로 얼마나 행위적인 노력을 하고 있는지를 점검하고 준비해야 한다. 진로준비행동의 가장 큰 의미는 자신이나 직업세계에 대해 갖고 있는 모호한 기대나 생각을 검증하는 것이다. 그리고 여기에는 진로정보를 수집하는 활동, 필요한 장비·기자재·교재 등을 구입하는 등의 도구를 갖추는 행동, 설정된 진로목표를 달성하기 위한 노력 등이 포함된다. 특히 진로정보를 수집하는 활동은 직접적인 면접이나 참여 등을 통한 방법과 도서와 인터넷 등의 매체를 활용하는 간접적인 방법으로 구분할 수 있는데, 한국 청소년들은 간접적 방법을 주로 활용하는 것으로 보인다. 이는 한국의 청소년들이 지역사회 안에서 자신과 직업세계를 탐색하고 체험할 수 있는 기회와 시간이 충분하지 않음을 시사하는 것이다.

또한 청소년들은 자신이 좋아하고 싫어하는 일에 대한 정보는 어느 정도 갖고 있지만, 자신이 잘 할 수 있는 것이 무엇인지에 대해서는 이해가 부족하다. 마찬가지로 원하는 학과를 졸업하면 어떤 직업을 가질 수 있는지는 알지만, 구체적인 내용에 대해서는 충분한 정보를 갖고 있지 못하다. 진로선택과 진로의사결정을 하는 데 있어 부모의 영향력이 매우 크지만, 실제로 관련 정보를 접하는 것은 부모, 학교, 진로 관련 기관이 아닌 인터넷 포털 사이트를 통해서이다.

우리나라 고등학교는 크게 일반계와 실업계로 교육과정이 나뉜다. 각 교육과정이 추구하는 목표는 다르지만, 현실적으로 고등학생의 대부분이 대학진학을 선호하며, 실제로 2010년도 대학진학율은 81.9%에 이른다. 진로정체감이 인간의 전생애에 걸쳐 매우 중요한 요인이며, 대학의 학과선택은 진로선택과 매우 관련이 높음에도 불구하고 자신의 적성이나 흥미와는 상관 없이 학교성적이나 수능점수에 따라 또는 부모나 시대의 유행에 따라 대학진학 여부와 전공을 결정하는 경우가 상당히 많다는 점은 심각하고도 가슴 아픈 현실이다.

따라서 한국의 청소년들이 자신을 이해하고 진로결정을 올바르게 하기 위해서는 직업에 대한 올바른 가치관과 태도 및 진로직업 환경변화에 능동적으로 대처할 수 있도록 하는 교육이 필요하다. 무엇보다도 학교에서 이루어지는 진로교육이 강화될 필요가 있는데, 교사들의 진로교육연수를 강화하거나 교과와 통합한 진로교육을 활성화하는 것이 중요하다. 이는 청소년의 진로발달수준에 맞춰서 이루어져야 하며, 부모를 위한 진로교육도 필요하다. 진로상담이나 교육이 제대로 이루어진다면 청소년들은 자신에 대해 보다 정확하게 이해하고, 직업세계를 더 잘 파악할 수 있을 것이다. 또한 합리적인 의사결정능력을 키우고, 정보탐색과 활용능력을 함양하며, 일과 직업에 대한 올바른 가치관과 태도를 형성할 수 있을 것이다.

다음으로는 진로에 대한 관점을 선택적 관점과 발달적 관점으로 구분하여 살펴볼 것이다.

## 2) 진로선택이론

### (1) 파슨스의 특성요인이론

파슨스(Parsons, 1902~1979)는 직업지도운동의 선구자로 개인의 이해, 직업세계의 이해, 그리고 이들 정보에 기초한 합리적인 선택이라는 세 가지 요소로 구성된 진로지도

모형을 제시하였다. 그의 기본가설은 인간은 신뢰롭고 타당하게 측정할 수 있는 독특한 특성을 지니고 있으며, 각 직업은 그 직업에서의 성공을 위한 매우 구체적인 특성을 필요로 하고, 진로선택은 직접적인 인지과정이므로 개인의 특성과 직업의 특성을 짝지울 수 있으며, 개인의 특성과 직업의 요구사항이 밀접할수록 직업적 성공의 가능성은 커진다는 것이다.

특성요인이론은 진로지도 시 개인의 여러 가지 특성을 고려하고 표준화 검사도구와 직업세계의 분석과정이 매우 유용하다는 장점이 있지만, 검사결과의 예언타당도가 높지 않고, 장기간에 걸친 직업적 발달을 간과하고 있으며, 개인의 특성 발달의 과정에 대해서는 설명을 하지 못하고 있다는 점에서 한계를 갖고 있다.

### (2) 로의 욕구이론

로(Roe)는 직업선택을 인간의 신체적·심리적 변인 및 개인차와 관련지어 접근하였다. 특히 그는 매슬로의 욕구위계이론을 바탕으로 하여 직업활동과 관련된 인간관계의 특성과 강도에 기초한 직업분류체계를 만들었다. 그가 제안한 직업군은 일반문화직, 과학직, 옥외활동직, 기술직, 단체직, 비즈니스직, 서비스직, 예능직의 총 여덟 가지이다. 로는 직업군의 선택은 부모–자녀관계 속에서 형성된 개인의 욕구구조에 의해 결정된다고 보았는데, 욕구구조는 어렸을 때 경험한 좌절과 만족에 의해 형성된다는 것이다. 예를 들어, 부모–자녀관계가 좋았던 사람은 인간지향적인 성격을 형성하게 되어 직업 또한 그러한 것은 선택하고, 차가운 부모자녀관계를 경험했던 사람은 자연히 비인간지향적인 직업을 선택하게 된다는 것이다.

로의 이론은 성격과 직업분류를 통합하는 공헌을 했으며, 부모–자녀관계를 측정하는 질문지를 개발하는 데 기여하기도 하였다. 그러나 그의 이론은 실증적 근거가 결여되어 있어 검증하기가 어려우며, 진로지도를 위한 구체적인 절차를 제시하지 못한다는 비판을 받았다.

### (3) 홀랜드의 인성이론

홀랜드(Holland)는 직업선택과 성격요인과의 관계를 연구하였다. 그의 이론적 기본가정은 '직업적 흥미는 성격의 일부이기 때문에 개인의 직업적 흥미에 대한 설명은 곧 개인의 성격에 대한 설명'이라는 것이다. 이에 대한 보다 구체적인 네 가지 가정은 다음과 같다.

첫째, 대부분의 사람은 여섯 가지 유형, 즉 실제적(realistic) · 탐구적(investigative) · 예술적(artistic) · 사회적(social) · 설득적(enterprising) · 관습적(conventional) 유형 중 하나로 분류될 수 있다.

둘째, 여섯 가지 종류의 환경이 있으며, 일반적으로 각 환경에는 그 성격유형에 일치하는 사람들이 있다.

셋째, 사람들은 자신의 능력과 기술을 발휘하고, 태도와 가치를 표현하며, 자신에게 맞는 역할을 수행할 수 있는 환경을 추구한다.

넷째, 개인의 행동은 성격과 환경의 상호작용에 따라 결정되므로, 사람의 성격과 그 사람의 직업환경에 대한 지식은 진로선택, 직업변경, 직업성취 등에 관한 중요한 결과

**표 8-3** 홀랜드의 진로유형별 성격 특성

| 진로유형 | 성격 특성 | 전 공 | 직 업 |
|---|---|---|---|
| 탐구형 (I) | • 논리적, 분석적, 합리적, 소극적, 내성적, 학문적 • 정확하고 호기심이 많음 | 자연대학, 의과대학, 화학과, 생물학과, 수학과, 천문학과, 사회학과, 심리학과, 유전공학과 | 과학자, 의사, 생물학자, 화학자, 수학자, 저술가, 지질학자, 편집자 |
| 예술형 (A) | • 개방적, 직관적 • 상상력이 풍부하고 감수성이 강함 • 자유분방하고 개성이 강함 • 협동적이지 않음 | 예술대학, 음악, 미술, 도자기 공예과, 연극영화과, 국문학과, 영문학과, 무용과 | 예술가, 시인, 소설가, 디자이너, 극작가, 연극인, 미술가, 음악평론가, 만화가 |
| 사회형 (S) | • 우호적, 협동적, 감성적 • 친절하며 이해심이 많음 • 남을 도와주며 관대함 | 사회복지학과, 사범대학, 교육학과, 심리학과, 가정학과, 간호학과, 재활학과, 레크리에이션학과 | 교사, 임상치료사, 사회복지사, 양호교사, 간호사, 청소년 지도사, 유치원 원장, 종교지도자, 상담가, 사회사업가 |
| 기업형 (E) | • 경쟁적, 열성적, 야심적, 외향적, 낙관적 • 지도력 · 설득력이 강함 • 모험심이 강함 | 경영학과, 경제학과, 정치외교학과, 법학과, 무역학과, 사관학교, 정보학과, 보험관리과 | 정치가, 기업 경영인, 광고인, 영업사원, 보험사원, 판사, 관리자, 공장장, 판매관리사, 매니저 |
| 관습형 (C) | • 사무적 • 정확하며 빈틈이 없음 • 조심성이 있고 변화를 싫어함 • 계획성이 있고 완고하여 책임감이 강함 | 회계학과, 무역학과, 행정학과, 도서관학과, 컴퓨터학과, 세무대학, 정보처리학과, 법학과 | 회계사, 세무사, 경리사원, 은행원, 법무사, 컴퓨터 프로그래머 |
| 실재형 (R) | • 직선적 • 솔직하며 성실함 • 말이 적고 단순함 • 검소함 | 공과대학, 기계공학과, 전자공학과, 화학공학과, 농과대학, 축산대학, 컴퓨터공학과 | 기술자, 엔지니어, 기계기사, 정비사, 전기기사, 운동선수, 건축가, 도시계획가 |

자료 : 안창규 외 역(2004). 홀랜드 직업선택이론. 한국가이던스.

를 예측할 수 있게 해준다. 그러나 홀랜드의 이론은 성격만을 강조하고 있어 다른 개인적 요인이나 환경적 요인을 고려하지 못하고 있고, 성격요인을 중요시하면서도 그 발달과정에 대한 설명은 부족하며, 환경과 개인의 변화가능성을 고려하지 않았다는 지적을 받고 있다. 여섯 가지 기본적 성격유형과 그에 상응하는 직업환경은 표 8-3에 제시되어 있다.

## 3) 진로 발달이론

### (1) 긴즈버그의 절충이론

긴즈버그(Ginzberg)는 진로선택이 하나의 발달과정이며, 이 과정은 단 한 번의 결정이 아니라 일련의 결정들에 의해 계속적으로 이루어진다고 보았다. 이러한 진로선택은 가치관, 정서적 요인, 교육의 수준과 종류, 환경의 영향이라는 네 가지 요인의 상호작용에 의해 결정된다. 특히 진로선택과정은 소망과 가능성 간의 타협 내지는 절충으로 볼 수 있다. 진로선택과정의 단계는 다음과 같다.

#### ① 환상기(6~10세)

이 시기에는 직업선택의 근거를 개인적 소망에 두며 능력, 훈련, 직업기회 등의 현실적인 문제는 고려하지 않기 때문에 자신이 원하는 것은 무엇이든 할 수 있다고 생각한다.

#### ② 잠정기(11~17세)

청소년 초기가 이 시기에 해당한다. 이때는 자신의 소망과 현실적인 문제를 함께 고려하게 된다. 즉, 직업에 대한 흥미, 능력, 교육, 개인의 가치관, 인생목표 등을 고려한다. 이 시기의 초기에는 직업에 대한 자신의 흥미에만 관심이 집중되어 현실적인 요인들을 감안하지 않지만, 시간이 지나면서 흥미나 관심만으로는 직업을 선택할 수 없다는 것을 깨닫게 된다. 잠정기는 다시 4개의 하위단계로 구분되는데, 흥미를 중심으로 직업을 선택하려는 흥미기(11~12세), 자신의 능력을 시험해 보고 다양한 직업세계를 인식하는 능력기(12~14세), 직업선택 시 고려해야 하는 다양한 관련 요인들을 감안하며 직업선호를 자신의 가치관과 생애목표에 비추어 평가하는 가치기(15~16세), 주관적 요소에서 현실적이고 외적인 요인들로 관심이 옮겨지는 전환기(17~18세)가 있다.

### ③ 현실기(18~22세)

이 단계에서는 비로소 현실적인 선택이 이루어지는데 자신의 흥미, 능력, 가치, 취업기회뿐만 아니라 직업의 요구조건, 교육기회, 개인적 요인 등과 같은 현실요인을 고려하고 타협해서 결정을 하게 된다. 경우에 따라 정서적 불안정, 개인적 문제, 재정적 이유로 이 시기가 지체될 수도 있다. 3개의 하위단계로는 자신의 진로선택을 위해 필요하다고 판단되는 교육이나 경험을 쌓으려고 노력하는 탐색기, 직업목표를 정하고 자신의 결정과 관련된 내외적 요소를 종합할 수 있는 정교화기, 그리고 자신이 내린 결정을 보다 구체화시키고 세밀하게 계획하는 구체화기가 있다.

## (2) 슈퍼의 자아 개념이론

슈퍼(Super)는 긴즈버그 이론의 한계를 비판하고 좀 더 포괄적인 이론을 정립하고자 했다. 특히 수퍼는 진로 발달을 아동기부터 성인 초기까지로 국한된 과정이라고 한 긴즈버그의 이론에 이의를 제기하고 진로 발달은 인간의 전생애에 걸쳐 이루어지고 변화된다고 주장하였다. 또한 직업선택을 타협의 과정으로 본 긴즈버그의 이론을 보완하여 타협과 선택이 상호작용하는 일련의 적응과정으로 보았다.

수퍼 이론의 핵심은 자아 개념으로, 인간은 자아상과 일치하는 직업을 선택한다. 따라서 개인의 진로의식의 발달과정은 자아 개념의 형성, 전환, 실천과정이라고 할 수 있다. 진로 발달단계는 다음과 같다.

### ① 성장기(0~14세)

이 시기 동안에는 가정과 학교에서의 주요 인물과 동일시함으로써 자아 개념을 발달시킨다. 초기에는 욕구와 환상이 지배적이나 사회참여와 현실검증이 증가함에 따라 흥미와 능력을 중요시하게 된다. 이 단계는 욕구가 지배적이며 역할수행이 중요시되는 환상기(4~10세), 개인의 취향이 곧 활동의 목표 및 내용, 진로목표 선정 시의 결정요인이 되는 흥미기(11~12세), 자신의 능력을 보다 중시하며 이를 고려해 진로를 선택하고 직업훈련의 요구조건 등을 고려하는 능력기(13~14세)의 세 가지 하위단계로 나뉜다.

### ② 탐색기(15~24세)

자신의 욕구, 흥미, 능력, 가치, 취업기회 등을 고려하면서 일자리 등을 통해 자아검증, 역할시행, 직업적 탐색을 행하는 시기이다. 이 단계도 세 가지 하위단계로 나뉘는데 흥미, 욕구, 능력, 가치, 직업적 기회 등을 고려하기 시작하면서 잠정적인 진로를 선택하고 그것을 상상이나 토의, 일, 기타 경험을 통해 시행해 보는 잠정기(15~17세), 취업에 필요한 훈련, 교육 등을 받고 직업선택에서 보다 더 현실적인 요인을 고려하며 자아 개념이 직업적 자아 개념으로의 전환을 야기하는 전환기(18~21세), 자신에게 적합한 직업을 선택하여 최초의 직업을 갖게 되는 시행기(22~24세)가 있다.

### ③ 확립기(25~44세)

이 시기에는 자신에게 알맞은 분야를 발견하고 그 속에서 영구적인 위치를 확보하는 노력을 한다. 즉, 생활터전을 안정시키기 위해 노력하는 시기이다. 이 시기는 자신이 선택한 일의 분야가 적합하지 않을 경우 적합한 일을 발견할 때까지 몇 차례의 변화를 겪으며 영구적인 직업을 확보할 때까지 노력을 계속하는 시행 및 안정기(25~30세)와 진로유형이 분명해지면서 그 직업을 안정시키고, 직업세계에서 안정과 만족, 소속감, 지위 등을 굳히기 위한 노력을 하는 승진기(31~44세)로 나누어진다.

### ④ 유지기(45~64세)

이미 정해진 직업에 정착하고, 그 직업을 유지하는 노력을 하는 시기이다. 즉, 개인은 직업세계에서 자신의 위치를 확고히 하고 유지하려고 하는데, 가장 안정된 생활 속에서 지내는 시기라고 할 수 있다.

표 8-4 슈퍼의 직업발달 과업

| 직업발달과업 | 연 령 | 일반적 특징 |
|---|---|---|
| 구체화 (crystallization) | 14~17세 | 자신의 흥미, 가치는 물론 가용 자원과 장차 일어날 수 있는 일, 선호하는 직업을 위한 계획 등을 인식하여 일반적인 직업목적을 형성하는 지적 과정 단계의 과업. 이 과업은 선호하는 진로에 대하여 계획하고 그 계획을 어떻게 실행할 것인가를 고려하는 것 |
| 특수화 (specification) | 18~21세 | 잠정적인 직업에 대한 선호에서 특정한 직업에 대한 선호로 옮기는 단계의 과업. 이 과업은 직업선택을 객관적으로 명백히 하고, 선택된 직업에 대해 더욱 구체적으로 이해하여 진로 계획을 특수화하는 것 |
| 실행화 (implementation) | 22~24세 | 선호하는 직업을 위한 교육훈련을 마치고 취업하는 단계의 과업 |
| 안정화 (stabilization) | 25~35세 | 직업에서 실제 일을 수행하고 재능을 활용함으로써 진로선택이 적절한 것임을 보여주고 자신의 위치를 확립하는 단계의 과업 |
| 공고화 (consolidation) | 35세~ | 승진, 지위획득, 경력개발 등을 통하여 자신의 진로를 안정되게 하는 단계의 과업 |

자료 : 안창규 외 역(2004). 홀랜드 직업선택이론. 한국가이던스.

### ⑤ 쇠퇴기(65세 이후)

이 시기에서 개인은 정신적으로나 육체적으로 그 기능이나 힘이 약해짐에 따라 직업전선에서 은퇴하며, 새로운 역할이나 활동을 추구한다. 이 시기는 일의 수행속도가 느려지고 직무에 변화가 오거나 혹은 일의 능력이 쇠퇴하는 사실에 알맞은 변화를 요구하고 시간제 일을 찾는 감속기(65~70세)와 시간제 일, 자원봉사 혹은 여가활동으로 이직하게 되는 은퇴기(71세 이후)로 나뉜다.

슈퍼는 이상의 진로 발달단계를 기초로 하여 구체화·특수화·실행화·안정화·공고화의 5단계 직업 발달과업과 그 특징을 제시하였다(표 8-4). 슈퍼의 진로 발달이론은 직업적 성숙과정을 가장 체계적으로 기술하고 있으며 실증적 자료를 많이 확보하고 있으나 지나치게 광범위하다는 지적을 받고 있다.

## 4) 직업선택 시 고려사항

직장은 인생의 가장 많은 시간을 보내는 생계유지와 자아실현의 장이다. 직장생활의 만족은 인생의 행복을 결정하는 중요한 요인 중 하나이기 때문에 자신이 만족하고 역량을 잘 발휘할 수 있는 직업을 선택하는 것이 중요하다. 직업선택 시 고려해야 할 점은 다양하지만, 크게 개인적인 요인과 직업적 요인으로 구분해 볼 수 있다. 개인적 요인은 개인이 지니고 있는 가치관, 흥미, 적성, 성격 등이고 직업적 요인은 직업의 업무특성, 필요한 능력과 자질, 보상체계 및 미래 전망 등이라고 할 수 있다. 직업을 선택할때는 이 두 가지 요인이 서로 잘 부합되는지 알아보아야 한다.

### (1) 가치관

인간은 가치 있게 여기는 일을 할 때 만족하게 된다. 따라서 인생에서 추구하는 가치를 분명히 하여 그에 맞는 직업을 탐색하고 선택하는 것이 중요하다. 가치관은 '개인이 특정 상황에서 어떤 선택이나 결정을 내려야 할 때 특정한 방향으로 행동하게 하는 원칙, 믿음, 신념'을 의미한다. 가치관은 내적 신념체계이기 때문에 평상시에는 잘 자각되지 않는다. 직업선택을 위해 자신의 가치관을 탐색해 보는 방법은 다음과 같다.

첫째, 자신에게 여러 가지 질문을 던져 자신의 가치관을 의식하는 방법이 있다. 나는 어떤 삶을 살기 바라는가?, 인생에서 나는 무엇을 중요하게 여기며 살 것인가?를 생각해 보아야 한다.

둘째, 표준화된 검사를 통해 자신의 가치관을 평가해 보는 방법이다.

셋째, 가치명료화 프로그램이라는 집단 프로그램을 통해 가치관을 탐색하는 방법이다.

## (2) 흥미

흥미는 일에 대한 몰두와 성과에 영향을 미치는 요인으로서 '어떤 종류의 활동이나 사물에 대해 특별한 관심이나 주의를 갖게 하는 개인의 일반화된 행동경향'을 의미한다. 즉, 개인으로 하여금 어떤 일에 즐거움을 느끼고 호기심을 갖게 하는 동기적 성향을 의미한다. 흥미는 단편적이고 분화되어 있지 않으며 일시적일 수 있으므로 흥미만으로 직업을 선택하는 일은 신중히 고려해야 한다.

## (3) 적성

적성은 직업선택 시 가장 중요하게 고려해야 하는 요인이다. 누구나 나름대로 특정한 분야에 적성을 갖고 있다. 자기 소질이나 재능을 구체적으로 파악하여 적성에 맞는 직업을 선택하면, 일에 대한 흥미나 창의력이 증가하여 직업에 대한 만족도가 높아질 수 있다.

## (4) 성격

성격은 개인이 시간과 상황에 상관없이 지속적으로 지니는 일관된 특성으로서 그 사람의 정서적 반응과 사회적 행동에 강력한 영향을 미친다. 어떤 사람은 사람과 접촉하는 활동적인 일을 좋아하지만, 어떤 사람은 자료를 정리하고 계획하는 일을 좋아하고 또 그런 일을 꼼꼼히 잘 처리한다. 주어진 업무를 충분히 해낼 수 있는 능력이 있다고 해도 직장 내 동료들과의 관계에서 부담감을 느낀다면 성공적으로 일하기 어려울 것이다. 마찬가지로 사려성과 내향성이 강한 사람이라면 사람들을 접촉하는 직업보다는 개인적으로 과업을 성취할 수 있는 직종을 택하는 것이 바람직할 것이다.

## (5) 지능

각 직업에는 그에 필요한 능력이 요구되기 때문에 지능은 직업과 밀접한 관계가 있다. 즉, 지능이 무조건 높다고 해서 모든 직종을 성공적으로 수행하는 것은 아니며, 자신의 지적 능력에 적합한 직업을 선택하는 것이 중요하다. 일반적으로 전문직의 경우 IQ 115, 관리직은 118, 서기직은 104, 숙련직은 99, 반숙련직은 97 정도인 것으로 알려져 있다.

### (6) 성취동기

성취동기는 도전적이고 어려운 과제를 해냄으로써 만족을 얻으려는 기대이며, 학습 및 진로와 가장 밀접한 관계를 맺고 있다. 성취동기가 높은 사람이 일반적으로 더 많은 것을 성취하지만, 누구나 그런 것은 아니며, 여러 다른 요인에 의해 결정된다. 성취동기는 체계적인 육성 프로그램을 통해 계발할 수 있는데, 특히 어려움을 극복하려는 의지나 성공하려는 욕구가 부족한 청소년들에게 효율적일 수 있다.

### (7) 직업의 속성과 전망

특정 직업을 선택하기 전에 그 직업의 구체적 내용에 대해 잘 알아야 한다. 구체적으로 어떤 업무를 수행하며 어떤 적성과 성격을 필요로 하는지, 그리고 그 직업이 주는 보상이 어느 정도인지, 또 어떤 고충과 부담을 지니는지에 대해 알아볼 필요가 있다. 현대 사회는 수많은 직업이 생겨나고 사라지는 등 급변하게 변화하고 있기 때문에 미래사회에서 어떤 직업이 장래성을 갖고 있을지에 대해서도 충분한 탐색이 이루어져야 한다.

### (8) 가족의 기대와 지원

부모는 자녀의 직업에 대해 나름대로의 기대와 소망을 갖고 있으며, 특히 부모의 기대와 자신의 선택 간에 차이가 클 경우에는 이를 고려하는 것이 필요하다. 어떤 직업은 부모의 경제적 또는 사회적 지원이 필요한 경우가 있다. 직업선택과정에서 부모, 교사, 상담자 등의 의견을 고려하는 것이 바람직하긴 하나, 중요한 것은 자신이 자신의 인생을 설계하는 것임을 잊지 말고 선택의 주체가 되는 것이다.

## 5) 청소년과 일

2008년 7월~2009년 5월까지 이루어진 한국청소년지표조사에 따르면, 전체 중·고등학생의 11.7%가 아르바이트를 경험한 것으로 나타났는데, 그 중에서 66.2%가 3회 이하의 단회적 경험을 한 것으로 나타났다. 그러나 학년이 증가할수록, 그리고 실업계 고교생의 경우 아르바이트 경험은 더 높았다. 청소년들이 참여하는 아르바이트는 전단지 돌리기나 음식점 점원이나 배달원같은 단순업무에 집중되어 있어 아르바이트의 유용성에 대한 평가가 높지 않다. 또한 아르바이트 지속기간이 한 달을 넘지 않는 경우가 많고, 아르바이트를 하는 이유가 주로 경제적인 이유였다. 또한 아르바이트 과정에서

**그림 8-3 취업박람회**
자료 : 연합뉴스(2006년 9월 4일자).

불이익을 받는 경우는 적긴 하지만 임금체불 미지급, 초과수당 미지급, 근무 중 상해, 근로계약서 미작성 등의 문제는 여전히 개선되어야 할 사항이다. 이러한 결과는 청소년들이 아르바이트 경험을 통해 미래의 진로를 결정하기 위한 탐색과 체험의 기회를 갖지 못하고 개인의 경제적 문제를 해결하는 데 그친다는 점을 시사한다. 더욱이, 청소년들의 아르바이트가 직업성숙 등 진로교육적 효과보다는 학업문제와 지위비행 등 부정적인 영향을 주는 경우도 많다.

따라서 아르바이트 경험이 청소년으로 하여금 자신의 진로계획과 관련하여 고려하고 있는 직업의 범위를 확장하고, 특정 직업이나 진로에 몰입하기 이전에 자신의 직업선호도를 검증하며, 일련의 일이나 업무를 경험함으로써 직업세계로의 이행을 원활하게 한다는 직업체험활동의 의미를 충분히 가질 수 있도록 청소년 아르바이트 시장을 제도적·문화적으로 개선하는 노력이 필요하다.

학교적응이란 학생들이 학교라는 환경과 조화로운 관계를 맺고 있는 만족스러운 상태로서 학업을 포함한 학교생활 전반에 대한 적응을 의미하며, 학업적·사회적·정의적 적응차원에서 살펴볼 수 있다.

학교적응과 관련된 요인으로는 개인적 요인, 가정요인, 사회적 요인, 성차가 있다. 개인적 요인으로는 높은 지능과 언어능력이 긍정적으로 작용하지만, 자아존중감과 자기효능감, 분노대처방식이나 정서조절능력 등이 중재변인으로 작용한다. 가정에서는 특히 부모의 양육태도가 중요한데, 부모의 정서적 지지와 민주적 태도가 긍정적인 결과를 이끄는 것으로 나타났다. 사회적으로는 친구관계를 비롯해 교사와의 관계가 중요한 변인으로 작용한다. 또한 성차에서는 예전의 전통적 성역할 고정관념에서 벗어나 점차 여학생들의 학업성취수준과 학업스트레스가 높은 것을 알 수 있다.

학교부적응의 대표적인 결과로서 학업중단현상이 해마다 늘고 있는 실정이다. 학업중단의 유형은 능동형, 도피형, 불가피형으로 구분되며, 학업중단으로 인해 청소년들이 가출, 비행 또는 범죄에 연루될 가능성이 높아짐으로써 사회 전반에 걸쳐 부정적이고 심각한 영향을 미칠 수 있다.

진로는 전생애 동안 일과 관련해서 경험하는 모든 체험으로서, 자아와 직업세계에 대한 이해를 통하여 개인의 일생을 체계적으로 선택해나가는 일의 개념이다. 진로 발달은 직업적성 및 흥미, 성격, 성취도, 가족과 가정, 경제적 요인 등이 복합적으로 상호작용하면서 영향을 받는다.

한국의 청소년들은 자신의 진로를 결정하는 데 있어 충분한 기회와 경험을 갖고 있지 못하고 있는 것으로 보이며, 따라서 올바른 자기이해와 진로결정을 하기 위해서는 진로교육의 강화가 필요하다.

진로선택이론에는 파슨스의 특성요인이론, 로의 욕구이론, 홀랜드의 인성이론이 있으며, 진로 발달이론에는 긴즈버그의 절충이론, 슈퍼의 자아 개념이론 등이 있다. 진로 발달이론은 특징적인 발달단계로 구분되어 있다.

직업을 선택할 때에는 개인적 요인과 직업적 요인이 잘 부합하는지 알아보아야 한다. 구체적으로는 청소년 개인의 가치관, 흥미, 적성, 성격, 지능, 성취동기, 직업의 속성과 전망, 가족의 기대와 지원체계 등을 고려해야 한다.

한국의 경우 학년이 높고 실업계 학생일 경우 아르바이트 경험이 더 많은 것으로 나타나고 있다. 더욱이 내용적으로 단순하고 시간적으로도 짧은 경향이 있어 아르바이트 경험이 청소년들의 미래진로를 결정하기 위한 탐색과 체험의 기회가 되지 못하고 있는 실정이다. 또한 학업문제와 지위비행 등과의 관련성도 높은 것으로 나타나 이에 대한 개선노력이 필요하다.

# 청소년과 성

## 1. 청소년의 성 발달

### 1) 성의 개념

청소년 발달 중 가장 급작스럽게 변화하는 영역은 성과 관련된 영역이다. 성은 다양한 의미를 지니는데, 일반적으로 문화적 의미인 젠더(gender)와 생물학적 의미의 섹스 (sex)로 구별된다. 젠더가 사회적으로 개인에게 부여된 성적인 역할과 그로부터 내면화시킨 심리적·문화적인 성인 반면, 섹스는 개인이 선천적으로 타고난 신체적인 차이를 지칭할 때나 성기를 포함하는 신체 일부를 사용하여 행해지는 본능적인 성교의 의미로 사용된다(윤가현, 1990). 또 성에 대한 개념을 설명할 때 육체적 성, 정신적 성, 사회적 성의 세 가지 측면이 한 사람의 특성 속에서 함께 체계적으로 운영되고 있는 것을 성이라고 한다. 육체적 성이란 쾌락과 출산의 의미를 포함하며, 정신적 성은 성적 정체감을 의미한다. 사회적 성은 육체적 성과 정신적 성을 바탕으로 인간관계에 적용되는 성이라 할 수 있다. 정신적·사회적 성을 주체로 하여 육체적 성을 지조 있게 운용한다면, 성적 개체로서의 인간은 올바른 성 개념을 터득하게 된다(권이종, 2000).

청소년기의 성에 대한 인식은 정체성 발달과 사회적 관계 형성에 있어서 가장 중요한 위치를 차지할 뿐 아니라 문화적 의미의 성역할에 대한 인식과 관념의 기초가 된다.

## 2) 청소년의 신체적 변화와 성

청소년기 초기에 있는 여자의 경우는 여성 호르몬인 에스트로겐이, 남자의 경우는 남성 호르몬인 안드로겐과 테스토스테론이 서서히 증가하기 시작하여 신체적으로 급성장하고, 성기는 성인의 크기와 모양으로 변한다. 성별에 의한 남녀의 성적 특징을 구별하는 것을 '제1차 성징'이라 한다면, 성적으로 급성장하는 시기를 '제2차 성징'이라고 한다. 그 다음 성인이 되어 나타나는 심리적·성격적인 여성답고 남성다운 특징을 '제3차 성징'이라고 한다.

'2차 성징'의 변화는 몇 해 정도의 시간을 두고 서서히 진행되며, 그 성숙의 정도도 급성장의 경우와 마찬가지로 개인마다 다양한 차이를 보인다. 또한 '2차 성징'의 변화는 여자가 남자보다 1~2년쯤 빠른 것이 보통이다. 남녀에게 공통적으로 나타나는 특징으로는 여드름과 신체의 발모현상을 들 수 있다(청소년의 성적 변화와 관련된 자세한 내용은 3장 생물학적 발달 중 성적 성숙의 내용을 참고하라).

### (1) 남자 청소년에게 나타나는 변화

남학생에게 나타나는 대표적인 '2차 성징'으로는 사정과 몽정현상을 꼽을 수 있다. 이런 변화는 생물학적·유전적 요소에 의하여 거의 모든 남학생에게 자연의 법칙에 따라 일어나는 현상이다. 이 시기의 청소년들은 변화하고 있는 자신의 모습과 성적 충동의 증가를 자연스럽게 받아들이는 것이 중요하다. 또한 성적 충동을 어떻게 해결하는가는 중요한 발달과제 중 하나이다. 한편 15세 정도가 되면 '2차 성징'의 하나로 남학생들은 변성기를 맞아 목소리가 변하게 된다. 자신의 목소리에 낯설어 하며, 주변의 과민한 반응이나 놀림은 남학생들에게 큰 스트레스로 작용하여 침묵하는 모습을 보이기도 한다.

### (2) 여자 청소년에게 나타나는 변화

10~12세 정도에 이르면 성장이 빨라짐과 동시에 여학생들에게 일어나는 신체적 변화 중 하나는 젖가슴의 발달과 생리현상이다. 이 시기 여학생들에게는 젖가슴의 크기가 고민의 대상이 되는데, 그 크기의 차이가 여성의 매력이나 성적 능력 또는 출산 후 수유능력 등과 일치하지 않는다는 사실을 일깨워 주어야 한다.

첫 생리인 초경의 시기는 생활환경, 문화 정도, 각 개인의 건강상태, 영양상태에 따라 다르나 평균적으로 만 12세를 전후하여 시작된다. 초경의 경험은 여성이라면 누구에게나 놀랍고 흥분되는 것이며, 경우에 따라 수치스럽게 느껴지기도 하지만 미리 생리에 대한 지식을 알고 있고, 초경의 의미에 대한 교육을 받는다면 심리적으로 좀 더 안정된 상태에서 첫 경험을 맞게 될 것이다.

## 3) 청소년의 심리적 변화와 성

청소년기에는 신체적 변화와 더불어 성격적으로 변화가 일어난다. 이 시기에는 늘 의문을 지니고 반항하며, 자기의 의견을 고집하고 우울감과 고독감, 열등감과 불안 등 정서적 불안정의 상태를 보인다.

또한 청소년들은 자신의 가치관을 발전시키면서 지금까지 유지해 왔던 부모와의 밀착된 관계를 새롭게 변화시키려고 한다. 즉, 부모로부터 독립하겠다는 의지를 보이지만 실제로는 의존의 관계를 벗어나지 못해 양가 감정의 상태에서 정서적 혼란을 보인다.

이와 더불어 성에 대한 대화에도 문제가 생긴다. 청소년들은 성에 대해 부모와 대화를 하지 않는다. 대부분의 부모들은 자녀와 성에 관한 대화를 하기 꺼려하거나 자녀들의 질문을 회피한다. 그 결과 청소년의 70% 이상이 친구, 음란사이트, 음란비디오, 불량서적 등을 통해 성적 지식을 습득한다. 그것들은 청소년들이 올바른 성지식 및 가치관을 형성하지 못하게 하는 문제뿐만 아니라 부모와의 대화 단절이라는 보다 큰 문제도 함께 초래한다.

이성에 대한 호기심 및 관심을 갖기 시작하는 것은 초등학교 고학년부터이다. 중학생 연령이 되면 이성에 대한 관심과 이성교제에 대한 욕망이 생겨 이성친구를 사귀고 싶어하지만 그것을 직접 실천에 옮기는 시기는 보통 15세 이후이다. 이때는 적극적으로 이성교제에 신경을 쓴다. 일반적으로 성에 대한 관심과 교제 형태는 처음에는 유명 연예인, 학교 선생님 등에서부터 시작되다가 차차 그 범위를 넓혀 같은 나이 또래의 친구, 혹은 친구의 소개에 의해 접하게 된 같은 또래의 이성에게로 변화된다. 이 시기의 이성교제는 이성이라는 의식 자체가 미숙한 단계이고 교제 자체도 서투른 시기라고 할 수 있다.

## 2. 성역할 발달이론

### 1) 성역할의 정의

성역할이란 행위나 태도가 남녀별로 적절한 것으로 규정된 문화적 기대치를 의미하며, 개인의 생물학적 차이에서 출발하여 특정한 사회·문화적 환경에서 성에 적합하다고 규정된 행동 특징들을 형성하는 과정을 말한다. 성은 생물학적 성(sex)과 사회적 성(gender)으로 구분되는데, 즉 남녀의 차이에서 오는 호르몬, 성염색체 등에 의한 생리, 임신, 출산, 수유의 차이만 제외하고 남녀가 모든 일들을 똑같이 할 수 있는 능력을 갖추었다고 할 때 그 나머지의 차이는 생물학적 성이 아닌 사회적 성의 관점에서 설명되어야 한다. 따라서 성역할은 사회적 성의 측면에서 역할을 살펴보는 것이 필요하다.

### 2) 프로이트·미셀·콜버그의 성역할 발달이론

한 개인이 그가 속해 있는 사회가 규정하는 성에 대한 적합한 행동, 태도 및 가치관을 습득하는 과정을 '성역할 사회화'라고 하며, 이 성역할 사회화 과정을 통해서 남성성 또는 여성성이 발달된다. 남성성과 여성성의 발달은 인간 발달의 매우 중요한 측면으로 정신건강의 한 척도가 되어 왔다. 이와 같은 성에 적합한 사회적 역할을 학습하는

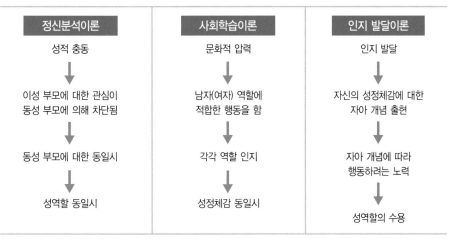

**그림 9-1** 성역할 발달의 세 가지 이론 비교

자료 : 권이종(2001). 청소년 교육개론. 교육과학사, p.193.

과정은 그 기초가 가정에서 이루어지며, 동성의 부모와 동일시하려는 심리적 과정에서 진행된다. 프로이트의 정신분석이론, 미셀의 사회학습이론, 콜버그의 인지 발달이론이 성역할 동일시의 발달과정을 설명하고 있다.

프로이트의 정신분석이론에 따르면 아동은 성기의 차이를 자각하면서 비롯된 일련의 사건과 가족 역동성으로 동성의 부모를 닮아간다고 본다. 사회학습이론가인 미셀은 아동이 자신과 다르다고 지각되는 사람의 행동을 더 획득하는 경향이 있고, 강화가 보장되는 성별에 적합한 행동을 실행하는 경향이 있다고 하였다. 콜버그의 인지 발달이론에서는 아동이 자신을 남자나 여자로 분류한 것과 일치하는 성유형화된 행동약식을 학습한다고 설명하였다(권이종, 2000).

전통 이론가들은 남성과 여성은 심리적으로 다르다고 생각하며, 그로 인해 고정관념적인 성역할이 '정상'이며 '좋은 것'이라고 가정한다. 반면 전통적인 이론과 연구들의 대안으로 나온 이론에서는 남성과 여성은 심리적으로 유사할 수도 있고 사람에 따라서는 아동기의 고정관념적인 성역할을 초월할 수도 있다고 가정한다.

블록(Block)은 개인은 점점 복잡해지는 인생을 다룰 수 있는 자아정체감을 가지려고 노력하고, 그에 따라 성역할도 발달한다고 보았다. 성역할 발달의 목표는 엄격하게 성유형화된 정체감을 획득하는 것이 아니라 남성적 특성(기능성)과 여성적 특성(친교성) 간의 균형을 이루는 것이다. 성역할의 가장 높은 단계는 양성적 단계로, 사람들이 기능성과 친교성을 융화시키는 것을 배우고, 융회시켜야 성역할 발달이 완성된다고 보았다 (권이종, 2000)

## 3) 심리적 양성성

양성성이란 그리스어로 남성을 일컫는 '안드로(andro)'와 여성을 일컫는 '진(gyn)'으로 구성된 용어로 하나의 유기체 내에 여성적 특성과 남성적 특성이 공존하는 것을 의미한다. 심리적 양성성의 개념은 한 사람이 남성성과 여성성을 동시에 가질 수 있기 때문에 상황에 따라서 도구적 역할과 표현적 역할을 수행할 수 있다는 보다 효율적인 성역할 개념을 의미한다.

한 개인이 동시에 남성적일 수도 있고 여성적일 수도 있다는 가능성은 융의 이론에서도 제시되어 있다. 융은 성역할의 이원적 개념을 주장하면서 남자든 여자든 모든 인간에게는 남성성과 여성성의 두 가지 특성이 어느 정도 공존한다고 하였다. 그는 분석이론에서 '아니무스(animus)'와 '아니마(amima)'를 구별하고 이 둘은 모두 정신의 중요한 측면이라고 강조하였다.

양성성의 개념이 소개된 이후 이 분야의 연구가 활발하게 이루어졌으며, 많은 연구 결과에 의하면 양성적인 사람이 성유형화된 사람보다 자존감, 자아실현, 결혼만족도가 높고 도덕성 발달과 자아 발달도 보다 높은 수준에 있으며, 정신적으로도 더 건강한 것으로 나타났다(Bern, 1974, 1977; Bern & Lenny, 1976; 정옥분, 1998 재인용). 반면 남성성 집단의 창의성이 가장 높다는 연구도 있으며(구순주, 1984), 양성성과 남성성 집단이 자존감, 자아실현, 자아정체감에 있어 차이가 없다는 연구도 있고 성별에 따라 다른 양상이 나타난다는 연구도 있는 등 아직까지 분명한 결론을 내리기는 어렵다.

## 3. 청소년의 성의식 및 성행동

### 1) 성의식 및 성행동의 개념

성에 대한 호기심이 왕성해지는 청소년기에는 성적인 욕구와 개인의 성 가치관 내지는 사회규범 사이에서 갈등을 겪으며, 다양한 수준의 성행동을 경험한다. 성의식이란 흔히 '성태도'라고도 일컬어지며, 성에 대한 가치관으로서 그로 인해 드러나는 태도, 행동, 성에 대한 지식 등을 포함하고, 개인이 내재하고 있는 성에 대한 신념과 선호의 형태 및 정도를 의미한다(채규만·정민철, 2004).

성의식에 대한 유형은 전통적 도덕성에 근거한 성의식, 새로운 도덕성에 근거한 성의식, 반도덕성에 근거한 성의식으로 구분된다. 전통적 도덕성에 근거한 성의식은 결혼을 통한 성행위만 인정하며 그 외의 성에 대해서는 통제적인 입장을 취하는 것을 의미한다. 새로운 도덕성에 근거한 성의식은 애정적 허용성에 해당하는 것으로 성행동에 있어서 당사자 간의 애정을 강조하는 입장이다. 마지막으로 반도덕성에 근거한 성의식은 성에 대한 개방적인 태도로, 모든 성행동은 자유롭게 허용되어야 하며 성적 자유를 통해 개인의 행복과 만족감을 높이고 긴장, 불안, 좌절을 감소시킬 수 있다는 입장을 취한다.

성행동이란 성과 관련하여 겉으로 드러나는 행동으로 정의할 수 있으며(하상희·이주연·정혜정, 2006), 이러한 성행동에는 손잡기, 포옹, 키스, 성관계, 출산, 낙태 등 다양한 행동이 포함된다.

일반적으로 성행동은 간접적인 성행동과 직접적인 성행동으로 나누어 살펴볼 수 있다. 간접적인 성행동은 잡지, 만화, 영화, 인터넷, 비디오 등을 통한 음란물 접촉과 같이 개인 간의 신체적 접촉이 없는 성행동을 포함하며, 직접적인 성행동은 개인 간의 신체적 접촉에 의해 이루어지는 것으로 성관계, 키스, 애무, 포옹, 손잡기 등 다양한 차원의 행동을 포함한다. 이러한 성행동은 각기 독립적인 것이라기보다는 하나의 스펙트럼처럼 일련의 행위과정으로 이루어져 있다고 볼 수 있다(김윤정 · 이창식, 2005).

직접적인 성행동은 적절한 행동과 부적절한 행동으로 나눌 수 있는데 적절한 성행동은 사회적 규범 내의 대인관계에 있어서 두 사람 사이에 존재하는 사랑이나 친밀감을 표현하는 행위(김기환, 1999)를 의미하며, 부적절한 성행동이란 폭력이나 강요에 의한 성행동 및 자신의 성을 도구나 상품화하는 성행동을 의미한다.

현재 우리나라에서는 대부분의 경우 청소년들의 성행동을 허용하지 않고 있다. 즉, 청소년들의 성행동은 손잡기와 같이 아주 가벼운 수준을 제외하고는 모두 부적절한 행동으로 규정하고 있는 것이다. 따라서 성인에게는 적절한 성행동으로 인식되고 있는 경우라도 청소년들에게는 부적절한 성행동으로 간주될 수 있다. 또한 직접 성행동과 간접 성행동 모두 일종의 위험성을 내포하고 있는데 간접적인 성행동은 성적 충동을 유발시킴으로써 성비행을 초래할 수 있고, 성관계와 같이 보다 심각한 수준의 직접적인 성행동은 성비행뿐 아니라 혼전임신이나 낙태, 성병이나 AIDS 감염의 가능성을 높일 수 있어 청소년들에게 더욱 금기시되고 있다(백혜정 · 김은정, 2008)

## 2) 성의식과 성행동의 실태

### (1) 성의식과 성행동의 관계

성에 있어서 개인이 가지고 있는 태도 또는 의식과 그 개인의 행동은 서로 구별되어야 한다. 두 개인이 동일한 성행동을 보일지라도 각기 다른 동기에서 비롯되었을 수도 있고, 개인이 가지고 있는 성의식과 행동 사이에는 불일치가 발생할 수도 있기 때문이다. 그러나 일반적으로 성의식은 성행동과 밀접한 관련이 있다(이인숙, 1994; 장휘숙, 1995; 김신영, 2005). 즉, 자아상이 성태도와 충동성에 영향을 미치고 성태도는 성행동에 영향을 주고 있다는 연구가 있으며(이정은, 1998), 청소년 개인이 보이는 성 개방성 및 허용성의 정도는 궁극적으로 그들의 성행동에 영향을 주기 때문에 성에 대해 개방적이고 허용적인 사람이 그렇지 않은 사람에 비해 혼전 성경험 비율이 높다는 연구들도 있다(Whitbeck, Yodar, Hoyt, & Cogner, 1999; Delamater & MacCoquodale, 1979).

한편 고등학생을 대상으로 한 연구에서는 성의식과 성행동 간의 관계에 있어 성별에 따른 차이가 있음을 지적하였다. 여학생의 경우에는 성태도가 보수적일수록 성행동이 낮아지는 반면, 남학생의 경우에는 성태도와 성행동 간의 상관이 낮은 것으로 나타났다(김윤정 · 이창식, 2005).

## (2) 성의식 실태

청소년들의 성의식 실태에 대한 최근의 연구들을 살펴보면, 성의식은 보수적인 측면과 개방적인 측면이 혼재되어 있다고 보고하고 있다. '이성친구와의 신체접촉은 자연스러운 측면'이며, '그 정도의 애정표현은 당연하다'고 어느 정도는 허용적인 태도를 보였으나 성관계에 대해서는 '혼전 성관계는 남녀 모두 비난받아야 한다', '이성친구와의 성관계는 절대 안 된다'는 보수적인 태도를 보이고 있다(김신영, 2005; 김윤식 · 이창식, 2005).

청소년들의 성의식 중 성평등성에 대한 조사에 의하면, 청소년들은 성행동에 있어서 남자와 여자가 동등하지 않다고 인식하고 있다. 즉, '결혼 전 순결을 지키는 것은 남자보다 여자에게 더 중요한가?', '원치 않는 임신을 했을 경우 주된 책임은 여자에게 있는가'라는 질문에 남학생들이 여학생에 비해 성불평등적인 의식을 더 많이 견지하는 것으로 나타났다(김혜원, 2003).

## (3) 성행동 실태

### ① 성행동 경험

청소년들의 성행동 실태에 대한 최근 연구들을 살펴보면 비교적 적은 수만이 성관계 경험을 보고하였으며, 여학생보다는 남학생의 경험의 수가 평균 2~3배 정도 많은 것으로 나타났다. 또한 성행동에 있어 성행동 수준이 높아짐에 따라 경험의 수준은 낮아지는 것(손잡기>포옹>키스>애무>성관계>임신 · 낙태 · 출산의 순)으로 나타났다. 첫 성관계는 평균 고등학교 1학년 정도에 가지며, 대상은 이성교제 중인 상대가 가장 높았다. 성관계 이유로는 남학생의 경우 성충동과 호기심이 가장 많았고, 여학생의 경

표 9-1 청소년들의 성관계 경험을 조사한 선행연구

| 연구자(연도) | 조사대상 | 비율(%) | | |
|---|---|---|---|---|
| | | 남자 | 여자 | 전체 |
| 정원식 외(1985) | 11~24세의 청소년 1만 명 | – | – | 11.2 |
| 이재창(1986) | 전국 중·고등학교 학생 3,000명 | – | – | 3.8 |
| 서울대학교 보건대학원(1996) | 서울지역 고등학생 3,051명 | 16.7 | 5.4 | – |
| 한국성문화연구소 (1996, 1997) | 15~19세에 행당하는 남자 고등학생 2,174명 (1996년), 여자 고등학생 3,164명(1997년) | 16.2 | 7.5 | – |
| 강영삼 외(1997) | 고등학생 | 17.7 | 10.2 | – |
| 문화방송(2000) | 전국 13~18세 중·고등학교 학생 1,500명 | 8.4 | 2.1 | 5.4 |
| 김혜원, 이해경 (2000) | 전국의 인문계 및 전문계 고등학생 2,049명 | 13.5 | 8.1 | 10.8 |
| 김혜원(2003) | 서울, 경기지역 고등학생 571명 | 11.24 | 3.7 | 7.47 |

자료 : 백혜정·김은정(2008). 청소년의 성의식 및 행동실태와 대처방안 연구. 한국청소년정책연구원 연구보고서. p. 28.

우에는 분위기에 휩쓸렸기 때문이라는 의견과 상대가 원했기 때문이라는 의견이 가장 높았다(김윤정·이창식, 2005; 김혜원, 2003; 김혜원·이해경, 2000).

1980~2000년대까지의 연구들을 종합해서 보면(표 9-1), 성관계 경험은 고등학생들의 경우 증가한 추세에 있지만 그 폭은 크게 증가한 것으로 보기 어렵다. 그 이유로는 아직까지 청소년들의 성행동을 금기시하고 성에 대한 이중적인 기준을 가지고 있는 우리 사회의 전반적인 분위기로 인해 청소년들, 특히 여자 청소년의 경우는 개인적 성경험을 솔직히 보고하지 못하고 축소하여 응답했을 가능성이 있기 때문이다. 또한 대부분의 연구에서 일반학생들에 비해 성관계 경험의 비율이 높을 것으로 예상되는 학교 밖 청소년들에 대한 조사가 이루어지지 못했다는 점도 염두해 둘 필요가 있다(백혜정·김은정, 2008).

## ② 강제 성행동 피·가해 경험

청소년의 성경험은 자의에 의해서 이루어지는 경우도 있지만 강제적으로 이루어지는 경우도 있다. 청소년들의 성추행이나 성폭력 가해경험을 살펴보면 중학생보다는 고등학생이 억지로 상대방의 손잡기, 포옹하기, 애무하기, 키스하기, 성관계 요구하기 등의 경험이 많은 것으로 나타났는데, 이는 연령이 증가할수록 가해경험도 증가한다는 것을 의미한다. 남녀 간의 차이를 보면, 가벼운 수준의 가해의 경우 여학생도 남학생과 비슷하게 가해경험을 보고했지만 키스, 애무, 성관계 요구 등의 무거운 수준의 가해경험은 남학생들이 더 많은 것으로 나타났다. 성추행이나 성폭력의 피해경험은 중고등학생이나 성별에 따른 차이는 그리 크지 않은 것으로 나타났으나, 키스와 성관계에서는 남학생보다 여학생의 피해경험이 다소 많았다. 가해나 피해는 이성친구와 동성친구 및 선후배가 그 대상이라고 보고했다(백혜정·김은정, 2008).

### ③ 간접 성행동

청소년기의 성행동은 신체적 발달에 따른 결과로 나타나기도 하지만 환경적 요인, 즉 성적 내용을 담은 매체의 발달과 그에 대한 접촉에 의해서도 유발된다. 청소년들이 다양한 성적 내용을 담은 여러 매체들을 접하는 것은 간접 성행동으로 분류되며, 여기에는 성인용 음란잡지, 만화, 영화, 비디오, 동영상 등이 포함된다. 매체의 발달로 인해 이러한 간접 성행동에 청소년들이 쉽게 노출됨에 따라 간접 성행동이 청소년들에게 미치는 부정적 영향에 대한 우려의 목소리가 크다(백혜정·김은정, 2008).

최근의 간접 성행동에 대한 연구들을 보면, 남자 고등학생들의 경우 상당수가 음란물을 접해 본 경험이 있는 것으로 나타났다. 이들의 음란물 접촉 빈도에 대한 응답 중 '거의 매일 본다'는 응답이 8.3%으로 나타났는데 청소년들의 음란물 이용이 단순히 호기심 차원에서 그치지 않고 있는 것으로 보인다(김덕모, 2003). 남자 고등학생의 경우 80% 이상이 음란 동영상을 한 번 이상 보았다고 보고했으며, 여자 고등학생들의 경우는 50% 이상이 성인용 영화를 한 번 이상 접한 것으로 응답했다(백혜정·김은정, 2008). 전체적으로 청소년들이 가장 많이 접한 형태의 음란물은 동영상인 것으로 나타났는데, 이는 인터넷의 발달로 인해 다른 유형의 음란물에 비해 보다 쉽고 간편하게 접할 수 있기 때문인 것으로 생각된다.

또한 청소년들의 음란물에 대한 경험은 이들의 실생활에도 영향을 주고 있는 것으로 나타났다. 청소년들이 음란물 접촉 후 보인 반응에 대한 연구들에 따르면 청소년들은 성에 대한 느낌이나 성충동 등에서 변화를 겪는 것으로 보고하고 있다. 또한 음란물을 보고난 후 자위행위·키스·애무·성행위 등의 행동으로 옮겨간다고 보고하였으며, 이러한 모든 행동은 음란물의 이용 정도가 높을수록 증가하는 경향을 보였다. 특히 '음란물에 묘사된 것들은 가상의 연출이 아니라 우리 사회에 실제로 있는 일들을 표현한 것이다'는 주장에 40% 이상이 '그렇다'고 대답했으며, 이러한 응답 경향은 음란물 이용빈도와 노출시간이 많은 청소년들에게서 더 높게 나타났다(김덕모, 2003; 이해경, 2001) 이에 따라 인터넷 음란물로부터 청소년을 보호할 수 있는 보다 적극적인 대책이 강구되어야 할 것이다.

# 4. 성교육의 실태

전반적인 개인의 태도와 마찬가지로 성에 대한 의식과 행동 역시 어려서부터 다양한 경험을 통하여 점차적으로 형성되는 것이므로, 성교육은 어린시절부터 이루어지는 것이 바람직하다. 또래 친구나 음란매체 등 음성적인 방법을 통하여 성지식을 얻는 것을 제외하면 현재 우리나라 청소년들의 성교육은 학교, 민간단체, 가정 등에서 이루어지고 있다.

## 1) 학교에서의 성교육

청소년들의 성교육이 가장 많이 이루어지는 기관은 아무래도 학교일 것이다. 우리나라에서는 1950년대부터 학교 성교육의 필요성이 제기되었으며, 1983년에는 교육부에서 성교육 지도자료가 발간되었다(정금희 외, 2007). 또한 최근에는 유치원과 초·중·고등학교 교사를 위한 성교육 지도 지침서를 개발하였으며, 현재 교육과학부의 지침에 따르면 초등학교부터 고등학교에 이르기까지 각 학교별로 성교육 담당 교사를 지정하고 모든 학년에 대해 재량활동시간 등을 이용하여 연간 3시간 이상의 성교육 의무화, 그리고 연간 10시간 이상의 성교육을 실시하도록 권고하고 있다. 그러나 학교 내에서 효율적인 성교육을 제공하기 쉽지 않은 것이 현실이다.

그 이유로는 첫째, 학교의 성교육은 정규과목에 포함되어 있지 않아 교육과정상의 연계성과 체계성이 부족하기 때문이다.

둘째, 성교육과 관련한 교사의 능력을 양성할 수 있는 프로그램과 그 프로그램에 참여할 수 있는 기회가 적기 때문이다. 성교육 내용의 전문성 확보를 위해 교육과학부에서는 성교육 담당 교사를 지정하도록 되어 있지만 성교육 강사에 대한 전문적인 연수가 충분히 이루어지지 않고 있기에 성교육 전문강사의 확보 및 정규교사들의 전문성 확보에도 어려움이 있다.

셋째, 성교육에 활용할 수 있는 교육자료에도 한계가 있기 때문이다. 성교육이 체계적인 교육과정에 의해 운영되지 않기에 교육자료의 수집 및 제작이 성교육 담당 교사 개인에 의존하고 있는 실정이라 교사의 수준과 노력여하에 따라 학습내용의 편차가 클 수 있다(백혜정 · 김은정, 2008)

이런 현실을 바탕으로 학교에서 실시되는 성교육의 만족도를 조사해 본 결과, 성교육이 도움이 되었다는 응답률이 40%도 되지 않는 것으로 드러나 성교육의 효과성이 높지 않음을 보여주었으며, 성교육을 받은 학생들과 그렇지 않은 학생들 간에 성갈등이나 성태도에서는 차이가 없는 것으로 보아 성교육이 실제적인 도움은 주지 못하는 것으로 드러났다(국가청소년 위원회, 2007; 박현이, 2000).

성교육의 내용면에서 청소년들은 사춘기의 심리적 · 신체적 변화, 임신과 피임에 대한 내용을 가장 많이 배웠으나 이들이 원하는 내용은 이성교제나 성행위, 임신과 피임, 성태도 및 가치관인 것으로 나타나 실제 받는 성교육의 내용과 원하는 내용 간에 차이가 있었다. 또 받고 싶은 성교육의 내용에서는 성별에 따른 차이가 발견되었다. 여학생들은 임신과 피임, 성태도 및 가치관 교육에 대한 요구도가 높았던 반면 남학생들은 이성교제와 이성 간 성행위 관련 교육, 성충동 유발요인 및 해소방법 등에 대한 요구도가 높았다(김혜원 · 이해경, 2000; 강염삼 등, 1997).

## 2) 가정에서의 성교육

우리나라 가정에서는 부모-자녀 간에 성에 대한 대화를 나누는 것이 금기시되어 온 탓에 부모가 청소년 자녀에게 성교육을 시키는 것은 일반적이지 않다. 그러나 최근 성 관련 범죄가 급증하고 성교육에 대한 중요성이 강조되면서 가정에서도 산발적으로나마 성교육이 이루어지고 있다. 그러나 아직까지는 체계적으로 이루어지지 못하고 있으며, 부모의 성의식이나 태도에 따라 다양한 수준으로 이루어지고 있는 것이 현실이다. 고등학생을 대상으로 가정에서의 성교육에 대해 조사한 결과, 부모에게 성교육을 받은 경험이 있는 학생들은 약 20% 정도였으며, 남학생들이 여학생에 비해 성교육을 받은 경험이 적었다. 내용면에서도 1~2가지 정도로 제한적이었으며, 건전한 이성교제, 순결, 결혼, 생리, 성윤리, 생식구조에 대한 것으로 청소년들이 원하는 성교육의 내용과는 거리를 보였다(김윤정 · 이창식, 2005).

## 3) 민간단체에서의 성교육

신체적 발달 측면과 혼전순결만을 집중적으로 강조하는 학교 및 가정에서의 성교육과 청소년의 성적 현실에 괴리가 있다는 문제점이 제기되고 청소년들의 성문제가 사회문제로 부각되면서 청소년단체나 여성단체 등에서의 성교육이 강화되었다. 보건복지가족부의 지원에 따라 계획된 청소년들을 위한 전시관이나 체험시설 등을 갖춘 청소년 성문화센터는 전국에 21개소가 설치·운영되고 있다. 이들의 주요 역할은 전문적이고 체계적인 성교육 실시를 통하여 청소년들에게 정확하고 올바른 성지식과 정보를 제공하며 지역내에 성교육 전문가 인력풀을 구축하고 관리하는 것이다.

이런 청소년단체의 성교육은 크게 두 가지 측면을 강조하고 있다. 먼저, 성은 자연스럽고 적극적으로 대처해 나가야 하는 행동임을 부각하고 있다. 기존 사회에서 성을 부끄럽고 숨겨야 하는 것으로 인식함에 따라 청소년들이 성적 호기심이나 행동에 죄의식을 느끼고 숨기는 경향이 있음을 지적하고 청소년단체에서는 청소년들이 성행동을 이해하고 그것이 부끄러운 것이 아닌 자연스러운 현상임을 인식하도록 하기 위해 성교육 프로그램을 만들어 활용하고 있다.

두 번째로 강조하고 있는 측면은 청소년들이 자기 결정에 의해 성행동의 여부와 정도를 결정하고 그 결과에 책임을 져야 한다고 주장하는 것이다. 사회의 도덕적 잣대에 의해 일방적으로 성행동을 금지하기보다는 자신의 행동에 대해 스스로 결정하고 그에 대해 책임지도록 하는 것이 바람직하다는 입장을 가지고 프로그램을 운영하고 있다 (박혜림, 2007).

한편 여성단체의 성교육은 남성 중심적 성의식에서 탈피하고자 하는 동시에 성폭력의 예방과 대처를 중심으로 한 성교육이 주를 이루고 있다. 이들의 입장에서는 남녀의 평등에 중점을 두고 여성 및 청소년들은 자신의 의지와 판단에 따라 성적인 활동을 할 수 있는 존재로 인식하며, 남녀 간의 관계에서 성적으로도 평등한 관계를 맺도록 하는 내용을 중심으로 성교육 프로그램을 운영하고 있다.

이상과 같이 청소년들의 성교육을 살펴보면 학교와 가정에서의 성교육은 민간단체의 성교육에 비해 보수적인 경향을 보이며, 민간단체의 성교육 프로그램은 청소년들의 신체적 변화와 성적 욕구에 대해 긍정적으로 인식하도록 하는데, 이는 청소년들로 하여금 자신을 보다 긍정적으로 바라볼 수 있도록 한다는 점에서 의미 있다고 볼 수 있다. 그러나 학교 및 가정의 성교육과 민간단체의 성교육의 관점이 다르다는 것은 청소년의 성의식에 혼란을 가중시킬 수 있으므로 청소년 성교육의 교육주체들 간의 보다 깊은 논의가 필요할 것으로 보인다.


## 5. 바람직한 성교육의 방향

### 1) 성교육의 기본지침

심리학자들의 견해에 의하면 성교육은 인간이 본래 태어날 때부터 시작되어야 한다고 보고 있지만, 많은 부모들은 자녀가 사춘기가 되어야 성교육을 시작하는 것이라 잘못 생각하고 있다. 사춘기가 되면 그들은 이미 성에 대한 단편적 지식, 잘못된 성의식 및 태도를 가질 수 있기 때문에 이들에게 올바른 성교육을 실시하기가 어려울 수 있다. 전문가들은 자녀들의 성교육은 빨리 시작할수록 좋다고 주장한다.

많은 학자들은 성교육을 받았는가 안받았는가보다 더 중요한 문제는 성교육 실시자가 누구이며 어떤 태도로 성교육을 받았느냐가 성가치관과 성의식을 결정하는 데 중요하다는 것에 동의하고 있다. 현재 학교에서의 성교육은 담당 교사가 시간을 정해 놓고 가르치는 것으로 이루어져 있지만, 성교육을 맡아서 해야 할 1차적 책임은 부모에게 있다. 자녀의 성교육에서 부모가 맡은 역할이 중요한 이유는 부모의 가정생활을 통해 올바른 성생활을 인식할 수 있을 뿐만 아니라 바람직한 이성관을 형성하게 되기 때문이다. 부모가 서로 존중하고 사랑하는 모습은 자녀로 하여금 사랑을 알게 하고, 이성을 존중하며 소중히 대하게끔 한다. 또 부모가 서로 사랑을 표현하는 행동을 관찰하면서 어린시절부터 이성에 대한 사랑의 표현법을 배우게 된다.

부모 중 성교육 담당자로서 어머니가 그 역할을 할 것을 주로 강조해 왔는데, 아버지의 역할 역시 중요하다. 성교육은 부모가 각각 동성의 자녀에게 해주는 것이 바람직하다고 보고 있다.

성교육을 할 때에는 자연스러운 태도로 임하는 것이 가장 중요하다. 더럽다거나 부끄럽고 창피한 것이라는 인상을 주어서는 안 된다. 성을 죄악시하는 태도로 가르쳐서도 안 된다. 자녀들이 성에 대해 질문을 해오면 의연한 자세로 받아들여야 한다. 성교육을 할 때는 확고한 신념과 긍정적인 태도를 가지고 지극히 자연스럽게 임한다. 또한 절대로 거짓말을 해서는 안 되며, 성교육은 아동·청소년들의 발달단계에 합당하게 실시되어야 한다.

## 2) 교과목과 성교육

일반적으로 가정에서의 성교육이 개별 지도의 성격을 띠는 데 반해 학교에서의 성교육은 집단성·공동성을 띤다. 따라서 학교에서의 성교육은 학문적이고 과학적인 방법이 많이 고려되어야 한다. 그러나 학교에서의 성교육의 실태를 보면 지나치게 형식적이고 이론적이다. 성교육에 관한 수업은 교사 중심의 강의와 단편적 지식 위주의 이론교육에만 제한되어 있어서는 안 된다. 그보다는 오디오 또는 시청각자료를 활용하고, 학생들과 교사 사이에 개방적인 토론의 방법 등을 이용하는 것이 진정한 의미의 성교육 실시라 할 수 있다. 교사들에게는 학생들의 질문에 대해 구체적으로, 그리고 연령수준에 맞는 답변을 해주는 태도가 요구된다.

학교에서의 성교육은 특정 교과목으로 지정해서 다루기보다는 학교 내·외의 여러 행사와 과목들에서 다루어져야 한다. 학교에서는 어떠한 과목에서 이를 주로 다루어야 할지 미리 협의하여 결정하는 것도 바람직하다. 예를 들어 생물과목에서는 인간의 생리적 구조와 기능에 대해, 더 나아가 생식, 인간의 성과 관련된 행동 등에 대해서 개인의 생활방법 등에 책임을 가질 수 있도록 지도해야 한다. 또 사회생활이나 공동생활 과목과 관련된 내용에서도 성교육이 다루어져야 한다. 이 과목에서는 사회법적인 내용과 문제가 집중적으로 다루어져야 할 것이다. 학과목으로 다루기에 부족한 성교육 내용은 학교 내에서 또는 사회에서 특별 강연회와 수련 프로그램 등을 통하여 보완해야 할 것이다.

## 3) 청소년 성교육 내용

청소년 성교육에서 실제로 다루어야 하는 영역은 크게 신체·성심리 발달영역, 인간관계 이해영역, 성문화 및 성윤리영역 등으로 나누어 볼 수 있다. 다음에 제시된 표 9-2는 청소년 성교육에서 실제로 다루어야 하는 내용을 간단하게 제시한 것이다.

표 9-2 청소년 성교육 실제에서 다루어야 하는 세부주제의 예

| 영 역 | 소영역 | 주 제 | 세부주제 |
|---|---|---|---|
| 신체 · 성심리 발달 영역 | 신체 발달 | 신체의 구조와 변화 | • 청소년의 신체적 · 정서적 변화<br>• 청소년의 성적 발달과 위생 |
| | | 임신과 출산 | • 아기는 어떻게 생기나요?<br>• 건강한 임신과 출산 |
| | 성심리 발달 | 성심리의 발달단계적 특성 | • 나는 누구인가?<br>• 이성에 관심이 많아졌어요! |
| | | 청소년기의 고민과 갈등 | • 성욕구와 성반응(성욕을 조절할 수 있을까?)<br>• 성충동과 자위행위 |
| | 성건강 | 성 병 | • 성병의 종류와 증상 및 예방<br>• 에이즈의 원인과 증상 및 예방 |
| | | 이상 성행동 | • 이상 성행동의 유형별 특징<br>• 이상 성행동의 예방 |
| 인간관계 이해영역 | 이성과 사랑 | 우정과 사랑 | • 참다운 우정이란?<br>• 남녀 간의 우정과 사랑<br>• 진실한 사랑의 의미 |
| | | 이성교제 | • 청소년기의 이성교제의 의미와 건전한 이성교제를 위한 바람직한 태도<br>• 이성과의 갈등 시 바람직한 갈등 해결방법<br>• 이성관계의 발전요인 및 저해요인 |
| | 성적 자기 결정과 선택 | 사랑과 성적 행동 | • 사랑과 성적 행동의 관계<br>• 청소년들의 성행동 |
| | | 성행동과 성적 의사결정 | • 성적 행동의 자기결정의 중요성과 그 책임 |
| | 결혼과 가정 | 결 혼 | • 결혼의 의미<br>• 결혼에 대해 짚어볼 사항들 |
| | | 가 정 | • 가족구성원의 역할과 책임 |
| 성문화 · 성윤리 영역 | 성과 사회적 환경 | 성폭력 | • 성폭력의 개념<br>• 성폭력의 원인 및 피해자 지원<br>• 대중매체와 성 : 포르노<br>• 성 상품화 : 청소년 매매춘 |
| | 양성 평등 | 양성 평등의 의미 | • 사회에서의 성역할<br>• 성역할 고정관념과 성차별<br>• 양성 평등적 사회문화의 형성 |

자료 : 이채희(2005). 중등 성교육의 이론과 실제. 정민자 외. 성상담 · 교육이론과 실제. 대왕사. pp. 592-599.

Chapter 9 ● 청소년과 성 **161**

## 4) 성교육 지도방법

성교육 지도방법으로는 강의, 토론, 역할극, 퀴즈식, 질의 응답식, 체험활동을 통한 방법 등 여러 가지를 들 수 있다(정민자 외, 2005).

### (1) 강의법

가장 널리 보편화된 방법이지만, 학생에 대한 교사의 일방적인 의사소통으로서 상호작용을 통한 교류가 이루어지기 어렵고 강의를 통해 들은 지식이나 정보의 파지율이 저조하여 좋지 않은 교수방법으로 흔히들 생각한다. 그러나 생식기에 대한 설명이나 피임방법 및 약물 오남용 등과 같이 지식전달사항이 많은 경우에는 효율적이며, 다른 교수방법과 적절히 병행되면 그 효과가 더 커질 수 있다.

### (2) 토론법

특정 주제나 사건에 대해 토의를 하기도 하지만, 특정한 개념을 적용하는 연습이나 문제해결의 기능을 습득하는 경우에도 효과적으로 사용할 수 있는 방법이다. 토의진행 방식은 교사의 엄격한 통제하에 이루어지는 통제적 토의, 교사가 철저하게 준비한 절차에 따라 이어져 나가는 단계적 토론, 또는 학생들이 그저 특정한 목표 없이 자유롭게 이야기할 수 있도록 하는 담론식 자유토론이 있다. 또는 어떠한 주제를 놓고 누군가가 먼저 의견을 발표한 다음 그 발표내용에 대해 토론을 벌이는 세미나식 토론, 특정한 사례를 설정해 놓고 토론을 전개하는 사례 중심 토론, 혹은 특정한 문제를 설정해 놓고 그 해결방법과 대안을 찾는 문제해결 중심 토론도 있을 수 있다.

### (3) 역할극

역할극은 대인관계와 관련된 학습과제일 때 적합한 교수법이라 볼 수 있다. 즉, 대인관계의 느낌, 태도, 기능 등이 바탕에 깔려 있는 학습내용이거나 학습자들의 인성적 발달에 관련된 학습내용일 경우에 효과적이다.

### (4) 퀴즈식 방법

OX퀴즈나 객관식 퀴즈를 만들어 문제를 풀게 하고 그 과정을 통해 성교육을 실시한다. 미리 문제를 준비해서 게임하는 분위기에서 자연스럽게 진행한다. 예를 들어, 학생

**토론법의 예 : 혼전 성관계에 대한 의사결정 토론**

### 1. 진행절차

- 청소년기에 갈등할 수 있는 문제 중의 하나로 '혼전 성관계에 대한 태도가 있음을 설명한다. 그 이유는 많은 청소년들이 이 문제에 대한 명확한 의사결정을 하지 못한 결과 원치 않는 임신을 하게 되거나, 성에 대한 잘못된 태도를 갖게 된다고 설명한다.
- 혼전 성관계에 관해 우리가 할 수 있는 선택은 '할 수 있다'와 '해서는 안 된다'의 두 가지이며, 이 두 가지를 비교하는 것이 이번 활동의 주요 주제임을 설명한다.
- 학생들로 하여금 혼전 성관계의 문제로 갈등하고 있는 같은 나이 또래의 한 이성친구들을 상상하게 한다. 즉, 한 명은 성관계를 원하지만, 상대방은 원치 않는 상황으로 각각의 입장과 생각이 어떠할지에 대해 생각해 보는 것이다.
- 우선 혼전 성관계를 반대하는 입장을 지지할 수 있는 이유들을 전체 구성원들이 자유롭게 발표하도록 하고, 그 내용을 적는다.
- 다음으로는 혼전 성관계를 찬성하는 입장을 지지할 수 있는 이유들을 전체 구성원들이 발표할 수 있도록 하고, 그 내용을 적는다.
- 적힌 이유들을 그 중요도에 따라 평가하여 점수를 부여한다('이유가 되기는 하지만 별로 중요한 것은 아니다'에 1점, '어느 정도 중요한 이유이다'에 2점, '매우 중요한 이유이다'에 3점을 준다).

- 다음의 내용을 토론한다.
  - 청소년으로서 혼전 성관계에 대한 입장을 정립하는 데 있어 어떤 요소들의 영향을 받게 되는가?(성에 대한 주관적 느낌, 상대방의 요구, 대중매체의 영향, 부모님의 교육, 종교적인 신념 등)
  - 혼전 성관계에 대한 찬반의 이유 중 가장 중요한 것은 무엇인가?
  - 지금은 혼전 성관계에 대해 반대하는 입장인 친구가 그 생각을 바꿀 수 있을까? 혹은 찬성하는 친구가 반대하는 입장으로 변화할 수 있을까? 그렇다면 왜 변하게 될까?
  - 혼전 성관계를 찬성하거나 반대하는 입장을 가진 각각의 청소년들에게 발생할 수 있는 예상 결과 가운데 가장 좋지 않은 것은 무엇일까?
  - 혼전 성관계에 반대하는 입장을 가진 청소년이 실제로 갈등상황에서 자신의 주관대로 행동하기 위해 필요한 것은 무엇인가?(자기 주장을 확실히 할 수 있는 자신감, 자신의 의사를 명확히 전달할 수 있는 의사표현, 친구들이나 상대방의 압력에 이끌리지 않는 것 등)
  - 혼전 성관계에 반대하는 입장을 가진 청소년들이 실제로 갈등상황에서 자신의 주관대로 행동하기 위해 필요한 것은 무엇인가?(임신이나 성병 감염 위험 등에 대한 지식, 피임도구에 대한 사전준비, 상대방과의 자연스러운 의사소통 등)

### 2. 지도용 자료 예시 : 혼전 성관계에 대한 찬성 대 반대의 이유 예

- 찬성하는 입장
  - 친구들이나 상대방의 압력을 피할 수 있다.
  - 상대방과 사람의 감정을 나눌 수 있다.
  - 외롭지 않다.
  - 상대방과 기쁨을 나눌 수 있다.
  - 따뜻한 애정을 느낄 수 있다.
  - 자기 자신이 독립적인 존재로 느껴진다.

들을 모두 자리에서 일어나게 한 다음 문제를 풀게 한다. 한 문제 한 문제를 풀 때마다 틀린 학생들은 자리에 앉도록 하고 최후까지 남아 있는 학생에게 준비한 선물을 주는 것도 좋다.

## (5) 질의 응답식 방법

학습자들이 정말로 궁금해 하는 것에 대해서 질문을 받은 다음 답변해 주는 방식이다. 사전에 무엇이든지 물어볼 수 있도록 분위기를 조성하는 것이 중요하며, 쪽지에 적어 내게 한 다음 교사나 학생이 함께 답하며 이야기한다. 즉석에서 무기명으로 받아서 하며, 지도교사 스스로 솔직하게 답변할 자세가 되어 있어야 한다. 또한 질의 응답식 방법은 고난도의 교육으로 학생에 대한 이해뿐 아니라 성지식 및 성교육의 내용을 충분히 알고 있어야 하며, 미리 예상문제에 대한 학습이 필요하다.

## (6) 체험활동을 통한 성교육

가상으로 실제 경험을 하도록 하여 생생하게 느낄 수 있게 하는 방법이다. 체험교육관을 방문하여 실시하는 것도 좋으며, 여러 매체를 이용하여 활용할 수 있다. 예를 들어 찰흙 빚기나 그림으로 생식기 및 신체 표현하기, 나만의 또는 내 친구의 월경주기 팔찌 만들기 등이 있다.

## (7) 기 타

성교육과 관련된 글짓기, 독후감과 표어 쓰기, 신체변화, 위생 등에 대한 일기 쓰기, 포스터 그리기, 성교육 실천카드 만들기 등 다양한 접근방법을 활용하여 동일한 내용이나 주제라도 심화교육을 할 수 있다.

요약

청소년 발달 중 가장 급작스럽게 변화하는 분야는 성과 관련된 영역으로 성은 문화적 의미인 젠더(gender)와 생물학적 의미를 지니는 섹스(sex)로 구별된다. 청소년 시기에 성에 대한 인식은 정체성 발달과 사회적 관계 형성에 있어서 가장 중요한 위치를 차지할 뿐 아니라 문화적 의미의 성역할에 대한 인식과 관념의 기초가 된다.

성역할이란 사회가 규정한 성에 대한 적합한 행동, 태도 및 가치관을 습득하는 사회화 과정을 통해 발달하며, 정신분석이론과 사회학습이론, 인지 발달이론에서 성역할 동일시의 발달과정을 설명하고 있다. 그러나 대안이론 연구에서는 남성과 여성은 심리적으로 유사할 수도 있고 사람에 따라서는 아동기의 고정관념적인 성역할을 초월할 수도 있다고 가정하고, 성역할 발달의 목표는 엄격하게 성유형화된 정체감을 획득하는 것이 아니라 남성적 특성(기능성)과 여성적 특성(친교성) 간의 균형을 이루어 양성성을 갖는 것이다.

청소년의 성의식이란 흔히 '성태도'라고도 일컬어지며, 성에 대한 가치관으로서 그로 인해 드러나는 태도, 행동, 성에 대한 지식 등을 포함하는 것으로 개인에게 내재하고 있는 성에 대한 신념과 선호의 형태 및 정도를 의미한다. 또한 성행동이란 겉으로 드러나는 성과 관련된 행동으로 손잡기, 포옹, 키스, 성관계, 출산, 낙태 등 다양한 행동이 포함된다. 성의식과 성행동은 밀접한 관련이 있지만, 동일한 성행동을 보일지라도 각기 다른 동기에서 비롯될 수 있고, 성의식과 행동사이에 불일치가 발생할 수도 있다. 청소년들의 성의식 실태에 대한 최근의 연구들을 살펴보면, 성의식은 보수적인 측면과 개방적인 측면이 혼재되어 있다고 보고 있으며, 청소년들의 성의식 중 성평등성에 대한 조사에 의하면, 청소년들은 성행동에 있어서 남자와 여자가 동등하지 않다고 인식하고 있다. 성행동 경험에 있어 성행동의 강도가 높을수록 경험의 빈도는 낮아지며, 여학생들에 비해 남학생의 비율이 2~3배 높은 경향을 보인다. 또한 청소년의 성경험은 자의에 의해서 이루어지는 경우도 있지만 강제적으로 이루어지는 경우도 있다. 강제성행동의 가해경험은 연령이 높아지면서 증가하며, 가벼운 수준의 가해행동은 여학생의 비율도 높은 것으로 보고되고 있다. 직접적인 성행동뿐만 아니라 매체의 발달로 인해 비롯된 간접 성행동이 실생활 속에서 청소년들에게 미치는 부정적 영향에 대한 우려의 목소리가 크다.

성교육의 중요성이 부각됨에 따라 현재 학교, 민간단체, 가정에서 이루어지고 있다. 초등학교에서부터 성교육이 의무적으로 실시되고 있으나 여러 가지 이유로 효율적으로 제공되지 못하고 있는 실정이다. 또한 가정에서의 성교육 역시 제공되는 비율은 낮은 편이며, 부모의 성의식이나 태도에 따라 제한적인 수준으로 이루어지고 있는 것이 현실이다. 반면 민간단체의 성교육 프로그램은 청소년들의 신체적 변화와 성적 욕구에 대해 긍정적으로 인식하도록 하는 점은 청소년들로 하여금 자신을 보다 긍정적으로 바라볼 수 있도록 한다는 점에서 의미있다고 볼 수 있다.

따라서 바람직한 성교육을 위해서는 가정, 학교, 민간단체의 성교육 내용이 일관성을 가져야 하며, 자연스럽고 긍정적인 태도로 성교육을 실시해야 한다. 학교에서의 성교육은 특정 교과목으로 지정해서 다루기보다는 학과목 간의 합의를 거쳐 학교 내·외의 여러 행사와 과목에서 다루어져야 한다. 성교육에서 다루는 영역은 신체·성심리 발달영역, 인간관계 이해영역, 성문화 및 성윤리영역 등으로 나누어 볼 수 있으며, 다양한 매체와 교수법을 활용하여 실시한다.

# 청소년 상담

제4부는 청소년을 대상으로 하는 상담에 대해 다룬다. 10장에서는 청소년 상담에 대한 이해부분으로 청소년 상담의 개념, 유형, 과정, 현황에 대해 알아보고, 청소년 상담자의 자질, 윤리 및 자격요건에 대해 다룬다. 11장은 청소년 상담의 주요 이론으로 정신분석적 상담, 인지행동심리상담, 인간중심적 심리상담에 대해 개괄적으로 살펴보겠다. 12장은 청소년이 겪게 되는 심리적 부작용으로 불안장애, 우울장애, 자살, 섭식장애, 품행장애, 약물중독, 인터넷중독, 집단폭력과 집단따돌림 등을 다루고, 13장은 문제유형별 청소년 상담으로 학업문제, 진로문제, 성문제, 비행문제, 위기문제, 대인관계에 문제를 보이는 청소년들을 상담하는데 초점을 맞추었다.

Chapter ⑩

# 청소년 상담의 이해

## 1. 청소년 상담의 개념

### 1) 상담의 개념

상담(counseling)의 어원은 라틴어의 'consulere'에서 유래되었으며, '고려하다', '반성하다', '조언을 구하다' 등과 같은 의미를 지닌다. 오늘날 우리가 사용하는 상담이란 말은 두 사람이 마주보고 나누는 대화 가운데 한 사람은 도움을 받기 위해, 다른 한 사람은 도움을 주기 위해 대화를 나누는 조력적 면담을 의미한다.

쉐르저(Shertzer)와 스톤(Stone, 1980)은 '상담은 자기와 환경에 대한 의미 있는 이해를 촉진시키고 장래행동의 목표나 가치관을 확립해서 명료화하도록 하는 상호작용 과정'이라고 정의하였다. 모릴(Morrill), 외팅(Oetting) 및 허스트(Hurst, 1974)는 상담의 대상·목적·방법 등 여러 차원을 고려하여 매우 포괄적으로 정의하고 있다. 즉, '상담은 개인뿐만 아니라 가족 등 일차적 집단, 형식·비형식적 집단, 학교, 교회, 관공서 등의 기관 혹은 지역사회 등을 대상으로 하여 치료·예방·발달 및 성장의 목적을 달성하기 위해 직접 봉사, 자문 및 훈련, 매체 등의 방법을 이용하는 제반활동'이라고 하였다.

한편 '상담이란 도움을 필요로 하는 사람이 전문적 훈련을 받은 사람과의 대면관계에서 생활과제의 해결과 사고, 행동 및 감정 측면의 인간적 성장을 위해 노력하는 학습

과정'이라고 상담의 전문성을 강조하여 정의내리고 있으며(이장호, 1998), '상담이란 내담자와 상담자 간에 수용적이고 구조화된 관계를 형성하고 이 관계 속에서 내담자가 자기 자신과 환경에 대해 의미 있는 이해를 증진하도록 하여, 내담자 스스로가 효율적으로 의사결정을 하고 여러 심리적인 특성을 긍정적인 방향으로 변화시키도록 원조하여 결과적으로 내담자의 성장과 발전을 촉진하는 심리적인 조력과정(박성수, 1998)'으로 정의하기도 한다. 최근에는 상담을 문제해결이나 치료의 관점에서 탈피하여 보다 통합적이고 발달적인 관점에서 보려는 경향이 많아지고 있다. 이러한 관점에서 이형득(1993)은 '상담이란 개인의 발달과업 성취와 적응력 신장에 도움이 되는 활동이나 프로그램을 개발하여 실시함으로써 문제 발생의 사전 예방과 동시에 성장과 발달을 촉진하기 위해 도움을 주는 활동'이라고 정의하고 있다.

이렇듯 상담에 대한 정의는 인간에 대한 관점에 따라 학자마다 견해의 차이가 있다. 그러나 여러 학자의 정의를 종합해 볼 때 상담의 개념은 다음과 같이 포괄적으로 정리할 수 있다(한국청소년개발원, 2004).

- 상담은 도움을 필요로 하는 내담자와 도움을 주는 상담자가 있어야 한다. 즉, 내담자나 상담자 중 어느 한 사람만 있어서는 상담이 성립되지 않는다. 상담자와 내담자가 개인 혹은 집단의 형태를 유지하며 양측 모두에 존재할 때 상담이 이루어 질 수 있다.
- 상담은 전문적인 교육과 훈련을 받은 상담자에 의해 제공되는 전문적 활동이다. 상담관계는 일상적인 대인관계와 달리 상담자가 내담자를 긍정적인 방향으로 변화시켜야 하는 책임을 가지고 수행하는 전문적 관계이다. 따라서 상담자는 이에 요구되는 전문적 지식과 기술을 갖추고 있어야 한다.
- 상담은 상담자와 내담자 간의 상호협력관계에 기초하고 있으므로 바람직한 상담관계는 상담자와 내담자가 대등한 위치에서 상담에 임하고, 서로 합의에 의해 상담목표를 설정하며 그것을 구체화한다.
- 상담은 의사결정과 문제해결에 관여한다. 상담에서 다루는 문제는 다양하지만 상담은 내담자의 의사결정과 문제해결에 직·간접적으로 관여한다. 내담자가 이러한 의사결정과 문제해결 기술을 습득하도록 조력하는 것은 상담의 중요한 기능 중의 하나이다.
- 상담은 내담자가 새로운 행동을 학습하거나 새로운 태도를 형성하도록 돕는다.

내담자의 행동변화는 상담의 효과를 측정하는 척도가 될 수 있다.

■ 상담은 내담자의 문제를 예방하고 성장과 발전을 조력한다.

## 2) 청소년 상담의 의미

청소년문제에 대한 심리적 접근은 교육학, 심리학, 사회사업학, 정신의학 등 여러 전문 분야에서 광범위하게 연구되어 왔다. 비록 청소년 상담의 이론적 배경이 성인 상담 이론에 근거하고 있다 하더라도 청소년이 나타내는 독특한 문제양상은 청소년 상담자에게 새로운 도전으로 인식된다. 청소년은 단순히 '작은 성인'이 아니다. 따라서 청소년 상담은 단지 성인 상담의 이론과 방법을 축소한 차원이 아니다. 청소년의 발달단계, 환경, 상담의뢰 사유 등은 성인 상담과는 차별화된 접근을 요구하므로 청소년 상담자는 청소년이 처한 발달 조건에 대한 폭넓은 지식과 상담에 대한 차별화된 관점을 유지할 필요가 있다.

상담에 대한 일반적인 정의를 토대로 청소년 상담의 의미를 정의할 수 있다. '청소년 상담이란 성장기에 있는 청소년이 사회에 잘 적응하고 자신의 잠재가능성을 최대한 실현할 수 있도록 도와주기 위한 전문적인 활동'이며, '청소년 및 청소년 관련 인과 청소년 관련 기관을 대상으로 하여 직접 봉사, 자문활동, 그리고 매체를 통하여 청소년의 바람직한 발달 및 성장을 추구하는 활동'으로 청소년 상담의 영역을 보다 포괄적으로 설정하여 정의하고 있다(박재황 외, 1993 ; 이성진, 1996).

구체적으로 기술하자면, 청소년 상담활동의 대상은 청소년, 청소년 관련 인(부모 · 교사 · 청소년 지도자)과 청소년 관련 기관(가정 · 학교 · 청소년 고용업체 · 청소년 수용기관, 청소년 봉사기관)을 포함한다. 상담의 대상이 되는 문제를 가진, 혹은 발달을 원하는 개인에게 국한되지 않고 그 개인이 속해 있는 관련 환경까지도 포함하는 것은 최근의 일반적인 경향이다(이형득, 1993). 특히 청소년 상담활동에서는 청소년 자신뿐만 아니라 부모나 교사 등 주변 관련 인을 포함시키는 것이 매우 중요하다. 청소년문제는 청소년 자신의 발달과업상의 특징으로 인해 유발되는 경우도 있지만 환경과의 관계에서 발생하는 경우가 많다. 청소년은 환경의 영향을 쉽게 받기 때문에 청소년 자신의 문제의 원인을 찾고 그것을 극복하려고 해도 주변환경이 변하지 않는 한 문제가 재발할 가능성이 높다. 따라서 청소년 상담의 일차적 대상은 청소년이지만 청소년 관련인 및 청소년 관련 기관 역시 청소년 상담의 대상이 될 수 있다.

나아가 청소년 상담은 청소년의 심리적 역기능 상태의 치료 및 문제해결만이 아니라 그러한 문제의 예방 및 발달과 성장을 목적으로 한다. 청소년 상담은 청소년이 겪고 있는 정서적 불안, 부적절한 행동, 정신질환 등을 치료하는 한편 청소년이 발달과업을 충실히 달성할 수 있도록 적절한 프로그램을 개발하고 실시하여 청소년이 보다 적응적이고 창조적인 사회인으로 성장하도록 돕는다. 청소년이 경험하는 문제는 주로 발달과정상에서의 혼란, 정체감 형성과정에서의 혼란, 교우관계에서의 대인관계 기술 부족 등이 있다. 이러한 문제에 직면했을 때 적절한 정보를 적합한 방식으로 제공하는 것만으로도 상담 효과를 거둘 수 있다. 청소년 상담에서는 문제 발생 후 그 문제를 치료하는 것보다는 그 발생을 예견하여 적절하게 사전 조치를 취하는 예방적 접근이 보다 효과적이고 경제적이라고 할 수 있다. 이러한 측면을 고려하여 청소년 상담에서는 문제발생상황에 대처할 수 있는 내면적 힘을 키우게 한다든지, 스트레스에 적절히 대처할 수 있도록 한다든지, 대인관계 기술훈련을 통해 교우 및 교사와의 인간관계에서 발생하는 스트레스를 적극적으로 극복할 수 있도록 한다든지, 또는 자기성장 프로그램을 통해 자신의 가치와 잠재력을 발견하고 위기상황에 유연하게 대처할 수 있도록 하는 등 성장 지향적인 접근을 취할 수 있다(박재황 외, 1993).

또한 청소년 상담은 방법적인 면에서도 1 : 1 개인면접뿐만 아니라 소규모 혹은 대규모집단으로 교육과 훈련을 하거나 매체를 이용하는 등 다양한 방법을 활용한다. 경우에 따라서는 1 : 1 개인면접이 청소년의 개인적인 문제를 해결하는 데 적절하기도 하지만, 청소년 상담활동은 문제의 해결뿐만 아니라 문제의 예방과 건전한 성장 및 발달을 지향한다는 측면을 고려할 때 다양한 상담방법이 활용되어야 한다.

이러한 청소년 상담에 대한 정의를 토대로 박성수 등(1997)은 청소년 상담의 목표를 다섯 가지로 제시하고 있다.

- 문제를 해결한다. 청소년기에 공통적으로 직면하는 문제를 해결하고 그것이 성장과 성숙에 도움이 되도록 한다. 또한 시대적 변화나 환경적 여건에 따라 청소년에게 발생하는 독특한 문제들을 다루고 해결한다.
- 이상심리를 치료한다. 신경증이나 정신질환을 치료하는 것은 물론 성격장애나 발달과정상에 나타나는 다양한 심리적 장애를 치료하는 것에 목표를 둔다.
- 문제발생을 예방한다. 예를 들어, 학생 청소년의 경우 가출이나 중도탈락은 각종 부적응 행동, 일탈 행동, 범죄, 정신질환 등에 노출되는 경로로 작용할 수 있기 때

문에 이러한 문제를 사전에 예방하는 것은 청소년 상담의 중요한 목표가 된다.

■ 발달을 촉진한다. 청소년기 발달과업을 성취하여 성인기를 준비하는 기초를 확립하고 나아가 환경적 변화를 주도할 수 있는 능력을 신장시킨다.

■ 탁월성을 성취하도록 한다. 청소년이 각자의 잠재능력을 계발하여 과학, 스포츠, 예술, 정치, 문화, 경제, 종교 등 광범위한 영역에서 탁월성을 추구할 수 있게끔 새로운 전략을 마련하고 활동을 시도하도록 조력한다.

## 2. 청소년 상담의 유형

청소년 상담은 상담방식에 따라 대면 상담과 인터넷 상담 및 전화 상담 등의 형태가 있고 상담형태에 따라 개인 상담, 집단 상담, 가족 상담 등의 여러 형태들이 있다. 또한 상담자의 상담유형에 따라 지시적 상담과 비지시적 상담, 상담에 쓰인 도구에 따라 모래놀이치료, 놀이치료, 미술치료, 음악치료 등으로 구분하기도 하며, 상담기간에 따라 단기 상담과 장기 상담으로 나눈다. 본 장에서는 크게 상담방식에 따른 분류, 상담형태에 따른 분류 및 기간에 따른 분류로 나눠 살펴보겠다.

### 1) 상담방식에 따른 분류

상담은 상담자와 내담자가 어떻게 만나느냐에 따라 대면 상담과 통신 상담으로 구분할 수 있다. 대면 상담이란 전통적으로 실시해 오던 형태의 상담으로 상담자와 내담자가 직접 만나서 심리적 문제를 다루어 나가는 상담을 말한다. 통신 상담이란 상담자가 내담자를 전화, 이메일이나 온라인, 서신, 팩스 등의 매체를 이용하여 상담하는 과정이다. 인터넷의 발달 이전에는 통신 상담으로 전화가 주로 이용되었으나 최근 들어 이메일을 이용한 상담이나 온라인에서 직접 1 : 1로 진행하거나 집단으로 진행하는 상담이 활성화되고 있다.

최근 들어 많이 사용되는 온라인 상담이나 이메일 상담의 장·단점에 대해 살펴보겠다.

## (1) 인터넷 상담의 장점

- **시·공간적 자유로움** : 인터넷 상담은 자신이 원하는 시간에 상담을 신청할 수 있고, 멀리 떨어진 지역에서도 자유롭게 상담을 신청할 수 있다. 상담자 역시 의뢰된 상담내용을 인터넷을 사용할 수 있는 장소에서 언제든 전달할 수 있으며, 이메일의 경우 편리한 시간에 답변할 수 있다.
- **익명성** : 인터넷 상담의 장점인 익명성은 두려움이나 걱정 없이 자신을 드러낸다. 하지만 상담내용에 관련된 중요한 신상정보를 감추는 경우에는 효과적인 상담을 방해하기도 한다.

## (2) 인터넷 상담의 단점

- **활용가능한 단서들의 제한** : 직접 만나는 대면 상담과 달리 문자로만 의사소통을 하기 때문에 내담자의 특징적인 비언어적 단서들, 예를 들면 외모, 목소리, 행동, 몸짓, 자세 등 상담에서 중요시되는 정보들을 얻기 힘들다.
- **부정확한 내용 전달** : 대면 상담처럼 시간을 가지고 말로 이야기하는 것에 비해 도움받고 싶은 사연을 충분히 전달하기에는 부족한 점이 있다. 즉, 말로 표현하는 것에 비해 내담자가 원하는 내용을 분명하고 정확하게 표현해내지 못하는 경우가 많다.
- **단회성으로 끝나는 경향성** : 많은 내담자가 자신에게 필요한 간단한 정보나 조언만을 원하는 경우가 많은데, 이 경우 충분한 시간 동안 진행되었을 때 얻을 수 있는 중요한 상담적 효과를 경험하지 못하고 종결할 수 있다.

## 2) 상담 형태에 따른 분류

청소년 상담을 형태에 따라 구분할 수도 있다. 내담자가 한 명인가 혹은 여러 명인가에 따라 개별 상담과 집단 상담으로 구분 할 수 있다. 개별 상담과 집단 상담은 상담이 이루어지는 활동방식이나 개인의 치료적 경험에 있어서 커다란 차이가 있다. 일반적으로 정서적 문제나 학습문제를 다루기 위해서는 주로 개별 상담을 실시하게 되지만, 사회적 문제나 행동문제를 다룰 때는 집단 상담을 실시하는 경우가 많다(강문희 외, 2008).

## (1) 개별 상담

개별 상담은 내담자와 상담자가 1 : 1로 상담하는 방법으로 개인 상담 또는 1 : 1 상담이라고도 부른다. 최근까지도 대부분의 상담은 주로 개별 상담의 형태로 이루어져 왔으며, 이 개별 상담을 전제로 상담심리학의 이론과 연구가 발달되었다고 볼 수 있다. 그러나 개별 상담은 경제성이 부족하다는 비판을 받고 있으며, 최근에는 집단 상담방법이 대안으로 제시되거나 문제에 따라 개별 상담과 집단 상담을 병행하기도 한다(이숙 외, 2004).

## (2) 집단 상담

인간성장과 문제를 해결하기 위해 집단이 지닌 치료적 힘의 효율성을 인식하게 되면서 집단 상담의 필요성이 점차적으로 확대되고 있다. 집단 상담을 통해 청소년은 정서적 유대감과 소속감을 경험할 수 있으며, 다른 구성원들과의 교류를 통해 자신의 문제를 새로운 각도에서 볼 수 있고 사회적인 기술 등을 배울 수 있다. 또한 집단에서 다양한 참가자들과의 교류를 통해 생활의 문제점들을 새로운 각도에서 보게 되며, 사회관계에서 자신과 타인을 새롭게 받아들이는 대인관계 양식과 사회기술 양식을 학습하고 실험해 보는 경험을 하게 된다(김춘경 외, 2002). 집단 상담은 깊은 인간관계를 가지게 하면서도 개인의 주도성을 크게 요구하지 않으므로 청소년에게 안전감을 줄 수 있다.

## 3) 상담기간에 따른 분류

청소년 상담은 상담기간에 따라 단기 상담과 장기 상담으로 분류된다. 단기 상담은 짧게는 6~8회기에 끝낼 수도 있으나 15회 또는 25회 이상을 포함시키는 경우도 있기 때문에 단적으로 결론짓기는 어려우며, 상담회기로는 4개월 미만이고 15회기 이내인 정도를 단기 상담이라고 보아도 무리가 없을 것 같다(강문희 외, 2008).

최근에는 단기 상담의 한 유형으로 해결 중심적 단기 상담이 강조되고 있다. 이 모델은 상담의 초점을 문제 중심에 두기보다 해결 중심에 두고 있는데, 주로 학교 현장에서 사용되는 것으로서 학생의 단점보다 강점을 강조하기 때문에 학생이 자신의 문제를 해결할 수 있는 실마리를 잡도록 도와주는 데 중점을 두고 진행한다.

장기 상담의 경우 비용이나 상담기간이 내담자 및 부모에게 큰 부담으로 작용할 수 있으므로 최근 상담의 추세는 특정 문제 중심으로 '단기화'하는 것이라고 볼 수 있으며 문제의 특성에 따라 장기 상담을 하기도 한다. 장기 상담은 1년 이상 지속하는 경우가 많다.

## 3. 청소년 상담의 과정

상담의 과정이란 내담자가 처음 방문하기 전 준비하는 단계부터 내담자와 처음 만나서 상담을 시작하여 상담이 완전히 종결되기까지의 전체 과정을 말하는데, 상담은 준비단계부터 초반부와 중반부, 그리고 후반부에 행해져야 할 일들이 따로 있다. 상담의 각 부분에서 초점을 맞춰야 할 일들이 순조롭게 진행될 때 상담은 성공적으로 끝나게 된다. 반대로 각 단계별로 상담을 진행하는 전반적인 전략이 마련되어 있지 않으면 내담자와의 만남이 계속되더라도 이루어 놓은 것이 별로 없는 실속 없는 상담이 되기 쉽다.

### 1) 준비단계

상담자는 상담 분위기가 어수선해지지 않도록 사전에 물리적 환경이나 여러 가지 사항에 대해 적절한 고려를 해야 한다. 충분한 배려가 궁극적으로는 라포 형성에 도움이 되며 치료를 성공적으로 이끌어 갈 가능성을 높인다.

#### (1) 물리적 환경

쾌적한 물리적 환경은 면담 분위기를 조성하는 데 도움이 된다. 청소년 내담자의 경우 대기실의 환경도 라포를 형성하는 데 중요한 역할을 한다. 상담실에는 내담자에게 친숙한 소품이나 적절한 공간설비 및 조명을 갖출 필요가 있다.

청소년 내담자는 성인 내담자를 만나는 일반적인 상담실에서 상담을 시작하는 것이 좋다. 가구는 대부분 성인의 신체에 맞춰 준비하게 되는데, 청소년에게 알맞은 의자나 소품들을 준비하는 것도 좋다. 또한 청소년 내담자 중 정서적 또는 지적 발달 면에 따라 일반적인 상담실이 아닌 놀이치료실에서 상담을 하는 것이 도움이 될 수도 있기 때문에 놀이치료실을 함께 마련해 둔다면 이상적인 상담실환경이라 할 수 있다.

## (2) 내담자와 가족에 대한 준비

청소년 상담에서는 처음부터 내담자 본인과 접촉하지 않고 부모를 만나는 경우가 많다. 그리고 이러한 최초의 접촉은 전화를 통해 이루어지므로 전화접수를 하는 사람은 기관에서 행해지는 치료방법에 대해 정확하게 이해하고 있는 것이 중요하다.

청소년 상담기관을 찾는 내담자나 부모는 종종 자신들에게 중대한 문제가 있을지도 모른다는 두려움을 갖는다. 상담자는 내담자나 가족이 상상하는 최악의 시나리오가 반드시 옳지 않다는 점을 일깨워 줄 필요가 있다. 따라서 치료기관에서 전화를 받는 사람은 내담자의 감정을 이해할 수 있어야 하며, 더 나아가 그들의 어려움을 공감하고 지지할 수 있는 능력을 갖추어야 한다(김유숙, 2008).

## 2) 시작단계

상담의 시작단계란 상담자와 내담자 사이에 첫 만남이 이루어지는 순간부터 시작해서 내담자의 문제를 파악하기 위한 이후의 몇 차례의 만남을 의미한다. 시작단계의 가장 큰 목표는 상담의 기틀을 잡는 것이다.

### (1) 내담자의 문제 이해

상담을 시작하는 데 있어 가장 중요한 것은 내담자의 문제가 무엇이고 그것이 어떤 배경에서 발생하였는지를 확인하는 것이다. 삼담자는 상담을 하고자 하는 직접적인 이유가 무엇인지를 내담자가 이야기할 수 있도록 배려하는 자세를 유지하면서 내담자가 경험하는 문제와 그 문제가 경험되는 구체적인 상황이나 장면을 확인해 나간다. 그 후 내담자의 문제가 발생되는 원인을 탐색해 나간다. 청소년의 경우 내담자 및 그 부모와의 면담을 통해 문제를 이해하고 원인을 알아가기도 하지만, 경우에 따라서는 심리검사나 의학적 검사를 통해 문제를 확인하고 그 원인을 알아낼 수도 있다. 검사가 필요하다고 판단되면 부모 이외에 청소년 내담자에게도 그 검사들이 왜 필요한지를 설명해 준다.

또한 이 단계에서는 내담자가 자신의 문제를 얼마나 해결하려는 동기가 있는지도 파악해야 한다. 대부분의 청소년들은 자발적으로 상담을 원하기보단 교사나 부모에 의해 상담에 의뢰되는 경우가 많다. 이런 내담자들을 '비자발적 내담자'라고 하는데 이 경우에는 무엇보다도 그들에게 상담이 어떤 것인지, 상담을 통해 무엇을 할 수 있고, 그것이 자신에게 어떤 도움이 될 수 있는지, 그리고 상담을 활용해서 해결하고 싶은 문제는 없는지에 관해 충분히 이야기를 나누는 것이 필요하다.

## (2) 상담의 목표 및 진행방식의 합의

상담을 진행하기 위해서는 내담자와 함께 상담의 목표를 정하고 진행방식을 정하는 것이 필요하다. 목표가 정해지게 되면 내담자도 상담과정에 스스로 책임을 지고 자신이 중요한 역할을 해 나간다는 것을 인식함에 따라 상담이 더욱 효율적으로 진행된다.

### ① 상담목표 정하기

상담의 목표는 크게 일차적 목표와 이차적 목표로 나뉘는데, 상담의 일차적 목표는 '호소한 증상 또는 문제해결적 목표'이다. 즉, 내담자가 상담받고자 하는 문제를 성공적으로 해결하여 내담자의 생활적응을 돕는 것이다. 이차적 목표는 '성장촉진적 목표'로 자신의 잠재력과 가능성들을 드러낼 수 있도록 성격을 재구조화하여 인격적 성숙을 이루는 것이다.

상담목표를 설정할 때는 다음과 같은 몇 가지 고려사항이 있다.

- 목표는 구체적이고 명확해야 한다.
- 목표는 현실적이어야 한다.
- 목표를 정할 때는 내담자가 얘기하는 여러 문제들을 유사한 원인을 가지는 몇 가지 주요 문제로 압축해야 한다.

### ② 상담의 진행방식에 대한 합의

상담을 효율적으로 진행하기 위해서는 상담이 진행되는 방식이나 절차, 상담에 바람직한 내담자의 행동과 태도 등에 대해 내담자에게 자세히 안내하고 동의를 구하는 것이 필요하다. 이것을 상담의 구조화라고 하는데 여기에는 상담규칙 및 시간에 대한 합의, 바람직한 내담자 행동 및 역할에 대한 안내 등이 포함된다.

## (3) 촉진적 상담관계의 형성

상담자와 내담자가 어떤 관계를 형성하는지는 상담의 진전과 성공에 직결되는 중요한 문제이다. 흔히 촉진적 상담관계 형성을 '라포 형성'이라고 부르기도 한다. 내담자와 라포를 형성하기 위해 상담자는 끊임없이 내담자를 이해하려는 진지한 자세, 모든 것을 내담자의 입장에서 생각해 보려는 내담자 중심적인 태도, 비난하거나 비판하기 보다는 수용하고 존중하는 허용적인 자세, 어떤 가식도 없는 진솔하고 투명한 태도, 내담자를 도와주고자 하는 조력적인 자세, 변덕스럽지 않은 일관적인 태도와 행동 등이 필요하다.

## 3) 중기단계

상담자와 내담자가 관계를 확립하고 목표에 동의하는 데 성공했다면 중기단계로 넘어가게 된다. 중기단계는 문제를 해결하는 단계로 시작단계에서 설정된 상담목표를 해결하기 위해 구체적인 상담작업들을 진행한다. 중기단계는 상담과정에서 대부분을 차지하는 가장 긴 기간으로 성장과 신뢰, 훈습의 단계를 거친다. 여기서는 중기단계에서 사용되는 구체적인 상담방법들을 간략하게 살펴보겠다.

### (1) 제 안

대부분의 상담자들, 특히 초보 상담자들은 충고와 제안하기를 좋아한다. 상담자들은 타인들에게 충고를 할 때 충고를 받는 사람이 어떻게 느낄지에 대해서 그리고 어떤 경우에 충고를 해 주는 것이 그들의 생활에 유용할지에 대해 스스로에게 질문해야 한다 (Brammer, 1988). 충고보다는 덜 직접적인 방법인 제안은 상담자가 내담자에게 어떤 과정이 실제로 맞는 것인지에 대해 구체화하지 않고 많은 행동과정들을 포함하는 대안들을 제시하는 기법이다. 상담자들은 대안들을 제안할 때 내담자들에게 그것을 거부할 선택의 자유를 주어야 한다.

### (2) 정보제공

정보제공은 상담자의 충고와 제안과 같은 맥락에서 이해될 수 있다. 상담자들은 종종 청소년 내담자들로부터 지식, 경향, 흥미 등에 대한 정보를 제공해 줄 것을 요청받는다. 청소년들이 정보를 찾고 있는 것이 분명하고 상담자가 요청 받은 정보를 갖고 있다면 상담자는 정보를 제공하고자 할 것이다. 이때 유의할 점은 정보 그 자체보다 청소년이 정보를 어떻게 인식하고 어떻게 사용하는가를 이해하는 것이다.

### (3) 해 석

해석은 내담자가 어떤 특정한 방식으로 행동하는 이유를 파악하는 것으로 내담자가 자기 자신의 감정과 행동 및 자신의 문제에 대한 통찰력을 발달시키고, 새로운 관점을 생각해 보며, 폭넓은 대안을 탐색할 수 있도록 돕기 위해 사용되는 기법이다. 해석의 가치는 언제 사용되는가, 무엇이 해석되는가, 내담자가 해석으로부터 무엇을 얻을 수 있는가 등에 달려 있다.

## (4) 질 문

상담자들은 단순한 정보를 탐색하기 위해서, 교정하기 위해서, 또는 반영하기 위해서 질문을 사용한다. 구메어(Gumaer, 1984)는 상담 초기에는 상담의 방향을 아동이 원하는 방향으로 잡아 나가기 위해서 개방식 질문을 사용할 것을 권했으나, 상담 중기와 말기에 상담자가 상담에서 어느 특정한 방향으로 나아가거나 거기에 도움이 되는 직접적이고 구체적인 정보를 필요로 할 때는 폐쇄식 질문을 사용해야 한다고 주장했다.

## (5) 자기노출

상담자의 자기노출이란 상담자의 과거 경험에 입각한 실제적인 정보를 제공해 주는 반응이며, 내담자의 자아나 문제에 직접적으로 관련된 것으로 치료를 향상시키는 것이어야 한다. 상담자의 자기노출은 내담자를 위한 모델이 되어 내담자의 자기노출 정도를 증가시키고 좀 더 깊은 수준으로 자기 노출을 하도록 내담자를 격려하며, 깊은 수준에 머무르면서 계속 자기노출을 하도록 내담자를 강화하고, 치료적 관계와 변화하고자 하는 내담자의 몰입을 견고하게 하는 이점이 있다(Gumaer, 1984).

## (6) 문제해결과 결정내리기

상담자는 내담자의 문제를 해결해 주는 것이 아니라 내담자 스스로 자신의 문제해결에 책임이 있음을 깨우치게 하고 문제해결능력을 신장시켜 주어야 한다. 상담자는 내담자의 기존 해결노력을 탐색하고, 그것을 위로하며 격려한다. 또한 기존 노력의 역할이 무엇이고 한계는 무엇인지를 평가하며, 기존 해결노력보다 더 나은 대안을 탐색해 보는 과정을 밟아 나가야 한다.

## (7) 직 면

직면이란 내담자가 모르고 있거나 인정하기를 거부하는 생각이나 느낌에 대해 주목하도록 하는 상담자의 언급이다. 구메어는 상담자가 직면을 사용할 때 다음과 같은 점을 고려해야 한다고 말했다.

- 상담자는 치료적 관계에서 필수적인 신뢰감을 형성한 후 직면한다.
- 상담자가 관심을 갖고 있고 참여하기를 바라며 돕고 싶다는 것을 나타내기 위해 직면한다.
- 상담자 자신과 먼저 직면한다. 자신의 편견과 선입견을 알아야 한다.
- 직면의 강도는 청소년의 현재 상태 및 능력 등에 맞추어야 한다.
- 청소년이 변화할 수 있는 행동에만 직면을 시킨다.

## (8) 즉각성

즉각성은 상담관계에서 현재의 순간, 또는 '지금 그리고 여기' 에서 상담자와 내담자 사이에 무엇이 일어났는가를 설명하는 것으로, 내담자와 그 당시 상담문제에 대해 상담자의 감정을 솔직하게 표현해 줄 필요가 있을 때 사용한다. 이것은 또한 무의식 속에 억압되어 있는 것들을 내담자가 인식하고 탐색하도록 도와주기 위한 상담자의 의식적이며 객관적인 시도이기도 하다.

## (9) 격 려

격려의 목적은 청소년 내담자의 행동을 적극적으로 지지해 주고 강화해 주어 청소년으로 하여금 용기와 책임감, 성실성을 일깨워 자신의 삶의 문제에 당당히 직면하여 자신의 문제를 해결할 수 있도록 돕는 것이다.

## 4) 종결단계

내담자가 원했던 방향으로 변화가 이루어지면 상담은 종결된다. 종결과정을 단계별로 살펴보도록 하자.

## (1) 상담목표 달성에 대한 평가

상담을 종결할 시점이라고 생각되면 상담 초기에 설정한 상담목표가 어느 정도 달성되었는가를 검토해야 한다. 또한 내담자가 처음 호소했던 문제 자체는 충분히 완화되었다 하더라도 다른 측면들에서 내담자의 현실 생활이 여전히 곤란하다면 종결에 대한 고려는 뒤로 미루는 것이 바람직하다. 문제 증상의 완화 기준 외에도 내담자의 현실 적응력이 얼마나 증진되었는지를 고려하여 상담의 종결 여부를 판단해야 한다.

## (2) 종결에 대해 합의하기

상담목표가 어느 정도 달성되었다면 내담자와 상담을 끝내는 문제를 미리 상의하는 것이 바람직하다. 상담시작 시점과 비교해 현재 얼마나 호전되었는지에 대해 대화를 나누고, 종결 시점을 같이 정하며, 점진적으로 종결을 준비하는 것이 필요하다.

## (3) 종결에 대한 내담자의 불안 다루기

내담자들은 상담이 종결된 후 자신이 잘 적응하며 생활할 수 있을지, 다시 상담을 받게 되는 것은 아닐지에 대해 불안해 한다. 또한 종결 자체를 거절이나 거부로 받아들이는 경우도 있다. 불안이나 부정적 정서는 원래의 문제행동을 다시 나타나게 만든다.

　종결에 대한 불안을 비롯하여 종결에 따른 내담자의 부정적 정서반응을 다루는 일반적인 방법은 상담과정의 여러 단계에서 일어난 변화의 종류와 내용들을 재음미하고 요약하면서 그 동안의 변화가 자신에게 일어났음을 확신시키는 것이다.

## (4) 상담자에 대한 의존성 극복

상담 종결 시 생각해야 할 주된 것 중 하나는 내담자의 의존성이다. 내담자의 의존성은 상담과정 속에 어느 정도 포함되어 있기 때문에 복잡한 문제라고 볼 수 있다. 내담자의 의존성을 극복하기 위해서는 내담자의 자율적인 판단과 결정을 허용하고 격려하는 상담자의 태도와 자세가 중요하다. 사소하든지 중요하든지 간에 내담자 스스로의 판단과 결정에 의해 일을 해결해 나가도록 격려해 주어야 한다.

## (5) 추후 접촉에 대한 안내

상담이 종결된 후에라도 상담자의 도움이 필요할 때에는 추가적인 만남을 가질 수 있음을 내담자에게 미리 알려주는 것이 바람직하다. 어떤 상담자들은 공식적인 종결이 있은 후 한달 이나 세 달 후 등과 같이 추가적인 만남의 시간을 내담자와 협의하여 미리 정하기도 한다.

## 4. 청소년 상담자의 자질, 윤리 및 자격요건

여기서는 청소년 상담을 전문으로 하는 상담자가 갖추어야 할 인성적 자질과 전문적
자질, 상담자로서 전문직을 수행할 때 반드시 고려하고 지켜야 한다고 생각되는 윤리
적 항목들에 관해 살펴보겠다. 또한 청소년 상담 전문가가 되기 위해 필요한 전문적 자
질 및 능력을 갖추고, 특정 과정을 거쳐 검증되는 자격요건에 대해서도 살펴보겠다.

### 1) 청소년 상담자의 인성적 자질

상담자의 바람직한 인성은 그 자체로 상담변화를 촉진시키는 요소가 되며, 내담자에게
성숙하고 건강한 사람의 모델이 되고, 상담자가 갖추어야 할 전문성의 배경이 되기도
한다. 특히 내담자와 치료적 관계를 맺고 유지할 수 있도록 이끄는 힘은 바로 지식이나
기술보다 인성이 큰 부분을 차지한다. 인성적 자질이 훈련될 수 있는 부분인지에 대해
서는 논란의 여지가 있지만, 많은 상담자들은 효율적인 상담자의 특징을 다음과 같이
제시하고 있다(George & Cristiani, 1994)

- 자신의 느낌과 경험에 대해 개방적이고 수용적이다.
- 자기인식능력이 있다.
- 자신의 가치와 신념에 대해 의식하고 있다.
- 모험가들이다.
- 타인들과 온정적이고 깊은 관계를 형성·발전시킬 수 있다.
- 순수하고 진솔하게 자신의 있는 그대로의 모습을 보인다.
- 자신의 행동에 책임을 진다.

또한 효율적인 상담자들은 자신과 타인, 그리고 자신과 타인 간의 상호작용에 대해
민감하고 개방적이며 유능한 능력을 갖추고 있는 사람들이다. 이런 능력은 인간의 심
리와 특성에 대한 관심과 긍정적 믿음, 인간복지에 대한 관심에서 비롯된 것으로 보인
다. 그리고 효율적인 상담자들은 지속적으로 자신을 개발하고 전문적인 성장을 위해
노력하며, 자기관리를 한다. 또한 신뢰적이고 객관적이며 유능하다. 이러한 인성적 특
성들은 실재하는 상담자의 인성적 특성이라기보다는 상담자들이 추구하고 지향하는
목표로서의 의미가 더 크다고 볼 수 있다(이규미, 2001).

청소년 상담자는 일반적으로 상담자에게 요구되는 인성적 특징 외에도 청소년과 청소년의 주변인들을 대함에 있어 특히 강조되는 면이 있다. 즉, 동기가 약한 청소년들이 상담을 시작하고 상담관계를 형성하는 데 도움이 되는 특징, 청소년 내담자들에게 인간적 매력을 느끼게 하는 특징, 청소년과 쉽게 가까워질 수 있는 특징들이 필요하고 상담이 시작되면 청소년들로 하여금 상담을 의미 있는 작업으로 일깨워 주며 상담에 관여하는 방법을 가르칠 수 있는 능력이 필요하다.

청소년 상담자들에게 필요한 인성적 특성들로는 다음과 같은 것들이 있다.

- 인간에 대한 긍정적 관심
- 인내심과 여유 및 끈기
- 변화에 대한 적응력과 예민함
- 내담자에 대한 진실된 존중
- 솔직함과 직면에 대한 용기
- 능력의 중립적 사용
- 필요 시 선도적 · 교육적 · 지시적 태도를 선택할 수 있는 자기확신감
- 진지함, 예민함, 객관성에서 느껴지는 전문가로서의 태도
- 구체적 · 현실적 · 즉각적인 문제접근
- 매력과 친근감
- 유머와 유행감각
- 성인, 전문가로서의 품위

## 2) 청소년 상담자의 전문적 자질

청소년 상담자의 전문적인 자질이란 상담활동을 수행하는 데 요구되는 전문적 지식과 기술을 갖추었는지의 여부를 의미하는 것으로 여기서는 크게 일곱 가지 정도로 나눠 살펴보겠다(백지숙 외, 2009).

### (1) 청소년의 발달적 특성에 대한 이해

청소년 상담자는 청소년기의 발달적 특성을 이해해야 한다. 청소년기 동안 발달적으로 어떤 변화가 일어났고, 어떤 문제에 부딪히며, 문제해결능력은 어느 정도인지 파악할 수 있어야 한다. 이것은 기본적으로 청소년들의 주 호소문제가 어느 정도 평균에서 벗어난

것인지 분석하고 내담 청소년의 문제해결능력이 어느 정도인지 파악할 수 있게 해준다.

## (2) 청소년 상담이론에 대한 이해

청소년 상담자들은 청소년들의 주 호소문제를 해결하기 위한 전문적인 상담이론과 상담기법을 알아야 한다. 또한 문제에 접근하는 다양한 상담이론들과 상담기법들이 서로 어떻게 다르고 어떤 효과가 있는지 정확히 알아야 한다. 청소년 상담에서 적용하는 주요 상담이론은 정신분석이론, 인간중심이론, 행동주의이론, 인지이론 등이다.

## (3) 청소년 상담의 실제능력

청소년 상담자는 사례문제에 따라 적절한 상담이론을 적용하고 상담기법을 사용할 수 있어야 한다. 이러한 능력을 갖추려면 청소년 상담 실제에 대한 지속적인 연습과 훈련이 필요하며 슈퍼바이저로부터 슈퍼비전을 받아야 한다. 상담 실제에 필요한 지식과 기술은 끊임없이 새롭게 탄생하므로 숙련된 상담자라 하더라도 이에 대한 지속적인 교육과 연습이 필요하다.

## (4) 청소년 심리검사자로서의 전문성

청소년 상담자는 내담 청소년의 문제를 심리평가를 통해 측정하고 해석할 수 있어야 한다. 이를 위해서는 관련되는 심리검사에 대한 지식과 이를 실시할 수 있는 검사자로서의 전문성이 요구된다. 심리검사는 상담자가 청소년의 문제를 진단하고 내담자가 자신의 문제를 인식하기 위해, 또한 상담과정에서 나타나는 내담자의 변화를 평가하기 위해 사용될 수 있다. 그러나 심리검사가 내담자의 상태를 100% 반영해 주는 것은 아니기에 검사결과를 활용할 때에는 유연성을 가지고 내담자의 심리상태에 대한 객관적인 정보를 얻거나 내담자가 자기 문제를 탐색하는 데 도움이 되는 방향에서 사용해야 한다.

## (5) 청소년 상담 프로그램 개발 및 운영

청소년 상담자는 내담 청소년의 문제에 맞는 상담 프로그램을 개발하고 운영할 수 있어야 한다. 청소년들의 문제는 매우 다양하고 늘 새로운 양상으로 전개되기 때문에 상담자는 이러한 변화에 민첩하게 대응할 수 있어야 한다. 따라서 청소년 상담은 고전적인 상담방법에서 과감히 벗어나 청소년들의 특성과 욕구체계에 맞게 적극적으로 접근할 필요가 있다.

## (6) 청소년 상담 연구능력

청소년 상담자는 청소년 상담에 대한 연구능력도 갖추어야 한다. 상담실제를 기록하고 효과를 분석하여 상담이론이나 기법을 재구성하는 데 기여하는 것도 상담자에게 요구되는 중요한 역할 중의 하나이다.

## (7) 청소년 상담의 행정능력

상담현장에서 상담자들이 겪는 어려운 일 중의 하나가 상담행정이나 상담정책에 대처하는 일이다. 상담은 대개 상담자와 내담자 간 1 : 1의 관계에서 진행되고 내담자의 심리적 갈등과 변화에 주로 관심을 갖기 때문에 상담자들은 대부분 상담이론과 기법을 익히는 데에만 충실한 경향이 있다. 그러나 청소년 상담의 경우, 내담자의 문제가 주로 학업과 진로, 비행, 가출, 성문제 등 사회문제와 직접 관련된 경우가 많기 때문에 상담자는 이에 대한 국가나 사회의 정책과 행정전달체계를 정확히 알고 상담에 임해야 한다. 이러한 문제들은 대부분 행정전달체계 속에서 해결해야 하거나 관련 정책의 도움을 받아 진행해야 하는 경우가 많기 때문이다. 또한 청소년 상담자는 청소년들의 문제를 보다 효율적으로 해결하기 위해 기존의 행정전달체계나 정책을 개선하는 일에도 적극 참여해야 한다. 청소년 상담환경을 개선하기 위해서는 청소년 상담자와 같은 상담현장의 목소리가 반드시 반영되어야 한다.

## 3) 청소년 상담자의 윤리

어떤 종류의 인간관계에서나 상호간의 복지 및 이익을 위해 지켜야 할 윤리적 · 도덕적 규준이 있다. 이런 지침은 때로는 명문화된 윤리적 강령이 되기도 하며 때로는 명문화되어 있지는 않으나 당연히 지켜야 할 인간으로서의 의무 또는 사회구성원으로서의 책임이나 의무 등의 도리로 알려져 있기도 하다. 상담은 전문가집단으로서 인간과 인간, 즉 상담전문가와 상담자의 전문적인 도움을 받으러 온 내담자와의 관계에서 이루어지는 전문적 활동이므로, 여기서는 비록 법적인 구속력이 없다 하더라도 반드시 지켜야 할 윤리적 지침이 있으며 이를 지키는 것이 전문직을 수행하는 기본적인 태도와 책임이라고 하겠다.

미국의 경우는 상담자의 윤리에 대한 관심이 오래 전부터 있어서 미국 상담 및 발달학회(American Association for Counseling and Development, 1988)와 미국 심리학회

(American Psychological Association, 1981), 그리고 미국학교 심리학자협회(National Association of School Psychologists, 1985) 등이 주체가 되어 아동과 청소년을 대상으로 상담을 진행할 때 지켜야 할 윤리적 강령을 제시하고 있다. 우리나라의 경우에도 청소년 상담자의 윤리적 지침에 관심을 갖고 2003년 제 1회 청소년 상담자들을 배출하면서 윤리강령지침을 마련하였다(부록 참고).

우리나라의 청소년 상담사 윤리강령뿐 아니라 한국상담심리학회가 제정, 발표한 상담사의 윤리강령 및 미국 심리학회의 윤리강령 중 상담자와 내담자와의 관계를 중심으로 간략하게 살펴보면 다음과 같다.

## (1) 인간권리의 존엄성에 대한 존중

상담자는 내담자의 복리를 증진하고 인간으로서의 존엄성을 존중해야 한다. 이를 위해서는 내담자의 성별, 종교, 장애, 문화적 배경 등을 이유로 내담자를 차별하지 않으며 이들의 다양성을 존중하는 것이 중요하다. 최근 한국의 경우도 다문화 가정이 늘어남에 따라 다인종 인구가 증가하고 있는 실정이다. 따라서 다문화 청소년을 상담하기 위해 다문화에 대한 상담자의 이해와 윤리가 절실히 요구되고 있다.

이와 더불어 상담자가 갖고 있는 편견을 극복하는 것이 중요한 과제라 할 수 있다. 개인적 편견에 대한 자각은 생산적인 상담과정에서 필수적이라 할 수 있다. 상담자의 개인적 편견을 극복하기 위해 상담자 자신의 개인분석을 통해 이러한 문제를 해결하는 것이 필요하다. 개인분석을 받으면서 상담자 자신의 문제해결뿐 아니라 내담자의 변화과정을 이해하게 되며, 상담자의 한계를 받아들이게 된다. 만약, 상담자의 편견이 너무 강해서 상담을 방해할 가능성이 있을 때에는 다른 상담자에게 의뢰하는 것이 적절하다.

## (2) 비밀보장

상담자는 상담을 진행하는 동안 내담자의 사생활과 관련된 정보를 접하게 된다. 따라서 상담자의 중요한 윤리강령 중 하나는 내담자의 사생활과 상담내용에 관한 비밀을 철저하게 보장해 주는 것이다. 상담내용을 외부에 이야기하지 않는 것뿐만 아니라 상담내용이 기록된 문서들을 안전하게 보관하는 것도 중요하다. 물리적으로 안전하게 보관될 수 있도록 기록 보관을 위한 지침과 절차를 개발하고 잘 지켜야 한다. 그러나 상담자가 무조건 비밀을 보장해 주는 데는 한계가 있다. 예를 들어 다음과 같은 경우에는 비밀보호의 한계가 있을 수 있다(강문희 외, 2008).

■ 내담자의 생명이나 사회의 안전을 위협하는 경우

■ 내담자가 감염성이 있는 치명적인 질병이 있음을 확인한 경우

■ 법적으로 정보의 공개가 요구되는 경우

이상의 경우에서 상담자는 신중하게 문제를 처리할 필요가 있는데, 상황에 따라 내담자에게 이러한 비밀보장의 한계를 사전에 알리고 내담자의 동의를 거쳐 가능한 한 내담자의 신분이 철저히 보호될 수 있는 범위 내에서 적절한 조치를 취한다.

## (3) 상담관계와 관련된 윤리적 강령

상담은 상담자와 내담자 간의 친밀하고 신뢰적인 관계 속에서 보다 효율적으로 이루어지게 된다. 그러나 이렇게 친밀한 관계는 사적인 관계가 아니며 전문적인 관계임을 명심해야 한다. 따라서 상담자와 내담자는 특별한 경우를 제외하고는 반드시 상담실에서 만날 것을 권고하고 있으며 상담실 밖에서 사적인 관계를 가지거나 물질적인 거래관계를 맺어서도 안 된다.

특히 가장 많이 다루어진 윤리문제는 바로 상담자와 내담자의 성관계에 관한 것이다. 내담자와 상담자 간의 성적 관계가 미치는 폐해에 대해서는 여러 문헌을 통해 알려져 왔다. 많은 내담자들은 극도의 피해의식을 가지며 신뢰라는 면에서 손상을 입는다. 청소년 내담자의 경우 정신적 충격은 더 클 것이며, 청소년과 성인 상담자의 사이에는 사회적 위치에 차이가 있고, 이는 상담자와 내담자 사이에 잠재되어 있는 힘의 구조와 결합하여 그 경계를 침해할 수 있기 때문에 왜곡될 가능성이 높다. 실제로 연구에 의하면 종결 후에 상담자와 성적 관계를 가진 내담자 중 80%는 성적 관계로 인해 상처를 입었다고 보고했다. 입원과 자살시도도 각각 11%, 14%나 되었다(Pope & Vetter, 1991).

성관계뿐만 아니라 상담자와 내담자 간의 이중관계도 윤리적 문제로 제시되고 있다. 이중관계란 내담자와의 관계에서 상담자가 두 가지 다른 역할을 하는 것을 의미한다. 예를 들면 대학생과의 이중관계는 수업시간에는 교수와 제자의 관계가 되고, 상담시간에는 제자가 아닌 내담자가 되는 것을 말한다. 이런 경우 의도한 것은 아니라도 이미 상담자는 영향을 미치고 혹은 어떤 역할을 강요할 수 있기 때문에 윤리적 문제가 발생할 소지를 안고 있다. 그러나 역할갈등을 피할 수 없는 상황도 존재하기 때문에 상담자는 이중관계의 가능성을 염두에 두고 가능한한 내담자의 최상의 이득을 위해서 상호작용하는 것이 필요하다(이규미 외 역, 2005)

대부분의 상담자 윤리지침은 상담이 공식적으로 종결된 후 적어도 1~2년이 지나야 내담자와 다른 관계를 가질 수 있다는 최소한의 기준만을 제시하고 있다. 그러나 어떤 사람들은 상담이 종결된 후에라도 상담자가 내담자와 어떠한 유형의 관계를 형성하는 것도 부적절하다고 지적한다(미국 심리학회, 2002). 현재는 더 엄격한 의견들이 제시되고 있는 추세로, 미국 심리학회의 윤리적 기준은 심리학자의 더 많은 책임을 강조하고 있다.

## 4) 청소년 상담자의 자격

청소년 상담은 각 지역의 청소년 (상담)지원센터와 학교 및 사회복지기관, 민간상담기관에서 이루어지고 있다. 청소년 상담을 하는 상담자의 자격기준은 상담기관에 따라 다른데, 학교에서는 대부분 상담교사가 담당하고 민간상담기관에서는 상담 관련 학회나 기구에서 인증한 자격을 취득한 사람들이 상담을 하고 있다. 국가에서는 청소년 상담자[1] 자격검정을 통해 '청소년 상담자'를 배출하고 있으며, 각 지역의 '청소년(상담)

표 10-1 청소년 상담자 등급별 응시자격

| 등 급 | 응시자격 기준 |
|---|---|
| 1급 | 1. 대학원에서 청소년(지도)학, 교육학, 심리학, 사회사업(복지)학, 정신의학, 아동(복지)학 분야 또는 그 밖의 상담 관련 분야(이하 '상담 관련 분야'라 한다)를 전공하고 박사학위를 취득한 자<br>2. 대학원에서 상담 관련 분야를 전공하고 석사학위를 취득한 후 상담 실무경력이 4년 이상인 자<br>3. 2급 청소년 상담자로서 상담 실무경력이 3년 이상인 자<br>4. 제1호 및 제2호에 규정된 자와 동등 이상의 자격이 있다고 인정되는 자 |
| 2급 | 1. 대학원에서 상담 관련 분야를 전공하고 석사학위를 취득한 자<br>2. 대학 및 다른 법령의 규정에 의하여 이와 동등한 학력을 인정받는 기관에서 상담관련 분야를 전공하고 학사학위를 취득한 후 상담 실무경력이 3년 이상인 자<br>3. 3급 청소년 상담자로서 상담 실무경력이 2년 이상인 자<br>4. 제1호 내지 제3호에 규정된 자와 동등 이상의 자격이 있다고 총리령이 정하는 자 |
| 3급 | 1. 대학 및 평생교육법에 의한 학력이 인정되는 평생교육시설의 상담 관련 분야 졸업자(예정자)<br>2. 전문대학 및 다른 법령의 규정에 의하여 이와 동등한 학력을 인정받는 기관에서 상담 관련 분야를 전공하고 전문학사를 취득한 자로서 상담 실무경력이 2년 이상인 자<br>3. 대학 및 다른 법령의 규정에 의하여 이와 동등한 학력을 인정받는 기관에서 상담 관련 분야가 아닌 분야를 전공하고 학사학위를 취득한 후 상담실무 경력이 2년 이상인 자<br>4. 전문대학 및 다른 법령의 규정에 의하여 이와 동등한 학력을 인정받는 기관에서 상담 관련 분야가 아닌 분야를 전공하고 전문학사를 취득한 후 상담 실무경력이 4년 이상인 자<br>5. 고등학교를 졸업하고 상담 실무경력이 5년 이상인 자<br>6. 제1호 내지 제4호에 규정된 자와 동등 이상의 자격이 있다고 총리령이 정하는 자 |

자료 : 「청소년기본법」 시행령 제23조 제2항 별표3.

지원센터'에서는 청소년 상담자 자격증을 취득한 사람이 상담을 담당하고 있다. 여기서는 '청소년 상담자'의 자격에 대해 알아볼 것이다.

청소년 상담자는 「청소년기본법」에 근거한 국가자격증으로 1~3급으로 나누며, 등급별 자격검정 응시자격을 구체화하고 있다(표 10-1).

청소년 상담자 자격검정은 서류심사, 필기시험과 면접시험으로 구성되어 있으며, 서류심사로 응시자격의 요건에 맞는지 확인하는 과정을 거치고, 필기시험은 매 과목 100점 만점의 40점 이상, 전체 평균 60점 이상 되어야 합격한다. 필기시험 합격자에 한해 면접시험을 볼 수 있으며, 필기와 면접시험에 합격한 자는 급별로 모두 100시간의 연수를 마쳐야 자격증을 취득할 수 있다. 청소년 상담자의 자격검정과목과 연수과목은 표 10-2, 표 10-3과 같다.

**표 10-2** 청소년 상담자 등급별 자격검정과목

| 등 급 | 검정과목 | | | 검정방법 | |
|---|---|---|---|---|---|
| | 구 분 | 과 목 | | | |
| 1급 | 필 수 | • 상담자 교육 및 사례지도<br>• 청소년 관련 법과 행정<br>• 상담연구방법론의 실제 | | 필기<br>시험 | 면접<br>시험 |
| | 선 택 | • 비행 상담, 성 상담, 약물 상담, 위기 상담 중 2과목 | | | |
| 2급 | 필 수 | • 청소년 상담의 이론과 실제<br>• 상담연구방법론의 기초<br>• 심리측정 평가의 활동<br>• 이상심리 | | 필기<br>시험 | 면접<br>시험 |
| | 선 택 | • 진로 상담, 집단 상담, 가족 상담, 학업 상담 중 2과목 | | | |
| 3급 | 필 수 | • 발달심리<br>• 심리측정 및 평가<br>• 학습이론 | • 집단 상담의 기초<br>• 상담이론 | 필기<br>시험 | 면접<br>시험 |
| | 선 택 | • 청소년 이해론, 청소년수련활동론 중 1과목 | | | |

자료 : 「청소년기본법」 시행령 제23조 제2항 별표4.

---

**1** 청소년 상담자는 국가차원의 청소년 상담 관련 기관인 한국청소년상담원, 시·도청소년상담지원센터, 시·군·구청소년지원센터, 초·중·고등학교, 대학의 학생상담소, 청소년수련관, 사회복지관, 청소년쉼터, 청소년 관련 복지시설, 경찰청이나 법무부 등 청소년 업무 지원부서, 사설 청소년상담실, 아동청소년 대상 병원, 청소년 관련 사업체, 근로 청소년 관련 사업체 등에서 청소년 상담 업무에 종사한다.

**표 10-3** 청소년 상담자 자격 연수과목

| 등급 | 연수과목 | |
|------|----------|---|
| 1급 | • 청소년 상담 슈퍼비전<br>• 청소년 위기개입 II<br>• 청소년 관련 법과 정책 2급 | • 청소년 상담 프로그램 개발<br>• 청소년 문제 세미나 |
| 2급 | • 청소년 상담과정과 기법<br>• 청소년 위기개입 I<br>• 부모 상담 | • 청소년진로 및 학업상담<br>• 지역사회 상담 |
| 3급 | • 청소년 개인 상담<br>• 청소년 매체 상담<br>• 청소년 발달문제 | • 청소년 집단 상담<br>• 청소년 상담 현장론 |

자료 : 청소년 상담자 자격검정 및 연수규정 제31조 별표2.

# 5. 청소년 상담의 현황

## 1) 청소년 인구

「청소년기본법」에 의하면 청소년의 연령은 9~24세로 정하고 있으며, 2008년 현재 청소년 인구는 총 인구대비 약 20% 정도를 차지하고 있다. 청소년 인구는 1980년대부터 현재에 이르기까지 계속 감소되는 추세이며, 연령별 구성비를 살펴보면 현재 청소년의

**표 10-4** 총 인구 대비 청소년 인구구성비

단위 : 천 명, %

| 연 도 | 총 인구 | 9~24세의 인구수 | 구성비 |
|-------|---------|------------------|--------|
| 1970 | 3만 2,241 | 1만 1,330 | 35.1 |
| 1980 | 3만 8,124 | 1만 4,015 | 36.8 |
| 1990 | 4만 2,869 | 1만 3,553 | 31.6 |
| 2000 | 4만 7,008 | 1만 1,501 | 24.5 |
| 2004 | 4만 8,039 | 1만 1,185 | 23.3 |
| 2005 | 4만 8,138 | 1만 1,028 | 22.9 |
| 2006 | 4만 8,297 | 1만 848 | 22.4 |
| 2007 | 4만 8,456 | 1만 659 | 22.0 |
| 2008 | 4만 8,697 | 1만 494 | 21.6 |

자료 : 한국청소년정책연구원(2008). 한국청소년 발달지표조사 III. p. 17.

표 10-5 연령별, 성별 청소년 인구구성비                                    단위 : %

| 연 령 | 전 체 | 남 자 | 여 자 |
|---|---|---|---|
| 0~4세 | 5.1 | 5.3 | 4.9 |
| 5~9세 | 6.7 | 7.0 | 6.4 |
| 10~14세 | 7.3 | 7.7 | 6.9 |
| 15~19세 | 6.6 | 6.9 | 6.3 |
| 20~24세 | 7.8 | 8.2 | 7.4 |
| 계 | 33.5 | 35.1 | 31.9 |

자료 : 한국청소년정책연구원(2008). 한국청소년 발달지표조사 Ⅲ. p. 19.

인구보다 영유아 및 아동의 수가 적은 것으로 보아 앞으로 청소년 인구는 계속 감소세를 보일 것으로 예측된다.

## 2) 청소년 상담 현황

### (1) 청소년 (상담)지원센터의 운영현황

시·도 청소년 (상담)지원센터는 청소년기본법 제42조와 시행령 제33조에 의거하여 설치·운영되고 있다. 시·도의 청소년 상담 및 긴급구조 등의 역할을 맡고 있으며, 시·구·군 청소년 (상담)지원센터와 연계하여 지방청소년 상담, 학부모의 청소년문제에 대한 정보제공과 자문, 상담을 처리하고 있다(국가청소년위원회, 2007). 1990년 대구와 광주에 시범적으로 설치·운영해 왔던 청소년 (상담)지원센터는 현재 전국 16개 시·도에서 각각 1개소씩 설치되어 청소년 상담의 중추적인 역할을 담당하고 있다.

시·구·군 청소년 (상담)지원센터는 실질적인 청소년 상담을 담당하는 곳으로 전

표 10-6 시·도 및 시·군·구 청소년 (상담)지원센터 설치현황(2008)          단위 : 개, %

| 구분 | 서울 | 부산 | 인천 | 대구 | 광주 | 대전 | 울산 | 강원 | 경기 | 충북 | 충남 | 전북 | 전남 | 경북 | 경남 | 제주 |
|---|---|---|---|---|---|---|---|---|---|---|---|---|---|---|---|---|
| 수 | 18 (25) | 6 (16) | 3 (10) | 1 (8) | 1 (5) | 1 (5) | 2 (5) | 5 (18) | 32 (32) | 4 (12) | 16 (16) | 15 (14) | 4 (22) | 12 (23) | 21 (20) | 2 (4) |
| 비율 | 72 | 38 | 30 | 13 | 20 | 20 | 40 | 28 | 100 | 33 | 100 | 107 | 18 | 52 | 105 | 50 |

주 : ( )는 기초자치단체 수
자료 : 한국청소년정책연구원(2008). 한국청소년 발달지표조사 Ⅲ. p. 101.

국 127개의 기초자치단체에 설치·운영되고 있다. 2008년 시·구·군 청소년 (상담)지원센터 설치현황을 살펴보면 경기도에서 총 32개의 가장 많은 청소년 상담지원센터가 설치·운영되고 있다. 그러나 기초자치단체 수에 대비하여 살펴보면, 전라북도 지역이 14개의 기초자치단체에 15개의 청소년 상담실을 운영하여 그 비율이 107%로 가장 높은 것으로 나타났다.

## (2) 청소년 상담의 문제영역

다른 발달단계보다 특히 청소년기에 중요한 문제로 부각되는 것은 학업, 진로, 대인관계, 성격, 행동습관 등이다. 대부분의 청소년은 학생 청소년에 해당되기 때문에 이들은 청소년기 내내 학업문제를 지니고 있다고 볼 수 있다. 학업문제에는 학습방법, 성적 저하, 집중력 부족, 시험불안, 학업에 대한 무관심 등이 포함된다. 또한 청소년은 미래에 대한 다양한 가능성 속에서 성인기 생활을 계획하고 준비해야 하는 시점에 있기 때문에 진로문제 역시 중요한 관심사가 된다. 진로문제에는 진학결정, 취업, 적성문제, 학과 선택 문제 등이 포함된다.

청소년기는 심리적으로 부모에게서 독립하여 자유롭게 자신을 추구하고자 하는 경향성이 있다. 이러한 경향은 또래집단을 형성하고 상호작용을 강화하는 형태로 나타난다. 아동기에 보여 주었던 가족과의 상호작용보다는 또래와의 상호작용이 증가하고 대인관계는 더욱 복잡해진다. 따라서 대인관계 문제는 친구와의 갈등, 불량교우, 집단따돌림, 교사와의 관계, 형제간의 갈등, 부모-자녀 간의 의사소통문제 등으로 나타난다.

한편 청소년은 자아정체감 형성과정에서 자신에게 몰두하게 되고, 자신의 성격이나 행동습관, 신체적 외모에 대해 과도한 관심을 가지며 때때로 부적절감에 빠져들 수 있다. 성격문제는 소심한 성격, 내성적 성격, 과격한 성격, 충동적 성격, 변덕스러운 성격 등의 문제를 포함한다.

**표 10-7** 문제유형별 상담실적  (단위 : 명)

| 구 분 | 가 족 | 학업학교 부적응 | 진 로 | 성 | 대인관계 | 성 격 | 정신건강 | 생활습 관태도 | 기타 상담 | 단순정 보제공 | 활 동 | 비 행 | 계 |
|---|---|---|---|---|---|---|---|---|---|---|---|---|---|
| 건 수 | 4만 737 | 4만 452 | 2만 6,592 | 1만 6,073 | 4만 525 | 3만 2,410 | 1만 5,850 | 1만 1,813 | 2만 8,930 | 1만 2,816 | 326 | 3만 1,797 | 29만8,321 |
| 비 율 | 13.7 | 13.6 | 8.9 | 5.4 | 13.6 | 10.7 | 5.3 | 4 | 9.7 | 4.3 | 0.11 | 10.7 | 100 |

주 : 개인 상담, 집단 상담, 전화 상담, 심리검사, 사이버 상담, 위기평가를 통한 상담의 합계임
자료 : 국가청소년위원회(2007). 청소년백서. p. 223.

청소년 상담이란 성장기에 있는 청소년이 사회에 잘 적응하고 자신의 잠재가능성을 최대한 실현할 수 있도록 도와주기 위한 전문적인 활동으로, 상담대상은 청소년, 청소년 관련인(부모, 교사, 청소년 지도자)과 청소년 관련 기관(가정, 학교, 청소년 고용업체, 청소년 수용기관, 청소년 봉사기관)을 포함하며, 상담의 대상이 되는 문제를 가진 혹은 발달을 원하는 개인에게 국한되지 않고 그 개인이 속해 있는 관련 환경까지도 포함한다.

청소년 상담에는 상담방식에 따라 대면 상담과 인터넷 상담 및 전화 상담, 그리고 상담 형태에 따라 개인 상담, 집단 상담, 가족 상담 등의 여러 형태들이 있다. 또한 상담자의 상담유형에 따라 지시적 상담과 비지시적 상담, 상담에 쓰인 도구에 따라 모래놀이치료, 놀이치료, 미술치료, 음악치료 등으로 구분하기도 하며, 상담기간에 따라 단기 상담과 장기 상담으로 나뉜다.

청소년 상담의 과정은 준비단계, 시작단계, 중기단계, 종결단계로 나뉘며, 준비단계에서는 상담자는 상담 분위기가 어수선해지지 않도록 사전에 물리적 환경이나 내담자와 가족에 대해 준비를 하는 등 여러 가지 사항에 대한 적절한 고려를 해야 한다. 시작단계에서는 내담자의 문제를 이해하고, 상담의 목표 및 진행방식에 대해 내담자와 합의를 하며, 상담자는 내담자와 촉진적 상담관계를 형성해야 한다. 중기단계에서는 제안, 정보제공, 해석, 질문, 자기노출, 문제해결과 결정내리기, 직면, 즉각성, 격려 등의 상담기법을 사용하여 내담자가 호소한 문제를 해결해 나간다. 종결단계는 상담의 목표로 설정했던 사항들이 달성되게 되면 내담자와 종결에 대해 합의를 하고, 종결로 인한 내담자의 불안과 의존성을 다루며, 추후접촉에 대한 안내를 한다.

청소년 상담자는 인성적 자질과 전문적 자질을 겸비해야 한다. 청소년 상담자의 인성적 자질에는 인간에 대한 긍정적 관심, 인내심과 여유, 끈기, 변화에 대한 적응력과 예민함, 내담자에 대한 진실된 존중, 솔직함과 직면에 대한 용기, 파워의 중립적 사용, 필요시 선도적·교육적·지시적 태도를 선택할 수 있는 자기확신감, 진지함, 예민함, 객관성에서 느껴지는 전문가로서의 태도, 구체적·현실적·즉각적인 문제접근, 매력과 친근감, 유머와 유행감각성인, 전문가로서의 품위 등이 요구된다. 전문적 자질에는 청소년의 발달적 특성에 대한 이해, 청소년 상담이론에 대한 이해, 청소년 상담의 실제능력, 청소년 심리검사자로서의 전문성, 청소년 상담 프로그램 개발 및 운영능력, 청소년 상담 연구능력, 청소년 상담 행정능력 등이 요구된다. 또한 청소년 상담자는 인간권리의 존엄성에 대해 존중해야 하며, 내담자와의 상담내용에 대해 비밀보장을 해야 하는 등 상담관계와 관련된 윤리적 문제들을 조심스럽게 다룰 수 있어야 한다.

청소년 상담을 하는 상담자의 자격기준은 상담을 하는 기관이 학교의 경우에는 상담교사가 담당하고 있으며, 민간 상담기관에서는 상담 관련 학회나 관련 기구에서 인증한 자격을 취득한 사람들이 상담을 하고 있다. 국가에서는 청소년 상담자 자격검정을 통해 '청소년 상담자'를 배출하고 있으며, 각 지역의 '청소년 (상담)지원센터'에서는 청소년 상담자 자격증을 취득한 사람이 상담을 담당하고 있다. 청소년 상담자는 「청소년기본법」에 근거한 국가자격증으로 1급, 2급, 3급이 있으며, 「청소년기본법」에는 등급별 응시자격을 명시하고 있으며, 등급별 필기시험을 통과한 후 면접시험에 합격한 자는 모두 100시간의 연수를 거쳐 자격을 부여받게 된다.

청소년 (상담)지원센터의 운영현황을 살펴보면, 시·도 청소년 (상담)지원센터는 시·도의 청소년 상담 및 긴급구조 등의 역할을 맡고 있으며, 시·구·군 청소년 (상담)지원센터와 연계하여 지방 청소년 상담, 학부모의 청소년 문제에 대한 정보제공과 자문, 상담을 처리하고 있다. 청소년이 상담을 받는 문제유형들을 살펴보면 학업, 진로, 대인관계, 성격, 행동습관영역 등이다.

Chapter **11**

# 청소년 상담의 주요 이론

## 1. 정신분석적 상담

정신분석 심리 상담의 이론적 배경인 정신분석이론은 프로이트에 의해 창시된 것으로 그는 '정신분석'이라는 용어를 처음 사용하고, 자유연상기법을 상담에 본격적으로 도입하였다(이장호 외, 2005).

　프로이트는 인간이 타고 나는 생물학적인 조건과 욕구를 중요하다고 보고 있으며, 개인의 성격 형성이나 정신병리를 결정론적 입장에서 본다. 즉, 이 이론에서는 인간의 행동이 무의식적인 동기인 성적-공격적인 충동이나 이에 대한 갈등, 그리고 초기 경험에 의해 결정된다고 전제한다. 인간 행동의 역동이 무의식 속에 묻혀 있기 때문에 심리 상담은 과거에 뿌리를 두고 있는 내적 갈등을 분석하는 긴 과정으로 구성된다(장연집 외, 2008).

　정신분석적 관점에서 볼 때 비정상적 행동이나 문제행동은 갈등이 불만스럽게 해결되었거나 해결에 실패한 것을 나타낸다. 쉬지 않고 계속해서 담배를 피우는 행동 역시 무의식적인 갈등의 상징일 수 있다. 즉, 응석 부리는 아동으로 있고 싶은 소망과 독립적인 성인이 되고 싶은 소망 사이의 갈등일 수 있다. 따라서 담배 연기를 쭉 빨아들이는 것은 아동이 젖병을 빠는 것을 상징할 수도 있는 것이다. 그렇다면 상담방법은 담배를 피우는 사람의 내적 갈등을 해소하여 영원히 담배를 끊을 수 있는 자신의 능력을 강화시켜 주는 것이다.

## 1) 성격이론

프로이트는 성격을 세 가지 구성요소인 원초아, 자아, 초자아의 작용으로 형성된다고
보았다. 원초아(id)는 심리적 에너지원으로 '쾌락원리'에 따라 본능적 욕구를 충족시
키기 위하여 맹목적이고 충동적으로 작용한다. 원초아는 노골적이고 동물적이며, 법
도 규칙도 없다. 단지 좋고 싫음만이 있을 뿐이다. 원초아는 욕망의 충족을 위해서만
움직이며 이러한 과정은 무의식적으로 움직인다.

자아(ego)는 외부의 현실과 초자아의 제한을 고려하여 원초아의 욕구를 현실에 맞게
만족시키기 위한 역할을 담당한다. 자아는 '현실원리'에 따라 외부환경의 요구와 자신
의 주관적 욕구를 구분하며, 그 개체의 자기보전과 안전을 확보한다. 자아는 배우고,
생각하며, 결정하고 기억하는 등의 인지능력을 갖으며, 현실검증의 기능을 한다.

초자아(superego)는 세 가지 성격구조 중 가장 나중에 발달하는 체계로 사회규범과
행동기준이 내면화된 것이다. 초자아를 도덕적 자아라고 부르기도 하는데 아동이 부
모, 선생님과 같은 기성세대와의 상호작용을 통해 옳고 그름, 선과 악, 도덕과 비도덕
을 분별할 수 있게 될 때에 비로소 형성된다.

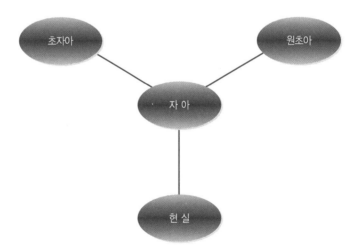

그림 11-1 현실과 성격 구성요소들 간의 관계

## 2) 정신분석적 상담의 주요 개념

정신분적석 상담의 목표는 무의식적 갈등을 의식화시켜서 개인의 성격구조를 재구성하는 데 있다. 따라서 정신분석적 상담은 무의식적 동기에 의해 유발되고 지속되는 정신적인 문제나 부적응 행동을 수정하기 위해 다음과 같은 행동이 활용된다.

### (1) 자유연상

자유연상이란 상담자가 내담자에게 자신의 마음속에 떠오르는 것을 있는 그대로 이야기하는 것이다. 내담자가 자신의 마음속에 떠오르는 것이 아무리 사소하고 말하기 어려운 내용일지라도 전혀 거르지 않고 상담자에게 이야기하면, 상담자는 그것을 통해 내담자의 마음속에 억압된 자료를 수집하고 해석하여 내담자의 통찰을 돕는다. 내담자의 사고와 자유연상은 무엇보다도 무의식적 환상 속에 조직되어 있는 추동에 관한 지속적이고 역동적인 내부 압력에서 나온 것으로 외부의 조작이나 권고, 자극, 교육 등에 대한 반응으로 생각이나 연상이 나타나서는 안 된다. 이것이 정신분석의 독특한 상담적 상호작용이다.

### (2) 꿈의 분석

꿈의 분석은 자유연상과 마찬가지로 내담자의 무의식 세계에 접근할 수 있는 또 한 가지 방법이다. 꿈은 내담자의 방어기제가 약화되어 억압된 욕망과 갈등이 의식 표면에 떠오르는 것으로 상담자는 꿈의 특성을 활용하여 내담자의 꿈을 분석 · 해석하여 내담자로 하여금 자신이 가진 심리적 갈등을 통찰하게 한다.

### (3) 전 이

전이는 내담자가 상담상황에 대해 가지고 있는 일종의 왜곡으로, 과거에 중요한 사람에게 느꼈던 감정을 현재의 상담자에게 느끼는 것을 의미한다. 내담자는 상담을 통해 이전에 자신이 억압했던 감정, 신념, 소망 등을 표현하게 되는데, 상담자는 이러한 전이를 분석하고 해석함으로써 내담자가 무의식적 갈등과 문제의 의미를 통찰하도록 돕는다.

### (4) 저 항

저항이란 상담진행을 방해하고 현재 상태를 유지하려는 의식적 · 무의식적 생각, 태도, 감정, 행동을 의미한다. 저항은 내담자에게 위협이 되는 그 어떤 것을 의식에 떠오르지 않게 하려는 것이다. 그러므로 상담자는 내담자의 저항을 잘 분석하고 해석함으로써 내담자가 무의식적으로 숨기고자 하는 것, 피하고자 하는 것, 불안해 하거나 두려워 하는 대상에 대한 정보를 얻는다.

## (5) 해 석

해석이란 내담자의 연상이나 정신작용 가운데서 명확하지 않은 부분에 대해 상담자가 추리하여 내담자에게 설명해주는 것이다. 즉, 내담자의 통찰을 진전시키기 위해 상담자는 해석을 하게 된다. 해석은 상담자가 꿈, 자유연상, 저항, 전이 등의 의미를 내담자에게 설명하고 가르치는 것이다. 해석과 관련하여 주의할 점은 아무 때나 해석하려 해서는 안 된다는 것이다. 아무리 타당한 해석이라도 내담사가 그것을 받아들일 수 있는 마음의 준비가 되어 있지 않다면 소용이 없다. 따라서 상담자는 내담자의 무의식에 대한 해석을 하기 전에 우선 내담자가 그것을 받아들일 수 있는 상태에 와 있는지를 먼저 점검해야 한다(이장호 외, 2005).

## (6) 훈 습

훈습은 내담자가 상담과정에서 느낀 통찰을 현실생활에 실제로 적용해서 내담자의 변화를 일으키는 것이다. 상담은 통찰, 즉 내담자의 심리적 문제를 일으키는 원인을 파악하는 것으로만 모든 문제가 해결되는 것은 아니다. 통찰은 최종 목표에 도달하기 위하여 거쳐야 하는 하나의 과정으로 상담은 이런 통찰을 바탕으로 일상생활에서 실천에 옮겨야만 효과를 거둘 수 있다.

## 3) 정신분석적 상담의 과정

### (1) 정신분석적 상담의 목표

정신분석적 상담의 목표는 무의식적인 갈등을 통찰하여 이전에 가지고 있었던 성격을 재구조화하는 것이기 때문에 장기적인 상담으로 이어지게 된다. 정신분석적 상담에서는 출생 이후 6세까지 형성된 성격의 구조나 대인관계가 지속적이고 반복적으로 개인에게 영향을 미친다고 보기 때문에 어린시절의 심리적인 상처나 갈등이 현재의 인간관계에 어떻게 작용하는지를 의식할 수 있게 하는 데 역점을 둔다. 또한 개인이 미처 깨닫지 못한 무의식적인 갈등을 통찰하게 하는 데 목적을 두고 있기 때문에, 상담자는 내담자의 과거로 되돌아가 어린시절에 갈등을 경험했던 대상과 상처를 받았던 대상에 대한 감정과 사고를 드러내게 하고 이에 직면하도록 하여 갈등과 불안을 조장한다. 예를 들어 내담자는 과거 갈등의 대상이었던 어머니에게 했던 것처럼 상담자에게 반응하게 한다. 때때로 상담자는 내담자가 자유연상을 하게 하고, 그 연상에 끼어들어 내담자로 하여금 그 연상의 의미나 연상들 사이에 있을지도 모르는 관련성을 고찰하고 반영하도록 해준다. 꿈의 경우는 자유연상의 원리와 유사한데, 내담자의 꿈에서 나타난 특정한 심상과 관련하여 마음속에 떠오르는 것은 무엇이든 상담자에게 말하게 하고, 상담자는 그것을 다뤄 준다(김정희 역, 2004).

## (2) 정신분석적 상담의 과정

정신분석적 상담의 과정은 크게 4단계로 나누어 볼 수 있다(정방자, 2001). 즉, 상담자와 내담자가 상담관계를 형성하는 초기단계, 내담자가 상담자에 대한 전이감정을 느끼고 표현하는 전이단계, 전이에 대한 분석이 이루어지는 통찰단계, 그리고 통찰을 현실생활 속에서 계속 유지하기 위해 노력하는 훈습단계이다.

### ① 초기단계

상담자와 내담자가 신뢰관계를 형성하고, 이를 바탕으로 자유연상, 꿈의 분석을 통해 내담자의 심리적 문제에 대한 윤곽이 드러나면 상담자는 내담자와 치료동맹을 맺는다. 이러한 치료동맹은 내담자의 어떠한 감정, 동기, 사고에 대해서도 상담자가 비판하지 않고 수용하며 이해할 때 더욱 깊어진다. 이 과정에서 내담자는 진정한 한 인간으로서 이해받는 체험을 하고 점점 더 상담자에게 의존하게 된다. 즉, 내담자는 상담자를 통하여 전이욕구를 충족하려고 한다.

### ② 전이단계

내담자는 전이단계에서 과거 어릴 때 중요한 사람과의 관계에서 가졌던 유아기적 욕구와 감정을 상담자와의 관계에서 반복하려고 한다. 이때부터 상담자와 내담자는 비현실적인 관계가 되며, 내담자는 전이욕구를 상담자에게 충족받으려고 한다. 이러한 욕구에 대해서 상담자는 끈기 있는 태도, 포용성, 존중하는 마음으로 참고 견딜 수 있어야 한다. 이때 상담자는 내담자의 욕구에 대해 중립적 태도를 취하고 해석 및 참여적 관찰자의 역할을 함으로써 그 욕구를 좌절시킨다.

### ③ 통찰단계

신뢰 있는 분위기 속에서 내담자는 자신의 의존욕구나 사랑 욕구의 좌절 때문에 생기는 적개심을 상담자에게 표현하는 모험을 하게 된다. 이러한 감정표현은 불안과 죄의식에서 벗어날 수 있게 하지만, 한편으로는 의존욕구와 사랑욕구 등의 숨은 동기를 파악하게 한다. 그리고 자신의 여러 부정적 감정이 의존과 사랑욕구가 좌절된 것에서 비롯되었다는 것을 통찰하게 된다. 상담자가 이런 의존욕구를 다루게 되면 그로 인해 야기된 감정을 다루기 쉽다.

### ④ 훈습단계

심리적 문제의 원인을 통찰하였다고 해서 바로 내담자의 문제가 해결되는 것은 아니다. 내담자가 통찰한 것을 실제생활로 옮겨가는 과정이 바로 훈습단계이다. 상담자는 내담자가 상담을 통해 획득한 통찰을 현실에 적용하려는 노력을 하게하며, 이런 노력에 대해 적절한 강화를 해 준다. 이런 훈습단계를 통해 내담자의 행동변화가 어느 정도 안정되게 일어나면 종결을 준비한다.

## 4) 공헌 및 제한점

인간의 정신건강을 돕는 상담 및 심리치료에 있어서 대부분의 이론들은 프로이트의 이론에서 출발하여 확장되거나 프로이트의 이론을 반대하는 입장에서 인간에 대한 이해와 심리적 문제를 정립하였다. 즉, 정신분석은 상담의 심리학적 패러다임을 여는 서장과 같은 역할을 하였다고 볼 수 있다.

정신분석적 상담은 인간의 심리적 갈등과 문제에 대한 무의식의 역할을 정립하여 내담자가 가지고 있는 현재의 행동과 증상의 원인이 어떻게 과거와 연결되어 있는지를 이해하는 개념적인 틀을 제공해 주고 있다.

반면에 무의식을 의식화시켜 심리적 갈등을 해소시키고 인격의 변화를 이루고자 하는 정신분석적 상담은 이론과 방법 면에서 많은 제한과 논란의 여지를 가지고 있다. 특히 오이디푸스 콤플렉스와 성욕에 바탕을 둔 이론 정립은 지나치게 추론적이며 인간에 대한 전인적인 이해를 간과하고 있다고 할 수 있다. 또한 프로이트 이론이 성적 억압이 심했던 19세기 말 유럽 상류층의 신경증 환자들의 경험에만 의존했기 때문에 문화적 바탕을 간과한 채 일반적인 인간이해로 개념화시키기에는 많은 한계가 있다.

## 2. 인지행동 심리 상담

인지행동 심리 상담이론은 1960년대 초에 등장한 비교적 젊은 상담 접근이다. 하지만 짧은 역사에도 불구하고 현재 심리 상담의 주요 접근으로서 확고한 위상을 정립했다고 볼 수 있다. 인지행동 접근은 하나의 단일한 이론이라기보다는 인간에 대한 기본 관점과 심리적 문제의 발생 및 치유과정에 대한 주요 원리들을 공유하는 여러 개별적 이론들의 집합체라고 보는 것이 더 적절하다. 인지행동이론에 공헌한 이론가들 중 가장 대표적인 인물은 '합리적 정서 상담'의 창시자인 알버트 엘리스(Albert Ellis)와 '인지행동 상담'의 아론 벡(Aron Beck)이다. 이들은 모두 실제로는 정신분석이론을 공부한 사람들이었으며, 상담과정에서 기존의 정신분석적 이론이 몇 가지 중요한 측면들에서 한계를 지니고 있다고 생각하게 되었으며, 그것을 극복하고자 새로운 이론체계를 정립해 나갔다(이장호 외, 2005).

그림 11-2 알버트 엘리스

인지행동적 접근은 인간의 여러 측면 중 인지, 즉 사고 또는 생각이 가장 우선적이며 중요하다는 입장이다. 사람들의 감정과 행동은 모두 인지에서 나온다고 본다. 사람들이 특정한 생각을 하기 때문에 특정한 감정과 행동을 하게 된다는 것이다. 예를 들어, 나는 무가치하다고 생각하면, 우울해지고 자포자기하는 행동으로 자살을 선택할 수도 있다는 것이다.

인지행동 심리 상담의 이론들은 강조점에 따라 인지적 재구성에 초점을 둔 이론들과 대처기술의 직접적인 교육과 훈련을 강조하는 이론들로 나누

그림 11-3 아론 벡

는데, 이들 모두 부적응을 겪는 이유는 상황에 부적절한 방식으로 반응하기 때문이라고 본다. 또한 흔히 문제해결 접근이라 불리는 이론으로 부적응을 해소하기 위해 인지적 재구성과 대처기술을 복합적으로 사용하는 이론이 있다. 대부분의 인지행동 상담에서는 강조점에 따라 약간 차이가 있기는 하지만, 전체적으로 인지를 재구성하는 방법과 구체적인 대처행동들을 훈련시키는 방법을 동시에 사용한다.

여기서는 인지행동 심리 상담으로 가장 많이 사용되고 있는 인지행동 상담과 합리적 정서 상담에 대해 살펴보고자 한다.

## 1) 인지행동 상담

인지행동 상담의 목표는 잘못된 정보처리를 수정하는 것이며, 부적응적 행동과 정서를 유지시키는 가정들을 수정하도록 내담자를 돕는 것이다. 역기능적인 신념을 변화시키고, 더욱 현실적인 적응적 사고를 증진시키기 위해 인지적 방법과 행동적 방법을 결합하여 사용하는 방법이다(김정희 역, 2004).

### (1) 인지행동 상담의 주요 개념

#### ① 역기능적 인지도식

사람들은 살아가면서 자기 나름대로 자기와 세상을 이해하는 틀을 발달시키고 이것을 도식이라고 부른다. 이러한 도식은 세상에 대한 지식의 조직화가 이루어지면서 형성된다. 개인이 어떤 상황에 직면하게 되면 그 상황과 연관된 도식이 활성화된다. 도식은 언어적 혹은 연상적 내용으로 된 생각으로 정의되는 인지의 형태로 개인의 경험들을 변화시키는 기초가 된다. 그런데 사람들이 살아온 삶의 과정과 그 속에서 경험한 내용들이 다르기 때문에 사람들마다의 인지도식의 내용은 달라질 수 있다. 개인의 인지도식의 내용이 부정적인 성질의 것일 경우 문제가 발생하는데, 이러한 인지도식을 역기능적 인식도식이라 부른다. 이는 심리적 문제를 초래하는 근원적 역할을 한다. 즉, 역기능적 인지도식으로 상황을 지각하게 되면 인지적 오류를 일으켜 왜곡된 자동적 사고를 하게 되고 결국은 심리적 문제를 갖게 된다고 보았다.

#### ② 자동적 사고

자동적 사고란 정서적 반응을 이끌어 내는 특정 자극 및 사건에 의해 유발된 개인화된 관념, 즉 상황이나 자극에 의해 마음속을 스쳐가는 실제적인 단어나 영상으로, 특정 상황과 관련하여 생기며 인지의 가장 표면적인 수준을 일컫는다. 이러한 자동적 사고는 꼭 언어적인 것만은 아니며 심상적인 것도 함께 동반하는 경우가 많다. 자동적 사고에서 '자동적'이라는 명칭이 붙은 것은 자신의 의지와는 상관없이 생각들이 떠오르고, 정서문제를 경험하는 개인의 입장에서는 이러한 생각을 했다는 것조차 자각할 수 없는 경우가 대부분이기 때문이다(이장호 외, 2001).

#### ③ 인지적 오류

인지적 오류는 그릇된 가정 및 잘못된 개념화를 말하며 사고에 있어서 체계적인 오류를 지칭하는 것이다. 인지적 오류는 정보처리가 부정확하거나 효과적이지 않을 때 발생하며 대개 비현실적인 세계관을 나타내거나 비논리적인 추론과 관련되어 있다.

인지적 오류의 유형에는 임의적 추론, 선택적 추론, 과잉일반화, 극대화 혹은 극소화, 개인화, 이분법적 사고 등이 있다.

- **임의적 추론** : 충분하고 적절한 증거가 없는데도 작위적으로 결론에 도달하는 것을 의미하며, 이러한 오류는 결국 상황에 대한 비극적인 결말이나 최악의 시나리오를 만들어낸다. 예를 들어, 친구가 여러 가지 바쁜 상황으로 인해 연락을 자주 못함에도 불구하고 '그 친구가 나를 멀리한다'고 결론을 내리고 화를 내는 경우에 해당한다.

- **선택적 추론** : 사건의 일부분만을 근거로 결론을 내리고 전체 맥락의 중요한 부분을 간과하는 것을 말한다. 때로는 '정신적 여과'라는 용어로 쓰이는데, 선택적 추론은 관심을 두는 부분에서 주로 실패를 하며, 단지 부족한 점에 관한 것에만 집중한다. 예를 들어, 수업시간에 발표를 할 때 많은 친구들이 긍정적인 반응을 보였는데도 한두 명의 부정적 반응에만 선택적으로 주의를 기울여 실패했다고 단정하는 경우가 해당한다.

- **과잉일반화** : 단일사건을 근거로 하여 극단적인 신념을 가지고 그것들을 유사하지 않은 사건이나 장면에 부적절하게 적용하는 과정을 말하며, 과잉일반화의 결론은 거의 극단적으로 부정적이다. 한두 번의 실패로 '항상' 실패할 것이라고 생각하는 경우가 해당된다.

- **극대화 혹은 극소화** : 이러한 인지적 오류는 개인이 부정적인 사건이나 의미를 실제보다 과장시키거나 긍정적인 면을 최소화할 때 발생할 수 있다. 자신의 실수나 결점을 극대화하고 긍정적인 것들을 극소화한다면, 결국 자신이 부적절하며, 타인들보다 열등하다고 생각하고 또 우울함을 느끼게 될 것이다.

- **개인화** : 개인이 자기 자신과 관련지을 만한 단서나 사건이 아님에도 불구하고 자신과 관련된 일이라고 지각하는 것을 말한다. 종종 '잘못된 귀인'이라고 불리기도 하는 개인화는 책임져야 할 사람은 아무도 없었다는 가정을 내포하고 있다.

- **흑백논리** : 사건의 의미를 이분법적인 범주의 둘 중 하나로 해석하는 오류이다. 어떤 일의 성과를 성공이냐 실패냐의 이분법으로만 나누어 평가하거나, 타인이 나를 사랑하느냐 미워하느냐의 둘 중 하나로만 생각할 뿐 중립지대를 인정하지 않는 경

우가 해당된다.

이 세 가지 주요 개념을 토대로 인지행동 상담에서는 부적응적 행동을 하는 사람들은 부정적인 생활사건이나 환경으로부터의 스트레스를 받게 되면 그에 대해 역기능적 인지도식을 갖고 사건이나 상황을 지각한다고 보았다. 즉, 인지행동 상담에서의 심리적 문제는 역기능적 인지도식, 인지적 오류, 부정적인 자동적 사고로 인해 발생하는 것이라고 설명하고 있다. 예를 들어, 친구로부터 절교하자는 말을 들은 중학교 여학생이 우울증에 걸리게 되었다. 이때 친구로부터 절교하자는 말이 곧바로 우울증으로 연결된 것은 아니다. 절교하자는 말이 이 여학생에게는 '그 친구가 없는 내 인생은 아무 의미가 없다', '내가 부족해서 친구가 떠나갔다', '나는 결국 버려졌다' 등의 부정적인 자동적 사고를 하게 만든 것이다. 이 여학생에게 있는 인지도식은 효율적이고 적응적으로 기능할 수 있게 작동하지 않고, 현실을 제대로 지각하지 못하거나 사실이나 그 의미를 왜곡하여 받아들이게 만드는 인지적 오류를 범하도록 역기능적으로 작동하고 있다. 이런 부정적인 자동적 사고는 결국 이 여학생을 우울하게 만들었다.

## (2) 인지행동 상담의 과정

인지행동 상담은 상담자와 내담자가 함께 동의한 행동적 실험을 통해 내담자의 신념을 검사할 수 있는 검증 가능한 가설로 취급하며, 내담자의 신념에 변화가 오도록 한다. 인지 상담자는 내담자에게 그 신념이 비합리적이거나 틀렸다고 말하지 않으며, 상담자의 신념을 채택하여야만 한다고 말하지도 않는다. 대신 상담자는 내담자의 신념이 가진 의미, 기능, 유용성 그리고 결과를 알아내기 위한 질문을 한다. 내담자는 궁극적으로 자신의 정서적 결과와 행동의 결과를 잘 인식하여 모든 개인적 신념의 거부, 수정 유지 여부를 결정한다. 또한 인지 상담에서는 부정적인 신념을 긍정적인 신념으로 대치하는 것이 아니며, 소망적 사고를 다루는 것이 아니라 현실에 바탕을 두고 신념을 살펴본다. 내담자는 기능적 문제뿐 아니라 심각한 사회적·재정적·건강상의 현실적 문제를 가지고 있을 수 있다. 그렇지만 현실적인 문제로 인해 자신의 반응범위를 제한시키고 해결을 하지 못하도록 자신을 막고 있는 자기 자신, 자신의 상황 및 자원에 대한 편파적인 견해를 찾아내어 수정시켜야 한다.

아론 벡의 인지 상담에서 상담자는 크게 다음과 같은 세 가지 과제를 달성해야 한다.

첫째, 내담자의 부정적인 자동적 사고를 찾아내어 이를 보다 적절한 적응적 사고로 대치한다.

둘째, 내담자의 사고과정에서의 오류, 즉 인지적 오류를 찾아내어 수정한다.

셋째, 부정적인 자동적 사고와 인지적 오류의 기저를 이루는 근원적인 역기능적 인지도식을 찾아내어 그 내용을 보다 융통성 있고 현실적인 것으로 바꾼다.

이 세 가지 과제를 달성하기 위해서는 체계적 절차를 밟아야 하는데, 이 절차를 제시하면 다음과 같다(이장호외, 2005).

- 1단계 : 내담자가 호소하는 심리적 문제를 구체화하여 내담자와 상의하여 상담목표를 정한다.
- 2단계 : 심리적 문제에 인지적 요인이 관련되어 있음을 내담자가 납득할 수 있도록 인지 상담의 기본 원리를 설명한다.
- 3단계 : 내담자의 현재 삶에서 심리적 문제를 불러일으키는 환경적 자극과 자동적 사고를 내담자와 함께 탐색하고 조사한다.
- 4단계 : 환경적 자극에 대한 내담자의 해석내용, 즉 자동적 사고의 현실적 타당성을 따져 본다.
- 5단계 : 환경적 자극에 대한 보다 객관적이고 타당한 대안적 해석을 탐색해 보고 이를 기존의 부정적인 자동적 사고와 대치한다.
- 6단계 : 환경적 자극을 왜곡되게 지각되도록 만드는 보다 근원적인 역기능적 인지도식의 내용들을 탐색하여 확인한다.
- 7단계 : 역기능적 인지도식의 내용을 현실성, 합리성, 유용성 측면에서 검토한다.
- 8단계 : 더욱 현실적이고 합리적인 대안적 인지를 탐색하여 내면화할 수 있도록 유도한다.

이와 같은 절차에 따라 상담을 진행할 때 상담자가 가장 중요하게 고려할 것은 현실과 현실에 대한 내담자의 주관적 해석을 철저히 분리하는 것이다. 현실에 비추어 객관적으로 검증되지 않은 개인의 주관적 해석은 결코 사실과 같을 수 없기 때문이다. 그러나 내담자는 이를 혼동하게 되므로 심리적 문제를 경험하게 된다. 따라서 상담자는 과학자가 객관적으로 수집된 자료를 통해 어떤 과학적 가설의 옳고 그름을 판가름해 내듯이 내담자가 가진 자기와 주변 인물, 그리고 세상에 대한 여러 가지 생각들의 타당성을 객관적 사실에 비추어 얼마나 타당한지 끊임없이 검토해야 한다.

### (3) 공헌 및 제한점

인지행동 상담이론의 공헌점은 새로 획득한 인지적 통찰을 통해 행동에서의 변화를 가져오는 것에 초점을 두기 때문에 행동변화가 시간대비 효율적으로 일어난다는 점이다.

한편 인지행동 상담이론의 비판점은 다음과 같다. 먼저 내담자의 부정적인 자동적 사고, 역기능적 인지도식, 인지적 오류를 찾아내는 과정에서 내담자의 삶을 무시하거나 가치를 떨어뜨릴 수도 있다는 점이다. 상담자들은 내담자들의 불행했던 긴 이야기를 자세하게 이야기하도록 하지 않을수도 있으며, 대부분의 상담자들은 상담자와 내담자의 친밀관계와 협력관계 형성을 강조하기는 하지만 상담의 특성상 내담자의 인지적 오류를 지적하고 직면하게 하기 때문에 관계의 친밀감을 형성하기 어려울 수 있다. 따라서 상담자가 내담자에게 존중과 신뢰를 얻기 전에 인지행동의 여러 기법들을 성급하게 사용하는 것은 곤란하다. 또한 상담자가 내담자를 설득한다는 점에서 많은 장점을 가직고 있기도 하지만 덜 지시적인 접근보다는 내담자가 심리적 손상을 입을 가능성이 더 많다.

## 2) 합리적·정서적 상담

합리적·정서적 상담이론에 따르면 사람들이 정서적 문제를 겪는 이유는 구체적인 사건들 때문이 아니라 그 사건을 지각하고 받아들이는 방식이 잘못되었기 때문이다. 즉, 어떤 사건을 자신이 이미 가지고 있는 기존 생각들에 비추어 비합리적으로 해석하기 때문에 그 결과로 정서적 문제를 경험하게 된다고 보았다. 예를 들어 시험에서 낮은 성적을 받은 남학생의 경우를 생각해 보자. 낮은 성적을 받은 남학생이 기분이 몹시 상했다면 그 이유가 낮은 성적 때문이라기보다는 '나는 항상 좋은 성적을 받아야 해, 낮은 성적을 받아서는 안돼!' 라는 생각 때문이라고 본다.

### (1) 합리적·정서적 상담의 주요 개념

#### ① 비합리적인 사고

합리적인 사고는 도덕적으로 바람직한 사고, 규범적으로 온당한 사고, 논리적으로 결점이 없는 사고와 동일한 의미가 아니다. 비합리적 사고 역시 도덕적으로 불건전하거나 규범에서 일탈되거나 하는 비논리적인 사고가 아니다. 합리적 사고와 비합리적 사고의 구분기준은 다음과 같다.

첫째, 융통성이다. '모든', '항상', '반드시', '꼭', '결코', '당연히', '…이어야만' 등과 같은 단어가 들어가는 생각들은 융통성이 없으므로 비합리적이다.

둘째, 현실성이다. 사람들이 가진 어떤 생각들은 현실적으로 실현불가능한 것들이 있다. 사람들은 흔히 '인간적으로 가치 있는 사람이 되려면 매사에 유능하고 완벽해야 한다'라는 생각을 한다. 하지만 현실성에 비추어보았을 때 매사에 유능하고 완벽한 사람은 없다는 것이다. 인간은 누구나 실수를 하고 실패를 하기 때문이다.

셋째, 기능적 유용성이다. 이 기준은 사람들이 가진 생각이 현실을 행복하게 사는 데 얼마나 도움이 되는지와 관련된다. 아무리 그럴듯하고 바람직한 생각이라도 행복보다는 불행을, 기쁨보다는 슬픔을, 희망보다는 절망을, 성공보다는 좌절을 불러일으키는 것이라면 합리적이지 않다는 것이다(김남성 · 조현주, 2000).

### ② 청소년들의 공통된 비합리적 신념

비합리적 신념이란 비합리적 사고로 인해 생기는 믿음으로 어떠한 가치관, 종교, 사람, 사실 등에 대해 다른 사람의 동의와 관계없이 확고한 진리로 받아들이는 개인적인 견해이다. 아래에는 청소년들이 공통적으로 많이 갖고 있는 비합리적 신념이 제시되어 있다.

- 만일 다른 청소년들이 싫어해서 내가 패배자가 된다면, 그것은 정말 끔찍한 일이다.
- 나는 실수를 하지 말아야 하며, 사회적인 실수는 더더욱 해서는 안 된다.
- 나에게 심한 불행이 닥쳐온다면 그것은 부모님의 잘못이다.
- 나는 내가 원하는 대로 할 수밖에 없다. 나는 항상 이런 식으로 해야 한다.
- 실패자가 될 위험에 빠지는 것보다는 차라리 그러한 도전을 피하는 편이 낫다.
- 나는 반드시 동료들에게 순종해야 한다.
- 나는 비난받는 것을 참고 견뎌낼 수 없다.
- 남들은 언제든 책임에서 자유로울 수 없다.

## (2) 합리적 · 정서적 상담의 과정

### ① 합리적 · 정서적 상담의 목표

합리적 · 정서적 상담의 주요 목적은 행복감을 증진시키고 고통을 감소시키는 것이다. 이러한 목적을 달성하기 위해서는 두 가지 주요 목표가 필요하다.

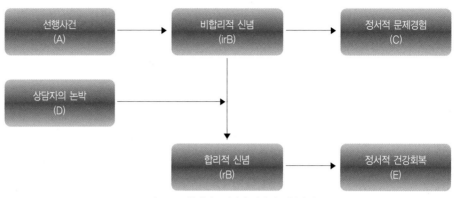

**그림 11-4** 합리적 · 정서적 상담의 진행과정

첫 번째 목표는 정서적으로 왜곡된 내담자에게 비합리적 신념이나 태도가 어떻게 역기능적인 결과를 초래하는지를 보여주는 것이다. 이러한 결과로는 분노나 우울이 포함될 수 있다.

두 번째 목표는 내담자에게 자신의 비합리적 신념을 논박하거나 무너뜨려서 합리적인 사고로 대치하는 방법을 직접적이고 지적으로 가르치는 것이다.

### ② 합리적 · 정서적 상담의 과정

합리적 · 정서적 상담이론에 따라 상담을 진행하는 방법과 과정은 'ABCDE 모형'으로 설명된다. 여기서 A(Antecedent)는 '선행사건'으로, 예를 들면, "나는 수학시험에서 30점을 받았다."와 같다. B(Belief)는 이 사건에 개인적 견해를 더한 '신념'으로, 예를 들면, "나는 시험에서 30점을 받았기 때문에 한 인간으로서 총체적인 실패야."와 같은 것이다. C(Consequence)는 B단계의 자기 메시지로부터 도출된 '결과나 감정'을 나타낸다. 이런 비합리적인 메시지는 매우 우울한 감정을 갖게 할 것이다. D(Disput)는 장애를 유발하는 신념에 대한 '논쟁'으로, 예를 들어 "시험에서 30점을 받았다고 하여 인간으로서 총체적인 실패자인가?"라고 논박하는 것이다. 이때 상담자의 기능은 일단 이러한 비합리적 자기 메시지가 드러나게 되면 내담자가 그러한 메시지에 의문을 갖도록 조력하는 것이다. E(Effects)는 감정적이고 행동적인 변화에 의해 수행되는 새롭고 효과적인 합리적 견해로, 예를 들면 "이것은 불쾌하고 불편한 일이지만 그럴 수 있어. 다음 시험을 위해 좀 더 효율적으로 공부하는 것이 좋겠어."라고 생각하는 것으로 이제 자기수용은 새롭게 공부를 시작하게 하는 밑거름이 된다(김택호 외, 2008).

ABCDE 모형을 근거로 합리적 정서 상담을 진행하는 과정은 인지행동 상담의 과정과 유사하다. 차이가 있다면 상담자의 역할이 좀 더 능동적이고 모델링의 역할을 한다는 데 있다. 합리적 · 정서적 상담의 과정은 다음과 같다.

첫째, 합리적 · 정서적 상담의 기본철학 및 논리를 내담자가 믿도록 설명하고 설득한다.

둘째, 상담 면접과정에서 내담자의 자기보고 및 상담자의 관찰을 통해 내담자의 비합리적 신념을 발견하고 규명한다.

셋째, 내담자의 비합리적 신념에 대해 상담자가 직접적으로 논박하고 합리적 신념의 예를 제시하거나 시험을 보인다.

넷째, 비합리적 신념을 합리적 신념으로 대치하기 위한 인지적 연습을 반복한다.

다섯째, 합리적 행동반응을 개발 · 촉진하기 위한 행동연습을 시행한다(이장호 외, 2005).

이와 같은 과정을 진행할 때 한 가지 주의할 점은 상담자의 논쟁이 내담자의 인격을 모독하여 내담자가 상담 자체에 부정적인 느낌을 가지게 될 수 있다는 것이다. 그렇기 때문에 합리적 · 정서적 상담의 기본철학과 논리에 대해 충분히 설명해야 하며, 논쟁의 대상은 내담자가 아니라 내담자가 가진 비합리적인 신념이라는 사실을 믿게 해야 한다.

## (3) 공헌 및 제한점

합리적 · 정서적 상담은 짧은 시간에 큰 효과를 낼 수 있었던 것으로 인해 많은 사람들로부터 지지를 받았다. 사고나 신념을 경험이나 느낌만큼 가치 있게 보았다는 점, 인간의 정서적 부적응에는 비합리적인 신념체계나 사고방식이 깔려 있다는 것을 체계화하여 제시한 점, 인지적 통찰을 행동화시켜야 되는 것으로 강조한 점, 행동주의와 결합하여 활용범위를 확대시킨 점, 그리고 내담자로 하여금 스스로 자기변화를 일으키도록 하는 점 등 상담과 심리치료의 분야에 많은 공헌을 하였다.

반면 합리적 · 정서적 상담은 낮은 인지적 수준으로 인하여 논리적 분석을 할 수 없는 내담자에게는 실시하기가 어렵다는 점과 지시적이고 교훈적인 상담으로 인해 상담자의 가치관이 강요될 수 있다는 점, 인간 경험의 복잡성을 너무 단순화시키고 있다는 점, 내담자와의 관계 형성과 내담자의 아픔에 대한 공감적 반응을 중요시하지 않았다는 점 등의 여러 가지 제한점으로 인해 비판을 받는다.

## 3. 인간 중심적 심리 상담

**그림 11-5  칼 로저스**

인간 중심적 심리 상담이론은 1940년대 칼 로저스(Carl Rosers)에 의해 창시된 이론으로, 처음에 이 이론의 명칭은 비지시적 상담이었으며, 이론이 발전하는 과정에서 1970년대까지는 '내담자 중심' 상담이라고 불렸고, 그 이후는 '인간 중심' 심리 상담으로 명칭이 개정되었다. 인간 중심적 심리 상담이론은 구체적인 문제해결기법보다는 내담자에 대한 상담자의 태도를 더 중요시한다. 인간 중심적 이론에서 인간은 자기를 실현할 수 있는 기본적 동기와 능력을 '이미' 가지고 있는 것으로 가정하며, 다만 살아가는 과정에서 그러한 능력이 발현되지 못했다고 보고 있다. 또한 인간은 현재를 살고 미래를 추구하는 존재이기 때문에 정신분석이론처럼 과거의 경험을 중시하는 것이 아니라, 자신의 가능성과 잠재력을 발견하고 실현할 수 있는, 즉 무엇이든 될 수 있는 형성과정 중에 있는 존재라고 여긴다.

인간의 잠재능력과 가능성에 대한 이런 믿음은 인간 중심적 심리 상담이론의 핵심을 이루며, 상담자가 지녀야 할 기본적인 믿음으로, 단순히 여러 개의 이론 중의 하나가 아니라 모든 상담에서 상담자가 지녀야 할 지본적인 태도로 여겨진다.

여기서는 인간 중심적 심리 상담 중 가장 핵심적인 역할을 하는 로저스식 인간 중심 심리 상담과 게슈탈트식 심리 상담에 대해 살펴보겠다.

### 1) 로저스식 인간 중심 심리 상담

로저스식 인간 중심 심리 상담이론에서 인간은 존경과 신뢰의 분위기 속에서 긍정적이고 건설적인 방향으로 발달하려는 경향을 가지고 있다. 잠재력을 실현하게 하는 성장 촉진적인 분위기 속에서 상담자는 인간이 본질적으로 믿을 만하고 사회적이며 창조적이라는 기본적인 믿음에 기초하여 내담자에 대해 무조건적 존중과 정확한 공감적 이해를 해야 한다고 믿고 있다. 또한 인간은 부적응에서 심리적 건강상태로 변화하는 천부적인 능력을 가지고 있기 때문에 상담의 일차적인 책임은 내담자에게 있다고 생각한다. 최근에는 이론을 적용하여 이전보다 더욱 능동적인 상담자의 참여를 강조하고 있다(김춘경 외, 2006).

로저스식 인간 중심 심리 상담에서는 인간은 누구나 자신을 긍정적인 존재로 인식하고자 하며, 그러기 위해서 인간은 타인들로부터 긍정적 존중을 받는 것이 필요하다고 보았다. 이러한 인간은 어린시절부터 부모가 자신을 긍정적으로 대하면 자기 개념도 긍정적이게 된다. 긍정적 존중을 통한 긍정적 자기 개념을 갖기 위해 사람들은 자신에게 중요한 사람들의 가치조건들을 내면화하게 된다. 즉, 타인이 중요하다고 여기는 가치를 동일시하면서 타인으로부터 인정을 받게 된다. 특히 어린시절에는 성인들에 의해 '주입된' 가치체계를 내면화하게 된다. 여기서의 문제는 타인의 가치조건들이 사람들이 원래 갖고 태어난 가능성과 잠재력을 실현하는 데 어떤 영향을 주는가이다. 인간 중심 가치조건과 실현경향성이 잘 조화를 이룬다면 자신의 가능성과 잠재력을 발견하고 실현해 나갈 수 있게 된다. 그러나 반대로 가치조건과 실현경향성이 일치하지 않고 외적으로 부여된 가치조건에 따라 살아가게 되면 자기 개념과 실제 경험 간에 불일치가 생기게 되고, 불일치가 많아짐에 따라 심리적 문제를 경험하게 된다. 따라서 상담자는 아무런 가치조건도 부여하지 않고 내담자를 있는 그대로 존중하고 수용함으로써 내담자에게 부여된 가치조건들을 해체해 나간다.

## (1) 로저스식 인간 중심 심리 상담의 주요 개념

### ① 실현경향성

로저스식 인간 중심 심리 상담에서 인간은 자신의 잠재력을 실현하려는 경향성을 가지고 있기 때문에, 상담자는 전문적인 기법을 통해 내담자의 문제를 해결해주는 것이 아니라 내담자 스스로가 자신의 문제를 해결해 나가도록 촉진해 주는 역할을 한다고 보았다.

### ② 지금 그리고 여기에

로저스식 인간 중심 심리 상담에서는 인간의 행동을 결정하는 유일한 요소를 '지금 그리고 여기에'서 사람이 어떻게 생각하고 느끼느냐로 보았다. 과거는 과거일 뿐 현재와 다르기 때문에 현재를 중요하게 본다. 즉, '지금 그리고 여기에'서 사람들이 발견하는 의미가 그가 원래부터 가지고 태어난 실현경향성과 부합하는 것일 때에 발전과 성장이 가능하다.

### ③ 가치조건의 내면화

인간은 세상에 태어나 성장하는 과정 속에서 타인으로부터 긍정적 존중을 받고자 한다. 긍정적 존중을 받으면 자신을 긍정적인 존재로 여기게 되고 자기 자신에 대한 개념을 형성하게 된다. 타인으로부터 긍정적 존중을 받기 위해 그들이 중요하게 생각하는 가치조건들에 부합하는 방향으로 행동하게 되고 결국 자기를 형성하게 되는데, 이것을 가치조건의 내면화라고 한다. 이러한 가치 조건들이 사람들이 원래 가지고 태어난 실현경향성과 잘 조화를 이룬다면 심리적으로 건강하게 살아갈 수 있지만, 그렇지 않을 경우 자신에 대해 왜곡된 자아 개념을 형성하게 된다.

### ④ 무조건적인 긍정적 존중

로저스식 인간 중심 심리 상담에서는 왜곡되고 부정적인 자기 개념을 갖고 있는 내담자에게 자신의 원래 자아실현 경향성을 다시 찾아주고 외부로부터 주입된 가치조건들에서 벗어나게 하기 위해 상담자는 내담자에게 무조건적 긍정적 존중을 한다. 여기서의 긍정적 존중이란 내담자를 한 인간으로서 긍정적인 존재로 대한다는 것을 의미한다. 또한 무조건적이란 말은 아무런 전제나 조건도 달지 않겠다는 뜻이다. 따라서 무조건적인 긍정적 존중이란 내담자를 상담자의 가치 조건에 비추어 판단하거나 평가하지 않고 내담자가 갖고 있는 그대로의 모습을 존중하겠다는 상담자의 태도이다. 내담자를 무조건적으로 존중한다고 해서 사회적으로 수용되지 않는 행동까지 존중한다는 의미보다는 그런 행동을 하고 그런 감정을 느끼고 그런 생각을 하는 내담자를 이해한다는 의미이다.

### ⑤ 공감적 이해

인간 중심 심리 상담에서 상담자의 공감적 이해는 상담을 진행하는 과정 속에서 가장 중요한데, 공감적 이해는 여기와 지금에 나타난 내담자의 감정과 경험을 상담자가 민감하고 정확하게 이해하는 것을 뜻한다. 즉, 현재 내담자의 내면적 감정을 그것이 마치 상담자 자신의 감정인 것처럼 느낀다. 공감적 이해를 잘 하기 위해서는 상담자가 내담자의 입장에 서보는 것이 중요하다. 그러나 공감은 하나의 고정되거나 정지된 상태이거나 단일한 에피소드가 아니라, 일련의 과정으로 '내담자의 지각세계로 들어가 머물기 → 매순간 감지된 의미들에 민감해지기 → 비판단적이면서 일시적으로 체험하기 → 체험된 느낌 전달하기 → 그 정확성을 점검하기' 등의 과정을 거친다(이장호 외, 2005).

⑥ 진솔성

진솔성 혹은 일치성이란 상담자가 내담자를 대할 때에 가식이나 왜곡, 겉치레가 없는 것을 말한다. 즉, 진실하고 솔직하다는 뜻이다. 진솔성은 내담자를 대함에 있어 상담자가 경험하는 것을 솔직하고 정직하게 표현할 수 있어야 함을 의미한다. 내담자에 대한 상담자의 부정적 감정의 표현이 내담자의 성장에 기여하지 못한다면 의미가 없다. 상담자 자신의 경험이 왜곡되어 있거나 자신의 심리적 문제가 미해결된 상태에서 내담자의 문제와 얽히게 되면 오히려 감정의 충동적 표현이 내담자에게 상처를 주는 결과를 가져온다. 그러므로 상담자의 진솔성은 상담자의 인격적 성숙을 전제로 한다.

## (2) 인간 중심 심리 상담의 목표와 과정

### ① 인간 중심 심리 상담의 목표

상담의 목표는 일차적으로 내담자가 현재 직면하고 있는 문제를 해결하는 데 있다. 하지만 궁극적으로는 내담자가 현재 직면하고 있는 문제를 해결하는 것에만 그치지 않고 앞으로의 문제들을 극복할 수 있도록 그들의 성장과정을 촉진하는 것이다.

### ② 인간 중심 심리 상담의 과정

내담자의 문제는 자기 경험과 자기 지각 간의 불일치로부터 출발한다고 보기 때문에 내담자 자신의 자기 지각에 초점을 맞춘다. 상담자는 무엇보다 내담자가 자신의 문제를 꺼내 놓을 수 있는 안전하고 신뢰로운 상담 분위기를 마련하기 위해 먼저 노력해야 한다. 이렇게 하여 신뢰로운 관계가 형성되면 내담자는 스스로가 자신의 내적인 자원을 발견할 수 있을 것이라 믿는다. 상담자가 상담과정에서 내담자의 성장력을 키우기 위해서는 자신에 대해서나 내담자에 대해서 솔직해야 하며 내담자를 평가하지 말고 무조건적으로 긍정적인 관심을 보이며 수용하고, 내담자가 경험하는 바를 정확히 이해하여 전달할 수 있는 공감능력을 유지하는 상담관계 형성에 역점을 두어야 한다(장연집 외, 2001).

인간 중심 심리 상담에서 '무엇이 어떻게 진행되는가'의 특징적 과정을 중심으로 상담기술과 절차를 살펴보면 12단계를 거치게 되는데, 그 단계를 살펴보면 다음과 같다(오윤선, 2006).

■ 1단계 : 내담자가 도움을 받기 위해 온다.

- 2단계 : 상담이라는 상황을 정의한다.
- 3단계 : 상담자가 내담자의 정서반응을 반영하고, 명료화하여 내담자가 자신의 문제에 관한 감정을 자유롭게 표현하도록 북돋워 준다.
- 4단계 : 상담자는 내담자가 표출하는 부정적 감정을 수용하고 알아주며 정리해 준다.
- 5단계 : 부정적인 감정을 완전히 표현할 수 있게 된 후에는 미약하고 잠정적이기는 하지만 성격성장에 보탬이 되는 긍정적 감정과 충동이 나타나게 된다.
- 6단계 : 상담자는 내담자의 부정적 감정을 받아들임과 동시에 긍정적인 감정을 인정하고 받아들인다.
- 7단계 : 부정적 감정과 긍정적 감정을 모두 경험하면 자기이해, 자기수용, 자기통찰이 나타난다.
- 8단계 : 통찰과 함께 여러 가지 의사결정을 할 수 있는 길이 선명하게 보이게 된다.
- 9단계 : 내담자는 긍정적 행동을 취하게 되며, 생활장면에 대해 더욱 정확하고 완전한 분별을 하게 된다.
- 10단계 : 내담자는 더욱 성장한다.
- 11단계 : 내담자는 보다 잘 통제된 긍정적 행동을 점점 더 많이 하게 된다.
- 12단계 : 내담자는 이제 도움을 받을 필요를 덜 느끼게 되고, 치료관계를 종결하게 된다.

## (3) 공헌 및 제한점

로저스의 인간 중심 심리 상담의 중요한 공헌점 몇 가지를 살펴보면 다음과 같다.

첫째, 인간 중심적 입장에 근거한 로저스의 신념은 인간의 존재가치에 대한 긍정적 안목을 주었다.

둘째, 상담의 대중성에 공헌하였으며, 로저스의 인간 중심 상담 접근에서 보이는 상담자의 태도는 다른 상담이론을 토대로 진행하는 접근방식에도 영향을 주었다. 즉, 상담자의 태도와 자질의 중요성을 일깨워주고 있다.

셋째, 다른 상담방법에 비해 상담자와 내담자의 관계의 친밀성을 강조함으로써 상담자 자신이 치료적 도구가 될 뿐만 아니라 상담관계 자체가 치료의 수단이 될 수 있다는 안목을 제시하고 있다.

넷째, 상담자와 내담자가 상담관계 내에서 동등한 위치를 갖는 것에 강조점을 두었으며, 내담자 자신의 문제를 스스로 해결해 나가도록 자기결정권이 내담자에게 있도록 하였다.

반면 로저스의 인간 중심 심리 상담이론의 제한점은 다음과 같다.

첫째, 내담자의 내면 세계 중 정서적인 요인을 지나치게 강조한 반면에 지적이고 인지적인 요인을 별로 중요하게 다루지 않았다.

둘째, 로저스의 인간 중심 심리 상담은 내담자를 무조건 지지하는 내담자 중심의 상담이기에 때때로 상담자로 하여금 자신의 정체성과 독특성을 상실하게 할 수도 있다.

## 2) 게슈탈트 상담

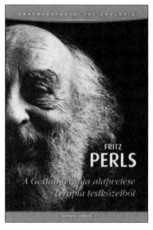

게슈탈트 상담은 독일 정신과 의사인 프리츠 펄스(Fritz Perls)에 의해 1940년대부터 시작된 심리상담으로, 다른 상담에 대해 개방적인 입장의 상담이고, 정신분석처럼 무의식적인 부분들을 분석하는 입장이 아닌 개인의 여러 심리적인 요소를 전체의 장(field)의 관점에서 통합적으로 이해하려는 상담이다.

게슈탈트 상담에서는 상담자와 내담자가 같이 직접적인 지각적 · 감각적 경험에 초점을 맞출 것을 요구하며, 주관적인 인간경험이 설명과 해석보다 더 현실적이라는 것을 강조한다. 직접적인 경험에 초점을 둔 과정 속에서 내담자는 자신을 가치롭게 여기고 수용할 수 있는 방법을 배울 수 있으며, 자신의 경험을 신뢰할 수 있다는 것이다. 즉, 게슈탈트 상담은 논의되고 있

그림 11-6  프리츠 펄스

는 내용보다는 무엇이 일어나고 있는 과정에 더 주안점을 두는 과정지향적 상담이다 (Yontef, 1993).

### (1) 게슈탈트 상담의 주요 개념

#### ① 게슈탈트

게슈탈트란 전체, 형상, 형태, 모습 등의 뜻을 지닌 독일어로, 개체가 대상을 지각할 때 그것들을 산만한 부분들의 집합이 아니라 하나의 의미 있는 전체로 자신의 욕구나 감정을 조직화하여 지각한다는 것을 뜻한다. 그런데 이때 개체가 완결된 형태로 게슈탈트를 형성하지 못하거나 자연스럽게 조정, 해결하지 못하면 심리적 · 신체적 장애를 가져올 수 있다.

### ② 전경과 배경

어떤 대상을 지각할 때 관심 있는 부분은 지각의 중심부분으로 떠오르고 나머지는 배경으로 물러나는 것을 체험할 수 있다. 이처럼 관심의 초점이 되는 부분을 전경이라고 하고, 관심 밖으로 물러나는 부분을 배경이라고 한다. 개체가 게슈탈트를 형성하여 지각한다는 것은 '개체가 어느 한 순간에 가장 중요한 욕구나 감정을 지각하여 전경으로 떠 올린다'는 뜻이다. 개체가 전경으로 떠올렸던 게슈탈트를 해소하고 나면 그것은 배경으로 물러나고 다시 새로운 게슈탈트가 형성되어 전경으로 떠오르며, 새롭게 형성된 게슈탈트 또한 다시 해소되어 배경으로 물러난다. 이와 같이 되풀이되는 유기체의 순환과정을 '게슈탈트의 형성과 해소' 또는 '전경과 배경의 교체'라고 한다.

### ③ 미해결 과제

'미해결 과제' 혹은 '미해결 게슈탈트'란 개체가 게슈탈트를 형성하지 못했거나 혹은 이미 형성된 게슈탈트가 적절히 해소되지 못하여 배경으로 물러나지 못한 상태를 의미한다. 이러한 미해결 과제는 계속해서 해결되기를 요구하며 전경으로 떠오르려 함으로써 개체가 현재 자신의 경험과 욕구를 명확하게 알아차릴 수 없고 그 순간의 타인 또는 환경과의 진실한 접촉을 방해하기 때문에 개체의 적응에 장애가 된다. 미해결 과제는 항상 전경으로 떠오르려고 노력하기 때문에 '지금 그리고 여기에' 그 모습을 드러내고 있다. 따라서 개체는 단지 그것을 회피하지 않고 알아차리기(각성)만 하면 되므로, 미해결 과제를 해결할 수 있는 방법은 '지금 그리고 여기에' 대해 각성하는 것이다.

### ④ 현 재

현재는 유일한 현실이다. '지금 그리고 여기에'를 제외하고는 아무 것도 존재하지 않는다. 과거에 대한 기억과 미래에 대한 기대도 역시 현재의 시점에서 경험된다. 지금 여기에 있는 나를 적절하게 이해하지 못할 때 과거나 미래로 도피하려는 충동이 생긴다. 현재의 초점은 자신만이 자신의 삶을 조정할 책임이 있음을 강조하는 것이며, 책임은 '현재하는 것'을 회피하지 않는 것을 의미한다.

### ⑤ 알아차림(자각)

알아차림이란 개체가 자신의 '있는 그대로'의 실존과 '현실적인 현존' 간의 관계를 맺는 것으로 자신의 욕구나 감정을 지각한 다음 게슈탈트를 형성하여 전경으로 떠올리는 행위를 의미한다. 즉, 알아차린다는 것은 과거의 억압되었던 생각이나 기억을 되살리고 이를 분석하는 것이 아니고 현재 이 순간에 자신의 욕구는 무엇이며 자신의 감정은 어떤지, 어떤 생각을 하며 어떻게 행동하는지, 자신의 환경을 어떻게 지각하는지를 자 각하고 체험하는 것이다. 이러한 체험을 통해 미해결의 과제를 해결할 수 있도록 도와 준다.

알아차림이 원활하게 이루어지려면 과거나 미래에 지나치게 빠지지 않고 현재 자신 의 욕구와 경험에 초점을 맞추며 현재의 경험과 감정 그리고 행동에 대해 책임질 수 있 어야 한다.

### ⑥ 접 촉

접촉이란 전경으로 떠오른 게슈탈트를 해소하기 위해 현재를 있는 그대로 경험하고 환 경과 상호작용하는 행위를 의미한다. 또 개인과 환경과의 경계나, 개인과 개인과의 접 촉, 개인 내부의 여러 부분과의 접촉을 의미할 경우도 있다. 건강한 개인은 자신의 경 계를 유지하면서 타인과 교류하고 환경과 교류하게 된다. 그러나 경계에 문제가 생기 면 개인과 환경과의 교류 접촉이 차단되고 심리적 혼란이 유발된다. 이것이 접촉경계 의 혼란이다. 접촉경계의 혼란은 개인과 환경과의 경계가 너무 견고하거나 불분명할 때, 경계가 상실될 때 생긴다. 효과적인 접촉이란 자신의 개별성을 상실하지 않은 채 환경이나 다른 사람과 상호작용하는 것으로, 효과적 접촉이 일어나기 위해서는 명확한 알아차림, 충분한 에너지, 자신을 표현할 수 있는 능력이 필요하다.

### ⑦ 내사와 투사

접촉경계의 혼란이 일어나는 이유 중 하나인 내사는 아직 자신의 것으로 받아들이고 있지 않으면서 과거 권위적인 인물의 가치나 사고방식을 무비판적으로 따르고 있는 행 동이나 사고방식을 이야기한다. 예를 들면 부모가 "어른들 말에는 복종해야 한다."고 이야기하면 그것에 대한 의심 없이 그대로 자신의 것으로 받아들여 자신도 어른들의 말에 복종해야 한다고 믿고 행동한다. 내사가 심한 사람들은 자신의 요구가 무엇인지 를 알지 못한 채 타인의 요구나 기대에 따라 행동하는 데 익숙해 있으며, 자신의 의지 에 따라 얼마든지 달리 행동할 수 있다는 사실을 잘 알지 못한다.

투사란 자신의 요구나 생각, 감정 등을 타인의 것으로 지각하는 것을 말한다. 예를 들어 자신이 타인을 증오하면서 마치 타인이 자신을 적대하는 것처럼 생각하고 행동하 는 것을 말한다.

### ⑧ 융합과 반전

융합과 반전도 접촉경계의 혼란이 일어나는 이유로 보았다. 융합은 밀접한 관계의 두 사람이 서로 간의 차이점이 없이 일치한다고 느끼도록 합의할 때 일어나는 혼란을 말한다. 예를 들어 어머니가 불행을 느끼면 나도 불행해지고, 어머니가 행복을 느끼면 나도 행복해지는 것을 말한다. 이러한 사이는 겉으로는 상당히 좋은 것처럼 보이나 내면적으로는 서로 독립적이지 못하고 상호 의존적이어서 서로 상대방을 자유롭게 놓아주지 않는다. 반전은 다른 사람에게 표현하는 것이 더 적절한 어떤 생각이나 느낌, 행동을 자기 자신에게 되돌려 표현하는 것을 의미한다. 예를 들어, 다른 사람에게 화를 내야 할 것을 "나는 너무 바보야"라고 자신에게 화가 나서 말하는 것으로, 이는 낮은 자아 존중감 및 수치심을 불러일으킨다.

## (2) 게슈탈트 상담의 목표와 과정

### ① 게슈탈트 상담의 목표

기본적인 목표는 사람으로 하여금 자신의 삶에 책임을 질 수 있는 성숙한 모습이 될 수 있도록 도와주는 것이다. 즉, 내담자로 하여금 외부에 투사되거나 자신 속의 내부에서 격리되어 자신의 것으로 인식되지 못한 에너지나 감정을 자각하고 이를 통합함으로써 성숙된 삶으로 나아가도록 하는 것이다. 성숙한 삶으로 나아가기 위해서는 '지금 그리고 여기에서' 느끼고 생각하는 것을 알아차리고 그것에 접촉하는 것이다(Peterson & Nisenholz, 1995).

### ② 게슈탈트 상담의 과정

게슈탈트 상담은 내담자가 '지금 그리고 여기에서'의 경험을 통하여 자기를 충분히 알아차리고 자신의 부적응 행동의 본질과 그것이 어떻게 자기 삶을 방해하여 왔는지를 알 수 있게 돕는 과정이다. '지금 그리고 여기에서' 경험되는 것을 알아차리는 과정에서 사람들은 과거의 미해결된 과제를 알아차리게 된다.

상담자는 내담자가 스스로 미해결 과제에 대한 자각을 높이도록 돕기 위해 자신의 힘들고 괴로운 일이 무엇인지를, 말하기보다는 과거의 경험이 현재 여기에서 어떻게 느껴지는지를 표현하도록 돕는다. 동시에 과거의 어떤 사람에 대해 생각했던바나 느꼈던 점을 이야기할 때도 그 사람을 지금, 여기에서 만나서 대화하도록 한다. 예를 들어 아버지와 이야기를 하고 싶으면 빈 의자를 놓고 그곳에 아버지가 앉아 있다고 상상하고 아버지와 대화하도록 한다. 이때 상담자는 내담자의 언어적인 표현뿐 아니라 내담자의 목소리, 얼굴 표정, 신체적 감각 등에 주의를 기울임으로써 자신이 경험한 바를 언어화하여 자신의 욕구를 충분히 자각하도록 돕는다(장연집 외, 2001).

게슈탈트 심리 상담은 접촉경계의 혼란을 알아차리고 자기 자신은 물론 타인과의 건강한 접촉을 돕기 위해, 또 과거의 미해결된 과제를 돕기 위해 위의 예에서 설명한 빈의자기법뿐만 아니라 신체적·환경적 자각기법, 머무르기, 실험하기, 꿈작업 등의 방법들을 사용한다.

## (3) 공헌 및 제한점

일반적으로 게슈탈트 상담은 인간의 본성에 대한 숨겨진 갈등을 가진 사람들에게 통찰을 제공할 수 있도록 돕는 매우 유용한 방법으로 여겨진다. 게슈탈트 상담은 매우 다양한 기법을 갖고 있는 만큼 적용가능 분야가 매우 넓으며 다른 상담이론들과의 적극적인 교류를 통해 여러 인접 분야에 활용되고 있다. 또한 단순한 과거의 사건이 아닌 '지금 그리고 여기에서' 과거에 대한 재경험을 통해 자신의 심리저 기능을 방해하는 미해결 과제를 자각하고 처리하도록 하는 원리는 현재의 감정에 대한 자각능력을 높이고, 현재를 다루는 상담 및 심리치료 분야에 매우 유익한 공헌을 하였다.

하지만 게슈탈트 상담도 몇 가지 제한점을 가지고 있다.

첫째, 이론적 기초 특히 인간의 성격발달이론이 빈약하다는 비판을 받고 있다.

둘째, 인간의 감정에 대한 강조로 인하여 행동적이고 인지적인 부분을 간과했다는 점이다.

셋째, 게슈탈트 상담자는 상담과정에서 감정적 접촉을 위한 많은 기법을 사용하는데, 때로는 상담자가 많은 기법을 현란하게 기계적으로 구사함으로써 상담의 과정적 핵심을 놓칠 수 있다.

정신분석적 상담은 프로이트의 정신분석이론에 따라 진행되는 상담방법으로 성격은 원초아, 자아, 초자아 및 현실이 역동적으로 작용하여 형성되며, 상담의 목표는 무의식적 갈등을 의식화시켜서 개인의 성격구조를 재구성하는 데 있다. 정신분석적 상담에서는 개인의 무의식적 동기에 의해 유발되고 지속되는 정신적인 문제나 부적응 행동을 수정하기 위해 자유연상, 꿈의 분석, 전이, 저항, 해석, 훈습 등을 사용하여 상담을 진행해 나간다. 상담의 과정은 크게 4단계로 나뉘는데, 상담자와 내담자가 상담관계를 형성하는 초기단계, 내담자가 상담자에 대한 전이감정을 느끼고 표현하는 전이단계, 전이에 대한 분석이 이루어지는 통찰단계, 그리고 통찰을 현실 생활 속에서 계속 유지하기 위해 노력하는 훈습단계로 나뉜다. 정신분석적 상담은 인간의 심리적 갈등과 문제에 대한 무의식의 역할을 정립하여 내담자가 가지고 있는 현재의 행동과 증상의 원인이 어떻게 과거와 연결되어 있는지를 이해하는 개념적인 틀을 제공해 주고 있지만, 이론과 방법적인 점에서 많은 제한과 논란의 여지를 가지고 있다.

인지행동 심리 상담은 인지행동적 접근법으로 인간의 여러 측면 중 인지, 즉 사고 또는 생각이 가장 우선적이며 가장 중요하다는 입장이다. 이 상담방법에는 아론 벡의 인지행동 상담과 알버트 엘리스의 합리적 정서 상담이 있다.

아론 벡의 인지행동 상담의 목표는 잘못된 정보처리를 수정하려는 것이며, 부적응적 행동과 정서를 유지시키는 역기능적인 신념을 변화시키고, 더욱 현실적인 적응적 사고를 증진시키는 것이다. 주요 개념으로는 역기능적 인지도식, 자동적 사고, 인지적 오류가 있다. 역기능적 인지도식은 적응에 문제를 일으키는 사고체계로 역기능적 인지도식으로 상황을 지각하게 되면 인지적 오류를 일으켜 왜곡된 자동적 사고를 하게 되고 결국은 심리적 문제를 갖게 된다고 보았다. 인지적 오류는 그릇된 가정 및 잘못된 개념화를 말하며 사고에 있어서 체계적인 오류를 지칭하는 것으로 인지적 오류의 유형에는 임의적 추론, 선택적 추론, 과잉일반화, 극대화 혹은 극소화, 개인화, 이분법적 사고 등이 있다.

인지행동의 상담과정은 첫째, 내담자가 호소하는 심리적 문제를 구체화하여 내담자와 상의하여 상담목표를 정하고, 둘째 심리적 문제에 인지적 요인이 관련되어 있음을 내담자가 납득할 수 있도록 인지 상담의 기본 원리를 설명한다. 셋째, 내담자의 현재 삶에서 심리적 문제를 불러일으키는 환경적 자극과 자동적 사고를 내담자와 함께 탐색하고 조사하며, 넷째, 환경적 자극에 대한 내담자의 해석내용, 즉 자동적 사고의 현실적 타당성을 따져 본다. 다섯째, 환경적 자극에 대한 보다 객관적이고 타당한 대안적 해석을 탐색해 보고 이를 기존의 부정적인 자동적 사고와 대치한다. 여섯째, 환경적 자극을 왜곡되게 지각되도록 만드는 보다 근원적인 역기능적 인지도식의 내용들을 탐색하여 확인하며, 일곱째, 역기능적 인지도식의 내용을 현실성, 합리성, 유용성 측면에서 검토한다. 여덟째, 더욱 현실적이고 합리적인 대안적 인지를 탐색하여 내면화할 수 있도록 유도한다.

알버트 앨리스의 합리적·정서적 상담이론에서는 사람들이 어떤 사건을 자신이 이미 가지고 있는 기존 생각들에 비추어 비합리적으로 해석하기 때문에 그 결과로 정서적 문제를 경험하게 된다고 보았다. 비합리적 사고란 사고의 융통성이 있고, 현실성이 있으며, 사람들이 생활하는 데 있어서 기능적으로 얼마나 유용한가이다. 합리적·정서적 상담의 목표는 정서적으로 왜곡된 내담자에게 비합리적 신념이나 태도가 어떻게 역기능적인 결과를 초래하는지를 보여주고, 내담자에게 자신의 비합리적 신념을 논박하거나 무너뜨려서 합리적인 사고를 대치하는 방법을 직접적이고 지적으로 가르치는 것이다. 앨리스는 상담의 과정을 'ABCDE 모형'으로 설명하고 있다. 합리적·정서적 심리 상담도 인지행동 상담과 유사하게 내담자의 비합리적 사고를 밝혀내고 비합리적 사고에 논박하여 자신의 비합리적 메시지에 의문을 갖게 하며, 융통적이고 적응적인 사고로 변화하도록 돕는다.

인지행동 심리 상담방법 모두 짧은 시간에 큰 효과를 낼 수 있다는 점, 인간의 정서적 부적응에서 왜곡된 인지의 문제점을 체계적으로 제시한 점, 인지적 통찰의 행동화를 강조한 점, 내담자로 하여금 스스로 자기변화를 일으키도록 하는 점 등 상담과 심리치료의 분야에 많은 공헌을 하였다. 반면 내담자와의 관계형성이나 내담자의 힘든 점에 대한 공감을 중요시하지 않는다는 점이 비판점으로 인식되고 있다.

인간 중심적 심리 상담에서는 인간은 자기를 실현할 수 있는 기본적 동기와 능력을 '이미' 가지고 있는 것으로 가정하며, 다만 살아가는 과정에서 그러한 능력이 발현되지 못하고 있다고 보았다. 그러기에 상담이론에 있어서도 구체적인 문제해결기법보다는 내담자에 대한 상담자의 태도를 더 중요시한다.

인간 중심적 심리 상담 중 가장 대표적인 로저스식 인간 중심 심리 상담이론에서는 인간은 누구나 자신을 긍정적인 존재로 인식하고자 하며, 그러기 위해서 인간은 타인들로부터 긍정적 존중을 받는 것이 필요하다고 보았다. 긍정적 존중으로부터 긍정적 자기 개념을 갖기 위해 사람들은 자신에게 중요한 사람들의 가치조건들을 내면화하게 된다. 중요한 사람들의 가치조건과 자신의 실현경향성이 잘 조화를 이룬다면 자신의 가능성과 잠재력을 발견하고 실현해 나갈 수 있게 되지만, 가치조건과 실현경향성이 일치하지 않고 외적으로 부여된 가치조건에 따라 살아가게 되면 자기 개념과 실제 경험 간에 불일치가 생기게 되고, 불일치가 많아짐에 따라 심리적 문제를 경험하게 된다. 따라서 상담자는 아무런 가치조건도 부여하지 않고 내담자를 있는 그대로 존중하고 수용함으로써 내담자에게 부여된 가치조건들을 해체해 나간다.

인간 중심 심리 상담의 주요 개념으로는 실현경향성, 지금 그리고 여기에, 가치조건의 내면화, 무조건적인 긍정적 존중, 공감적 이해, 진솔성 등이 있다. 상담의 목표는 일차적으로는 내담자가 현재 직면하고 있는 문제들을 해결하는 것이지만, 궁극적으로는 앞으로의 문제들을 극복할 수 있도록 그들의 성장과정을 촉진하는 것이다. 상담자는 내담자와 신뢰로운 관계를 형성하는 것부터 시작해 내담자 스스로 자신의 내적인 자원을 발견할 수 있도록 공감과 진솔성, 무조건적인 긍정적 존중을 하며 상담을 진행해 나간다. 인간 중심 심리  상담은 인간의 존재가치를 중요하게 다루었으며, 상담자의 태도와 자질을 강조하였고, 내담자와 상담자와의 관계형성 자체가 치료의 도구가 될 수 있음을 보여주었다. 이기에 때때로 상담자로 하여금 자신의 정체성과 독특성을 상실하게 할 수도 있다.

인간 중심 상담 중 하나인 게슈탈트 상담은 프리츠 퍼얼스(Fritz Perls)에 의해 시작된 심리 상담으로, 상담자와 내담자가 다 같이 직접적인 지각적 감각적 경험에 초점을 맞출 것을 요구하며, 주관적인 인간경험이 설명과 해석보다 더 현실적이라는 것을 강조한다. 게슈탈트란 개체가 대상을 지각할 때 그것들을 산만한 부분들의 집합이 아니라 하나의 의미 있는 전체로 자신의 욕구나 감정을 조직화하여 지각한다는 것을 뜻한다. 심리적·신체적 장애는 개체가 완결된 형태로 게슈탈트를 형성하지 못하거나 자연스럽게 조정, 해결하지 못한 결과로 인한 것이다.

게슈탈트 상담의 주요 개념으로는 전경과 배경, 미해결 과제, 알아차림, 지금 그리고 여기에, 접촉, 내사와 투사, 융합과 반전 등이 있으며, 상담의 목표는 내담자로 하여금 외부에 투사되거나 자신의 속의 내부에서 격리되어 자신의 것으로 인식되지 못한 에너지나 감정을 자각하고 이를 통합함으로써 성숙된 삶으로 나아가도록 하는 것이며, 성숙한 삶으로 나아가기 위해서는 '지금 그리고 여기에서' 느끼고 생각하는 것을 알아차리고 그것에 접촉하는 것이다. 즉, 상담자는 내담자의 미해결 과제에 대한 자각을 높이기 위해 지금 여기에서 느끼는 감정 및 과거의 경험이 현재에 어떻게 지각되고 있는가에 초점을 두고 상담을 진행한다. 게슈탈트 상담은 매우 다양한 기법을 갖고 있는 만큼 적용가능 분야가 매우 넓으며, 다른 상담이론들과의 적극적인 교류를 통해 여러 인접 분야에 활용되고 있다.

Chapter 12

# 청소년의 심리적 부적응

청소년기는 흔히 '질풍노도의 시기'라고 일컬어진다. 이 시기는 아동기에서 성인기로 옮겨가는 과도기로서 인생에서 매우 특별하며, 급격한 신체변화와 성적 성숙을 경험하게 되고 인지적·정서적으로도 큰 변화를 겪게 된다. 청소년기는 이와 같이 신체적·성적·인지적·정서적으로 급격한 변화가 동시에 일어나는 시기이기 때문에 이러한 변화에 적절하게 대처하지 못하게 되면 심리적 부적응이나 문제행동을 일으킬 수 있다.

청소년기의 혼란은 곧 정상적인 건강한 발달을 의미한다는 홀과 정신분석 이론가들의 견해는 청소년기의 정신건강연구에 큰 영향을 미쳤다. 그러나 몇몇 연구들(Bandura, 1964; Offer & Offer, 1975)은 그러한 견해에 맞서 적어도 어떤 청소년들은 심리적 어려움을 겪지 않는다고 보고하였다. 어떤 연구에서는 청소년기에 나타나는 어려움은 성인기까지 지속되는 경우가 있다고 보고하기도 한다. 이러한 어려움이 때로는 심각한 정신장애로 발전한다는 보고도 있다(Ruter, 1980). 따라서 청소년기의 심리적 부적응이 정상이라거나 누구든지 겪어야 한다는 가정은 잘못된 것으로 보인다. 대부분의 청소년들은 심각한 어려움 없이 청소년기를 잘 헤쳐나가지만, 어떤 청소년들은 새로운 변화에 적절히 대처하지 못하고 심리적 부적응 현상을 보이기도 한다.

청소년기에 보이는 심리적 부적응은 다양한 형태로 나타난다. 이러한 심리적 부적응은 개인적인 특성과 사회·경제·문화 등 환경적인 요인에 좌우된다. 이 장에서는 청소년기에 흔히 나타나는 심리적인 부적응 현상을 불안, 우울, 자살, 섭식문제, 비행, 인터넷중독, 집단폭력과 따돌림 등의 문제 중심으로 다루어보고자 한다.

## 1. 불안장애

불안감은 정상적인 사람들도 가끔 경험하는 것으로 그 정도가 심하지 않으면 문제가 되지 않지만, 지나치게 심할 경우에는 부적응으로 본다. 불안증상은 무슨 나쁜 일이 곧 일어날 것 같은 두려움과 초조감이 주된 증상이지만, 가슴이 답답하고 숨이 가빠지며 심장이 두근거리는 등의 신체 증상이 함께 나타나기도 한다.

불안은 정의하기 쉽지 않은 심리학 용어 중 하나인데, 이와 비슷한 용어로 공포장애가 있다. 공포장애란 어떤 사람이나 사물 및 상황에 대해 이유없이 두려움을 느끼는 것을 말한다.

불안의 주된 원인은 스트레스로 볼 수 있다. 이는 자기욕구와 환경조건 때문에 느끼는 긴장상태를 말하며, 이 스트레스에 대한 적절한 대처 여하에 따라 적응의 정도가 결정된다. 한 개인에게 부적응을 야기하는 스트레스의 요인들은 다양하다.

첫째, 태아도 모체 안에서 엄마의 건강, 영양, 정서적 안정감 때문에 스트레스를 받을 수 있다.

둘째, 유아기에는 부모의 양육방식에 따라 스트레스를 경험한다. 아동기나 청소년기에는 학교 내에서 교사나 또래들과의 대인관계에 의한 적응과정에서 스트레스를 경험하게 된다.

셋째, 부모자녀관계, 형제관계 등과 같은 가족관계가 많은 변화를 가져왔고 이는 많은 갈등과 좌절의 원인이 되고 있다. 날로 증가하는 부모의 이혼, 학대, 폭력 등도 불안의 원인이 된다.

넷째, 정보화 물결의 반입, 도시화, 자동화, 도덕윤리의 추락, 가치관의 변화, 문화의 대중화, 소외감 증가 및 일탈행위의 증대가 아동이나 청소년이 경험하는 불안의 중요한 요인이 되고 있다. 또한 그로 인해 비행, 가출, 미혼모, 자살, 약물남용, 성폭력 등 다양한 사회병리현상이 일어난다.

다섯째, 미래에 겪을지도 모르는 상처와 고통들, 예를 들어 상실, 난처함, 괴로움, 불편함, 장래에 불행한 일을 당할지도 모른다는 두려움, 죽음에 대한 공포 등이 원인이 된다. 시험을 치르거나 여러 사람들 앞에서 발표를 할 때, 그리고 미팅이나 중요한 면접 등의 상황에서 다양한 수준의 불안감을 경험할 수 있다. 아동과 청소년은 특히 부모나 교사가 언성을 높이며 화를 낼 때 가슴이 두근거리며 불안을 느끼기 쉽고, 이런 경험이 빈번하면 심각한 불안장애로 번질 수 있다.

청소년기는 발달과정상 정상적인 대상에 대해 일시적으로 불안을 느끼는 것이 아니라 불안의 자극이 사라진 경우에도 극심한 불안이 계속되거나, 일반적으로 불안이 유발되지 않을 상황에서도 불안이 고조되거나, 또는 불안으로 인해 일상생활에 심한 지장을 받는 경우에는 심리적 부적응으로 분류된다. 불안장애는 부적응적인 행동이 겉으로 나타나는 외현화 장애와 달리 걱정, 혼란스러운 생각 등의 부적응적인 양상이 내면으로 나타나기 때문에 내재화 장애라고도 부른다.

불안장애 중 청소년시기에 나타나는 대표적인 것은 표 12-1처럼 몇 가지 하위유형으로 나눌 수 있다.

불안감은 대부분 성격적인 문제로 보고 병으로 생각하지 않기 때문에 불안한 청소년들이 적절한 노움을 받지 못하고 있는 경우가 많다. 물론 주변의 성인들이 최대한으로 불안감이 생기지 않도록 미리미리 정상적인 주변환경을 조성해 주어야겠지만 성인들 역시 자신들의 어려움을 가지고 있고 완벽할 수 없으므로 어쩔 수 없이 청소년에게 불안감이 생겨나는 경우가 있다. 모든 부적응 행동이 그렇지만 어떤 증세가 생겼다는 것은 자기 혼자 해결하기에는 너무 힘들기 때문에 도움을 청하는 신호로 받아들여야 한

표 12-1 청소년기의 대표적인 불안장애의 하위유형 및 특징

| 장 애 | 특 징 |
|---|---|
| 분리불안장애 | 애착되어 있는 대상으로부터의 분리에 극심한 스트레스를 느끼거나 분리되어야 하는 상황을 피함 |
| 공황장애 | 갑작스럽고 반복적인 극심한 불안발작을 경험함 |
| 광장공포증 | 즉각적으로 피하기 어려운 장소나 상황에 처하는 것에 대해 두려움을 보임 |
| 특정 공포증 | 분리나 낯선 사람 외의 특정 대상이나 상황에 대해 두려움을 느끼거나 회피함 |
| 강박-충동장애 | 반복적으로 떠오르는 비합리적인 생각 또는 충동을 느끼고, 반복적이고 비합리적인 행동을 계속함 |
| 일반화된 불안장애 | 여러 가지 대상이나 상황 또는 활동에 대해 빈번하고 극심한 불안 또는 걱정을 나타냄 |
| 외상 후 스트레스장애 | 충격적인 사건(성폭행·강도·지진·교통사고 등)의 경험 후 그 사건을 지속적으로 재경험하고 사건과 관련된 자극들을 피하고, 증가된 각성상태가 지속됨 |

다. 이 신호를 알아차리지 못하거나 알아차리더라도 적절한 방법으로 원인적인 해결을 해주지 못할 경우, 문제는 더욱 심각하게 번지게 된다.

## 2. 우울장애

기분장애에 해당하는 우울증은 청소년기에 비교적 흔하게 나타나는 증상이다. 청소년기의 우울증은 견딜 수 없을 정도의 울적한 기분이 그 주요 증상인데 대인관계의 위축, 권태감, 무력감, 수면 및 섭식문제 등이 수반되는 경우가 많다.

아동들도 우울증상을 보이는 경우가 있지만, 사춘기를 전후해서 급격히 증가하여 성인기의 우울증 발생빈도보다 약간 높은 경향이 있다. 때로는 우울증에 빠진 청소년기의 자아가 지나치게 손상되어 반사회적 행동을 하게 된 경우, 더 깊은 우울증과 죄책감에 빠지게 되어 끝내 자살로 이어지는 경우도 있다.

청소년기의 우울증을 이해하려면 아동기와 청소년기에 어떤 경험을 했는지를 알아야 한다고 믿는 학자들이 있다. 예를 들어, 볼비(Bowlby, 1980)는 유아기 때의 모자녀 간의 불안정한 애착, 애정이 부족한 자녀양육행동, 그리고 아동기 때 부모를 잃는 것 등이 부정적인 인지적 도식을 초래하여 마침내 청소년기의 우울증으로 연결된다고 믿는다.

또 다른 인지적 견해는 발달 초기의 자기비하나 미래에 대한 확신부족 등의 인지적 도식이 우울증과 연결된다고 주장한다(Beck, 1976). 이러한 습관적인 부정적 사고가 청소년기의 우울증을 초래하고, 우울증은 다시 자신에 대한 부정적인 느낌을 갖게 하는 악순환이 계속된다.

청소년기 우울증을 이해하는 데 중요한 또 다른 요인은 학습된 무력감이다. 학습된 무력감은 자신이 통제할 길이 전혀 없는 스트레스를 오랜 기간 동안 받거나 반복되는 실패의 경험에서 발생하는 것으로, 이러한 경험은 상황을 개선하기 위해 자신이 아무것도 할 수 없다는 무력감을 낳는다. 즉, 우울증에 빠진 청소년들은 자신이 아무 것도 통제할 수 없다는 생각 때문에 매사에 냉담하고 무관심하게 된다. 학습된 무력감의 개념을 최초로 제시한 셀리그만(Seligman, 1989)에 의하면, 오늘날 청소년기와 성인기에 우울증이 보편적인 이유는 우리 사회가 개인이나 독립심을 지나치게 강조하고, 가족이나 종교, 다른 사람과의 관계를 지나치게 무시한 결과 때문이라고 한다.

가족요인 또한 청소년기 우울증과 관계가 있는데 부모가 우울증이 있는 경우 자녀도 우울증에 빠지기 쉽다. 또한 부모가 이혼을 하거나 정서적 지지를 해주지 못하고 부부 갈등에 빠져 있거나 경제적 문제가 있으면 청소년기의 자녀는 우울증에 빠지기 쉽다. 그리고 가족의 응집력이 낮거나 가족 간의 의사소통이 제대로 이루어지지 않는 경우도 청소년기 우울증과 관련이 있다.

교우관계도 청소년기 우울증과 관련이 있는데, 가까운 단짝 친구가 없거나 친구들과 친밀한 관계를 맺기 힘든 경우, 그리고 친구들에게 인기가 없거나 또래들로부터 거부를 당하는 것 등은 청소년기 우울증을 증가시킨다.

우리나라 청소년들의 우울증 발생 비율은 성인집단보다 높은 것으로 나타나고 있는데, 이들의 우울증은 학업과 진학, 대인관계와 같은 스트레스요인과 관련되어 있다.

우울증을 가진 우리나라 초 · 중기 청소년들은 끊임없는 활동, 지나친 관계추구 및 회피, 다양한 문제행동 등의 다양한 부적응행동들을 보인다. 이에 비해 후기 청소년들에게서 가장 일반적으로 나타난 행동적 문제는 약물남용, 성적 행동, 소외, 자살행동 등이었다. 그러나 후기 청소년들이 이러한 문제행동을 보인다고 그 원인이 우울에만 있는 것이 아니며, 우울을 가진 모든 청소년들이 이러한 행동을 보이는 것도 아니다.

청소년기의 우울증은 불안감을 함께 보이는 경우도 많다. 불안감의 형태는 손톱 물어뜯기, 머리카락 뽑기, 근육경련, 흥분성, 무뚝뚝함, 짜증, 시무룩함, 침울함, 자기단절, 불복종과 고의적인 파괴적 행동 등으로 나타낸다.

특히 청소년기에 보이는 우울은 과잉행동의 형태로 나타나기도 한다. 과잉행동은 학교문제, 비행 또는 다른 정신적 · 신체적 문제와 동반된 청소년기 우울증에서 흔히 나타나는 것인데, 이런 행동들은 우울증에서 탈출하고자 하는 하나의 시도로 보이기도 한다.

청소년들에게서 보이는 우울증은 우울하다거나 슬퍼보이기보다는 때로는 산만함, 게으름, 나태함, 불성실함 등으로 보일 수 있다. 흔하게 나타나는 모습이 화, 짜증, 신경질을 잘 내는 아이로 변한 것 같이 보인다는 점이다. 또한 감정의 기복도 심하다.

때때로 표면적으로 우울증이 분명하지 않을 때에는 꿈이나 환상으로 위장되어 나타나기도 한다. 이처럼 청소년기 우울증은 성인기에서 보다 매우 다양한 과정을 통해 나타나므로 자세한 관찰이 필요하다고 할 수 있다.

우울증이 심해지면 자신을 스스로 파멸하여 모든 어려움을 회피하고자 하는 행동을 하게 되는데, 이것이 바로 자해행동과 자살이다. 자해행동과 자살의 위험이 있는 청소년들은 겉으로는 매우 조용하고 위축되기도 하지만 과다행동을 하거나 매우 흥분하기도 한다. 특히 과다행동이나 과잉흥분상태는 자신의 감정을 억압하여 속마음을 감추려고 할 때 나타난다. 청소년들은 자신의 자아존중감에 깊은 영향을 주는 사건이 생겼거나 의미 있던 사람이나 물건을 잃어버렸을 때 자신의 감정을 억압하며 자기파괴적인 행동을 하기도 한다. 감정이 억압되어 있으면 만성적 불면증이 생기기도 하고, 식욕을 잃어버리기도 하며, 위축되거나 극단적인 행동적 변화가 생기기도 한다.

## 3. 자 살

20세기에 들어와 의학과 과학의 발달로 과거에는 회복할 수 없었던 많은 신체적 질병이 정복되어 인간수명이 연장되었다. 하지만 자살의 빈도는 해마다 증가하여 지구상에는 연간 50만 명이 자살로 인생을 마감한다고 한다. WHO에 따르면 2020년에는 대략 연간 153만 명이 자살로 생을 마감할 것이며, 이보다 10~20배 정도 많은 수의 사람들이 자살시도를 할 것이라고 전망하였다. 특히 과거에는 고 연령층에서 자살률이 높았으나, 최근에는 청소년층에서의 자살률이 급격한 증가추세에 있다고 보고되는 것은 심각한 사회적 문제가 아닐 수 없다. 1985년 이후 청소년의 자살이 2~3번째 사망원인으로 급부상하게 되었고, 최근들어 많은 청소년들이 자신들의 위기를 자살이나 폭력을 통해 해소하고 있으며, 문제 청소년뿐만 아니라 일반 청소년들도 자살충동을 느끼고 있으나 이에 대한 적절한 교육이나 예방은 충분하게 이루어지고있지 못한 실정이다.

청소년기의 자살의 시도는 15~24세에 절정을 이룬다. 청소년기에 겪게 되는 불안과 좌절에서 벗어나기 위해 자살이라는 극단적인 행동을 한다고 주장하는 사람이 있는가 하면, 오늘날 우리 사회의 경쟁적인 분위기가 청소년들에게 커다란 압박감으로 작용하여 자살행동을 부추기고 있다고 주장하는 사람도 있다. 자살을 체계적으로 연구하기 시작한 학자는 뒤르켐(Durkheim)이다. 그는 자살행위란 어느정도의 자살하려는 의도를 가지고 자기 자신에게 살인행위를 가한 상태라고 하였다. 그는 자살을 네 가지 유형으로 나누어 설명하였는데 이기적 자살, 이타적 자살, 아노미적 자살, 숙명론적 자살이 그것이다.

프로이트는 자살이란, 자기 자신에게 향해 있는 죽음 본능의 활동요소가 극적으로 표현되는 것이라고 하였으며, 융은 생의 모든 의미를 상실했다고 사무치게 느끼는 사람에게 정신적인 재생을 갈구하는 무의식적 소원이 자살과 관련된다고 하였고, 애들러는 환경 내에서 타인을 조종하도록 시도하는 것으로 보았다.

일반적으로 자살을 기도하는 사람들은 대체로 외롭고 소외되어 있으며 따돌림을 받는다고 느끼고, 부모와 친구들로부터 사랑받지 못한다고 생각한다. 많은 경우, 자살의 기도는 정말로 죽기를 원해서가 아니라 자신의 괴로움을 극적인 방법으로 표현하는 것이라고 볼 수 있다. 자살의 기도는 관심과 도움을 구하는 필사적인 탄원인 것이다. 그러나 원래의 의도보다 더 성공하는 바람에 또는 전략상 오산으로 인해 종종 도움을 받기도 전에 죽게 된다.

성인들의 자살은 일반적으로 오랜 시간 생각하거나 계획하여 행동으로 옮기는 심사숙고형인 데 비해 청소년기의 자살은 충동적으로 이루어지는 경우가 많기 때문에 보다 세심한 주의가 필요하다. 그러나 역으로 말하면 청소년들이 자살충동을 느끼는 결정적 시기에 주변의 누군가가 고민을 함께 해주고 문제해결을 돕는 것만으로도 자살 충동은 많이 줄어들 수 있다.

일반적으로 자살행동을 하기 전에 청소년들이 보이는 경고적 징후로는 다음과 같은 것들이 있다(Nazario, 1994 ; 한국청소년개발원, 2004 재인용)

- 주변 사람이나 타인에게 죽고 싶다는 말을 자주 함
- 죽음에 대해 지나치게 생각하거나 몰두함
- 충동적 행동을 함
- 친구를 만나지 않거나 좋아하는 활동을 더 이상 하지 않음
- 학교 수행의 갑작스러운 하락을 보임
- 섭식 또는 수면 습관의 변화를 보임
- 심각한 죄의식과 수치심을 보임
- 자신의 가치에 대해 회의감을 느낌
- 약물을 남용함
- 아끼는 물건을 다른 사람에게 주거나 버림

청소년들은 대부분 충동적이기 때문에 어떤 특별한 상처를 경험하게 되면 비이성적인 방식으로 행동하거나 자살이라는 극단적 행위로 몰고 가는 경우가 있다.

청소년기의 자살은 몇 가지 위험요인과 관련이 있다. 우울증, 약물남용, 절망감, 자살시도 경험, 화목하지 못한 가족관계, 부모와의 사별, 사랑하는 사람과의 이별, 오랜

기간의 적응문제, 문제해결력 부족, 낮은 자아존중감, 반사회적 행동, 젊은 스타의 자살을 미화시키는 대중매체 등의 여건이 모두 청소년 자살을 유발시킬 수 있는 위험요인이다.

## 4. 섭식장애

대표적인 섭식장애로는 선경성 식욕부진증과 폭식증 두 가지가 있다.

신경성 식욕부진증은 흔히 거식증이라고 알려진 장애로 음식과 체중에 대한 강박관념을 보이는 정서장애이며, 생명까지 위협할 수 있다. 주된 증상은 음식에 대한 지속적인 집착, 다이어트, 신체상 왜곡, 지나친 체중감소, 무월경, 지나친 운동, 침울함, 사회적 고립, 불안정감, 무력감, 외로움 등이다.

신경성 식욕부진증을 보이는 청소년들의 대부분은 자신의 몸을 보려하지 않으며 강제로 보게 했을 때도 자신의 신체상을 정확하게 지각하지 못한다. 자신의 몸에 대한 혐오감을 느끼는데, 이는 자신이 스스로에 대해 느끼는 감정이 투사된 것이다.

폭식증은 단시간 동안 고칼로리 음식을 매우 많이, 강박적으로 빠르게 먹어치우는 증상이다. 이들은 한 번 폭식을 할 때마다 많게는 약 1만 칼로리 이상을 섭취하는데, 그 중에서도 탄수화물의 비중이 가장 많은 것을 볼 수 있다. 폭식은 오후에서 저녁, 또는 밤에 몰래 이루어진다. 폭식을 한 직후에는 먹은 것을 대개 토해낸다. 이런 경우에는 자신이 먹은 엄청난 음식량을 상쇄하기 위하여 하제, 이뇨제, 관장제, 암페타민을 복용하기도 하고, 강박적으로 운동을 하거나 굶기도 한다.

완벽하고 싶은 소망이 있으면서도 그 기준은 비현실적으로 높기 때문에 이들은 내적 압박감을 강하게 느끼게 된다. 이러한 압박감은 먹고 토하는 행동을 반복하고 통제력을 아예 놓아버림으로써 완화되게 된다. 그런 후에는 수치심과 죄책감이 들게 되고, 이는 다시 자존감을 저하시키며 우울해지게 만든다.

# 5. 품행장애

최근 학교 및 가정에서 청소년 시기에 가장 문제가 되는 것은 타인을 공격하는 경우, 물건을 파괴하거나 사회적 질서 및 규범에 어긋나는 행동을 일으키는 경우, 집단으로 폭력을 행사하는 경우들이다. 이러한 경우를 품행장애라고 한다.

품행장애는 때로 반사회적 행동의 의미로도 사용되며, 흔히 비행행동을 하는 청소년들에게 내려지는 진단명이기도 하다. 반사회적 행동이란 적대적인 대인관계를 촉진시키는 부정적인 사회적 활동을 의미한다. 이에 비해 청소년 비행이란 청소년기에 일어나는 폭언이나 흡연, 음주, 폭행 등 도덕적·윤리적·사회적·법률적 측면에서 옳지 못한 행동들을 의미한다. 이 용어는 원래는 법률적인 용어이지만 심리학에서는 주로 청소년에게 사용되며, 성인의 경우에는 범죄의 의미와 같은 맥락에서 사용된다.

비사회화된 공격성을 보이는 품행장애 청소년들의 특징은 충동적·공격적·반사회적 행동, 부적절한 자기통제로 인한 행동화, 분노폭발, 싸움, 폭행, 공격적 행동, 도둑질, 거짓말, 강도, 음주, 강간, 무단결석, 방화같은 사회적 준거를 무시하는 행동, 부모나 학교, 법과 같은 권위에 대한 거부, 학업실패, 죄의식, 불안의식의 부족, 사람들과의 피상적인 관계를 유지하는 등의 특징을 지니고 있다.

사회화된 공격성을 보이는 품행장애 청소년들은 일반적인 사회의 상식에서 벗어난 가치에 의한 사회화로, 상황과 사람에게 적절한 행동을 하기보다는 부적절하고 과감한 행위를 신체적으로 드러내거나, 남을 속이고, 권위에 대하여 반항하며, 쾌락을 추구하거나 자신이 속한 집단 속에서 단합하고, 서로 충성하며, 친밀한 관계를 유지해 나간다. 이들은 비사회화된 아이들에 비해 충동적이고 공격적이면서도 '통제능력'과 사람에 대한 '감정'을 가지고 있다.

일반적으로 품행장애 청소년은 다른 사람의 권리나 감정을 별로 고려하지 않으며, 잘못에 대한 죄의식이 없이 남을 비난한다. 욕구좌절인내력이 약하여 자신의 욕구가 관철되지 못하면 분노폭발이나 공격적 행동으로 대처하며, 학교에서 정학이나 퇴학 등의 문제를 갖기도 한다. 성문제, 음주, 흡연, 약물남용, 임신, 사고 등이 많고, 평균보다 낮은 사회·경제적 수준 및 지적 능력과 관계가 많다. 또한 학업성취 정도도 낮다.

품행장애 청소년들은 주로 내적 충동에 대한 통제력이 결여되어 있다. 작은 좌절에도 참지 못하고, 강하고 파괴적인 정서 반응을 나타내며, 충동을 억제하지 못하여 즉각적인 만족을 추구한다. 불안감이나 죄책감에 견디는 힘도 약하여 공격적인 행동으로 두려움을 잊으려 한다. 또한 자극과 유혹을 잘 이기지 못하고 행동화하는 과잉행동 지향성을 갖고 있다.

인지능력 특성으로는, 과거의 즐거운 경험을 잘 기억하지 못하는 경향이 있다. 또한 원인과 결과 간의 인과관계 추론하기나 타인의 행동이나 생각, 감정의 파악이 둔하며, 사회적 조망수용능력이 부족하고, 매우 자기 중심적이다. 특히 사회적 상황 및 타인의 행동에 대한 이해능력이 부족하여 행동의 동기나 이유를 지나치게 적대적으로 해석하는 경향이 있다. 또한 품행장애 청소년의 도덕발달 수준은 전인습적 수준으로 낮아서 처벌을 피하고 권위에 복종하는 경향을 보이고 있다.

이러한 품행장애의 원인으로는 심리환경적으로 볼 때, 일차적 사회인 가정으로부터 가족의 상호작용이나 부모의 행동패턴에 의해 영향을 많이 받는다. 부모가 공격적 행동 및 반사회적 행동을 하거나 알코올중독인 경우, 지나치게 엄격하거나 너무 느슨한 훈육을 비일관적으로 하는 경우, 아동학대가 발생한 경우 등이 품행장애에 영향을 준다. 공격적인 아동의 부모는 비공격적인 아동의 부모에 비해 아동이 잘못했을 때에 언어적인 설명보다는 신체적 벌을 이용한 강압적인 대응방법을 사용하고 있다고 한다. 부모의 강압적 행동은 부모-자녀관계에서 적대적인 반응을 일으킨다. 부모가 자녀에게 공격성을 촉진하는 강압적 가족관계에서 자라난 아동은 공격적 성향이 증가하고 사춘기에 반사회적인 행동으로 발전하는 경향이 높다.

또래관계 또한 원인이 될 수 있는데, 또래관계 자체가 공격성을 증가시킬 수 있다. 유치원 및 초등학교 시기에 수동적인 아동이 공격행동을 보이는 아동에게 반격행동을 하며 자신을 방어하거나 반격행동이 성공하는 경험을 갖게 되면, 공격성을 획득하게 된다. 또한 청소년의 경우 또래와 어울리는 과정에서 다양한 품행문제를 같이 수행하거나 모방하는 성향이 나타나게 된다.

학교환경 또한 청소년의 품행장애를 일으키는 원인으로 작용할 수 있다. 교사의 교수학습방법, 교사의 아동통제기술, 교사 자신의 행동모델, 보상과 칭찬의 양, 학생에게 책임감을 부여하는 것, 학업에 대한 강조의 정도, 학교의 물리적 환경 등이 품행장애에 영향을 끼친다. 낮은 수준의 학업성취를 기대하거나, 처벌의 양이 많고 칭찬이 거의 없으며, 학생들이 활동을 계획하는 데 거의 책임을 기울이지 않는 학교 및 교사는 청소년의 충동적 행동화 경향성을 높여 준다.

# 6. 약물중독

세계보건기구 WHO의 정의에 의하면, 약물남용이란 의학적 사용과는 상관없이 약물을 지속적으로 또는 빈번하게 대량으로 사용하는 것을 말한다. 정신활성물질의 사용에서 비롯된 장애로서, 일반적으로는 습관성 중독으로 많이 알려져 있다. 약물남용에 쓰이는 정신활성물질은 사람의 뇌에 영향을 주어 의식이나 마음상태를 변화시킨다. 여기에는 알코올이나 담배와 같은 합법적인 약물에서부터 아편류나 본드와 같은 비합법적인 물질이 포함된다. 이들 물질의 남용은 개인에게 정신적·신체적으로 피해를 줄 뿐만 아니라 사회적으로도 타락을 시키는 의학적·사회적인 문제를 발생시킨다.

청소년의 약물남용은 신체적인 의존과 심리적인 의존을 불러일으킨다. 신체적인 의존성은 약의 복용으로 인하여 신체가 약물과의 유기관계를 형성하게 되어 내성이 생기며 결국 중단하지 못하고 점차 많은 양의 약물을 찾게 되는 생리적 현상을 의미한다. 심리적인 의존 역시 약물을 계속 복용함으로써 자신의 긴장을 해소하고 쾌락을 추구하는 등의 정서적이 고양을 위해 약물을 계속 찾게 만드는 것이다. 결국 건강을 해치게 될 뿐만 아니라 약을 구하고 복용하는 데에만 몰두하여 정신적으로 황폐해지며, 사회적으로 학업상 장애가 생기고 심지어는 범죄에까지 이르기도 한다.

청소년들이 가장 빈번하게 사용하는 약물은 알코올과 담배 등이다. 알코올은 중추신경 억제약물로서, 적은 양을 마시면 신체를 이완시키고 기분을 유쾌하게 하며, 자신감과 대담성 및 용기를 증가시켜 준다. 또한 성적 욕구가 생기기도 하고 자신의 약점을 덜느끼게 되어 대화에 참여하는 등 사회적인 상호작용을 보다 적극적으로 할 수 있게 되기도 한다. 그러나 지나친 알코올 복용은 호흡곤란을 가져오고 죽음을 초래할 수 있다.

담배는 이미 중·고등학교에서 큰 문제로 드러나고 있는 현상이다. 청소년 흡연율은 매년 증가하며, 담배를 처음 피기 시작하는 연령도 매년 낮아지고, 여성 흡연율 또한 증가하고 있는 추세이다.

청소년들의 약물 사용 이유는 다음과 같다.

첫째, 호기심 때문이다. 대부분 청소년들이 처음에는 호기심으로 약물을 사용한다. 담배나 알코올과 같은 사회적으로 수용되는 약물에서 시작하여, 일부 동년배들이 사용하는 약물에 대해 강한 호기심을 갖는다.

둘째, 부모의 모델링과 또래의 압력 때문이다. 동년배집단이 약물을 사용할 때, 청소년들의 약물 사용의 가능성이 커진다. 특정한 집단의 구성원으로 소속되길 원하고 그들로부터 승인받고 그들과 동일시하기 위해 그들의 행동을 모방한다. 또한 동년배들은 소속원으로 포함시켜 주겠다는 명목하에 그러한 행동을 따라하도록 강요하기도 한다.

셋째, 부모나 사회적 규범에 대한 반항이다. 부모나 교사에게 반항하고 사회적 규범이나 법률에 대한 도전으로 약물을 사용한다.

넷째, 문제로부터의 도피이다. 긴장이나 좌절, 또는 공포나 외로움으로부터 도피하기 위해서나 괴로움을 잊기 위해 약물을 사용한다.

다섯째, 고양된 감각과 스릴을 경험하기 위해 약물을 사용한다. 약물은 청소년들이 흥분과 스릴을 즐기기 위한 수단으로 이용하기도 한다.

여섯째, 자기인식과 초월을 경험하기 위해 사용한다. 일부 청소년들은 자신에 대한 인식을 증가시키고 신비한 경험을 하기 위해 LSD(환각제)와 같은 약물을 사용하기도 한다.

알코올이나 약물의 남용이 심각하면 신체적으로 또한 심리적으로 대단히 고통스러울 수 있으며, 이에 대한 치료로 의사의 감독이 필요하고 때로는 입원치료가 필수적일 수 있다.


## 7. 인터넷중독

인터넷중독은 최근 정보기술의 발달에 따른 새로운 사회적 문제로 대두되고 있다. 이는 컴퓨터 사용 및 인터넷 이용과 관련된 과도한 집착이나 충동적인 행동을 보이고, 이로 인해 사회적 기능에 장애를 일으키며, 경우에 따라서는 우울증, 사회적 고립, 충동조절장애와 약물남용 등의 문제를 일으키는 상태를 말한다.

인터넷중독의 원인은 정확히 밝혀지지 않았으나 심리적 · 신경 생물학적 · 문화적 요인과 관련이 있을 것으로 추정하고 있다. 인지행동이론에 의하면 자신에 대한 부정적인 인식과 연관된 부적응적 인지가 병적인 인터넷 사용 관련 행동을 유발하는 핵심요소라고 본다. 사회기술결핍이론에서는 외롭거나 우울한 개인이 자신의 사회적 능력에 대해 부정적인 시각을 가지는데, 컴퓨터를 매개로 한 의사소통이 얼굴을 마주하는 의사소통에 비해 사회적 능력이 부족한 사람에게 특별히 매력적일 수 있다는 가정에 근거하고 있다. 이러한 익명성, 지우고 수정이 가능한 편집유연성 등이 인터넷 소통의 특징이라 할 수 있다. 신경생물학적 이론에서는 도파민과 세로토닌과 같은 신경전달물질 시스템이 연관되어 있지 않나 생각되고 있으나 명확한 증거는 아직 없으며 강박장애와 유사성이 있으리라 추정한다. 문화적 기전으로는 컴퓨터 및 인터넷 보급 정도와 연관되어 있다는 설명을 하고 있다.

인터넷중독 증상은 인터넷에 장시간 몰입함으로써 일상생활을 제대로 수행하지 못하고, 인터넷을 하지 못하게 될 경우 이로 인한 심각한 후유증으로 심리적 불안감, 우울증 등을 경험하게 됨은 물론 인터넷 통신에 빠진 자신을 인식하고 인터넷 통신의 사용을 자제하려고 하나 자신의 의지대로 자제가 되지 못하여 계속적으로 인터넷을 사용하게 되는 것이다.

인터넷중독 증상을 보이는 사람들은 마음이 복잡하거나 허전하여 자신도 모르게 컴퓨터에 접속하여 시간을 보내며 마음의 위안을 얻는 의존성과 웹에 매달려 있는 시간이 자꾸 길어지고 컴퓨터를 끄고 빠져 나오기가 점점 힘들어지며, 오래 있어도 작업효율은 떨어지는 내성현상을 보인다.

또한 인터넷을 떠나 있으면 인터넷에 관한 백일몽에 빠지기도 하고, 왠지 초조하여 불안해 하며, 인터넷상에 무슨 중요한 일이 일어났을 것 같은 생각이 들고, 어떤 전자우편이 와 있을지 몹시 궁금해 한다. 특징적으로 이들은 모니터 앞에 앉아서 인터넷에 연결되는 순간 긴장이 해소되고 금단증상들이 사라지는 안도감을 느끼며, 심지어는 쾌감을 느끼기도 한다는 것이다.

인터넷중독으로 인한 금단증상에는 다른 중독에서와 마찬가지로 심리적 금단과 신체적 금단의 두 가지 종류가 있는데, 신체적 금단증상이 나타나면 더 심한 중독상태임을 의미한다. 문제는 인터넷중독으로 일어나는 이런 변화는 무의식적 과정이므로 본인 스스로가 판단하기가 극히 어려워 심한 중독 상태에 다다랐을 때 비로소 문제의 심각성을 인식한다는 것이다.

이와 같은 인터넷중독자들은 가상공간에서 얻는 즐거움에 빠져 현실의 인간관계에서 얻을 수 있는 만족과 즐거움을 잃어가며, 심한 경우 이들은 오직 가상관계에서만 즐거움을 느낄 수 있게 되고 그 결과 인터넷중독은 새로운 인간소외 현상을 유발하는 매개가 된다.

인터넷의 지나친 사용으로 겪게 되는 문제들은 청소년들에게 더욱 심각하게 나타나게 되는데, 청소년의 경우 인터넷에 너무 빠져드는 경우 전보다 많이 피곤해 하거나 잠자는 습관의 변화가 생기고 성적이 많이 떨어지며, 열심히 참여하던 취미활동에 관심이 없어지고 친구들과 어울리는 시간이 현저히 줄어들면서 컴퓨터 사용에 관한 제지를 할 경우 반항을 하거나 화를 잘 낸다.

　청소년의 경우, 주로 온라인 게임을 포함한 컴퓨터 게임 및 채팅에 투자하는 시간이 많으며, 이러한 결과는 청소년의 학업이나 가정생활, 일상생활에 영향을 미치고 있다. 청소년기는 정체성을 획득해 나가는 시기이며 그 과정에서 많은 가치관의 혼란을 겪기 마련이다. 그런데 오늘날 우리 사회에서는 인터넷이나 컴퓨터 사용과 관련해서 많은 혼란을 청소년들에게 가져다 주고 있다.

　청소년의 인터넷 사용이 역기능적인 영향을 주는 경우 문제가 되는데 우울, 집착, 의존성, 대인기피, 불안 등과 같은 다양한 심리적 역기능이나 학교생활만족도 저하, 성적 부진, 대인관계결여, 수업시간이나 학습활동 부진, 부모와의 갈등, 폭력, 일탈 등과 같은 사회적 역기능이 문제가 된다.

　또한 인터넷으로 인한 부정적 환경에의 무분별한 노출로 인해 청소년들의 공격성, 폭력성 및 성적 충동성을 지나치게 자극시킬 뿐만 아니라 성폭력자들의 희생자로 만들기도 한다. 또한 지나친 몰입은 사회적 활동의 제한 및 가족, 친구관계의 약화를 가져오고 이로 인한 고립감, 우울감 등을 유발시키는 등 청소년들의 사회 심리적 발달에 부정적인 영향을 미칠 수 있다.

## 8. 집단 폭력과 집단 따돌림

현재 학교장면에서 매우 큰 문제로 대두되고 있는 집단 폭력과 집단 따돌림은 개인적, 사회적으로 정신적 · 신체적인 피해가 매우 크다.

　집단 따돌림은 일명 '왕따'라고 하며 집단의 소속원 중에서 자기보다 약한 상대를 대상으로 또는 집단의 암묵적인 규칙을 어긴 자를 대상으로 개인이나 여러 사람이 돌아가면서 신체적 · 심리적인 공격으로 지속적이고 반복적으로 고통을 주는 행동을 위미한다.

　청소년들이 생각하는 집단 따돌림의 피해 학생은 주로 잘난 척하거나, 이기적이고 친구들을 무시하며 분위기 파악을 잘 못하는 경우이다. 또한 외모가 특이한 경우, 선생님의 사랑을 독차지 하는 경우, 말이 없고 소극적인 경우, 지능이 낮은 경우, 신체적으로 허약하고 왜소하거나, 왕따의 편을 들어주는 경우, 전학을 온 경우 등 다양하며, 그 외에도 사회적 기술이 부족한 경우나 때로는 공부 잘 하는 경우, 경쟁심을 유발하는 경우 등도 포함되고 있다.

외국에서도 많이 발생하지만 우리나라에 집단 따돌림이 심한 이유는 우리나라가 지 닌 집단주의문화에 기인한다. 개인주의 성향이 강한 나라는 개인의 독특한 행동이나 성격을 개성이나 창의성으로 인정하는 경향이 있다. 그러나 집단주의가 강한 나라는 집단동조에 대한 압박감이 강하며, 그만큼 집단에 소속됨으로써 정체감을 형성하게 된 다. 우리나라는 '우리'라는 집단 속에서 조화를 이루며 생각하고 행동하도록 양육되고 사회화되어 왔기 때문에, 사회적 맥락에서 또래와의 집단정체감을 형성하는 초등학교 고학년이나 중학교 시기에서 심각하게 나타난다.

많은 청소년들은 실제로 학급에서 집단 따돌림을 당하는 친구가 있음에도 불구하고 또래에 대하여 무관심하여 남의 일에 전혀 관심을 두지 않거나 이들이 당하는 고통의 정도를 실감하지 못한다. 청소년들은 다른 친구에 대한 공감수용능력이 부족하여 피 해 학생의 고통을 상당히 축소해서 해석하여 제대로 느끼지 못하고 있다. 또한 자기도 집단 따돌림을 당하게 될까봐 두려워 하여 친구의 집단 따돌림을 방관하기도 하고 가 해 학생에게 동조하기도 한다.

집단 따돌림의 형태는 쉬는시간 또는 점심시간, 등하교 및 방과 후 시간을 이용하여 주 1~2회 또는 심지어 거의 매일 일어난다. 주된 괴롭힘의 형태로는 욕이나 놀림, 따 돌림과 무시, 폭행 및 위협, 겁주기, 헛소문내기, 돈이나 물건 빼앗기, 물건 망가뜨리기, 심부름시키기 등이 있으며 어떤 경우에는 핸드폰에 문자로 욕설을 남겨서 정신적인 고 통을 주기도 한다.

집단 따돌림을 주도하는 가해 학생들은 주로 약삭빠르고 교활하며 주도권을 잡고 남 을 지배하고 자기 마음대로 조정하려는 욕구가 강하며, 싸움과 욕을 잘 하거나 장난을 심하게 치는 경우들도 많다. 특히 일부 가해 학생들은 이전에 자신이 집단 따돌림을 당 한 피해 학생들인 경우도 있는데 자신이 받은 피해를 보상하고 다른 희생양에게 화풀 이하는 심리와 자신이 또다시 집단 따돌림을 당할까봐 두려워 하는 마음으로 가해에 참여하기도 한다.

집단 따돌림의 가해 청소년들은 심리적으로 자기 개념이 긍정적이며 사회적 수용이 나 자기 가치감이 낮지 않다. 이들은 교사의 지지도는 낮지만 부모나 또래의 지지를 받 는 사회적 지지의 정도가 의외로 높다. 정상집단과 비슷하게 또래로부터 인기를 얻고 사회적 관계도 잘 맺어 나가서, 어느 정도 자신의 행동을 합리화시키거나 자신의 행동 이 피해 학생에게 미치는 결과에 대해 그다지 심각하게 생각하지 않고 죄책감이나 동정심을 별로 느끼지 않는다. 그러나 이들은 다른 범죄나 알코올중독과 같은 문제 행동과의 연관이 높다.

집단 따돌림의 피해 학생들은 정신적인 피해가 심하다. 이들의 특징은 무저항적이다. 대부분 가해 학생이 힘이 세기 때문에 피해 학생들은 적절하게 대항하거나 대처하지 못하고 가만히 당하고 있다. 때로는 가벼운 대응을 해보지만 오히려 더 강한 반격이 오기 때문에 거의 무저항하게 되고 가해는 계속 지속된다.

피해 학생들에게는 성적 하락과 등교거부가 나타난다. 대인관계에서는 만족도와 자아개념 및 자존감이 떨어지며 정체감 형성에 부정적으로 영향을 받는다. 심리적으로 우울, 불안, 외로움, 분노, 의욕과 흥미저하, 무기력, 주의산만, 자기비난, 자기 무가치감, 자살 사고 등의 부정적인 정서를 많이 보인다. 일부 청소년들은 불안신경증, 대인공포증, 우울증, 정신분열증 등과 같은 심각한 정신장애를 앓거나 자살 또는 살인으로 죽음에 이르기도 한다.

이 장에서는 청소년기에 보일 수 있는 심리적 부적응 현상을 불안, 우울, 자살, 섭식문제, 품행장애, 약물중독, 인터넷중독, 집단폭력과 따돌림 등의 문제를 중심으로 간략히 다루어 보았다.

불안장애는 두려움과 초조감이 주된 증상으로, 대표적인 장애로는 분리불안장애, 공황장애, 광장공포증, 특정 공포증, 강박-충동장애, 외상 후 스트레스 장애 등이 있다.

우울장애는 기분장애에 속하는 문제로 청소년기에 비교적 흔하게 나타나는 증상이다. 우울은 대인관계의 위축, 권태감, 무력감, 수면 및 섭식문제를 수반하는 경우가 많다. 우울의 주된 원인을 정신분석적, 인지적 견해와 가족요인 및 또래관계문제 등으로 설명할 수 있다. 특히 우울은 약물남용, 성적 행동, 소외, 비행, 자살행동 등과 관련되어 있다.

최근 들어 자살이 청소년 층의 문제로 부각되고 있으나 적절한 교육이나 예방이 충분하지 못한 실정으로 점차 증가하고 있다. 자살을 시도하는 청소년들의 특징과 다양한 다른 문제들과 연관을 살펴 상담개입을 해야한다.

섭식장애는 신경성 식욕부진증과 폭식증의 두 가지가 대표적인 장애이다. 흔히 거식증으로 알려져 음식과 체중에 대한 강박관념을 일으키는 식욕부진증과 고칼로리 음식을 단시간 동안 강박적으로 빠르게 먹어치우는 폭식증 모두 심각한 청소년기 문제 중 하나이다.

청소년기에 흔하게 나타나는 문제행동으로 품행장애를 들 수 있다. 품행장애를 보이는 청소년들의 특성과 품행장애의 원인들은 생태학적 측면에서 살펴보아야 한다. 특히 심리환경적인 측면과 또래관계의 측면에 의해 유발되는 역동을 탐색해야 한다. 청소년기에 가장 빈번하게 사용하는 약물은 알코올과 담배이다. 약물중독 부분에서는 이 두 가지가 청소년들에게 왜 추구되는가를 알아야 하고, 상담개입에서는 청소년들의 약물사용의 폐혜에 대해 강조할 필요가 있다.

최근 정보기술의 발달에 따라 새롭게 사회적 문제로 대두되고 있는 문제가 인터넷 중독이다. 특히 인터넷을 통해 게임에 빠지는 청소년들이 많아지고 있다. 사회적인 기능에 매우 큰 장애를 불러일으키고 우울, 사회적 고립, 충동조절장애 등 다양한 이차적인 문제를 일으키고 있는 인터넷 중독에 대한 증상과 금단증상, 또 가상공간에서 얻는 즐거움으로 현실생활에 만족과 즐거움을 잃어가는 현상이다.

마지막으로 현재 학교장면에서 매우 큰 문제로 대두되고 있는 문제가 집단 폭력과 집단 따돌림이다. 일명 왕따라고 하며 집단의 소속원 중 자신보다 약한 상대를 대상으로 또는 집단의 암묵적인 규칙을 어긴 자를 대상으로 개인이나 여러 사람이 돌아가면서 신체적·심리적인 공격을 지속적으로 하여 고통을 주는 행동인 집단 따돌림의 가해 학생과 피해 학생의 특성에 대해 자세히 알고, 그에 대한 예방대책을 마련해야 할 것이다.

Chapter ⑬

# 문제 유형별 청소년 상담

이 장에서는 청소년들이 청소년기기에 많이 보이는 문제 유형에 따른 상담개입전략에 대해 살펴볼 것이다. 특히 학업, 진로, 성, 비행, 위기, 대인관계의 문제를 중심으로 각 문제에 대한 이해, 관련 요인, 개입과 상담의 내용을 다루어 보고자 한다.

## 1. 학업문제의 이해와 상담

### 1) 청소년 학업문제에 대한 이해

우리나라 청소년들이 고민하고 호소하는 문제들에 대한 연구결과를 종합해 보면(김봉환 외, 2000), 청소년들의 호소문제는 매우 다양하지만 그 중에서도 가장 심각하게 고민하고 있는 문제는 당연 학업성적이었다. 그 다음으로는 건강, 가정문제, 성문제, 학교폭력, 학교부적응이 뒤를 이었다(한국청소년정책연구원, 2008).

우리나라의 많은 청소년들은 성적하락을 매우 심각한 일로 지각하고 있으며, 성적이 떨어질 때 걱정을 많이 한다고 보고하고 있다. 특히 중요한 것은 학업문제는 그것만으로 끝나는 것이 아니라 모든 청소년문제의 시발점이 된다는 것이다. 즉, 학업에 의한 스트레스가 심해지면, 전반적인 학교생활뿐만 아니라 가족 및 교우관계에도 부정적 영

**표 13-1 청소년들의 심각한 고민거리** (단위 : %)

| 구 분 | 가정문제 | 건 강 | 성문제 | 학업성적 | 학교폭력 | 환 각 | 학교부적응 | 기 타 | 전 체 |
|---|---|---|---|---|---|---|---|---|---|
| 전 체 | 8.0 | 10.5 | 5.1 | 59.4 | 4.3 | 0.7 | 2.8 | 9.1 | 100.0 |
| 초등학교 | 7.7 | 15.4 | 4.2 | 46.0 | 12.6 | 0.8 | 3.6 | 9.8 | 100.0 |
| 중학교 | 6.7 | 7.3 | 3.2 | 70.6 | 4.1 | 0.3 | 2.3 | 5.5 | 100.0 |
| 고등학교 | 5.1 | 7.9 | 4.6 | 70.1 | 1.4 | 0.4 | 2.5 | 8.0 | 100.0 |
| 대학교 | 11.3 | 12.5 | 7.4 | 50.0 | 2.7 | 1.0 | 2.9 | 12.2 | 100.0 |

자료 : 한국청소년정책연구원(2008).

향을 미치게 되고, 자아 개념과 미래에 대한 방향설정 등 진로결정에도 어려움을 겪게 된다. 또한 약물과 인터넷 게임 등에 의존하거나 심지어 폭력 행위와 자살까지 시도하는 등 다양한 일탈행동과 정서장애를 보이기도 한다(청소년대화의 광장, 1996; 오혜영, 2004).

청소년 대화의 광장에서 실시한 조사연구(1996)의 결과를 보면, 학업과 관련한 문제들은 매우 다양하고 상호연관되어 있다. 즉, 학교에 재학 중인 청소년들이 겪는 다양한 문제를 22개의 영역으로 범주화하고 있는데, 학업과 보다 직접적으로 관련되는 것으로 여겨지는 학교, 공부 및 성적 등의 문제를 살펴보면 다음과 같다(백지숙 외, 2009 재인용).

## (1) 학교 관련 문제

### ① 학교의 물리적 환경
학교의 위치와 시설, 학생 수의 과다현상, 그리고 남녀공학 등 학교의 물리적 환경에 대한 불만과 불편, 애로사항 등이다.

### ② 학교의 심리적 환경
학교를 구성하고 있는 선생님이나 선배, 주위 동료들과 마음이 맞지 않아 학교 적응이 어려우며, 학교에서 주어지는 여러 가지 규율이나 제약 등으로 인해 학교생활을 하는 데 부담감을 느끼고 반발심을 갖게 되는 경우 등이다.

### ③ 학교활동에 대한 불만
학교에서 이루어지는 활동, 즉 수업, 자율학습, 과제물 부과, 동아리, 특별활동, 극기훈련 등의 여러 활동에 대해 불만이 있는 경우이다.

#### ④ 학교 자체에 대한 불만

다양한 이유로 현재 자기가 속한 학교 자체가 마음에 들지 않아 고민하거나 그로 인해 열등감을 갖는 경우이다.

#### ⑤ 학교생활에 대한 의미/흥미 결여

학교생활 자체, 즉 학교에서 이루어지는 학습활동이나 또래관계 등에 대해 의미와 흥미를 느끼지 못하고 싫증과 회의를 느끼는 경우이다.

#### ⑥ 학교 거부

다양한 학교생활 부적응의 문제로 인한 등교 거부나 잠재되어 있는 학교공포증 등의 경우이다.

### (2) 학습 및 성적문제

#### ① 시험불안

시험에 따른 불안감과 부담감, 스트레스 등이다.

#### ② 학습 자체에 대한 회의와 의문

내가 왜 공부를 해야만 하는가라는 학습의 필요성에 대한 근본적인 의문과 회의를 한다. 그러나 학습에 대한 반감이나 반발심은 갖고 있지 않다.

#### ③ 집중력 부족

주의산만, 잡념 등으로 인해 집중력이 저하되어 학습이나 성적에 영향을 주는 경우이다.

#### ④ 성적저하 및 저조로 인한 걱정과 스트레스

성적이 오르지 않아서 이로 인해 걱정과 스트레스를 겪는 경우이다.

#### ⑤ 학습방법문제

효과적으로 학습하는 방법을 모르거나 부적절한 방법으로 학습함으로써 성적에 부정적인 영향을 주는 경우이다.

#### ⑥ 학습에 대한 반감

학습 자체를 싫어해서 공부를 하지 않는 경우이다. 학습의 필요성에 대한 근본적인 의문과 회의를 느끼는 경우에는 '학습 자체에 대한 회의와 의문'에 속하나 여기에서는 근본적인 의문도 없이 학습하는 것에 대한 반감과 반발심을 갖는 경우가 해당된다.

### ⑦ 성적의 불만족

나름대로 공부하려고 하고 또 실제로 했음에도 불구하고 뚜렷한 원인을 알 수 없이 결과가 좋지 않아 고민하는 경우이다.

### ⑧ 능력부족

실제 능력, 즉 지능이나 기억력이 낮거나 부족하여 이로 인해 학습이나 성적에 부정적인 영향을 주는 경우이다.

### ⑨ 학습습관 미형성

이 경우는 학습을 하고자 하는 마음은 있지만, 어떻게 공부를 해야 효율적인지에 대해 알지 못하여 체계적인 습관으로 형성되어 있지 않은 경우이다.

### ⑩ 동기부족

공부를 하고자 하는 마음이 부족한 경우이다. 학습에 대한 반감과 반발심을 가지는 경우 '학습에 대한 반감'으로 분류될 수 있으며, 여기서는 반감과 반발심과 같은 부정적인 감정은 없고 단지 공부하려는 마음이 아직 형성되어 있지 않은 경우를 말한다.

### ⑪ 성적에 대한 집착

학습의 질적인 면에 치중하기보다는 양적인 결과, 즉 점수와 성적에 얽매여서 그로 인해 경쟁심을 느끼고 심지어는 죽고 싶다는 생각까지 하는 경우이다.

### ⑫ 성적으로 인한 관계에서의 문제

성적이나 학습에 대한 다양한 문제들로 인해 생기는 이차적인 어려움으로 친구, 부모님, 선생님과의 관계에 문제를 일으키는 경우이다.

## 2) 청소년 학업문제의 관련 요인

청소년 내담자의 학업문제를 이해하기 위해서는 상담자가 다양한 학업문제 관련 요인을 직접 또는 간접으로 알아보는 것이 도움이 된다.

## (1) 인지적 요인

청소년의 학업문제는 지능, 학업 기초능력, 과목별 선행학습수준 같은 인지적 요인들이 영향을 준다. 학업수행에 어려움을 호소하는 경우나 학업성취도가 낮고 학습속도가 느린 경우, 낮은 인지적 기능으로 인한 경우가 많다. 지능은 학업성적이 전반적으로 저조하고 학습 속도가 부진한 청소년 내담자들의 학업곤란 원인을 밝혀내는 데 도움이 될 수 있다. 또한 청소년 내담자가 가지는 학습상의 강점과 약점을 찾아내어서 취약점들을 보강하고 강점을 활용하는 계획을 세우는 데도 도움이 될 수 있다. 표준화된 지능검사는 웩슬러(Wechsler) 아동용 지능검사와 성인용 지능검사 등이 있다. 그러나 이지능검사결과는 학습부진아 선별을 위한 자료로 중요한 기초가 되는 수단이기는 하지만, 결코 완전하지 않기 때문에 기능검사가 갖는 속성과 한계를 충분히 고려할 필요가 있다.

학업기초능력은 성공적인 학업성취를 위해 가장 기본적으로 갖추어야 하는 요인이다. 학교 성적은 이런 학업성취를 나타내주는 지표이긴 하나 세분화하여 보여주지 못하는 경우가 많다. 따라서 상담자는 학업성취가 저조한 청소년 내담자의 학업 수행을 위한 기초적 능력을 파악하기 위하여 표준화된 학업성취검사를 활용하는 것이 좋다.

상담자는 내담자인 청소년이 각 과목별로 선행학습이 어느 정도 되어 있는지 파악할 필요가 있다. 특히 성적이 점차로 조금씩 하락하는 추세를 보이거나 학습을 어려워 하고 싫어하는 정도가 점차적으로 심해진 청소년의 경우 선행학습의 결손이 누적되지 않았는지 의심해 볼 필요가 있다.

## (2) 정의적 요인

청소년의 학업문제와 관련된 정의적 요인으로는 학습에 대한 동기와 흥미, 자아 개념, 정서적 갈등과 불안수준들을 들 수 있다.

청소년들이 배우고 공부하는 것 자체에 대해, 그리고 각 과목에 대해서 갖고 있는 동기와 흥미가 매우 중요한 역할을 한다. 학업성취도와 학습동기의 관계에 관한 많은 연구가 학습에 대한 학생의 자율성이 높을수록 학업행동에 적극적으로 임하며 학업성취도 높다는 것을 보여준다. 흔히 학업문제 때문에 상담을 원하는 많은 청소년은 학습에 대한 동기수준이 낮은 편으로, 부모의 강요에 의해 상담을 받으러 오는 경우가 많다.

청소년의 학업성취에 영향을 주는 요인 중 하나는 자기 자신이 어떤 사람이라고 지각하는가 하는 자아 개념이다. 자아 개념이란 개인이 가지고 있는 자신에 대한 생각이나 태도, 느낌 등을 말한다. 성공적인 학업수행을 한 학생과 실패를 한 학생 간에는 이 자아 개념에서 현저한 차이를 보인다. 자신이 능력 있는 사람이라 지각하는 경우에는 과제를 성취하고자 노력할 것이고 반대로 자신에 대해 부정적으로 지각하는 경우에는 학습과제에 대한 실패를 두려워하거나 좋지 못한 결과를 당연한 일로 받아들일 것이다.

성적이 저조한 경우 정서적 갈등이 중요한 원인이 되었을 가능성이 있다. 또한 일반적인 성취 및 시험과 관련한 청소년 내담자의 불안 수준을 파악하여 돕는 것도 상담자가 기여할 수 있는 부분 중의 하나이다. 학업성취를 위해 중요한 것 중 하나가 심리적 안정이다. 불안은 학교생활에 직접적인 영향을 끼치는데, 주로 시험과 관련된 불안이 학업성취의 어려움을 초래한다. 불안으로 인해 자신의 능력을 충분히 발휘하지 못하고 좌절하는 경우가 많다.

## (3) 학습방법적 요인

학습방법 및 전략은 학년이 높아갈수록 그리고 학습에 투자하는 시간이 늘어날수록 학업성취에 큰 영향을 미친다. 같은 시간을 공부하더라도 효율적으로 공부하는 것이 청소년들의 삶을 훨씬 건강하고 활기 있게 할 수 있는 방법이며, 성취의 기쁨도 배가 될 수 있다. 학습방법은 학교에서의 학습방법과 가정에서의 학습방법으로 구분해서 파악할 수 있으며, 전반적인 주의집중전략으로부터 시작해서 노트작성과 수업요령, 시험준비 및 응시요령, 전과목에 공통적인 교과서학습전략과 각 과목별로 독특한 학습전략, 요점정리전략, 시간관리 및 활용전략 등 다양한 방면에서 파악될 수 있다.

상담자는 각 과목별로, 또 전반적으로 내담자가 어떤 학습방법 및 전략들을 사용하고 있는지, 그것들이 얼마나 효율적인지를 파악할 필요가 있다.

## (4) 환경적 요인

청소년 학습의 중요한 환경적 요인으로는 가정과 학교 및 또래 그리고 지역사회 환경 등이 있다. 가정의 물리적·구조적·과정적 환경이 어떠하며 그러한 환경들이 청소년의 학습을 방해 또는 증진시키고 있는 정도가 어떠한지, 학교와 지역사회의 물리적·구조적·과정적 환경은 어떠한지, 또래환경은 어떠하며 학습에 미치는 영향은 어떠한지 등도 종합적으로 파악하여야 한다.

## 3) 청소년 학업문제의 개입과 상담

### (1) 학습동기 유발

지속적으로 공부하는 습관을 지니기 위해서는 먼저 왜 공부해야 하는지 목표가 뚜렷해야 한다. 즉, 학습에 대한 강한 동기가 있어야 한다. 학습동기란 학습자로 하여금 어떤 학습목표를 향하여 학습하게 하는 학습자의 모든 심리적인 상태로서, 학습활동 전개에 있어 학습의욕을 일으키게 하는 유기체의 내적인 힘을 말한다.

학습동기를 유발하는 방법은 보상의 유형에 따라 호기심, 성취감같이 행동의 과정이나 결과에 대해 스스로 만족을 느끼는 내적 보상에 의한 내재적 동기와 학습결과 확인, 상과 벌 등 외부로부터 주어지는 외적 보상에 의한 외재적 동기로 구분된다. 청소년과 청소년 상담자는 대상과 상황에 부합된 내재적 동기와 외재적 동기 모두 적절히 활용하면 학습의 효과를 높일 수 있다. 보상의 적절한 활용, 성취감의 자극, 성공과 실패 경험의 활용, 기초적인 학습기능과 지식의 숙달, 수업환경의 조성 등이 있다.

### (2) 시간관리

학습에 사용된 시간의 총량보다는 효과적인 시간 사용이 더욱 중요하다. 시간관리란 효율적인 학습이 가능하도록 시간사용계획을 세우고 실행하며 평가하는 기술을 의미한다. 효율적으로 시간관리를 하기 위해서는 시간사용 실태 평가, 시간사용계획(합리적인 목표와 시간 설정, 우선순위 설정, 과제의 세분화와 과제별 계획 세우기, 과제완성 후 스스로에게 보상하기, 계획지키기와 유연성 갖기), 시간사용 반성 등의 기술을 순서적으로 적용하면 도움이 된다.

### (3) 집중력 향상전략

학습에 집중하기 위해서는 집중을 위한 준비, 이완전략, 초점적 주의집중의 3단계 전략이 도움이 될 수 있다(김영채 · 박권생, 1992).

집중을 위한 준비로는 환경적인 계획과 준비(조명상태, 안락함, 일정한 장소 등), 개인적인 계획과 준비(피로나 배고픔 제거, 집중 잘 되는 시간 선택 등), 과제 관련적인 계획과 준비(학습 과제에 대한 분명한 인식, 공부시간 및 범위 결정, 복습 및 예습 등) 등이 이루어지면 좋다.

이완전략 또한 마음이 불안하거나 긴장이 될 때 마음을 가라앉히고 안정되어 공부에 전념하게 할 수 있는 좋은 전략이다. 명상이나 호흡하기, 점진적 이완훈련 등과 같은 전략들을 활용하면 도움이 될 것이다.

공부가 재미없고 충분히 긴 시간 동안 계속해서 공부할 수 없다면 어떠한 학습전략도 도움이 되지 않는다. 긍정적인 자기모습 그리기와 자신과 이야기하기, 적극적인 질문하기, 구체적이고 관리 가능한 학습 목표 설정하기 등과 같은 초점적 주의집중방법이 도움이 될 수 있다.

### (4) 인지적 학습전략

인지적 학습전략으로는 정보처리와 관련이 있는 시연전략, 정교화 전략, 조직화 전략, 초인지 학습전략에 대해 살펴볼 수 있다. 시연전략은 학습 중에 제시되는 여러 항목을 능동적으로 외우거나 따라 읽는것으로서 소리내어 반복해서 읽기, 그대로 옮겨쓰기, 중요한 부분에 밑줄긋기 등이 있다. 이런 시연활동을 통해 단순정보의 획득이 용이하게 되는데, 이는 학습자 자신이 중요한 부분을 선택적으로 학습하게 되고, 자료를 장기기억의 상태로 저장할 수 있는 기능성을 높이도록 노와주는 것이다. 정교화 전략은 학습과정에서 학습하고 있는 정보를 연결하는 새로운 정보를 더하는 전략을 말한다. 심상형성전략, 논점요약, 기억하기, 질의응답하기 등의 전략이 있다. 조직화 전략은 학습할 내용이나 목록을 유목화 · 계열화하여 학습할 개념을 묶거나 순서화함으로써 그 관계성을 밝히는 전략이다. 초인지학습전략은 학습에 대한 계획을 수립하고, 점검 · 평가하는 실행적 전략이다. 여기에는 계획수립과 자기 점검 등의 전략이 포함된다.

이런 다양한 인지적 학습전략을 교육하고 실행해서 적용해 보는 경험을 통해 학습에 대한 자신감을 갖게 되고 이런 자신감은 학업성취로 이어지게 만드는 역할을 할 것이다.


# 2. 진로문제의 이해와 상담

## 1) 청소년 진로문제에 대한 이해

진로란 인생을 살아가는 과정에서 선택하게 되는 모든 일, 즉 자신의 교육, 직업, 결혼, 가정생활, 자녀양육, 노후생활 등 삶의 선택문제가 모두 포함된다. 이러한 여러 가지 진로문제 중 청소년 시기에 반드시 이루어야 할 중요한 과업 중의 하나는 바로 자신이 원하는 진로와 직업을 선택하는 일이라 할 수 있다. 진로를 설계하고 선택하는 데 있어서는 무엇보다도 중대한 의사결정의 과정을 거쳐야 한다.

자신의 진로를 결정할 때에는 자기 자신, 직업환경, 의사결정기술 부족 등으로 많은 장애와 갈등을 겪는다. 특히 청소년들이 주로 호소하는 문제들을 분석해 보면 진로문제가 매우 중요한 비중을 차지하고 있다. 즉, 입시 위주의 진로지도, 부모 위주의 진로결정, 자신에 대한 이해부족, 왜곡된 직업의식, 일의 세계에 대한 이해 부족 등으로 청소년들이 자신의 진로결정과 선택을 제대로 수행하지 못하고 있다.

진로 상담의 핵심 개념들로는 선택과 의사결정, 전반적인 인간발달, 취업정보, 직업에의 적응 등을 들 수 있다. 따라서 교사와 진로 상담자는 가정과 학교 내의 체계적인 진로상담을 통해 학생들이 자아 개념을 구체화하고, 일의 세계에 대해 포괄적인 이해를 하며, 진로교육 수립을 위한 책임감을 인식해야 한다. 또한 의사결정능력을 함양하며, 협동적인 사회활동을 위한 준비를 하고, 일에 대한 건전한 태도를 함양할 수 있도록 도와주어야 한다. 아울러 이러한 진로 상담은 전생애를 통해 개인의 진로발달단계에 따라 구성되어야 한다.

## 2) 청소년 진로 상담의 관련 요인

진로의 결정은 삶의 방향과 질을 결정하는 과정이란 점에서 신중하고 합리적이며 현실적으로 이루어져야 한다. 특히 진로상담 시 고려해야 할 요인들은 다음과 같다.

### (1) 개인적 특성

진로 결정에 있어서 가장 먼저 고려해야 할 요인은 지능, 적성, 흥미, 성격, 신체적 조건 등 개인적 특성이다. 각자의 특성에 따른 진로 및 직업 선택의 방향을 생각해 보아야 한다.

지능은 직업의 성공을 결정짓는 하나의 요인이다. 특히 지적인 것을 많이 요구하지 않는 직업도 수없이 많이 있을 수 있기 때문에 구체적인 결정과정에서는 이러한 점들을 검토해야 한다.

어떤 직종에서 요구되는 특수능력이나 소질 정도를 의미하는 적성은 진로 선택과 가장 관계가 깊은 심리적 특성이다. 적성요인은 학자에 따라, 적성검사에 따라 조금씩 다르게 분류되고 있으나 대체로 언어능력, 공간지각력, 계산력, 추리력, 기계추리력, 척도해독력, 수공능력, 기억력, 사무지각력, 형태지각력 등으로 구분된다.

흥미는 자신이 하고자 하고 원하는 것, 하고싶어 하는 것으로 적성과 유사한 개념으로 쓰이기도 한다. 그러나 적성은 자신의 타고난 능력에 적합한 것을 뜻하고, 흥미는 자신이 하고 싶어하는 것을 뜻한다는 점에서 구분된다. 직업과 관련된 흥미로는 문학적 흥미, 과학적 흥미, 사회과학적 흥미, 기계적 흥미, 전자적 흥미, 상업적 흥미, 봉사적 흥미, 사무적 흥미, 옥외 운동적 흥미, 음악적 흥미, 미술적 흥미 등이 있다.

성격은 개인의 자아 개념, 가치관, 욕구, 대인관계 등의 성격적 특성을 말한다. 이 또한 진로선택에 영향을 주며 활동성, 사려성, 사회성, 안정성, 지배성, 예술성 등의 유형이 있다.

신체적 조건 또한 적성, 흥미, 인성 등과 함께 직업 결정에 중요한 요인이라고 할 수 있다. 특별한 조건이 요구되는 직업에서는 신체적인 조건을 고려해야만 한다.

## (2) 환경적 요인

진로를 선택할 때 고려해야 할 환경적인 요인에는 가정환경, 직업조건 등이 있다.

가정환경이란 가족구성원 중 본인의 위치, 가정의 사회 · 경제적 지위, 가정의 전통과 종교, 부모의 직업과 교육수준, 부모의 요구수준 등을 모두 포괄한다. 사람들은 가족과의 접촉을 통해 최초의 사회적 경험을 갖게 되며, 차차 성장함에 따라 지속적으로 직 · 간접적인 가정환경의 영향을 받게된다. 특히 가정 내에서 본인이 처한 위치, 가정의 경제적 형편, 부모의 요구 등은 진로를 선택할 때 고려하지 않으면 안 될 중요한 요인들이다.

직업의 조건은 매우 다양하지만 우선적으로 고려해야 할 조건 중 하나는 보수체제이다. 이와 함께 일의 내용과 여건 등이 자신의 이상과 적성에 맞는가도 살펴보아야 한다. 또한 교육수준과 자격여건도 중요하게 고려되어야 하고 승진 및 발전 가능성, 사회적 전망 등에 대해 알아보고 정보수집 및 분석을 해야 한다.

## 3) 청소년 진로문제의 개입과 상담

### (1) 진로 상담의 구조

진로 상담의 구조는 크게 두 가지의 주요 단계와 여러 하위단계로 나누어 볼 수 있다
(김봉환 역, 2003).

- 내담자의 목표 또는 문제의 확인 및 **명료화·구체화** : 상담관계 형성, 내담자 정보수집,
  내담자 행동 이해하기, 가설 세우기가 포함된다.
- 내담자의 목표 또는 문제해결하기 : 목표를 위한 문제해결방법 탐색, 진로목표와 행
  동계획 전개, 결과 평가하고 상담 종결하기가 포함된다.

### (2) 진로 상담방법

진로 상담 및 지도의 방법에는 개별면담, 컴퓨터를 이용한 프로그램, 소집단 상담 또는
지도 프로그램, 학급단위 정도의 교육 프로그램, 현장견학, 현장인턴십 등이 있다. 상
담자는 대상 및 상황과 목적에 따라 가장 효과적인 방법들을 취사선택해야 한다(김계
현, 1997).

#### ① 개별면담

진로 상담은 생각과 동기명료화하기, 대안들의 탐색, 대안들에 대한 객관적인 평가, 합
리적인 의사결정 등을 중요시하는 상담이다. 정서적 지지, 감정의 배경 탐색 등은 심리
치료에 비해서 중요하게 다루어지기도 한다. 진로 상담자는 진로에 대한 해박한 지식,
의사결정과정에 대한 전문적 지식과 기술 등을 갖추고 있어야 한다. 특히 대안과 정보
를 가지고 있어도 의사결정을 하지 못하는 내담자를 위해서 상담자는 내담자의 성격적
문제를 충분히 고려하면서 진로 상담을 해야 하기 때문에 성격문제 상담에도 전문적
소양을 필요로 한다.

#### ② 컴퓨터를 활용한 진로 상담

이미 미국에서 시작하고 있는 방법으로, 두 가지 형태의 프로그램이 개발되었다.

　첫째, 진로정보 시스템이다. 이는 각종 직업정보와 교육정보를 망라한 것인데, 정보
의 단순나열이 아니라 이용자의 흥미나 적성검사 점수, 교육수준과 연관지을 수 있도
록 되어 있다.

둘째, 진로지도 시스템이다. 이는 자기탐색적이고 복잡한 특성을 가지고 있는데, 미국에서 가장 유행하는 청소년용 프로그램으로는 디스코버 시스템(discover system)이 있다.

우리나라에서도 현재 노동부 웹사이트(http://www.molab.go.kr/047.htm)에서 직업흥미검사를 실시하고 결과를 확인해볼 수 있으며, 진로지도 프로그램(직업능력개발원 발간물 위탁 서점에서 구입가능)도 이용할 수 있다.

### ③ 진로탐색 프로그램

상담자가 직접 학생들의 진로탐색과정을 돕는 프로그램이다. 이런 프로그램들은 자기에게 가능한 직업을 조사해서 열거하고 그 중에서 본인에게 가장 적합한 직업을 선택하는 일이다. 개별적인 진로 상담에서 활용할 수도 있고, 집단 상담이나 학급단위의 수업시간, 홈룸시간에도 활용할 수 있다.


## 3. 성문제의 이해와 상담

### 1) 청소년 성문제에 대한 이해

청소년의 성문제는 청소년기에 생리적으로는 성기능이 갖춰졌음에도 불구하고 사회적으로는 성생활을 금지당하는 갈등구조에서 비롯되는 경우가 많다. 이러한 갈등 속에서 청소년의 성문제는 성인들의 경우와 비교하여 몇 가지 특성을 지닌다(구승회 외, 2001).

첫째, 청소년들은 성에 대해 긍정적 인식보다는 부정적 인식을 갖는 경우가 많다.

둘째, 성을 단편적인 성행위로 인식한다.

셋째, 성별에 따라 성의식의 차이를 보여 남학생들이 여학생들보다 성에 대해 더 긍정적이고 개방적인 의식을 갖는다.

넷째, 성충동을 자연스러운 것으로 인식한다.

다섯째, 신체접촉에 민감하다.

또한 청소년들의 성문화는 다음과 같은 그들만의 독특한 특징을 가지고 있다.

첫째, 청소년 성문화는 이분법적 성문화를 나타내는 경우가 많아 경험이 많은 집단과 그렇지 않은 집단이 뚜렷하게 분리되는 경우가 많다.

둘째, 또래 중심의 폐쇄적인 문화라는 특징을 보인다.

셋째, 남녀유별문화의 특징을 보인다.

넷째, 기성세대의 이중성을 모방하는 문화이다.

청소년들의 성행위는 성인들과 달리 그들이 갖고 있는 내면적인 동기가 정서적 욕구의 왜곡된 표현인 경우가 많다. 즉, 애정욕구·인정요구·남성성과 여성성의 확인욕구·자존감향상욕구·분노표현욕구·무료함을 벗어나기 위한 욕구 등 비뚤어진 성적 행동으로 나타날 수 있다.

청소년들의 성문제로는 성충동 및 자위행위, 음란물 접촉 경험, 음란물중독, 성관계, 임신, 피임, 낙태, 성폭력, 성매매 등을 들 수 있겠다.

## 2) 청소년 성문제의 관련 요인

### (1) 청소년 성문제의 원인

청소년기는 신체적·성적으로 급격한 발달이 이루어지는 시기로, 신체 및 호르몬의 변화뿐 아니라 변화 자체로 인한 스트레스와 적응전략 등으로 인해 성적 태도와 행동상에 많은 혼란을 경험하게 된다.

생물학적 관점에서는 청소년들이 경험하는 성호르몬 분비의 급증과 성욕을 통괄하는 뇌 기관의 이상을 청소년 성문제의 주요 원인으로 본다. 청소년기는 급격한 신체적 발달과 함께 성적 성숙이 이루어지는 시기로, 이들의 성적 성숙을 주관하고 성적 욕구를 지배하는 중요한 요인은 성호르몬의 분비이다. 그러나 성문제를 호르몬의 영향으로만 보기에는 충분한 원인 설명의 한계가 있다.

정신분석적 접근에서는 청소년기의 성문제 행동을 이전의 무의식적 콤플렉스의 미해결로 인한 성적 고착으로 본다. 청소년기는 남근기 때 경험했고 해결되었던 외디푸스적인 무의식적 갈등이 다시 출연하지만 잠재기 동안 발달된 초자아의 영향으로 더 이상 의식하지 못할 정도로 내면화되기 때문에 자아는 리비도의 외디푸스적인 요구를 사회적으로 수용될 만한 대상으로 전환하기 위한 방어기제를 사용하게 되어 또래의 이성친구들에게 강한 성적 호기심을 표현하게 되는 것이라고 본다.

사회학습적 접근에서는 청소년들의 성문제 행동은 다른 유형의 행동을 학습하는 것과 같이 학습의 과정을 통해 형성된다고 본다. 특히 성역할에 대한 사회적 양육이 청소년의 성행동에 중요한 역할을 한다고 강조하였다. 즉, 청소년들은 가정에서의 훈육, 친구를 통한 모델링, 대중매체나 사회 전반 성문화의 영향 등을 통해 모방과 사회학습의 경로를 거쳐 성과 관련된 자신의 태도나 행동을 습득하게 되는 것이다. 이 중 가정적 변인으로는 가정의 구조적인 요인과 부모의 양육방식 또는 성태도의 중요성이 강조된다. 또한 또래관계나 영향력도 중요하다고 볼 수 있는데, 성사회화 집단으로서 상호간에 성지식과 성태도를 교환하게 된다는 것이다. 어떤 연구자들은 청소년기에 나타나는 성문제 행동은 가정이나 학교에서 이에 대한 제대로 된 성교육이 이루어지지 못하고 있기 때문에 일어난다고 주장하기도 한다. 가정, 학교, 또래의 영향력뿐 아니라 대중매체 또한 청소년들의 성행동에 많은 영향을 미친다. 특히 외설적인 음란물, 성인잡지, 비디오, 인터넷 등이 청소년의 성충동을 강하게 자극하고 있고, 폭력적이고 왜곡된 성정보를 전달하고 있다.

## (2) 청소년 성문제의 영향

### ① 정서적 영향

청소년 성문제가 가져오는 다양한 정서적 영향 중에서 청소년들이 경험하는 좌절감이나 자아존중감의 저하가 가장 크다고 한다. 이는 자신의 신체와 성적 능력에 대한 이상적 기대와 현실 간의 괴리 속에서 좌절을 경험하기 때문이라고 본다. 또한 자위행위는 양가감정을 유발하여 유능감과 동시에 죄책감 및 자기혐오 등의 감정을 느낄 수 있다고 한다(한국청소년상담원, 1999). 청소년 성문제 중 또 하나의 대표적인 종류인 음란물 접촉 또는 중독을 통해서도 다양한 정서적 영향이 생겨난다. 음란물을 보게 되면 스트레스 해소보다는 불안감이나 죄책감을 느끼고 성충동과 성욕구를 느끼는 경우가 더 많은 것으로 나타났다(김은실, 2006).이와 함께 성관계나 성폭력같은 보다 극단적인 성문제 행동의 결과로 인해 상대에 대한 분노와 적개심, 자신에 대한 수치심과 열등감, 이후의 경험에 대한 공포 등을 경험하는 것으로 보고된다(한국청소년상담원, 1999; 채규만, 2000).

### ② 인지적 영향

청소년 성문제로 인한 인지적 측면의 영향도 다양하다. 청소년들은 자위행를 하는 동안 성적 환상을 경험하는데 이런 환상은 성적 대상을 욕구 충족의 대상으로만 인식하는 사물화 경향을 갖게 만들 수 있다고 한다. 또한 무분별한 음란물 접촉은 왜곡된 성의식을 갖게 할 뿐 아니라 성폭력에 대한 문제의식을 약화시킬 수 있다. 이와 더불어 청소년기의 성문제 행동은 자아 개념의 변화 및 자아존중감 상실의 문제를 야기할 수 있다(신미식, 2000).

### ③ 행동적 영향

청소년 성문제로 인한 행동적 측면에서의 영향력으로 우선 청소년의 고립화를 꼽을 수 있다. 음란물 탐닉이나 성매매 참여를 경험한 청소년들은 자신의 행위가 떳떳하지 못하다는 인식은 있기 때문에 대인관계 기피로 인하여 외롭고 고독한 존재가 될 수 있으며, 이러한 고립화는 가출과 성산업 유입의 경우 더욱 심해진다. 또한 음란물 접촉 청소년들은 실제 성행동에도 영향을 주는데 성관계, 자위행위, 성비행 개입의 비율이 높게 나타났다.

이와 함께 성문제 행동은 청소년들의 일상생활에서의 다양한 부적응적 결과를 가져다 줄 수 있다. 예를들어, 자위행위의 빈도와 정도가 심해져 정상적 생활의 에너지 고갈 및 행동조절의 문제를 가져오며 심할 경우 두통, 수면장애, 폭식, 섭식문제, 학습장애, 무단결석 등의 행동문제를 나타내게 된다고 한다.

## 3) 청소년 성문제의 개입과 상담

### (1) 청소년 성 상담의 개념과 목표

청소년 성 상담은 성장기에 있는 청소년들로 하여금 건강하고 바람직한 성가치와 성윤리를 확립해서 건전한 인격으로 성장할 수 있도록 도와주기 위한 활동이라는 데 의미를 갖는다(손종숙, 2000). 청소년 성 상담은 단순히 성지식을 제공하는 것만이 아니라 성태도나 성의식의 변화를 통해 수정되고 해결되어야 하는 복잡한 문제이다. 따라서 청소년 성 상담은 일반 상담과 마찬가지로 청소년들의 전인적 측면에 대한 다각적인 접근을 필요로 한다.

청소년 성 상담에서 중점을 두어야 할 목표는 다음과 같다.

첫째, 성에 대한 존엄성과 긍정적 태도를 갖도록 해야 한다.

둘째, 신체발달, 자위행위, 임신, 피임 등과 관련된 정확하고 객관적인 성지식을 습득하도록 해야한다.

셋째, 성과 관련된 행동을 선택하는 이유를 명료화하고 그 행동의 결과에 대해 인지하도록 해야한다.

넷째, 성적 의사결정 기술과 사회적 기술을 습득하도록 해야 한다.

## (2) 청소년 성 상담자의 자질

청소년 성문제를 상담하는 상담자에게 요구되는 자질은 일반 상담자에게 필요한 기본적인 사항과 청소년 성문제에 국한된 사항들이 함께 포함된다.

첫째, 상담에 대한 일반적인 능력을 갖추고 있어야 한다. 성 상담을 포함하여 모든 주제의 상담은 상담의 일반원리가 적용된다.

둘째, 청소년 성실태에 대한 현실검증과 현실수용이 준비되어야 한다. 개방적이고 극단적인 형태로 변해가고 있는 청소년들의 성문화를 제대로 이해하거나 수용하지 못할 때 상담자는 내담자의 어려움을 해결하는 데 도움을 주기 어렵다. 따라서 청소년들이 성적으로 어떤 고민을 하고, 무엇을 경험하고 있는지를 구체적으로 파악하고 이를 수용해 줄 필요가 있다.

셋째, 성과 관련된 충분한 전문지식을 갖고 있어야 한다. 청소년 상담자가 갖추어야 할 전문지식은 크게 두 가지로, 인간의 성과 관련된 기본적인 지식과 성과 관련된 법과 정책 등이다. 내담자가 속해 있는 사회의 현 시점에서 도덕적·법적인 검토가 필요하다.

넷째, 상담자 자신의 성적 태도와 가치관을 탐색하고 명료화하는 노력이 필요하다. 상담자는 성 관련 주제에 대해 자신의 신념, 태도, 관점 등을 탐색하고 검토하는 것이 효율적인 상담을 하는 데 도움이 된다.

## (3) 성상담과 관련된 문제점과 개선방안

현재 이루어지고 있는 청소년 성문제 상담과 관련된 문제점 및 개선방안은 다음과 같다.

첫째, 청소년 성문제 전문 상담기관이 부족하다는 것이다. 현재는 행정기관, 학교, 민간단체 등에서 운영하는 상담실에서 일반내용의 상담과 함께 성문제를 상담하고 있고, 청소년을 대상으로 성문제만을 다루는 상담기관은 소수에 불과하다. 또한 청소년들의 성문제에 대한 전문지식과 경험을 갖고 있는 훈련된 상담원이 부족하다는 것도 문제가 되고 있다. 따라서 정부나 민간단체에서 이에 대한 행정적, 재정적 지원을 더욱 늘릴 필요가 있다.

둘째, 청소년 성문제 상담 장면 및 방법에 대한 개선이 필요하다. 성문제 상담은 극히 개인적이고 은밀한 내용이라는 점에서 상담장면과 방법에 있어 다른 상담 주제보다 더욱 조심스러운 접근이 필요하다.

셋째, 청소년 성문제나 성문제 상담에 대한 연구가 활발히 이뤄져야 한다. 그동안 청소년 성문제와 관련한 어려움이나 호소내용에 대한 연구는 적지 않게 이루어진 편이나 성문제 관련 상담에 대한 연구는 극히 부족한 상태이다. 특히 성문제 상담의 효과에 대한 연구는 거의 전무하다 할 수 있으므로, 앞으로 청소년 성문제 상담의 실태나 문제점 파악, 나아가 구체적인 예방이나 대책 마련을 위해 청소년 성 상담 전반에 관한 포괄적이고 집중적인 연구가 필요하다.

## 4. 비행문제의 이해와 상담

### 1) 청소년 비행문제에 대한 이해

청소년의 비행문제는 다음과 같은 특징이 있다.

#### (1) 보편화

최근들어 청소년들의 사소한 비행이 상당히 많이 발생하고 그 비율도 증가하고 있다. 일반적인 비행행동에는 돈내기 도박, 음란서적 소지, 커닝 등이 있으며 이는 대다수의 청소년이 경험한다. 이 외에도 흡연, 음주, 당구장 및 만화가게 출입, 음란비디오 관람 등의 지위비행과 다른 사람의 물건 파괴, 폭력, 가출 등을 경험한 청소년도 매년 증가하고 있다.

#### (2) 집단화

청소년기의 또래집단화 현상은 청소년 비행의 집단화에도 영향을 미치는 것으로 알려져 있다. 대부분의 비행청소년은 혼자가 아니라 집단을 형성해서 활동한다. 적게는 2~3명에서 많게는 수십 명이 조직적인 비행집단을 형성해서 금품갈취, 집단폭력, 절도, 강도, 강간, 약물 사용 등의 문제를 일으키고 있다.

### (3) 누범화

전체 소년 범죄자 중 초범자의 비율은 점차 감소하고 전과자의 비율은 매년 증가하고 있다. 이는 청소년 범죄의 누범화 현상을 나타내는 것이다. 소년 범죄자가 성인 범죄자로 발전할 수 있는 가장 큰 요인은 최초 범죄 연령으로, 다른 사람에 비해 대체로 어릴수록 범죄 횟수가 많았다.

## 2) 청소년 비행문제와 관련된 요인

청소년 비행과 관련있다고 주장된 많은 요인 가운데 특히 원인에 해당되는 위험요인은 다음과 같다.

### (1) 낮은 자기통제감

낮은 자기통제감은 반항, 충동조절결핍, 공격성 등의 성격적 특성을 포함한다. 자기통제감이 낮은 개인은 비행을 포함한 문제행동을 유발할 가능성이 높은 것으로 알려져 있다. 특히, 유아기나 아동기에 측정된 이러한 특질은 청소년기 문제행동의 예측 변인으로 확인되고 있다. 낮은 자기통제감과 관련된 성격 특성은 약물사용, 비행, 학업중단, 낮은 학업성취도, 정신장애 등과 같은 광범위한 문제행동을 예측한다.

### (2) 가족기능

부모 양육태도와 가족구성원 간의 상호작용이 비행행동과 관련된다. 느슨하거나 무관심하며 일관성이 없거나 지나치게 엄격한 부모의 양육태도는 자녀를 비행으로 몰아갈 수 있다. 또한 가족원 간의 친밀하지 못한 관계, 자녀와 함께하는 활동의 부재, 가족 해체, 수동성과 방치, 가족 여가시간의 부족, 자녀의 또래친구에 대한 관심부족, 자녀의 소재에 대한 무관심, 가정폭력 등은 청소년 비행과 관련된 가족요인이다.

### (3) 학업성취도와 학교에 대한 태도

학업실패는 약물 사용, 음주, 10대 미혼모, 학교 중도 탈락의 가장 강력한 예측요인이다. 진학과 진로에 대한 관심이 낮은 경우 학교생활에 소극적이고, 학교를 싫어하거나 교사나 또래를 싫어하는 태도를 보이는 것은 학교에 대한 애착이 결핍되어 있음을 알려주는 신호이다. 이러한 요인은 일탈행동에 연루될 경우 보호적인 역할을 해주는 '사회적 연결망'을 약화시키는 작용을 한다.

### (4) 비행 또래집단과의 교류

비행에 관여하는 또래친구와 접촉할 때 결국 일탈행동에 관여하게 될 가능성이 높다. 비행청소년은 주위 또래집단에게 보상과 처벌을 통해 특정 행동을 모방하도록 강요하고 그 행동을 강화한다. 한편, 또래에 의한 집단 따돌림이 비행청소년의 일탈행동 가능성을 증가시킨다는 연구결과도 있다.

### (5) 환경적 억제요인

환경 내의 요인이 비행행동을 조장하기도 하고 억제하기도 한다. 특정 행동에 대한 규범이 분명하고 또 바람직하지 못한 행동에 관여하는 것을 제지하는 환경 안에서 성장할 때 비행가능성은 낮아진다. 그러나 자신이 속한 지역사회나 학교환경 안에서 언제든지 약물을 볼 수 있고 쉽게 구할 수 있다면 개인 또한 약물을 사용할 가능성이 높아진다.

## 3) 청소년 비행문제의 개입과 상담

### (1) 가정에서의 예방 및 개입전략

비행, 폭력, 갱집단에 가담하는 것을 예방하기 위해서는 가정의 협조가 필수적이다. 따라서 부모교육은 효과적인 전략에 속한다. 자녀가 청소년기에 접어들기 전에 부모가 미리 비행의 조짐을 인지하고 대처하는 방법을 알고 있다면 매우 효과적일 것이다. 아동에게 행동수정, 의사소통기술 등을 가르치는 것이 비행 예방에 효과가 있다. 만약 이미 자녀가 비행행동을 하였다면 부모교육만으로는 이러한 일탈행동을 감소시키는 데는 한계가 있다.

최근 주목받고 있는 청소년 비행문제 개입전략의 하나는 사회생태학적 발달모형에 근거한 MST(Multisystemic Therapy)이다. 이는 상담자가 부모에게 자녀를 효율적으로 훈육하면서 가족 응집력을 높일 수 있는 기술을 교육시키며, 비행청소년에게는 비행 또래집단과의 접촉을 끊고 친사회적 성향의 또래와 어울릴 수 있도록 조력하는 것이다.

## (2) 학교에서의 예방 및 개입전략

학교에서는 교내 차원에서 집단 따돌림 예방 캠페인을 개최하고 학생의 자기통제감 향상, 스트레스관리, 문제해결기술, 책임 있는 의사결정방법 등을 가르치는 것이 일탈과 비행을 예방하는 데 도움이 된다고 한다. 이와 함께 협동학습, 갈등해결 중재 프로그램과 같은 교육적 개입도 효과적이다.

## (3) 지역사회에서의 예방 및 개입전략

학교는 지역사회조직이나 정부기관과 긴밀한 협조 체계를 구축해야 한다. 학교가 주체가 되어 지역사회단체에 소속된 구성원을 모집하여 교육시킬 경우 지역사회단체는 청소년 비행을 감소시키는 데 도움을 줄 수 있다. 이러한 단체는 거리순회 방범을 하거나 사회적 행사활동을 지도하거나 학교와 지역사회 내의 학생활동을 모니터링할 수 있다. 이들 지역사회단체가 청소년 비행 예방에 긍정적인 영향을 미치기 위해서는 학교, 종교단체, 청소년기관, 경찰과의 협력관계가 잘 형성되어 있어야한다.

## (4) 교정 상담전략

청소년은 아직 인격적으로 미성숙단계에 놓여 있어 합리적인 판단능력이 미숙하고 재활의 가능성이 잠재되어 있다고 보기 때문에 비행청소년의 처리과정은 순화 가능성에 초점을 두어 형벌보다는 교육과 치료에 중점을 두고 있다. 비행청소년의 공식적인 처리기관으로는 경찰 · 검찰 · 법원 등이 있고, 교정기관으로는 소년분류심사원 · 소년원 · 소년교도소 등이 있다.

비행청소년을 대상으로 하는 상담적 개입은 일반적으로 교정기관 상담과 지역사회 상담으로 구분해볼 수 있다. 교정기관 내 상담 서비스는 훈련학교, 병원, 구치소, 소년원, 소년교도소 등에서 제공되는 프로그램이 해당된다. 프로그램의 형태는 이론적 근거에 따라 개인 혹은 집단 상담, 사회적 기술훈련, 학업 및 직업교육 등 다양하다. 그러나 현재 우리나라 소년원 등에서 실시하고 있는 상담 프로그램은 주로 자원봉사자에 의해 이루어지고 있으며, 일회적이고 한시적인 경우가 대부분이어서 치료적인 효과를 거두기 어려운 실정이다.

한편, 지역사회에 근거한 상담은 청소년지원센터, 아동청소년상담소, 지역사회복지관 상담실, 청소년쉼터 상담실 등에서 상담전문가와 자원봉사자에 의해 이루어지고 있다.

## 5. 위기문제의 이해와 상담

위기란 인생의 중요한 목표에 장애가 나타나서 그것이 일반적인 문제해결방법으로 해결되지 않을 때 유발되는 것으로 상황에 대해 생각하고 계획하며 효과적으로 대처하는 개인의 능력에 부정적으로 영향을 미치는 심각한 스트레스의 일종이다. 이런 위기는 상황을 해석하는 개인의 주관적해석과 그 사람의 불안과 대처기술 수준에 의해 좌우된다. 따라서 청소년의 위기는 성인의 위기에 비해 그 위험 정도가 더 크다고 볼 수 있다.

### 1) 청소년 위기문제에 대한 이해

청소년들이 겪는 위기의 유형은 크게 생물학적 위기, 환경적 위기, 우발적 위기로 분류될 수 있다. 생물학적 위기는 발달과업이나 생물학적 변화로 인해 야기되는 것으로 모든 청소년이 정상적인 발달적 위기에 직면하게 되고, 이 위기의 극복 여하에 따라 추후 정서적 안녕상태에 지대한 영향을 미치게된다. 환경적 위기는 보편적인 것은 아니지만 부모의 사망, 이혼, 학대, 이사, 만성적인 질병과 같은 일반적으로 대인관계의 문제이거나 상황적인 것이다. 우발적 위기는 예측할 수 없는 홍수, 화재, 폭풍과 같은 자연재해와 관련된 것이다.

#### (1) 위기에 처한 청소년의 스트레스 반응

파라드와 파라드(Parad & Parad, 1990)는 위기에 처한 청소년들이 보이는 전형적인 반응을 다음과 같이 아홉 가지로 제시하였다.

- **당황** : 당황함을 보이는 사람은 자신에게 무슨 일이 일어났는지 이해하는 데 어려움이 있다. 따라서 그 상황을 어떻게 다루어야 하는지 방법을 모색하기 어렵다.
- **위험** : 위기상황에서 위험을 느끼는 사람은 절박한 운명에 대해 생각한다. 그들은 위기에 의해 자신이 신체적으로나 정신적으로 만회할 수 없는 상처를 입을 것이라고 확신한다.
- **혼란** : 혼란으로 반응하는 사람은 추론에 어려움이 있고 재난에 기인하는 위기를 해결하기 위한 계획을 세울 수 없다.
- **난국** : 위기에 빠진 사람은 곤경에 빠졌다고 느낀 후 대안적인 대처전략을 세울 수가 없다. 또한 자신이 시도하는 해결책은 모두 시도했던 것으로 믿는다.

- **절망** : 절망한 사람은 위기를 해결하기 위해 어떤 것이라고 시도하려고 한다. 심지어 정상적이지 않는 방법이나 논리적으로 상황과 관련없는 방법을 사용하려 한다.
- **냉담** : 냉담한 사람은 간단하게 포기한다. 위기상황을 해결하거나 변화를 위한 시도를 거부하며 자신들의 상황이 절망적이라고 믿는다.
- **무기력** : 위기상황에서 무력감을 느끼는 사람은 자신이 스스로를 도울 수 없다고 믿고 위기에서 구해줄 사람도 없다고 믿는다.
- **절박** : 절박한 사람은 문제해결책을 지금 당장 원한다. 자신의 해결책을 시도할 수 있으며 타인의 도움을 궁극적으로 추구할 수도 있다.
- **슬픔** : 자신이 비참하다고 느끼는 사람들은 슬픔 반응을 보인다. 그들은 가능한 해결책을 모색하기 위한 안정감을 찾는 데 어려움이 있다.

## (2) 위기단계

위기에 처한 사람은 충격단계, 대처단계, 철회단계의 3단계로 반응한다.

첫 번째 충격단계는 특정 상황이 위기에 도달했다는 인식을 하는 단계로서 위기에 대한 첫 반응이다. 이때는 무력감, 불안, 좌절, 분노, 두려움, 우울함 등의 정서적 불안정성을 자신이 통제할 수 없다고 느낀다.

두 번째 대처단계는 자신의 상황을 변화시키거나 불행한 사건에 대한 자신의 반응을 변화시키려는 시도를 하는 단계이다. 대체로 불안, 절망감, 절박감 또는 곤경에 빠진 느낌을 갖는다. 이단계에서는 새로운 해결책을 찾고자 노력하며 타인의 도움과 조언에 개방적이 된다. 이 시기가 상담자들이 청소년에게 접근할 수 있는 가장 적절한 시기이다. 그러나 문제를 부인하려하거나 부정적 감정을 가지거나 또는 약물이나 알코올을 이용하여 고통을 잊으려는 부적응적 전략을 사용하기도 한다.

세 번째 단계인 철회단계는 어떠한 시도도 도움이 되지 않았다고 느낄 때 도달하는 단계로 가장 대표적인 철회상태는 자살이다.

## 2) 청소년 위기문제의 개입과 상담

뮤로와 코트만(Muro & Kottman, 1995)은 상담자가 위기문제에 개입할 때는 다음의 단계를 거쳐 진행하는 것이 도움이 된다고 보고하였다.

첫 번째 단계는 위기 당사자와 위기문제에 대한 평가 단계로, 상담자는 촉진적인 사건을 유도하는 상황과 촉진적인 사건 이후의 상황에 대해 기술해야 하고, 위기에 대한 청소년의 감정을 이끌어내며, 특정 상황과 관련된 청소년의 대처기술을 평가해야 한다.

두 번째 단계는 문제해결을 위해 어떤 역할을 해야 할 것인지 인식시키는 단계로, 위기상황에 대한 감정을 이해하고 표현하기 위해 자신의 능력을 증가시키고 문제를 좀 더 긍정적으로 이해할 능력을 발달시키는 것을 목표로 한다.

세 번째 단계는 청소년이 잠재적인 해결책과 그에 따른 가능한 결과를 고려하도록 돕는 단계로, 상담자는 상황을 바라보는 새로운 방법과 창의적인 사고를 촉진시켜 자신감과 통제감을 가져 문제에 대처할 능력을 향상시킨다.

네 번째 단계는 내담자가 잠재적인 대처 방안을 평가하고 문제를 가장 성공적으로 해결할 수 있을 것 같은 한 가지 대처방안을 선택하는 단계로, 현실적이고 합리적인 대안을 선택할 수 있도록 도와야 한다.

마지막 단계는 상담자가 해결책을 적용하기 위한 계획을 개발하고 내담자가 알고 있지 못한 대처전략을 가르치는 단계로 모델링, 그림, 역할놀이 등 다양한 방법을 통해 새로운 기술을 연습할 수 있도록 해야한다.


# 6. 대인관계문제의 이해와 상담

대인관계문제란 상호존중적으로 작용하여 상호만족을 추구하는 관계를 형성하지 못하거나 그런 관계를 유지하고 발전시켜 나가는 데 필요한 지식이나 기술의 부재, 결함 또는 왜곡을 의미한다. 즉, 부정적이고 파괴적인 대인관계에서 자신을 보호하고 대처해 나가지 못하는 문제를 말한다.


## 1) 청소년 대인관계문제에 대한 이해

청소년기는 신체적·심리사회적 발달 특성과 사회환경적 특성 때문에 대인관계에서 독특한성향을 보이기 쉽다. 청소년은 가족보다는 친구나 혼자서 보다 많은 시간을 보내며 인간관계가 다양해진다. 자신의 욕구를 충족시키기 위해 부모보다는 친구들에게 더 의존하며, 또래들을 통해 자신의 가치를 확인한다. 또래관계는 다른 대인관계들에 비해 상호의존적이며, 청소년 또래들의 상호의존은 매우 자발적인 특성을 지닌다. 다른 대인관계와는 달리 자발적으로 선택하게 되기 때문에 자신이 원하는 또래들과 선택적인 또래관계를 유지하려는 경향이 있다. 같은 집단에 속한 청소년들은 서로의 가치관이나 태도, 취미나 흥미 등이 같을 것으로 기대하며, 또래집단에 대한 강한 동조경향을 지닌다. 이러한 경향은 청소년들의 자기 중심화 경향으로 더욱 강한 경향을 띠게 된다. 청소년들은 부모로부터 독립을 원하면서도 자신들의 또래관계를 부모로부터 인정받기를 원한다.

대인관계를 형성하거나 발전시키는 데 어려움을 지닌 청소년들은 동료집단을 형성하는 데도 어려움이 있기 때문에 집단에서 상대적으로 힘 없는 소수일 수 밖에 없다. 따라서 이들은 집단에서 갈등의 희생양이 될 수 있는 경향이 많다. 청소년들에게서 집단 따돌림이 증가되는 원인으로 좌절된 청소년들의 수가 증가하고, 우월감을 왜곡해서 추구하려는 경향과 타인수용능력의 부족, 도덕교육의 부재 및 가정교육의 왜곡이 근본원인으로 제시된다. 이러한 경향은 극도의 경쟁지상주의로부터 파생된 것으로 보인다.

청소년들이 겪는 대인관계문제 중 동성친구와 겪는 문제는 친구관계 형성의 어려움, 진정한 친구의 부재로 인한 외로움, 친구 간의 경쟁 및 적대감과 불신의 문제, 싸움과 다툼, 친구사이의 질투 및 시기심 등 친구 간의 갈등이나 갈등해결방식의 부재 및 결함, 친구로부터의 악영향, 친구와 과잉밀착, 나쁜 친구들과의 어울림 등이다.

이성친구와 겪는 문제는 짝사랑, 데이트 불안, 이성에 대한 막연한 불안 등 이성과의 관계 형성상의 문제, 이성에 대한 지나치거나 잘못된 관심과 개입, 이성에 대한 잘못된 가치관, 건전한 이성교제방법의 미숙 등 이성에 대한 부적절한 오리엔테이션의 문제, 삼각관계, 질투, 이성과의 분리불안 등 이성과의 갈등 및 갈등 해결양식의 부재, 실연 등이다.

부모와의 관계에서 겪는 문제로는 부모와의 긍정적인 관계 미형성, 부모와의 거리감, 소홀함, 무관심, 부모와의 갈등 및 갈등해결양식의 부재, 의사소통의 문제, 지나친 관심과 개입, 차별 및 비교로 인한 갈등, 부모에 대한 무서움, 체벌, 구타, 학대, 부모와 함께 있는 시간이 적어서 발생하는 문제, 결손가정에서의 부적응, 문제부모로 인해 발생하는 문제, 부모능력부족으로 인한 열등감, 부모에 대한 반항, 무시, 반감, 의존 등이 포함된다.

형제관계에서 겪는 문제로는 비교로 인한 갈등, 형제간의 불화, 형제간의 소외감, 형제가 없어서 생기는 문제 등이 포함된다.

선생님과의 관계에서 겪는 문제로는 선생님의 차별, 편애, 체벌과 폭력, 선생님에 대한 반발과 반항, 선생님을 좋아해서 생기는 문제, 의사소통의 문제등이 있다.

이와 더불어 기타 선후배관계의 문제로는 동성 선후배를 좋아해서 생기는 문제, 선배들의 강요와 제제 등이 있다.

## 2) 청소년 대인관계문제와 관련된 요인

### (1) 대인관계 형성을 어렵게 하는 요인

대인관계 형성 자체를 어렵게 하는 것으로 불안과 두려움 같은 정서적 요소, 부적절한 사회적 자아 개념, 부적절한 귀인양식과 같은 인지적 요소, 관계를 맺는 데 필요한 기술의 결함과 같은 행동적 요인들이 있다. 대인관계를 맺지 못하는 사람들은 대인관계 형성과정에서 부정적 평가, 거절 등의 다양한 불안과 두려움을 경험한다. 그들은 타인에 대해서 정서적 지지가 부족하고, 거부적이며, 거절할 것이라는 표상을 가지고 있고, 자신들은 그런 상황에서 깊은 상처를 경험할 것을 두려워하고 있다. 또한 이들은 대인관계를 맺으면 상대가 자신을 지나치게 억제하거나 억압하거나 힘들게 할 것으로 염려하여 대인관계를 회피하는 경향이 있다.

### (2) 대인관계 유지 및 발전을 어렵게 하는 요인

대인관계 유지 및 발전을 어렵게 하는 요인은 다음과 같다.

첫째, 친구관계에서 집중을 방해하는 불안이다. 사회적으로 불안한 사람들은 사회적 상황에서 내적 단서(자기비난적 사고, 생리적 각성에 대한 지각)와 외적인 단서 사이에 주의를 적절히 분산시키지 못하고, 내적인 단서에만 과도하게 집중하는 경향을 보이며, 불안이 낮은 사람들은 대인 간 상호작용에 더 많은 주의를 기울여 집중하는 경향을 보인다.

둘째, 대인관계를 유지하고 발전시켜 나가는 데 필수적인 기술을 알지 못하거나 서투르게 활용하는 것이다. 친밀한 관계를 유지발전시켜 나가기 위해서는 상대를 돌보는 태도, 신뢰하는 태도, 자아개방적 자세, 동반자 의식 등이 필요하다. 이런 태도나 기술이 부족한 경우에는 친밀한 관계가 어느 정도 형성되었다고 하더라도 친구들을 실망시킬 수 있어 친밀한 관계가 유지되지 못한다.

셋째, 대인갈등에 대한 이해와 대처기술의 결함이다. 두 사람 이상이 어느 정도 관계를 맺게 되면 갈등은 필연적이다. 대인관계의 유지 및 발전에 어려움을 가지는 사람들은 이런 갈등상황에서 미숙하고 비효율적이며 일시적인 방법에 의지하기 때문에 갈등을 효과적으로 해결하지 못한다. 이들은 갈등으로 인한 긴장, 불안, 좌절에 압도되어 친구관계를 회피하거나 자신의 감정을 숨기고 위장해서 갈등으로 인해 유발되는 일시적인 공포나 긴장을 해소하는 경향이 있다.

### 3) 청소년 대인관계문제의 개입과 상담

청소년 대인관계문제에 대한 개입과 상담접근방법으로는 촉진적 인간관계기술훈련, 대인관계 주장훈련, 인지행동적인 접근 등이 있다.

#### (1) 촉진적 인간관계 기술 및 태도 훈련

인간관계를 촉진하는 태도와 기술, 인간관계를 도움이 되지 않는 기술과 태도가 있다고 가정하고 인간관계를 촉진하는 기술과 태도를 확인하여 이를 체계적으로 교육시키는 것이 필요하다. 대인관계가 어려운 사람들은 자신의 감정 자각과 타인의 공감능력 등 대인관계 기술이 부족한 경향이 있으므로, 이를 향상시키기 위한 인간관계 촉진 기술들인 진실성, 존중, 공감, 직면, 즉시성 등을 훈련할 필요가 있다.

#### (2) 자기주장 훈련

자기주장 훈련은 각종 대인관계에서 타인을 존중하되 자신의 권리, 감정, 이익 등을 정당하게 주장하도록 하는 훈련이다. 대인관계에서 한 개인이 가지는 표현방식은 비주장적·공격적·주장적인 세 가지가 있다. 비주장적 표현은 자신의 권리와 이익은 무시하는 방향으로 행동하게 되고, 공격적 표현은 대인관계문제가 발생할 때 자기 이익 중심으로 행동하는 것이므로 두 가지 표현방식은 모두 관계문제를 일으킬 수 있다. 반면 주장적 표현을 증진시켜 주는 주장적 훈련은 타인의 권리, 이익, 감정을 존중하되 자신의 권리, 이익, 감정을 분명하게 표현하는 것이다. 이러한 주장적 훈련은 타인과 자신 모두의 권리와 욕구를 적절히 충족시켜 효율적인 인간관계 형성 및 유지에 많은 도움이 될 수 있다.

#### (3) 갈등관리

청소년들이 자신이 겪고 있는 갈등을 어떻게 해결하느냐는 그의 적응은 물론 앞으로의 삶에 중요한 영향을 미치게 된다. 부모와의 갈등으로 가출을 하는 청소년, 친구들과의 갈등으로 우울증을 겪고 있는 청소년, 자신의 내면적인 가치체계나 욕구들 간의 갈등으로 방황하는 청소년 등 자신이 겪고 있는 갈등을 적절하게 해결하지 못하고 인생의 중요한 시기를 고통스럽게 보내는 청소년들을 많이 본다.

갈등을 자기성장의 측면으로 활용할 수 있는 방법은 자신이 겪고 있는 갈등을 애써 감추거나 인정하지 않으려는 자세에서 벗어나 갈등을 인정하고 수용하는 태도가 우선 필요하다. 또한 갈등을 격하시키는 방식에서 탈피하여 갈등을 완화시키는 방식을 찾아야 하며, 갈등해결을 위해 갈등상황에 직면하여 보다 능동적으로 갈등을 해결하려는 노력이 필요하고, 자신의 입장을 이해하고 타인의 입장을 수용하는 노력이 필요하다.

### (4) 부적절한 또래관계의 개입

부적절한 또래관계를 보이는 청소년들을 상담하는 데는 다음과 같은 개입방법이 유용하게 사용될 수 있다.

첫째, 또래관계 문제해결은 또래를 통하여 해결하는 것이 효과적이다. 또래문제를 해결하기 위해서는 같은 또래들의 도움이 절대적으로 필요하다. 또래관계를 잘 하는 주위의 친구들이 어려움을 겪는 친구들에게 다가가 이야기를 나누고 보호해 주며 적극적인 친구관계를 조력해 주는 것이 가장 효과적이다.

둘째, 학기 초의 또래관계 지도가 중요하다. 또래집단의 형성은 대부분 학기 초에 형성되며, 또래관계의 어려움도 학기 초에 시작되는 경우가 많다. 따라서 인간관계향상 프로그램을 실시하여 많은 도움을 줄 수 있다.

셋째, 또래집단의 장들에 대한 지도가 필요하다. 또래집단의 장은 그 집단과 학급 전체에 큰 영향을 미친다. 이들은 부정적인 영향도 미치지만 잘 지도받으면 학급에 많은 긍정적인 영향을 미칠 수도 잇다.

넷째, 부모와의 관계개선이 필요하다. 청소년들의 또래관계 개선을 위해 부모와의 관계를 생산적으로 개선할 필요가 있다. 부모에게 존중되고 수용되며 개방적인 관계를 유지하는 것은 청소년들의 또래관계 발전에 전체가 되기 때문에 청소년들의 생산적인 또래관계를 발전시키기 위해서는 우선적으로 부모와의 관계를 안정적이고 수용적으로 변화시킬 필요가 있다.

이 장에서는 청소년기에 보이는 다양한 문제들을 유형별로 나누어 상담개입전략을 간략하게 살펴보았다. 각 문제들에 대한 이해, 관련요인, 개입과 상담의 세부분으로 나누어 살펴보았다.

청소년들이 가장 많이 호소하는 문제는 학업문제이고, 이런 학업문제는 이후에 자아 개념이나 진로결정, 대인관계 등 다양한 영역에 부정적인 영향을 주는 것으로 알려지고 있다. 학업과 보다 직접적으로 관련되는 것으로는 학교의 물리적·심리적 환경, 학교생활에 대한 흥미 결여, 학교거부 등 학교 관련 문제와 시험불안, 집중력 부족, 성적저하 및 저조로 인한 걱정과 스트레스, 능력부족, 공부에 대한 반감, 공부습관 미형성, 동기부족 등과 같은 공부 및 성적 문제의 두 가지가 있다. 학업 관련 요인으로는 지능, 학업기초능력, 과목별 선행학습 수준같은 인지적 요인, 학습에 대한 동기와 흥미, 자아 개념, 정서적 갈등과 불안수준 등 정의적 요인, 학습방법 및 전략 등과 같은 학습방법적 요인, 가정 및 학교와 또래, 그리고 지역사회 환경 등 환경적 요인이 있다. 학업문제의 상담개입은 학습동기 유발, 시간관리, 집중력 향상전략, 인지적 학습전략 등에 초점을 두는 것이 효과적이다.

청소년의 진로문제는 진로 상담과 관련된 요인들에 대해 살펴보고 그에 따른 상담적 개입이 필요하다. 진로 상담과 관련된 요인으로는 지능, 적성, 흥미, 성격, 신체적 조건 등 개인적 특성과 가정환경, 직업조건 등 환경적 요인들이 있다. 진로문제에 대한 개입은 크게 두가지로 첫째, 내담자의 목표 또는 문제의 확인 및 명료화, 구체화 그리고 내담자의 목표 또는 문제해결하기의 두 가지 구조가 있다. 상담방법으로는 개인적인 문제를 다룰 수 있는 개별 상담, 컴퓨터를 활용한 진로 상담, 상담자가 직접 학생들의 진로탐색과정을 돕는 집단으로 할 수 있는 진로탐색 프로그램 등이 있다.

청소년의 성문제는 성인과는 다른 청소년들만의 성 특성에 대해 살펴보고, 성문제의 원인을 생물학적 관점, 정신분석적 관점, 사회학습적 관점에서 찾아볼 수 있다. 청소년의 성문제는 정서적·인지적·행동적으로 부정적인 영향을 미친다. 상담방법으로는 성상담에서 꼭 목표로 두어야 할 성에 대한 존엄성과 긍정적 태도, 성지식 습득, 성행동의 결과에 대한 인식, 성적 의사결정 기술 등을 다루어 주어야 한다. 또한 청소년 성상담자의 자질과 성상담과 관련된 문제점과 개선방안에 대해 생각해 보아야 할 것이다.

청소년의 비행문제는 청소년 비행의 특징에 대한 이해, 청소년 비행과 관련된 낮은 자아통제감, 가족기능, 학업성취도와 학교에 대한 태도, 비행 또래집단과의 교류, 환경적 억제요인들을 살펴본 후 개입해야 한다. 청소년 비행문제에 대한 개입과 상담에서는 가정, 학교, 지역사회차원에서의 예방 및 개입전략이 모색되어야 하고 교정 상담전략도 필요하다.

위기에 처한 청소년들이 보이는 스트레스 반응과 그들이 보이는 위기단계에 따라 위기 상담의 개입과 내용이 달라진다. 뮤로와 코트만이 제시한 위기문제에 개입할 때의 단계들을 참고하여 위기문제를 다루어 주어야 한다.

청소년기에는 다양한 대인관계들, 문제들을 겪는다. 대인관계 문제를 다루기 위해서는 부모, 형제, 교사, 동성 및 이성 친구 등 청소년기의 대인관계 특성을 이해하고, 대인관계 형성을 어렵게 하는 요인, 대인관계 유지 및 발전을 어렵게 하는 요인들을 살펴보아야 한다. 대인관계문제에 대한 개입과 상담에서는 촉진적 인간관계 기술 및 태도훈련, 자기주장훈련, 갈등관리, 부적절한 또래관계의 개입방법 등을 활용할 수 있다.

# 청소년 상담사 윤리강령

## 전문

청소년 상담사는

청소년의 정서, 인지, 행동 발달을 조력하는 유일한 상담전문 국가자격증이다.

청소년 상담사는 항상 청소년과 그 주변인들에게

인간으로서의 존엄성을 높이고자 노력할 것이며,

청소년이 스스로 결정할 수 있도록 도와줄 것이며,

청소년이 행복할 수 있도록 기회를 제공하는 데 최선을 다할 것이며,

청소년의 아픔과 슬픔에 대해 청소년 상담사로서의 책임을 가슴에 새길 것입니다.

청소년 상담사는 청소년이 사랑하는 가족, 이웃과

더불어 행복하게 살아갈 수 있도록 지원하기 위해

다음과 같이 윤리규정을 숙지하고 준수할 것을 다짐합니다.

# 1. 목 적

① 청소년 상담사의 책임과 의무를 분명하게 제시하여 내담자를 보호한다.

② 청소년 상담사가 직무 중에 발생하는 문제를 처리할 수 있는 기준을 제공한다.

③ 청소년 상담사가 자신의 사생활과 인격을 보호하는 근거를 제공한다.

④ 청소년 상담사의 활동이 전문직으로서의 상담의 기능 및 목적에 저촉되지 않도록 기준을 제공한다.

⑤ 청소년 상담사의 활동이 지역사회의 도덕적 기대에 부합하도록 준거를 제공한다.

# 2. 청소년 상담사로서의 전문적 자세

## 1) 청소년 상담사의 책임

① 청소년 상담사는 청소년 기본법에 따라 청소년의 권리와 책임을 다 할 수 있게 지원해야 한다.

② 청소년 상담사는 자기의 능력 및 기법의 한계를 인식하고, 전문적 기준에 위배되는 활동을 하지 않도록 한다.

③ 청소년 상담사는 검증되지 않고 훈련 받지 않은 상담기법의 오·남용을 삼간다.

④ 청소년 상담사는 현행법이 윤리강령을 제한할 경우는 현행법을 우선적으로 적용하지만 윤리강령이 보다 엄격한 기준을 설정하고 있다면, 윤리강령을 따른다.

⑤ 청소년 상담사는 청소년과 관련된 정책, 규칙, 법규에 대해 정통해야 하고 청소년 내담자를 보호하며 청소년 내담자가 최선의 발달을 이루도록 노력해야 한다.

⑥ 청소년 상담사는 청소년 상담사 윤리강령에 어긋나는 사실을 알게 된 경우 청소년상담자의 의무에 준하여 윤리위원회에 보고해야 한다.

## 2) 품위유지 의무

① 청소년 상담사는 전문상담자로서 품위를 손상하는 행위를 하지 않는다.

② 청소년 상담사는 동종에 종사하는 자와 협력하여야 한다.

## 3) 상담관계

① 청소년 상담사는 자신의 법적, 도덕적 한계를 벗어난 다중 관계를 맺지 않는다.

② 청소년 상담사는 청소년 내담자에게 무력, 정신적 압력 등을 사용하지 않는다.

③ 청소년 상담사는 상담적 배임행위(내담자 유기, 동의를 받지 않은 사례 활용 등)를 하지 않는다.

④ 청소년 상담사는 외부 지원이 적합하거나 필요할 때 의뢰를 요청할 수 있으며 의뢰에 대해 청소년 내담자와 부모(보호자)에게 알리고 서비스를 받도록 노력한다.

⑤ 매체(전화, 인터넷, 모바일 폰 등)를 활용한 서비스 지원에 있어 위해 요소로부터 청소년을 보호하기 위한 신뢰할 수 있는 조치를 취한다.

## 4) 부모/보호자와의 관계

① 청소년 상담사는 부모(보호자)의 권리와 책임을 존중하고, 청소년 내담자의 성장을 최대한 촉진시키기 위해 부모(보호자)에게 상담자의 역할에 대해 설명하여 협력적인 관계를 성립하도록 노력한다.

② 청소년 상담사는 내담자의 성장과 복지에 필요하다고 판단된 경우에 한해 부모(보호자)에게 정확하고, 종합적인 정보를 제공한다.

## 5) 자격과 수련

① 청소년 상담사는 자신의 전문성을 유지하기 위해 법적으로 정해진 보수교육에 반드시 참여한다.

② 청소년 상담사는 다양한 사람들을 상담함에 있어 상담에 필요한 이론적 지식, 전문적 실습, 연구능력을 향상시키기 위한 교육, 자문, 훈련 등의 지속적인 노력을 추구한다.

## 3. 비밀보장

### 1) 사생활과 비밀보장의 의무

① 청소년 상담사는 내담자와 부모(보호자)의 사생활과 비밀보장에 대한 권리를 최대한 존중해야 한다.

② 청소년 상담사는 고용인, 수퍼바이저, 직원 등 주변인에게도 내담자의 사생활과 비밀이 보호되도록 주지시킨다.

③ 청소년 상담사는 청소년 내담자 상담 시 사전에 상담에 대한 내담자의 동의를 받고 상담 과정에서 부모나 보호자가 참여할 수 있으며, 비밀보장의 한계에 따라 정보를 제공할 수 있음을 알린다.

④ 청소년 상담사는 청소년 내담자 상담 시, 상담 의뢰자(교사, 경찰 등)에게 내담자의 동의를 얻어 정보를 제공할 수 있다.

⑤ 청소년 상담사는 비밀보장의 의미와 한계에 대하여 청소년 내담자의 발달단계에 적합한 용어로 알기 쉽게 설명해주어야 한다.

### 2) 비밀보장의 한계

① 청소년 상담사는 상담 시 비밀보장의 1차적 의무를 내담자의 보호에 두지만 비밀보장의 한계에 있어 청소년의 부모(보호자)에게 공개할 수 있다.

② 비밀보장의 한계가 있는 경우는 다음과 같다.

- 청소년 상담사는 내담자의 생명이나 사회의 안전을 위협하는 경우 비밀을 공개하여 안전을 확보한다.
- 청소년 상담사는 법적으로 정보의 공개가 요구되는 경우 내담자의 허락을 득하고 최소한의 정보만을 공개한다.
- 청소년 상담사는 내담자에게 감염성이 있는 치명적인 질병이 있을 경우 그 질병에 노출되어 있는 제3자에게 정보를 공개할 수 있다.

### 3) 기록 및 녹음의 보관과 양도

① 청소년 상담사는 내담자에게 전문적인 서비스를 제공하기 위해 상담 내용을 기록하고 보관한다.

② 청소년 상담사는 기록 및 녹음에 관해 내담자의 사전 동의를 구한다.

③ 청소년 상담사는 면접기록, 심리검사자료, 편지, 녹음·녹화 테이프, 기타 문서기록 등 상담과 관련된 기록을 보관하고 처리하는 데 있어서 비밀이 보장되어야 한다.

④ 청소년 상담사는 내담자의 동의 없이는 상담의 기록을 제3자나 기관에 공개하지 않는다.

⑤ 청소년 상담사는 내담자와 보호자가 상담 기록의 삭제를 요청을 할 경우 법적, 윤리적 문제가 없는 한 삭제하여야 한다. 상담 기록을 삭제하지 못할 경우 타당한 이유를 내담자와 보호자에게 설명해 주어야 한다.

⑥ 청소년 상담사는 퇴직, 이직 등의 이유로 상담을 중단하게 될 경우 기록과 자료를 적절한 절차에 따라 기관이나 전문가에게 양도한다.


## 4. 슈퍼비전과 심리검사

### 1) 자문 및 슈퍼비전

① 청소년 상담사는 자신의 사례에 대해 보다 나은 전문적 상담를 위해 내담자의 동의를 구한 후 내담자에 대해 사실적이고 객관적인 정보만을 사용하여 동료나 수퍼바이저에게 자문을 받는다.

② 청소년 상담사는 비밀보호의 예외 및 한계에 관한 타당성이 의심될 때에 동료 및 수퍼바이저의 자문을 구한다.

③ 청소년 상담사는 내담자를 의뢰할 수 있는 전문가, 협회 및 기타 지지자원을 알고 있으며 이를 활용한다.

## 2) 심리검사

① 청소년 상담사는 심리검사를 실시하고 해석할 수 있는 능력을 배양해야 한다.

② 검사 도구를 선택, 실시, 해석함에 있어서 모든 전문가적 기준을 고려하여 사용한다.

③ 청소년이 이해할 수 있는 언어로 심리검사의 잠재적 영향력, 결과, 목적, 성격에 대한 설명을 제공한다.

④ 심리검사 결과 해석의 사용을 감독하고 다른 이들이 그 정보를 오용하지 않도록 적합한 절차를 취한다.

# 5. 지역사회 참여 및 제도 개선에 대한 책임

## 1) 지역사회를 돕는 전문가 역할

① 청소년 상담사는 경제적 이득이 없는 경우에도 청소년의 최선의 유익을 위하여 지역사회의 기관, 조직 및 개인과 협력하고 사회공익을 위해 전문적 활동에 헌신함으로써 사회에 공헌하도록 한다.

② 청소년 상담사는 자문을 요청한 내담자나 기관의 문제 혹은 잠재된 사회문제를 규명하고 해결하는 데 도움을 준다.

③ 청소년 상담사는 내담자가 다른 정신건강 전문가와 상담을 받고 있음을 알게 되면, 내담자의 동의하에 그 전문가와 긍정적이고 협력적인 관계를 맺도록 노력한다.

## 2) 제도 개선 노력

① 청소년 관련 법과 정책 개선의 노력

청소년 상담사는 청소년 및 복지관련 법령, 정책 등의 적용과 개선을 위해 노력한다.

② 청소년 상담사 자격 제도 개선의 노력

청소년 상담사는 자격검정 및 연수 등 청소년 상담사 자격제도 개선을 위해 노력한다.

# 6. 상담기관 설립 및 운영

## 1) 상담기관 운영자의 역할

① 상담기관 운영자는 직원이나 학생, 수련생, 동료 등을 교육, 감독하거나 평가 시에 착취하는 관계를가져서는 안 된다.

② 상담기관 운영자는 자신과 현재 종사하고 있는 직원의 발전에 책임이 있다.

③ 상담비용을 책정할 때 내담자의 재정상태와 지역성을 고려하여야 한다.

## 2) 상담기관 종사자의 역할

① 청소년 상담사는 자신이 종사하는 기관의 목적과 운영방침을 따라야 하며, 기관의 성장 발전을 위해 노력해야 한다.

② 청소년 상담사는 고용기관에 손해를 끼칠 수 있는 상황이나 기관의 효율성에 제한을 줄 수 있는 상황에 대해 미리 알려주어야 한다.


# 7. 연구 및 출판

## 1) 연구활동

① 청소년 상담사는 청소년 문제 해결을 위해 윤리적 기준에 따라 과학적인 방법으로 연구를 계획하고 수행한다.

② 청소년 상담사는 연구 대상자를 심리적, 신체적, 사회적 불편이나 위험으로부터 보호하여야 하며, 연구대상자의 요구가 있을 경우 연구 결과나 결론 등을 제공하여야 한다.

### 2) 출판활동

① 청소년 상담사는 연구 결과를 출판할 경우에 자료를 위조하거나 결과를 왜곡해서는 안 된다.
② 청소년 상담사는 투고논문, 학술발표원고, 연구계획서를 심사할 경우 제출자와 제출내용에 대해 비밀을 유지하고 저자의 저작권을 존중한다.

## 8. 청소년 상담사 윤리위원회

① 윤리위원회의 구성은 윤리위원회 규정에 따른다.
② 윤리위원회 기능
 • 청소년 상담사 윤리강령 보급
 • 청소년 상담사 윤리강령 심의 · 수정
 • 윤리강령 위반 행위에 대한 접수 · 처리 · 의결
 • 윤리위원회는 청소년기본법과 윤리위원회 규정이 정한 절차에 따라 자격의 박탈, 정지 등의 징계를 할 수 있다.
③ 청소년 상담사는 윤리위원회의 조사, 요청, 소송절차에 협력한다.
④ 윤리위원회의 활동에 대해서는 윤리위원회 규정을 제정하여 이에 따른다.
⑤ 출판활동
 • 청소년 상담사는 연구 결과를 출판할 경우에 자료를 위조하거나 결과를 왜곡해서는 안 된다.
 • 청소년 상담사는 투고논문, 학술발표원고, 연구계획서를 심사할 경우 제출자와 제출내용에 대해 비밀을 유지하고 저자의 저작권을 존중한다.

# 참고문헌

국내문헌

강석영 외(2009). 잠재적 학업중단청소년을 위한 개입 프로그램개발. 한국청소년상담원.

강영미 외(2009). 전문계 고등학생이 지각한 진로장애와 자아탄력성이 진로태도성숙에 미치는 영향. 청소
     년학연구, 16(1), 415-438.

강영삼 외(1997). 청소년의 성에 대한 인지도 조사 및 심층면접조사 연구. 교육논총, 17(1), 159-321.

강차연 · 박경(2001). 대학생들의 애착과 진로발달과의 관계. 한국심리학회지 : 상담 및 심리치료, 13(2),
     51-69.

고기홍(2003). 학업중단 청소년 문제와 상담적 개입방안. 제주대학교 학생생활연구, 24(1), 117-136.

곽금주(1999). 학교폭력 및 왕따예방 프로그램(I) : 개관. 한국심리학회지:사회문제, 5(2), 105-122.

곽수란(2006). 청소년의 학교적응도 분석. 교육사회학연구, 16(1), 1-26.

구본용 · 유제민 · 김택호(2004). 일반계 고교생의 진로 의사결정모델. 청소년상담연구, 12(1), 121-131.

국가청소년위원회(2009). 2009 청소년백서. 국가청소년위원회.

권소희 외(2001). 청소년의 진로의식성숙과 일의 가치에 관한 연구. 경주대학교 논문집, 20, 253-264.

권순용(2006). 청소년의 학교적응 관련변인의 인과적 구조분석. 중등교육연구, 54(3), 329-349.

권이종(2000). 청소년교육개론. 교육과학사.

김경욱 · 류진혜(2009). 진로결정수준, 진로정체감, 심리적 독립이 진로결정에 대한 정서에 미치는 영향.
     청소년학연구, 16(1), 73-92.

김경희(1995). 정서란 무엇인가. 민음사.

김경희(1996). 한국청년의 정서에 관한 심리학적 연구, 한국 심리학회지 : 발달, 9(1), 1-14.

김기현(2007). 한국청소년 패널조사(KYPS) V : 청소년 사교육 이용실태 및 효과에 대한 분석. 한국청소년정
     책연구원.

김기환(1999). 청소년의 성행위에 대한 고찰. 한국아동복지학, 8(1), 187-211.

김대일(2007). 고등학생의 동아리 활동과 정서발달사이의 관계. 금오공과대학교 교육대학원 석사학위논문.

김덕모(2003). 청소년의 인터넷 음란물 이용형태와 대처방안에 관한 연구. 언론과학연구, 3(3), 5-50.

김봉환(2001). 진로문제의 지도와 상담. 서울여대 학생생활연구소 진로상담특강자료.

김성경(2009). 청소년의 인터넷이용과 사회관계의 상호 영향관계와 학교적응 관련성 연구. 청소년학연구,
     16(1), 371-391.

김순규(2009). 인터넷 사용이 청소년의 학교생활 부적응에 미치는 영향. 청소년학연구, 16(1), 1-22.

김신영(2005). 청소년 성행동 요인연구. 청소년학 연구, 12(2), 120-140.

김예리(2002). 비 이혼가정 자녀의 이혼지각 및 또래애착에 관한 연구. 중앙대학교 대학원 석사학위논문.

김윤정 · 이창식(2005). 부모의 성교육이 청소년들의 성행동에 미치는 영향. 청소년학연구, 12(2), 250-268.

김인자(2008). 한부모 가정 청소년의 자기효능감과 사회성 향상 집단 미술치료 프로그램의 효과성. 상명대학교 교육대학원 석사학위논문.

김정수 · 이성원(2004). 청소년의 진로미결정, 진로내외통제성 및 진로준비행동과의 관계: 실업계 고교생과 대학생을 중심으로. 한양대학교 대학생활연구, 22, 163-176.

김정희 외(1993). 심리학의 이해. 학지사.

김정희 역(2004). 현대심리치료. 학지사.

김지근 · 이기학(2008). 지각된 부모의 양육태도 조합패턴과 중학생의 학교생활적응 간의 관계. 상담학연구, 9(3), 1183-1200.

김지인(2006). 독서요법을 통한 인터넷 중독 청소년의 사회성 개발에 관한 연구. 공주대학교 교육대학원 석사학위논문.

김지현 외(2004). 남성지배 학과 선택 남학생과 여성지배 학과 선택 남학생의 성역할, 성역할갈등, 진로미결정과 진로정체감. 청소년상담연구, 12(1), 132-142.

김춘경 외(2006). 청소년 상담. 학지사.

김태균(2008). 가족 내 사회적 자본과 청소년의 학업성취와의 관계: ARCL 모델을 적용한 종단연구. 청소년학연구, 15(1), 59-80.

김택호 외 역(2008). 아동상담. 시그마프레스..

김관환(2000). 진로상담의 이해. 신라대학교 학생생활연구, 20, 131-154.

김현정 외 역(2004). 청년심리학. 박학사.

김현준(2007). 청소년의 정서지능과 사회지능이 삶의 질에 미치는 영향. 인하대학교 대학원 박사학위논문.

김현철 · 김은정(2007). 청소년기 사회화과정의 국제비교연구 Ⅱ : 부모자녀관계, 교사학생관계, 또래관계를 중심으로. 한국청소년정책연구원.

김혜래 · 이혜원(2007). 학교청소년의 진로성숙도와 비행과의 관계. 한국 아동복지학, 23, 33-63.

김혜원(2003). 남녀청소년들의 성지식, 성태도, 성행동의 현황 및 관계분석. 한국심리학회지 : 상담 및 심리치료, 15(2), 309-328.

김혜원. 이해경(2000). 청소년들을 위한 양성평등 성교육 방향의 모색 : 남녀 고등학생들의 성의식과 성행동 실태에 근거하여. 한국심리학회지 : 여성, 5(2), 29-45.

김혜진 · 방희정(2008). 어머니 양육이 모-자녀 갈등을 매개로 청소년의 분리-개별화에 미치는 영향: 남녀 집단간 또래 애착의 중재를 중심으로. 한국심리학회지 : 발달, 21(4), 165-187.

김희화(2005). 초기청소년의 정서적 자율성과 심리적 복지감 및 비행간의 관계에서 어머니 감독의 영향.

청소년학 연구, 12(4), 151-168.

남영옥·이상준(2009). 이혼가정 여부가 청소년의 사회적 적응에 영향을 미치는 경로. 청소년학연구, 16(5), 121-142.

문은식(2002). 청소년의 학교생활 적응 관련변인의 탐색적 고찰. 교육발전논집, 23(1), 153-167.

박성미·이순화(2004). 초등학생의 진로지도 내용개발을 위한 진로발달 지표분석. 상담학연구, 5(4), 1235-1246.

박성미(2003). 고등학교 3학년의 진로결정에 영향을 미치는 변인들의 경로 분석. 상담학연구, 4(1), 83-96.

박성미(2004). 고등학생들의 진로결정과정에 영향을 주는 진로결정장애 분석. 청소년상담연구, 12(2), 124-135.

박성희·김희화(2008). 초등학생과 중학생의 학업스트레스와 학습된 무력감 간의 관계. 청소년학연구, 15(3), 159-182.

박소현·김문수 역(2001). 동기(이론, 연구, 그리고 활용). 시그마프레스.

박아청(2006). 성격발달심리의 이해. 교육과학사.

박영신(2010). 청소년의 개인적 영역에 대한 부모통제와 심리적 건강. 한국심리학회지 : 발달, 23(1), 51-65.

박진규·최명구(1999). 가정의 생태학적 환경과 청소년의 학업 자아개념과의 관계 : 균형형 가정환경과 극단형 가정환경의 비교. 한국청소년연구, 10(1), 43-60.

박현숙(2008). 청소년을 위한 통합적 자살, 폭력예방 프로그램의 개발. 대한 간호학회지, 38(4), 513-521.

박현이(2000). 10대 남자 청소년의 성행태에 대한 조사. 2000년 제 2회 10대 임신예방을 위한 연속 토론회. "10대 임신과 남자의 무책임, 무엇이 문제인가?"

박혜림(2007). 1990년대 중반 이후 성교육 담론에 나타난 십대여성의 섹슈얼리티: 성적주체의 추상화와 피해자화를 넘어서. 페미니즘연구, 7(1), 239-272.

백혜정·방은령(2009). 청소년 가출현황과 문제점 및 대책연구. 한국청소년정책개발원.

백혜정. 김은정(2008). 청소년의 성의식 및 행동실태와 대처방안 연구. 한국청소년정책연구원 연구보고서.

사상순(2006). 신체활동 프로그램이 청소년의 여가선용 및 도덕성에 미치는 영향. 조선대학교 대학원 박사학위논문.

서울특별시 여성가족정책관 청소년 담당관(2010). 청소년 인터넷중독 예방, 서울시가 발벗고 나선다!

선혜연·황매향(2004). 직업포부발달이론의 최근 연구동향. 서울대학교 학생연구, 38(1), 58-68.

손은령(2004). 진로선택과정에서 지각된 진로장벽의 역할. 상담학연구, 5(3), 623-635.

송경희·송주현·백지현·이승연(2009). 남녀 중학생의 정서적, 인지적 특성, 부모의 양육행동과 또래괴

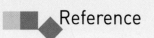

롭힘의 관계. 한국심리학회지 : 발달, 22(2), 1-22.

송명자(1995). 발달심리학. 학지사.

신지현(2009). 정서발달을 위한 효과적인 미술교육 프로그램연구 : 중학교 1, 2학년 중심으로. 경성대 교육 대학원 석사학위논문.

심응철(1999). 청소년의 충동성 및 공격성과 폭력행동의 상관관계. 한국심리학회지 : 발달, 12(2), 24-34.

안영진(1988). 정상 및 비행 청소년의 도덕성 발달과 내외통제성에 대한 비교연구. 교육개발 56( '88.10), 131-136. 한국교육개발원.

안창규 외(2005). Holland의 직업적 성격유형에 따른 고등학생의 의사결정방식 분석. 상담학연구, 6(2), 449-468.

안현주(2001). 청소년의 진로의식 성숙에 영향을 주는 변인에 관한 고찰. 서라벌대학 논문집, 20, 145-161.

오윤선(2006). 청소년의 이해와 상담. 예영 B & P.

오태희. 이현림(2002). 진로가치명료화 프로그램이 고등학생의 진로의식성숙 및 진로의사결정능력에 미치는 효과. 상담학연구, 3(2), 439-447.

원태웅(2000). PC통신과 인터넷상의 불건전 정보유통이 청소년의 정서에 미치는 영향연구- 경기도 파주지역고등학생을 중심으로-. 서강대학교 공공정책대학원 석사학위논문.

유순화(2008). 중학교 신입생의 학교적응에 영향을 미치는 요인. 청소년학연구, 15(7), 157-180.

유영주(2008). 청소년의 문화활동이 주관적 안녕감과 사회성에 미치는 영향에 관한 연구. 강남대학교 사회복지전문대학원 석사학위논문.

윤가현(1990). 성심리학. 성원사.

윤상은(2008). 중학생의 정서지능과 또래관계에 대한 갈등해결전략의 매개효과분석. 한국교원대학교 교육대학원.

윤지영(1990). 아동의 도덕판단능력과 조망수용능력과의 관계연구. 서울여자대학교 대학원 석사학위논문.

이계영(2009). 청소년의 생활체육활동이 사회성에 미치는 영향. 건국대학교 교육대학원 석사학위논문.

이기학(2003). 대학생의 진로선택유형에 따른 진로태도성숙과 진로미결정요인에 대한 연구. 청소년상담연구, 11(1), 13-21.

이미리(2001). 초기 청소년의 스트레스와 폭력행동과의 관계에 대한 일상생활 활동 경험의 중재효과. 아동학회지, 22(4), 167-188.

이미리 외(2003). 청소년 초기 친구폭력 피해와 관련된 일상생활 활동의 외현적, 내면적 경험. 논문집, 26, 453-478. 한국체육대학교.

이미리(2005). 청소년기 자아존중감과 가족, 친구, 학업, 여가, 직업변인들의 관계: 긍정적 자아평가와 부정적 자아평가를 중심으로. 한국 청소년연구, 16(2), 263-293.

이복희 · 유옥순(2007). 청소년 심리 및 상담. 유풍출판사.

이석금 · 김한배(2008). 사회지능과 자기효능감간의 상관성에 관한 연구. 호남대학교 교육대학원 논문집, 6, 1-28.

이성식(1996), 학업성적과 자긍심. 한국 청소년연구, 24(1), 30-47.

이순복(2004). 청소년 인터넷 커뮤니티 활동과 사회성 발달과의 관계. 고려대학교 교육대학원 석사학위논문.

이영대 외(2001). 사이버 진로상담 요구분석. 청소년 상담연구, 9, 27-48.

이은아(2008). 청소년의 자아개념에 관한 국가별 비교 : 한국, 일본, 미국, 독일, 스웨덴을 중심으로. 한국청소년연구, 19(4), 81-113.

이은희 · 정순옥(2006). 청소년이 지각한 부모의 양육행동 및 친구관계와 우울간의 관계에서 자아정체감의 매개효과, 한국청소년연구, 17(2), 213-239.

이인숙(1994). 일부 대학생들의 성에 대한 지식, 태도, 경험 및 성교육 요구에 관한 조사연구. 연세대학교 대학원 석사학위청구논문

이정우(1998). 자아상, 성태도, 충동성과 성행동의 관계. 가톨릭대학교 석사학위 청구논문.

이채희(2005). 중등성교육의 이론과 실제. 정민자 외. 성상담 · 교육이론과 실제. 대왕사.

이해경(2001). 청소년들의 사이버 공간 이용에 있어서 창조적 행위와 일탈적 행위에 대한 심층인터뷰. 제 37회 청소년문제 연구 세미나 자료집. 한국청소년단체협의회, 66-112.

이현림 · 이분택(2003). 진로탐색 집단상담이 여중학생의 자아개념과 진로의식성숙에 미치는 효과. 청소년학연구, 10(2), 155-169.

이현림 외(2003). 인지 · 정서 · 행동치료(REBT)를 적용한 진로집단상담 프로그램이 초등학생의 진로발달에 미치는 영향. 상담학연구, 4(1), 97-110.

이효숙(2000). 중학교 진로정보화 실태 분석을 통한 문제점 및 개선방안. 서울특별시 교육과학연구원 교육논문집, 22, 473-484.

임영식 · 한상철(2000). 청소년 심리의 이해. 학문사.

임은미 · 임찬오(2003). 국내 집단 진로지도 및 상담 프로그램의 효과에 관한 메타분석. 청소년상담연구, 11(2), 3-11.

임은미(2004). 초등학생의 진로성숙도 발달에 대한 단기종단연구. 상담학연구, 5(3), 667-680.

임혜옥(2005). 체육활동을 통한 청소년의 도덕적 가치판단 및 도덕성발달에 관한 연구. 이화여대대학원 박사학위논문.

장광우(2008). 청소년들의 UCC 제작활동 참여에 대한 연구. 건국대학교 언론홍보대학원 석사학위논문.

장덕희(2007). 청소년 학교폭력의 중복특성과 요인에 관한 연구. 청소년학 연구, 14(6), 69-97.

장휘숙(1995). 한국대학생의 성에 대한 기치관 연구. 한림과학원(편). 전환기에 선 한국인의 가치관. 한림과
학원, 155-213.

장휘숙(1999). 청년심리학. 학지사.

정규석(2004). 사회적 관계요인이 청소년의 학교적응에 미치는 영향. 한국 사회복지학, 56(1), 235-252.

정민자 외(2005). 성상담·교육이론과 실제. 대왕사.

정방자(2001). 정신역동적 상담. 학지사.

정영숙 외 역(2001). 청소년심리학. 시그마프레스.

정옥분(2005). 청년심리학. 학지사.

정혜연·이정윤(2009). 청소년의 낙관성과 학교생활적응의 관계: 자기효능감과 스트레스 대처의 매개효
과. 상담학연구, 10(4), 2367-2381.

조아미(2001). 청소년의 직업기대와 진로결정유형. 명지대학교 인문과학연구논총, 23, 131-144.

조은정(2008). 청소년의 자아효능감과 학교적응의 관계에서 부모, 교사, 친구 애착의 매개효과 검증. 청소
년학연구, 15(6), 299-322.

청소년폭력예방재단(2009). 2009 학교폭력 실태조사.

채나연(2009). (양날의 칼)청소년 인터넷 사용. 한국청소년 정책연구원.

채규만. 정민철(2004). 한국대학생의 성에 대한 태도와 행동 및 피해경험에 관한 연구. 한국심리학회지 : 건
강, 9(4), 869-886.

최경숙(2000). 발달심리학. 교문사.

최인재 외(2009). 한국청소년 지표조사 IV(청소년 진로직업지표). 한국청소년정책연구원.

최재향(2006). 아동, 청소년의 부모-자녀 간 의사소통과 정서지능이 문제행동에 미치는 영향. 인하대학교
대학원 박사학위논문.

추상엽·임성문(2008). 부모의 성취압력과 학업성취 간의 관계 : 부모의 교육지원행동, 학업적 자기효능감
의 매개효과와 학업적 지연행동의 조절효과. 청소년학연구, 15(7), 347-368.

하상희 외(2006). 성과 관련된 부모역할이 대학생의 성태도 및 성행동에 미치는 영향. 한국가정관리학회지,
24(1), 271-286.

한국유아교육학회(1999). 유아교육사전(용어편). 한국사전연구사.

한국정보문화진흥원(2003). 자녀의 인터넷중독 예방과 대응법.

한국청소년정책연구원(2008). 한국청소년 발달지표조사 III. 한국청소년정책연구원.

한국청소년개발원 편(2004). 청소년심리학. 교육과학사.

한국청소년개발원(2006). 청소년 생활시간 활용실태 및 변화. 한국청소년개발원.

한국청소년정책연구원(2007). 연구보고서 요약집 2007. 한국청소년정책연구원.

한상철 외(1997). 청소년 심리학. 양서원.

한영민(2007). 청소년문화가 자아정체감에 미치는 영향 고찰. 인간이해. 서강대학교 학생생활상담연구소, 28, 51-74.

허정철(2008). 가족기능과 청소년의 진로의사결정유형과의 관계. 청소년학연구, 15(5), 181-210.

현온강(2006). 아버지의 역할수행과 아동 및 청소년의 사회성. 아동학회지, 27(5), 19-34.

황매향 외(2003). 중고등학생의 직업인식 발달연구. 청소년상담연구, 11(1), 3-12.

황수진(2008). 청소년의 사회성숙과 진로결정수준과의 관계. 단국대학교 대학원 석사학위논문.

**국외문헌**

Atwater, E.(1996). Adolescence(4th eds.). New York: Prentice-Hall.

Baumrind, D.(1978). Parental disciplinary patterns and social competence in children. *Youth & Society, 9,* 239-276.

Baumrind, D.(1991). The influence of parenting style on adolescent competence and substance use. *Journal of Early Adolescence, 11,* 56-95.

Berk, L.E. (2000). *Child Development: Fifth Edition,* Allyn & Bacon.

Delamater, J., & MacCoquodale, P.(1979). Premarital sexuality: Attitude, relationship, behavior. Madison: University of Wisconsin Press.

Dunn, J., Slomkowski, C., & Beardsall, L.(1994). Sibling relationships from the preschool period through middle childhood and early adolescence. *Developmental Psychology, 30,* 315-324.

Flanagan, C. A.(2004). Vounteerism, leadership, political socialization, and civic engagement. In R.M. Lerner, & L. Steinberg, Handbook of adolescent psychology. *New Jersey: John Wiley and Sons, 2,* 15-44.

Furman, W., & Buhrmester, D.(1985). Children's perceptions of the personal relationships in their social networks. *Developmental Psychology, 21,* 1016-1024.

Hirschi, T.(1969). *Causes of delinquency.* Berkeley, CA: University of California Press.

Larson, R., & Wilson, S.(2004). Adolescence across place and time: Globalization and the changing pathways to adulthood. In R.M. Lerner, & L. Steinberg, Handbook of adolescent psychology. *New Jersey: John Wiley and Sons, 2*, 299–330.

Lucas, M.(1997). Identity, development, career development, and psychological separation from parents: Similarities and differences between men and women. *Journal of Counseling Psychology, 44*(2), 123–132.

Peterson, J. V., & Nisenhol, Z.B.(1995). Orientation to counseling; Needham Heights. MA: Allyn and Bacon.

Savin-Williams, R.C., & Diamond, L.M.(2004). Sex. In R.M. Lerner, & L. Steinberg, Handbook of adolescent psychology. *New Jersey: John Wiley and Sons, 2*, 15–44.

Shaffer, D., & Fisher, P.(1981). The epidemiology of suicide in children and adolescents. *Journal of the American Academy of Child Psychiatry, 20*, 545–565.

Shaffer, D. R.(2002). Developmental Psychology: Childhood and Adolescence(6th eds.). Wadsworth.

Smetana, J. G.(1983). Social-Cognitive Development: Domain Distinctions and Coordinations. *Developmental Review, 3*, 131–147.

Susman, E.J., & Rogol, A.(2004). Puberty and psychological development. In R.M. Lerner, & L. Steinberg, Handbook of adolescent psychology. New Jersey: John Wiley and Sons, 2, 189–231.

Whitbeck, L.B., Yodar, K.A., Hoyt, D.R., & Cogner, R.D.(1999). Early adolescent sexual activity: A developemental study. *Journal of Marriage and Family, 61*(4), 934–947.

**웹사이트**

http://www.blog.naver.com/careerin/60006290429

http://www.faculty.mdc.edu

http://www.mw.go.kr

# 찾·아·보·기

# Index

# Index

저자소개

## 강차연

서울여자대학교 아동학과 졸업
서울여자대학교 아동심리전공 석사
서울여자대학교 아동심리전공 박사
서울여자대학교 전임강사
**현재** 강차연 심리치료연구소 소장
서울여자대학교 · 호서대학교 · 명지대학교 · 한국외국어대학교 강사
상담심리사 1급 · 청소년상담사 1급 · 국제공인 NLP Trainer & Consultant
한국NLP상담학회 이사
계슈탈트 표현예술상담협회 이사

## 손승아

서울여자대학교 아동학과 졸업
서울여자대학교 아동심리전공 석사
서울여자대학교 아동심리전공 박사
서울여자대학교 초빙강의교수, 겸임교수
**현재** Child's Mind 심리상담센터 소장
나사렛대학교 겸임교수
서울여자대학교 · 서울교육대학교 · 경기대학교 강사

## 안경숙

서울여자대학교 아동학과 졸업
서울여자대학교 아동심리전공 석사
서울여자대학교 아동심리전공 박사
서울여자대학교 특수치료전문대학원 겸임교수
**현재** Child's Mind 심리상담센터 소장
서울여자대학교 · 불교대학원 대학교 강사

## 윤지영

서울여자대학교 아동학과 졸업
서울여자대학교 대학원 아동심리학 전공 석사
서울여자대학교 대학원 아동심리학 전공 박사
독일 하이델베르그대학교 발달심리학 박사과정 수학
**현재** 서울여자대학교 · 강남대학교 강사
엘림상담센터 상담원

# 청소년 심리
# 및 상담

2010년 8월 20일  초판 발행
2018년 2월 5일  4쇄 발행

지은이  강차연 · 손승아 · 안경숙 · 윤지영
펴낸이  류제동
펴낸곳  **교문사**

책임편집  성혜진
본문디자인  꾸밈
표지디자인  반미현
제작  김선형
영업  이진석 · 정용섭 · 진경민

주소  (10881)경기도 파주시 문발로 116
전화  031-955-6111(代)
팩스  031-955-0955
등록  1960. 10. 28. 제406-2006-000035호

홈페이지  www.gyomoon.com
E-mail  genie@gyomoon.com
ISBN  978-89-363-1065-3 (93370)

값  18,000원
*잘못된 책은 바꿔 드립니다.